欧洲向何处去

史志钦 著

中国社会科学出版社

图书在版编目（CIP）数据

欧洲向何处去／史志钦著. -- 北京：中国社会科学出版社，2024.9. -- ISBN 978-7-5227-4357-8

Ⅰ. D750.9

中国国家版本馆CIP数据核字第2024A8E589号

出 版 人	赵剑英
责任编辑	孔继萍
责任校对	朱妍洁
责任印制	郝美娜

出　　版	中国社会科学出版社
社　　址	北京鼓楼西大街甲158号
邮　　编	100720
网　　址	http://www.csspw.cn
发 行 部	010-84083685
门 市 部	010-84029450
经　　销	新华书店及其他书店
印　　刷	北京君升印刷有限公司
装　　订	廊坊市广阳区广增装订厂
版　　次	2024年9月第1版
印　　次	2024年9月第1次印刷
开　　本	710×1000　1/16
印　　张	25.75
字　　数	409千字
定　　价	148.00元

凡购买中国社会科学出版社图书，如有质量问题请与本社营销中心联系调换
电话：010-84083683
版权所有　侵权必究

前　言

本书是我二十余年学术研究心路历程的一个集中呈现，所载文章在形式上长短不一、在内容衔接上也不是那么严丝合缝，但在基本的问题意识和研究思路上却存在一以贯之的线索，那就是我对欧洲走向的持续关注与思考。

从世界范围看，作为现代文明摇篮的欧洲，一直是政治经济合作模式探索的先行者。第二次世界大战结束以来，欧洲政治经济一体化进程持续高歌猛进，欧共体以及在此基础上发展起来的欧盟一度成为超民族国家的典范和榜样。然而，同样不可忽视的是，质疑欧洲一体化的声音也从未中断。如今，在世界百年未有之大变局加速演进的背景下，不管是欧洲各国还是欧盟本身，分歧与危机都在叠加，质疑欧洲一体化的声音也更加响亮，英国更是采取了"脱欧"行动。如此一来，欧洲向何处去的问题，在变局与危机中越发凸显。

本书的第一部分就是对欧洲"变局与危机"的阶段性观察，从20世纪90年代末一体整合的高歌猛进到21世纪以来多元分化的危机四伏，欧洲发生了一系列重大变化，这些变化既是欧洲变局的重要体现，也是形塑欧洲变局的重要因素。1999年，于争议中开启的欧元工程，迈出了深化欧洲经济一体化的重要一步，同时也为欧洲日后的经济分歧埋下了重大隐患。进入21世纪，欧洲发展相对曲折，一方面，一体化继续前进，欧盟成员不仅逐渐扩大，而且走向立宪的高光时刻；另一方面，面对重大事件，如伊拉克战争等，欧洲各国表现出的不同态度，又揭示出欧洲内部存在较大分歧。随后，欧洲变局朝着不太乐观的方向前进。在政治上，欧盟成员国的参选率走低；在经济上，欧洲要面对欧元区的债务危机；在文化上，欧洲的价值分裂与冲突迫在眉睫；在人口上，欧洲面临普遍的老龄化隐患；在安全上，欧洲要处理多发的恐怖袭击与认同危机；除此之外，还有英国"脱欧"带来的持续冲击。可以说，这些危机与挑战的交叠出现，给欧洲人民带来了普遍的焦虑与不安，各种政治思潮开始涌动并泛起。

于是，欧洲变局的上空开始飘扬起彰显各种"主义"的旗帜，这些主义都与其揭示的现实问题与困境紧密关联。本书第二部分关注欧洲变局中的"问题与主义"，进一步呈现欧洲人民的社会政治心理与政治行动。对欧洲而言，最值得关注的就是欧洲范围内的各种不满，区域性的不满、难民涌入的不满、多重社会矛盾的不满、安全秩序的不满等，进一步与分离主义隐患、人道主义危机、排外主义倾向、民粹主义浪潮、极端主义诉求等产生关联。当然，一些应对性的举措也在开展，如针对恐怖主义而采取的反极端化的欧洲政策等，但成效仍然有限，不满仍在延续。显然，这些"主义"并非具有严格清晰的分界线，有些还会复杂地交织在一起，这就增加了观察欧洲的难度。为了进一步透过现象，厘清欧洲的政治走向和左右摇摆的情况，可以重新找回政治光谱这一分析工具。

第三部分把目光放到欧洲政治光谱的左侧，关注欧洲"左翼与中左翼"。20世纪90年代的苏联解体和东欧剧变，意味着左翼进入低潮状态，无论是在政治舞台上还是在政党格局中，左翼都处于劣势。在此背景下，左翼试图寻求转型和变革。在意大利，左翼民主党调整了自己的政治策略，从进步联盟向中左联盟转型；在英国，新工党尝试走"第三条道路"以实现自我更新；除此之外，法德等国的政党也在与时俱进地变革。最终，在20世纪最后几年，四个经济大国出现了中左政治一统天下的局面。在此进程中，欧洲左翼政党出现了前所未有的趋同和共识，"第三条道路"也被广为推崇。但细加分析即可明晰，对"第三条道路"，不仅存在理论上的重大分歧，在具体的政策路线上，各国政党也存在显著差异。尤其是在意识形态淡化、金融危机凸显后，短暂复兴的欧洲左翼又陷入新的困境之中，面临组织危机和执政危机。与此同时，在欧盟层面，左翼党团也出现了多次分裂与重组，在2019年的议会大选中表现不甚理想。

当欧洲左翼式微，仍要面对改革和转型的任务时，欧洲右翼悄然崛起，特别是极右翼力量的崛起，成为近年来欧洲最为显著的政治现象，本书第四部分关注欧洲"右翼与极右翼"。早在20世纪八九十年代，意大利北方联盟就以其崛起态势而广受关注，联盟领导人利用选民中潜在的不满，一跃成为政坛的重要力量。但是，到了20世纪90年代中后期，伴随欧洲左翼力量复兴、"第三条道路"如日中天，欧洲右翼纷纷中箭落马，陷入进退维谷的局面。混乱之中的欧洲右翼开始尝试变革，英国保守党通过适时的理论政策调整，重返政坛。但更为显著的态势是极右翼力量获得选举的重大突破，开始走上政治舞台。奥地利自由党进入政府、瑞士人民党崛起等，对欧洲政党制度产生了较大冲击，但尚未威胁到整个政治制度的稳定。有别于新法西斯主义政党，欧洲崛起的右翼主要是新民粹主义政党，作为反体制的右翼，新民粹主义的出现反映出欧洲社会的深刻变化。而且，这种变化也反映到了欧盟层面，2014年的欧洲议会选举即反映出极右翼政党的崛起。

观察完欧洲政治光谱的左右摇摆态势，本书第五部分从世界整体变局态势出发来重新理解欧洲走向的问题。从世界范围看，不确定性已经成为全球大分化、大变动、大调整进程中的普遍现象，政治多极化、经济不平衡、单边主义和保护主义抬头、安全挑战多样化和碎片化等是世界范围内变局的态势表现，民族主义、新民粹主义等影响世界发展的右翼力量正是在这种变局态势下广泛崛起。与此同时，欧盟选举中碎片化态势显著，加之英国"脱欧"对欧盟安全防务的冲击，人民的不满情绪进一步激化，民粹主义进一步蔓延。欧洲国家的主流政党将面临多重困难的挑战，欧洲社会也将进一步趋向保守化。如此一来，朝着一体化前进的欧洲势必要放缓前进的步伐，应对好尚未处理妥当的治理问题。危机中孕育着生机，变局中可以开创新局，事实上，回看欧洲的每一次团结进步，都是在危机与变局中成长起来的，因此，欧洲的未来走向，虽然是一个开放性的问题，也是一个值得进一步观察和思考的问题，但其朝着一体化前进的方向不会陡然逆转，一体化的进程虽然曲折，但前景值得期待。

最后需要说明和感谢的是，本文集的一些文章是与我的学生或博士后合写或者在我指导下完成的，他们在本文集中是幕后英雄，如沈晓晨、赖雪仪、游楠、徐欣顺、王垦、刘力达、何韵、袁昊、刘浩、魏奇等。尤其要感谢现在工作于中央民族大学的徐欣顺博士，他帮我收集并认真整理了文稿。没有他，这部文集就难以快速出版。我要对他们的幕后贡献表示衷心的感谢！

史志钦

2022 年 6 月

目 录

第一部分 变局与危机

在争议中启动欧元工程 …………………………………… (3)
走向立宪时刻的欧洲 ……………………………………… (8)
欧洲梦的东扩延伸 ………………………………………… (11)
两个国家对欧盟宪法条约说"不" ………………………… (13)
东扩后糟糕的欧盟选举 …………………………………… (15)
欧元区正面临危机 ………………………………………… (17)
欧洲价值的分裂 …………………………………………… (20)
欧洲人口隐患正在读秒 …………………………………… (22)
欧洲的不安全感与认同危机 ……………………………… (25)
恐袭多发与欧洲安全危机分析 …………………………… (31)
身份认同危机与英国反恐斗争 …………………………… (37)
艰难的英国"脱欧谈判" …………………………………… (55)

第二部分 问题与主义

区域不满与分离主义 ……………………………………… (65)
难民潮与大打折扣的人道主义 …………………………… (79)
欧洲人的集体焦虑与排外主义 …………………………… (83)
冲击欧洲一体化的民粹主义 ……………………………… (88)

欧洲各国社会矛盾与愈演愈烈的民粹主义 …………………………（92）
欧洲日益多面化的极端主义 ……………………………………（95）
多重危机下欧洲的不确定性与政治极化 …………………………（100）
恐怖主义与欧洲反极端化 …………………………………………（121）

第三部分　左翼与中左翼

英国新工党的自我革新 ……………………………………………（145）
欧洲左翼与时俱进的探索 …………………………………………（154）
欧洲社会党的变革 …………………………………………………（157）
欧洲社会民主党的转型和困境 ……………………………………（164）
从自由党到自民党的政党兴衰转型 ………………………………（170）
欧洲议会左翼党团的政治表现与影响 ……………………………（174）

第四部分　右翼与极右翼

混乱之中的欧洲右翼政党 …………………………………………（193）
意大利北方联盟崛起 ………………………………………………（201）
意大利右翼持续执政的思考 ………………………………………（210）
英国保守党与时俱进 ………………………………………………（218）
欧洲极右政党透视 …………………………………………………（226）
欧洲新民粹主义政党探析 …………………………………………（238）
欧洲议会选举中极右翼政党的崛起 ………………………………（250）

第五部分　变局态势与欧洲走向

世界百年变局态势 …………………………………………………（275）
世界民粹主义态势 …………………………………………………（280）
欧洲大选年的欧盟命运 ……………………………………………（284）
欧盟的碎片化及其影响 ……………………………………………（289）

英国"脱欧"对欧洲安全与防务的影响 ………………………（304）
欧洲变局下的民粹主义 ……………………………………（321）
民粹主义蔓延及其对欧洲的影响 …………………………（338）
西欧国家政党政治的多重两难困境 ………………………（344）
欧洲社会将更趋向保守化 …………………………………（361）
危机中继续前行的欧洲 ……………………………………（367）

参考文献 ……………………………………………………（379）

大事记 ………………………………………………………（401）

第一部分

变局与危机

在争议中启动欧元工程[*]

1998年5月初，欧盟政府首脑布鲁塞尔会议，正式批准奥地利、比利时、芬兰、法国、德国、爱尔兰、意大利、卢森堡、荷兰、葡萄牙和西班牙共11个国家为首批货币联盟成员国，敲定了各成员国之间将本国货币转换成欧元的比例，并任命欧洲货币局局长、荷兰的杜伊森贝赫（Willem F. Duisenberg）为首届欧洲中央银行行长。英国、丹麦和瑞典由于政治原因宣布暂不加入欧元体系，希腊则没有达到《马斯特里赫特条约》的规定标准。至此，酝酿已久的欧洲统一货币——欧元最终从理论向现实迈出了一大步。

一 呼之欲出

为1999年年初欧元的启动，欧盟有关国家上上下下正进入紧张的准备之中。在欧洲许多地区，欧元即将来临的气氛正逐步形成。欧洲联盟的旗帜在各处迎风飘扬。巴黎当地的街道市场上，许多人已开始头戴印有欧洲联盟徽章的帽子，用欧洲的颜色——蓝色和金黄色——的袋子包装商品。商店和餐馆已经开始用本国货币和欧元两种价格进行商品标价。学校的孩子们正在参加一次欧元绘画比赛，有关人士将组织获奖者到欧洲联盟之父让·莫内（Jean Monnet）的故居进行参观。市政当局也在为当地商人举办研讨会，对其进行培训，以便使他们尽快地适应这一崭新的货币形式。

---

* 本文刊载于《当代世界》1998年第7期，原文标题为《面对欧元》。

如果顺利，欧洲一些国家的人民和企业将于1999年1月1日开始使用欧元作为支票、信用卡及商业活动的记账单位，有关国家的货币也将转换成为欧元货币单位。与之相适应，德国银行、法兰西银行等各国中央银行将成为欧洲中央银行的附属银行。欧洲中央银行将拥有最终决定权，决定金融政策，对外确定兑换率等。

根据计划，欧元拟分为两个阶段付诸实施：从1999年1月1日开始，公司和个人将可以利用欧元作支票、信用卡以及临时交易，本国货币将同时存在；2002年1月1日起，欧元钞票和硬币将取代本国货币，6月30日或晚些时候，成员国货币将全部退出流通领域。

为保证未来欧元的顺利发行，欧洲统计局对各国1997年的经济运行情况数据进行了仔细核实，以消除公众担忧数字有虚假现象。与此同时，它们准备了大量的黄金储备来平稳市场，防止商品价格上涨。各国政府和中央银行以及金融服务部门也完成了许多周密的详尽计划。各银行的电脑正在按照欧元的兑换比例进行紧张的程序调整工作。

欧盟委员会发言人说，一些大公司正促使有关国家政府加速用欧元进行税收和官方计算的步伐。但根据计划，这些措施在2002年以前不作强行规定。据报道，欧洲的一些主要公司，诸如德国的西门子、戴姆勒—奔驰等已经宣布，它们将从1999年1月1日转换为使用新的货币。

欧元工程启动后，欧洲货币联盟将创造一个拥有2.88亿人口的市场。在这个市场里，生产者和消费者将会像在本国领土上那样活动。例如，德国的消费者再也不必从意大利进口小汽车，他们在本国领土上购买就是了，这将大大减少交易中的费用。

各国采用欧元以后，其部分主权要由各个成员国共享。因此，它们再也不能为获得竞争优势而任意更改兑换率了。以西班牙的旅馆业为例，它的价格一直相对较低，是北欧旅游者选择的目的地。但加入货币联盟后，它已经不能依靠汇率这一有利条件作为定价的基础，位于欧元区域之外的低价国家如临近的土耳其、突尼斯、摩洛哥等可能会取而代之。

由于欧洲中央银行将为本地区制定单一利率，因此，银行和金融服务业将在同一个水平的基础上面临前所未有的激烈竞争。如果一个国家的银行希望靠扩大业务量来弥补利润低的差距，决定提供低利率贷款，那么，另一个国家的客户可以在该国银行获得低利率贷款。这完全是自然而然的事情，任何人都不能进行阻拦。

由于各国政府不再控制货币政策，它们在解决失业、庞大的福利开支等问题上的权限已经受到很大的限制。它们已不能像过去那样仅靠自己来解决困难。根据共同的货币稳定协议，如果它们的预算赤字继续超过国内生产总值的3%，将遭到对其国内生产总值0.5%的罚款。这样，要提高竞争力，就必须提高效率和生产能力。

二 "左""右"逢源

各国传统的对立政党逐渐地取得共识，共同致力于欧元建设之中。这种现象的出现促使战后欧洲大陆的政治局面发生一些微妙的变化，一种新的政治盟友关系似乎在悄然出现。例如，在德国时任总理赫尔穆特·科尔（Helmut Kohl）已把未来的欧元与他的政治前途密切联为一体，热心地追求欧洲货币联盟，但反对他的正是他的执政盟友。相反，他的传统政敌却热情地支持他的计划。

德国社会民主党前外事事务发言人卡斯滕·沃伊特说："在过去，政治领域的一切基本上是根据东西方的冲突形成的。你是亲共产主义或是反对共产主义，支持缓和或是反对缓和，左右界限截然分明。但现在所有的政党找到了共同点，比如，和平与经济增长问题，欧洲一体化问题。"

在英国，围绕加入欧元问题，保守党内部分歧突出，闹得不可开交。工党内部也颇有争议。鉴于此，英国工党首相布莱尔向他的政敌呼吁，希望在支持欧洲统一的各种力量之间打破党际之间的界限，建立"爱国者联盟"。他认为，左派与右派政治家之间的分歧不会影响他们的合作，他们应该在"赞成英国在欧洲处中心地位问题上"共同努力。

布莱尔的呼吁得到了前财政大臣、保守党中亲欧派的主要成员肯尼斯·克拉克（Kenneth Clarke）的谨慎支持。虽然他怀疑这会对他的政党产生不利影响，但他说，自己"总是愿意听听一些敏感的思想"，并表示相信"政治辩论现在将要经历相当大的变化"。曾在1990—1997年梅杰内阁中担任要职的迈克尔·赫塞尔廷（Michael Heseltine）也证实说，他一直在同工党就建立跨党派联盟问题进行非正式会谈，以促使英国能够得益于欧洲联盟建设。

在意大利，时任总理普罗迪（Romano Prodi）的执政联盟——"橄榄树联盟"——派别纷杂。由于政见不一，执政联盟充满了矛盾。但正是为了加入货币联盟这一共同愿望，执政联盟才得以勉强维持下来。就连普罗迪也承认，如果不是加入货币联盟的需要，他的左派盟友早就因为经济的紧缩政策而分崩离析了。

同样，在法国的政治生活中，时任总统希拉克（Jacques Chirac）属中右政党，而政府是社会党领导。但在支持欧元问题上，它们却不约而同地走到了一起，共同地致力于削减国家债务和公共赤字等。希拉克在立法会议上说，加入拟议中的单一货币，将使法国"有力量和方法保卫自己的利益，实现自己的抱负"。他说，他与若斯潘（Lionel Jospin）总理在欧洲统一问题上的观点是完全一致的。他们在"支持欧洲统一问题上已经超越了党的纷争和政治上的分裂"。

三　不平之音

欧元即将启动这一现实对欧洲各国经济生活带来的影响是巨大的，其前景虽然十分美妙，但并不能引起人们的一致称赞。当众多政治家和企业家为此欢呼雀跃时，在相当一些人甚至传统的政党盟友之间，却存在着程度不同的忧虑与不安，甚至是敌视。

民意测验显示，在德国有近70%的选民不希望用欧元代替马克，他们对即将到来的欧元感到茫然，甚至恐惧。德国萨克森州州长比登科普夫（Kurt Biedenkopf）说："我们自己还没有为这一重大步骤做好准备。"

许多民主德国的人都有这种担忧与恐惧。他们非常钟爱自己坚挺的德国马克，而现在他们不明白为什么要放弃它，去选择一种尚未得到验证的欧元。1998年年初，约150位经济学教授联名发出一封公开信，呼吁"有序地推迟"欧元工程，认为诸如高失业等一些结构问题将会使政府难以达到必要的经济标准。他们认为，特别是当20%的人还处于失业状况时更不应该这样做。

在南部富裕的巴伐利亚州，也存在着类似的想法或恐惧。那里许多保守商人在过去20多年时间里，挣得了大量的财富，而政府领导人却要让欧元取代马克。他们也是对此百思不得其解。巴伐利亚州州长埃德蒙·斯托伯（Edmund Stoiber）轻蔑地将欧元称作"世界货币"。

别丹科普夫在接受记者采访时说："就贸易问题来讲，欧洲是成功的，并且受到了大家的欢迎。但一旦触及诸如钱、犯罪、教育和对外政策时，你就立即会遭到来自普通民众的抵抗。他们不愿牺牲其国家特性中至关重要的东西。"

在法国，社会党的执政伙伴法国共产党一直就对欧洲货币联盟持反对态度。尽管社会党人总理若斯潘竭力劝说他的执政盟友支持政府的欧元计划，但在今年早些时候，共产党还是在议会中否决了为加入欧元而改变法兰西中央银行地位的立法。希拉克总统也是欧元的坚定支持者，但他的右翼保卫共和联盟却拒绝参加议会关于欧元的表决。法国其他反对欧元的人士声称，新的货币会使国家丧失主权。独立人士、内政部长让－皮埃尔·舍韦内芒（Jean-Pierre Chevènement）则把加入欧元比作泰坦尼克号船的沉没。也有人说，欧元将会导致"法国作为一个主权国家的消失"。一些保守人士以及极右的国民阵线也强烈反对。

在英国，民间反对欧元的情绪也随处可见。当1998年3月下旬，欧盟官员们集会于英国约克小镇时，他们真正地体会到了英国社会中对单一货币的反对程度。当地人对他们付之于嘲笑和嘘声，并朝他们投掷鸡蛋，险些击中丹麦中央银行行长的头部。两个飞行人员扯着称欧元为灾难的旗帜在他们的头顶飞过，声称"要我们的英镑，不要欧元"。当英国财政大臣布朗（Gordon Brown）走过时，一些示威者将其斥责为"叛国者"。当德国财长魏格尔（Theo Waigel）走过时，另一些示威者用德语嚷道："我们不要你的欧元。"

看来，虽然尚有反对意见，但1999年欧元启动已是大势所趋，欧洲统一货币的诞生已是不可逆转了。

走向立宪时刻的欧洲[*]

13是个被西方人视作不吉利的数字，2003年6月13日却是令欧洲人高兴的一天。这一天，欧盟各国代表终于就欧盟第一部宪法条约草案达成一致，拟提交本月下旬在希腊塞萨洛尼基市举行的欧盟首脑会议审议。如欧盟制宪筹备委员会主席、法国前总统瓦莱里·吉斯卡尔·德斯坦（Valéry Giscard d'Estaing）所说，这是"创造历史的一天"，欧洲第一部具有基本法性质的纲领性文件从此诞生。

欧盟制定大宪法，是欧洲一体化发展的必然产物。始于1951年的欧洲一体化到2004年5月，欧盟扩大到25国。然而，随着欧盟的扩大，一个问题随之出现。20世纪50年代本为6个成员国建立共同市场而设置的欧盟机构，现在运作起来难度却越来越大，如同人们比喻的那样，是"将一双为6岁儿童做的鞋，拿来让成年人穿"。因此，改革欧盟机构的呼声日益高涨。

在这种背景下，2001年年底，欧盟领导人在比利时莱肯举行会议，通过了《莱肯宣言》，决定制定一部宪法来规范欧盟今后的发展目标。欧盟制宪的目的是改革欧盟的体制和运行机制。宪法草案的核心是设立欧盟双主席制和外交部长，即设立欧盟理事会和欧盟委员会双主席职务，尤其是设置欧盟理事会常任主席，以代替目前的各国轮值主席制为显著标志，从而提高整个欧盟的工作效率。

欧盟理事会是欧盟最高决策机构。宪法草案规定，欧盟要以常设欧盟理事会主席取代现行的半年轮值主席国制度；常任理事会主席在成员

---

[*] 本文刊载于《经济月刊》2003年第7期，原文标题为《创造历史的一天》。

国前任或现任领导人中选举产生，理事会主席任期两年半，可以连任一届。

欧盟委员会是欧盟的常设机构和执行机构。草案决定精减现任欧盟委员会委员人数，由 20 名削减至 15 名，并按照轮流制度由各成员国派代表担任，以确保成员国的平等。

宪法草案对欧盟机构的另一项重大修正就是改革投票机制，在多数领域的决策过程中采取有效多数表决制，取代目前的一致通过制；任何决定的通过要求至少有半数成员国投赞成票并能够代表 60% 以上的欧盟公民。

新宪法草案还建议设立欧盟外交部长一职，由欧盟委员会副主席担任，在欧洲理事会的授权下，负责制定并实施欧盟外交政策。不久前，围绕伊拉克问题欧洲产生的分裂，使欧盟官员更清醒地认识到欧盟外交问题的严重性。如欧盟委员会主席普罗迪（Romano Prodi）在欧洲议会发表演讲时指出，"过去几个月的事件教导我们，如果不结束分歧，我们将继续是经济上的巨人，政治上的矮子"。

但就欧盟发展的实质来讲，有许多问题宪法草案还没有回答。特别是在经过伊拉克战争之后，欧洲人如何让世界相信，他们能够用一种声音在世界舞台上说话，这样的问题还将继续激烈地争论下去。

德斯坦在接受《国际先驱论坛报》和《纽约时报》的联合采访时说，这部草案"并不完美"，但它比预先设想的要好得多，"我们在各种意见中找到了一个平衡点"。毕竟，立宪工作绝非举手之劳。经过 16 个月的艰巨工作，德斯坦无疑为欧洲的新法律共识做出杰出贡献。草案基本界定了扩大进程中的欧盟与政府间的权力关系。这是他的一大成功，也反映了欧洲一体化进程中各国政府的合作精神。回想在这项工程启动之际，欧盟官员根本不敢使用"宪法"这个词。

在这一过程中，制宪会议主席德斯坦功不可没。作为 70 多岁高龄的老人，他意志坚强，政治经验丰富，既有原则的坚定性，又不乏机智灵活。由于会议代表背景复杂，德斯坦巧妙地发挥了黏合剂的作用，使宪法草案深深地烙下了自己的烙印。

虽然许多小国反对，他仍坚决主张设立理事会主席，取消主席国轮值制。他坚持认为，未来的欧洲政府必须有熟悉的面孔。如果我们连续五年有一个稳定的总统，大家都会认识他，这样他就具有影响力和凝聚力。

一旦感到目标难以实现，他又善于妥协，勇于后退。如制宪会议一开始，他就建议以"欧洲合众国"取代现在的"欧洲联盟"或"联合的欧洲"，但由于遭到英国等国的反对而被迫让步。这也许又是他的一大遗憾。

欧盟制宪无疑是历史性的事件，是第一次良好的尝试，但路程依然漫长。按计划，2003年秋季召开的欧盟政府间会议将就宪法草案的细节进行充分讨论。而后，它还需要经过各国批准，在一些国家甚至要经过全民公决，一旦有一两个国家否决，将会遇到极大的法律问题。到2004年，欧盟将从15个国家扩大到25个，显然未来的变化远比宪法起草者预料的大得多，艰巨的工作还在后边。

欧洲梦的东扩延伸*

"大欧洲的梦想"——欧洲联合之梦，统一之梦，是欧洲尤其是西欧数代政治家坚持不懈的追求，回归欧洲、加入欧盟则是冷战结束后被东欧人民视为过上富裕生活的唯一之路。他们都在为这一目标苦苦奋斗，这一天终于来了。

2004年5月1日，原苏东地区的8个国家和两个地中海岛国在历经数年的曲折准备后正式加入欧洲联盟，从而使世界上这个最大的贸易集团再次得到大幅度扩张：欧盟从15个国家扩大为25个。

西欧一些富有远见的政治家在总结两次世界大战教训的基础上，认识到欧洲国家必须走联合之道，才能结束兵戎相见的历史，实现永久和平。

欧盟这一次扩大意义深远，其成员主要是前社会主义国家，它标志着东西欧经济和政治的大融合。欧盟变成了一个拥有4.5亿人口的大市场，其经济规模达到10万亿美元，与美国大致相当。欧盟在全球经济中的角色将变得更加举足轻重。这是和平与繁荣的推广，也是主权国家自愿结成利益共同体的超大型试验。

几乎所有中东欧国家的选民都支持加入欧盟，因为他们知道入盟后的好处。现在这一目标业已实现，但他们可否知道，在享受好处的同时将会遇到的挑战与震荡？

首先，选民将会发现，加入欧盟并不一定就带来财富。其实，欧盟内部本身并非个个都富裕，其内部本身就存在着明显的贫富分化，而新

---

* 本文刊载于《经济月刊》2004年第6期，原文标题为《当梦已成真》。

成员的加入只会加剧这一程度。近日，欧盟委员会的一份报告显示：10个新成员国的加入，将使欧盟的贫富差距扩大约两倍。据《经济学家》下属的智囊公司估计，如果现行15个欧盟成员国每年保持现有的2%的经济增长速度，而新加入的国家（包括保加利亚和罗马尼亚）以每年4%的速度增长，那么欧盟新成员国将需要50年的时间才能与老成员国拉平，如果新成员国只以3%的速度增长，那么将需要90年的时间才能赶上。

根据2000—2006年的财政预算，欧盟只为10个新成员国提供210亿欧元的地区援助款，而老成员西班牙一国就获得562亿欧元。欧盟的新公民们怎能不抱怨布鲁塞尔的不公？

此路不通，只好寄希望于货物、资金和劳动力的自由流动。殊不知，在欧盟扩大后，货物和资本自然可以在其内部自由流动，但劳工还不行，至少一开始不行。因为无论是新老成员，都对移民问题持有争议；富裕的西方担心东部的移民潮，而贫穷的东方则担心自己最优秀的人才流入西方。如果真是那样的话，东部的人才就所剩无几了。

对这些国家来说，加入欧盟，真正的好处是它们的货物和资金拥有了一个巨大的市场，而如今这一点已缺乏吸引力。因为欧盟的市场早已对新成员开放，它们已经吸收了欧盟的大量投资。例如，波兰、匈牙利、捷克以及斯洛伐克已经占据欧盟进口市场份额的10%以上。

其次，中东欧国家还面临着适应欧盟共同签证和边界管理制度的挑战。由于欧盟多数国家间的边界控制已不复存在，因此，新成员国应该对非欧盟国家执行严厉的边界控制措施，包括对自己的友邦和贸易伙伴。波兰尤其担忧这一前景，因为它更愿意与乌克兰保持边界开放。匈牙利也希望与塞尔维亚和乌克兰内的匈牙利人保持联系。波兰甚至要游说布鲁塞尔吸纳乌克兰为欧盟成员。

最后，人们还担心欧盟新成员与老成员会出现关系紧张。在1989—1991年的苏联解体和东欧剧变中，民族主义发挥了至关重要的作用，如今它仍在影响着主流政治。这些新成员无疑希望能够在欧盟内受到平等对待，而不是成为诸如法、德等国支配的二等公民。

两个国家对欧盟宪法条约说"不"[*]

2004年5月29日和6月1日,法、荷两国先后举行的全民公决对"欧宪"说"不",使欧盟原本要在2006年11月1日让"欧盟宪法条约"生效的设想泡了汤。

可以说,"欧宪"虽然不可能完美无缺,但它符合欧盟各成员国的长远利益。从宪法本身看,欧洲选民们应该是找不到值得断然否决的理由的,但问题恰恰在这里,法、荷这两个欧盟最早的创始国却执意断然拒绝,其原因和教训颇值得人们深思。

两国选民之所以说"不",原因虽各有不同,但共同因素包括:部分民众对欧洲一体化进程存在一种恐慌情绪,劳工阶层及年轻人尤其如此。他们担心欧洲一体化后,大量东欧劳工涌入法国来,抢了他们的饭碗;而上了年纪的人,相对没有这方面的思想负担。

看一下这次法国公决投票的结果十分有意思:年轻人投反对票的多,年长者投赞成票的多;体力劳动者投反对票的多,脑力劳动者投赞成票的多;经济相对落后的地区投反对票的多,经济发达的地区投赞成票的多。

在法国人看来,经济全球化导致经济自由主义,而自由主义导致法国失去保护。欧盟大幅度东扩之后,经济比较落后的中东欧成员国,对欧盟财政预算,发达成员国的投资、就业和社会安全等领域,都构成了严峻的挑战。法国人似乎没有看到其中的好处,反而还降低了他们的生活质量,有很多人因为工厂向东欧迁移而失业。法国的中产阶级以及贫

---

[*] 本文刊载于《经济月刊》2005年第7期,原文标题为《欧洲精英主义的挫败》。

穷阶层大多有今不如昔的慨叹。

荷兰向来以宽容和自由度高而在欧洲著称，是欧洲整合的坚定支持者。而现在荷兰选民也一反常态。他们最担心的是，宪法通过后，荷兰这么一个只有1600万人口的小国会失去"自我"，荷兰的影响力可能会被边缘化。第二次世界大战后荷兰政府总得听国民的，老百姓可以决定本国的命运。如果"欧盟宪法"通过，小小的荷兰就好像被淹埋在汹涌的海洋里，随波逐流。

法、荷以大比例反对票否决欧盟宪法的事实，明显暴露了欧盟政治精英与普通公民之间的距离。众所周知，欧洲联合目标的设想和框架，都是精英主义的产物。从其创始人让·莫内开始，欧盟一直依赖一群杰出的技术官僚和政治领袖，他们用智慧、信念、决心和使命感，在幕后悄悄策划、影响和推动着经济与政治联合的进程。

然而，这种成功却又导致了另外一面。欧盟的运作模式和发展使普通民众感到，在这一过程中，他们只是沉默的大多数，没有选择的机会，只能被动地接受自上而下的安排。久而久之，选民和欧盟决策者之间的不信任感日益明显，彼此距离越来越大。他们把决策者看作一个脱离群众的官僚集团，遇事独断专行，自行其是，不和老百姓商量。像欧盟东扩、欧盟宪法等大事，也根本不征求民众的意见，结果导致欧洲政治精英失信于本国民众。

在西班牙和意大利，精英与大众的鸿沟在美国攻打伊拉克问题上曾到达登峰造极的地步，虽然多数民众反对伊拉克战争，但是两国的精英们却对民意不屑一顾。

失败的时刻也是反思的时刻。这次投票给欧盟上了很好的一课。

东扩后糟糕的欧盟选举[*]

2004年6月13日，欧盟如期举行新一届议会选举，这是欧盟由15国扩大为25国后的第一次议会选举。东扩的喜悦本应该促使选民嘉奖本国的政治家，但出乎预料的是，在选举中，不仅选民的参选率降至历史之最低，而且许多选民把自己的选票投给了反对党，以及反对欧盟的边缘性政党，主流的执政党则损失惨重。

在德国，施罗德（Gerhard Schröder）总理领导的社民党获得21.6%的选票，低于其1999年的30.7%，这也许是其在第二次世界大战后选举史上最糟糕的一次。在莱茵河对面的法国，希拉克领导的人民运动联盟（UMP）只赢得总选票的约16%，而社会党则获得了30%的选票。

相反的是，欧洲怀疑派则获得了意外的成果，尤其是那些坚决反对加入欧盟的新政党。首先在英国，选民与英国独立党一起发出了反欧洲的强烈信息，独立党要求英国撤出欧盟。英国独立党从反对党、保守党那里吸引了欧洲怀疑派选民，获得了17%的选票，在议会内获得12个议席，仅落在工党和保守党之后。在波兰，居于前三位的分别属于欧洲怀疑派的一些小党。简言之，在这次投票中，最大的输家是欧洲一体化的支持者。

参选率之低是本次选举的一个显著特点。欧洲议会是欧盟的主要立法机构，由分别来自25国的732位议员组成，它是最能体现公民民主的机构。然而，具有讽刺意义的是，自欧洲议会直接选举以来，选民的参选率却呈下降趋势。据统计，本次议会的参选率降低到了44.2%的历史

---

[*] 本文刊载于《经济月刊》2004年第7期，原文标题为《欧洲糟糕的一天》。

最低纪录，选举的这一天被分析家称为是"欧洲糟糕的一天"。

更令人费解的是，本该具有较高积极性的新成员国参选率更低，甚至低于老成员国，其参选率仅达到27%。据报道，捷克的参选率为29%，波兰仅达到23%，而斯洛文尼亚更是只有16.7%，创下弃权率之最。在中东欧的国家中，只有立陶宛的参选率高于欧盟整体水平，这主要是因为它在同时举行总统选举。

针对这种情况，波兰总理办公室国务秘书塔德乌什说："人们只是厌倦于所有政治和政党。"事实表明，中东欧人民在2003年热情地参加了支持加入欧盟的全民公决后，已不再关心谁去那里做他们的代表了。难怪在选举中，媒体只热衷于中东欧国家所出现的稀奇古怪的候选人，包括波兰的电视明星，捷克的色情女演员及爱沙尼亚的超级模特等。

德国图宾根大学政治学教授约瑟夫·施密德说："人们把这些选举看作表达不满的机会，他们关注的是国内问题，而不是欧洲问题。"他进一步指出："欧洲多数国家正面临着经济危机，失业问题严重，而选民又反对触及自身利益的改革。"

这样，在欧盟25国中，处于中心舞台的几乎全是国内问题，从经济到某些国家政府的外交政策。7月初，索夫雷和盖勒普咨询公司的民意测验表明，25国选民最担心的问题是长期的失业和恐怖主义威胁。近乎半数以上的选民把失业问题置于自己关注的首位，三分之一的人认为是恐怖主义。据统计，欧盟目前的总失业率为9%，而东部国家如波兰失业率则更高，高达20%。

欧洲议会最大党团主席、德国基督教民主党首要候选人汉斯—格特·波特林（Hans-Gert Pöttering）说："我的总体印象是欧洲选举让人们无法激动起来。更为不幸的是，国内问题最为突出，却没有多少人能够认识到国内的政策必须置于欧洲背景之下来考虑。"

总之，这次选举清晰地表明，欧洲怀疑派在上升，欧洲整合绝非一帆风顺。欧洲领导人的当务之急是，怎么样让选民能够真正地意识到，只有把个人和国家的命运与欧盟的未来紧密结合在一起，才能使欧洲在全球化的激烈竞争中立于不败之地。

欧元区正面临危机[*]

1999年1月是多么令欧洲人陶醉的日子，被认为能为欧洲经济复苏带来契机的欧洲单一货币欧元启动，它给欧洲人带来了美好的憧憬。然而，如今这种陶醉似已成为遥远的回忆。

过去数年间，欧元区12国的经济表现一直令人极其失望，德国和法国首当其冲，不久前，欧盟委员会发表经济预测报告，预计2003年欧盟经济增长为0.8%，欧元区经济增长不超过0.4%，法德两国分别为0和0.1%。法德两国经济约占欧元区的一半，如果它们不能恢复能力，欧元区前景将非常悲观。欧洲综合征，这个为20世纪80年代欧洲经济低迷而造的词现在似乎又回来了。

这一切引起了法德两国关于经济改革的激烈辩论。2003年10月17日，德国下院批准一系列劳工和税收改革，旨在推动施罗德2004年年初出台的"2010年经济改革计划"。在法国，总统希拉克也在追求自己的改革，政府美其名曰"2006年计划"。但两国都面临着反对党、公共部门工人、工会及其他各种改革计划持有者的反对。

对于欧洲两个大国的经济疲软，人们提出了各种各样的解释。首当其冲受到指责的是欧洲中央银行，其"过分的"货币紧缩政策饱受诟病。德国的实际利率一直很高、通货膨胀极低，而欧元区的通货膨胀保持在2%以上。这样，法德两国就自然会质疑单一货币的伴生物——《稳定与增长公约》（以下简称"稳定公约"），认为它约束了两国的财政政策。

依照该公约，两国预算赤字不能逾越GDP的3%这一"神圣门槛"，

---

[*] 本文刊载于《经济月刊》2003年第12期，原文标题为《当陶醉已成回忆》。

否则将受到惩罚。但现在法德两国均难以支撑。两国均认为，鉴于欧盟稳定公约已经制定多年，而且目前国际国内经济环境都已发生巨大变化，因此有必要修改稳定公约，以适应变化了的形势。

此言出自欧元区两大国元首之口，预示着稳定公约的不祥前景。如《经济学家》载文指出，这虽不是《稳定与增长公约》的终结，但也许是其终结的开始。具有讽刺意味的是，当初公约首先是在德国的坚持下而被采纳的。由于德国有长期的财政紧缩措施、希望新货币和马克一样坚挺，为此，德国前财长魏格尔首先提出了由首批实行单一货币的国家签订一项"稳定公约"的建议，要求成员国做出承诺，在1999年实行单一货币后继续执行严厉的经济政策，保证财政平衡，并规定在财政赤字扩大时必须采取一系列措施，否则将受到制裁。

如今，德国似乎应验了那句古训："搬起石头砸自己的脚"，经济的持续低增长意味着它现在已无力维持3%以下的标准。据欧盟预测，德国将在第三个年头违反该规定，而且还会持续到2004年。根据规定，欧盟委员会很快会对德国提出强制性预算削减要求，这是实施罚款前的最后一步。就在半年前，德国财政部长还信誓旦旦地保证"尽管德国出现了财政赤字，但我们还会不遗余力地支持《稳定与增长公约》"。因为公约对于欧洲经济和政治稳定至关重要，然而，时隔不久，他不得不改变腔调，说在削减赤字问题上竭力合作的各国不应遭受制裁。但欧盟委员会官员并不为其所动，一官员讥讽道，你们"就像跟自己的孩子打牌一样，如果他们输了就要重新洗牌"。

比较幸运的是，在这场争吵中，德国有法国这个伙伴。法国甚至比德国更接近于被罚款的程度。欧盟委员会建议，2004年法国应该把其结构性赤字削减为GDP的1%，但法国予以拒绝。它已是连续第三年突破这个门槛。

法国的行为使事态演变成危机，于是欧盟财长不得不把关于惩罚法国的投票推迟到2003年11月底，届时，欧盟委员会也会根据同样的条款提议对德国施加强制措施。如欧盟委员会一位高官指出的，这个条款是实施财政制裁前的最后一步。

理论上，如果下一步援引法律程序，其他的欧元国将在2004年1月进行表决。但在实践中，这几乎不太可能，主要是因为欧盟的表决程序过于复杂。2002年6月，欧盟委员会已注意到法国要突破2004年的门槛，建议法国加以控制。但当10月欧盟委员会宣布法国没有遵循委员会的建议时，其建议实施的强制措施却也只是法国政府能够接受的非实质性措施，以避免双方发生冲突。

同样，如果欧盟委员会在2003年11月底与德法两国发生冲突，赢者仍然可能会是德法两国，因为无论是制裁还是强制削减预算，都必须得到成员国的批准，两大国势必会在其伙伴之间赢得足够的支持。

但是，法德的任何"胜利"都将威胁稳定公约的存在。那么，这意味着稳定公约的死亡吗？迄今为止，欧盟委员会一直宣称照章办事，但如果其建议措施被证明为软弱无力，那么公约必将变为没有牙齿的老虎，会慢慢地演变成一种宽泛的行动原则，而不再是其创始者所追求的法律工具。这样，公约最终必会走向彻底的崩溃。

欧洲价值的分裂[*]

颇具讽刺意味的是,不到一个月前,在反对穆斯林占多数的土耳其加入欧盟时,欧洲的一些著名人士还自诩,欧洲共同的基督教遗产是欧盟社会团结和文化一致的源泉。然而,随着布蒂里奥内危机的爆发,看来真正威胁欧洲团结的则是基督教徒和后基督徒之间的分裂。

2004年10月初,在欧盟批准巴罗佐提名委员的听证会上,意大利候选人罗科·布蒂里奥内(Rocco Buttiglione)指责同性恋是一种"罪孽",认为婚姻的存在就是让妇女生孩子,男人应该保护妇女,引发了左派和自由派人士的不满。支持者和反对者泾渭分明,甚至出现了某种类似于美国的文化战争。新主席被迫在10月27日表决的最后关头撤回委员会提名,欧洲议会否决欧盟委员会的提名委员在欧盟历史上是第一次。

布蒂里奥内是一个虔诚的天主教徒,又是罗马教皇约翰·保罗二世的挚友和天主教义的权威理论家。据说他曾帮助教皇起草通谕。布蒂里奥内的观点虽然具有明显的丑陋偏见,但是,同天主教教义基本一致。事实上,教堂一直对这种非生育婚姻持有疑虑。

在当今欧洲,天主教教义不仅是许多人生活中的一部分,而且已经融入欧洲思想和文化之中。欧洲主要政党的哲学基础是基督教民主,它来自教皇列奥十三世和庇护十一世的通谕,他们的支持者也大多为天主教徒或天主教为背景的选民。

天主教的信仰给所有欧洲人之间以一种强烈的文化和宗教联系,就连欧盟旗帜上蓝色背景内的12个黄星也与天主教联系在一起。据当初设

---

[*] 本文刊载于《经济月刊》2004年第12期,原文标题为《欧洲价值的分裂》。

计该图案的阿森内·海茨回忆说，他的灵感就来自基督教《圣经·新约》末卷的启示录，"用太阳作妇女的服装，头部是 12 个星星围成的王冠"。

不过当今的现实是，天主教教义与欧洲理想正处于危险之中，二者似乎行将出现分离。

当然，这样的冲突不会迫在眉睫，但它反映了世俗者和宗教人士在构建"欧洲价值"上的不同观点，加剧了现代欧洲与古老欧洲信仰之间的分歧。

人们无疑会感到，欧洲社会潮流的发展趋势正越来越不利于教皇约翰·保罗二世和布蒂里奥内所支持的保守价值观念。对西班牙的民意测验表明，60% 的人支持同性恋议案。同美国相比，欧洲整体是一个世俗的地方。虽然欧洲的风景、建筑、习俗以及地名命名都深深地融入基督教历史之中，但去教堂做礼拜的人已经很少。

布蒂里奥内事件的最后结果使联邦主义者大为高兴，他们希望这标志着欧洲议会时代的到来；一位议员甚至称为"真正具有创造性的事件"，是欧洲民主的胜利。

与欧盟的历次政治危机不同的是，在这次危机中欧洲议员不是沿着国家路线分裂，而是沿着意识形态的路线分裂；保守党议员无一例外地支持布蒂里奥内和欧盟委员会，而社会党、绿党、自由党则坚决反对。

一些政治评论家预测，对于欧盟来说，这次危机也许既是风险又是机遇。在过去的 60 多年中，欧盟一体化之所以如此成功，一个重要原因是它从来没有激起整个欧洲民众的强烈情绪；今天它可能真正地标志着泛欧政治的开始。这次危机无疑使欧洲议会赢得了一些赞扬和支持，增加了人们对民主的信心。

一旦由此惹怒欧洲一体化的传统支持者天主教堂，那么这种全欧范围的辩论也许并无助于欧盟的顺利发展。

欧洲人口隐患正在读秒[*]

位于伦敦的欧洲改革研究中心日前发表的一个研究报告指出，欧洲大陆正面临着日益严重的人口和养老金危机：它必须解决人口老龄化带来的问题，否则将面临经济增长率下滑以及日益增长的养老金危机。报告结论认为，欧洲的人口结构变化将会改变欧盟以及世界的经济力量平衡。

确实，欧洲目前正经历着慢性爆炸，这将成为经济和社会定时炸弹。据联合国预测，到2050年，欧洲27国人口将会以6%的速度下降，从4.82亿人下降到4.54亿人。那些出生率低的国家下降更大。德国目前人口约8000万人，据德意志银行预测，到21世纪末德国将仅有2500万居民，"即使每年有25万的移民，到2100年，德国人口也将下降到5000万人"[①]。

一方面是出生率的下降，另一方面是寿命的延长，这种趋势带来的经济和政治后果是惊人的。其中之一将是欧洲慷慨的国家福利制度缓慢地坍塌。该制度以工资所得税计划为基础，要求今天的工人为昨天的退休者出钱，其理论基础是当今的工人数量远多于退休人员。但过去二十几年内的事实远非如此。今天，在岗的工人中实际上已有5%到了退休年龄，根据目前的人口发展趋势，到2050年，更会有75%的工人达到退休年龄。在西班牙和意大利，养老金领取者与工人之比届时将呈现为1:1。

由于德国、法国和意大利的养老金均来自税收，其结果势必以高税

---

[*] 本文刊载于《经济月刊》2003年第11期，原文标题为《养老：欧洲的定时炸弹开始读秒》。

① *The Economist*, July 19, 2003.

收来维持欧洲人习以为常的慷慨养老金。这一成本已超越了政府的财政资金能力。据德意志银行估计，德国人平均将自己29%的工资交给国家用于养老金费用，而意大利则接近33%。

几年来，各国政府一直为这一问题所困扰。法国、奥地利、意大利和德国相继爆发愤怒的罢工浪潮，其原因皆起源于政府要削减慷慨的福利。事实是，各国虽希冀改革但又裹足不前，结果是修修补补，难以彻底解决问题。

意大利政府的行为恰能说明这个问题。不久前，西维尔奥·贝卢斯科尼（Silvio Berlusconi）公布了意大利的养老金改革方案，但奇怪的是，贝卢斯科尼不是加速并立即实施早期的改革，而只是漫无目的地玩弄所谓的"老年人"养老金，即延长现在工人的实际退休年龄。

意大利官方规定的退休年龄为65岁，但实际上那些工作35年以上者57岁时就可以提前退休并领取退休金。因此，贝卢斯科尼的改革就是呼吁民众，以他为榜样，延长退休时间，至少工作到62岁，多为国家做贡献。更有甚者，他的改革方案拟于2008年生效。殊不知，届时现任总理早已不知去向。贝卢斯科尼之所以如此谨慎，是因为大幅削减养老金根本不会得到意大利选民的支持。

不仅贝卢斯科尼在失去勇气，其他国家的领导人也具有相似的心态。几年来，德国一直酝酿改革养老金计划。甚至早在2002年竞选时，施罗德就大声疾呼，"我们决不能回避变革，我们必须告别许多我们珍爱但却非常昂贵的东西……人口减少和老化会使我们的医疗和福利制度难以支撑，许多东西都必须变革"。不过，德国辩论的结果也只是按月逐渐增加退休年龄，2011—2035年从65岁增加到67岁。

在法国，从20世纪90年代初期的中右阿兰·朱佩政府开始，到90年代末的社会党若斯潘政府，都曾试图解决公共部门养老金问题，但经过调查和研究后，他们无不纷纷退却。其根本原因也在于一波波的罢工浪潮。法国公共部门的雇员占整个劳动力的四分之一，他们工作37.5年后就可以退休并获得全额退休金，而私有部门则必须工作40年。不久前，拉法兰政府刚通过一项法律，其内容也只是要求公共部门雇员像私有部门雇员那样工作时间长一些，以便有资格享受完全的国家养老金。

在奥地利，政府曾两次试图改革这项制度，但都因过于胆怯而未果。

政府为何如此胆怯实际上并不难理解。因为改变公共养老金在工人和选民中极不受欢迎。过去几年，法国、奥地利、意大利和德国相继爆发愤怒的罢工浪潮，其原因皆起源于政府要削减慷慨的福利。1994年，意大利贝卢斯科尼政府之所以倒台，一个重要原因是他试图改革养老金制度。

不过，欧洲政府和选民迟早必须面对这个残酷的现实，尽快解决这个危机，虽然这一过程是非常痛苦的。否则政府越拖延，问题会越严重，养老金的债务也会变得更沉重，而且随着选民年龄的增长，政府更难以削减其养老金。结果将会在代与代之间出现资源之争，退休者要求高税收以保证其养老金和医疗保障，年轻者则要求削减税收。

欧洲人口减少和老化也势必会影响欧洲成为世界大国而对抗美国的决心，如法国国际关系研究所的一个报告所预测，到21世纪中叶，由于欧洲的国内生产总值低于美国和中国，欧盟将会"缓慢而又无情地从历史中退出"。

欧洲的不安全感与认同危机[*]

近年来欧洲民粹主义力量的不断上升,是当前欧洲认同危机的具体表现。民粹主义,特别是极端右翼民粹主义全方位崛起,反映出欧洲民众在当前认同碎片化时代寻找认同填补方式的急迫需求。深层次认同危机与民粹主义现实威胁之间的恶性循环正在逐步形成,这是当前欧洲政治的最大问题。

欧洲是否正在逐渐走向保守与封闭?这一态势似乎愈加凸显。2012年以来的短短数年,各类民粹主义政党通过各层级选举密集性崛起,已然成为欧洲主流政治的一部分。伴随全球化和欧洲一体化的不断深入,社会变革冲击加之诸多内外部安全挑战,一种"不安全"感弥散于欧洲社会各个群体之间,而欧盟和欧洲各国在应对危机方面的低效,使得这种"不安全"感更夹杂着对制度的"不信任",严重冲击了原有的制度认同。

一 认同危机的根源:"不安全"

当前欧洲的"不安全"来自哪里?简言之,在当前包括恐怖主义、难民危机等内外安全挑战的情况下,欧洲安全形势恶化。而全球化和欧洲一体化的加速,非但没有解决安全挑战带来的认同问题,反而加剧了这一认同危机。

频发的内外安全挑战,是影响欧洲当代认同的重要因素。近年来,

---

[*] 本文刊载于《人民论坛》2016年第31期,原文标题《欧洲社会为什么弥散着不安全感》。

欧洲政治、经济和社会形势空前动荡，欧洲内部原本就极其脆弱的团结精神遭遇欧债危机的重创。同时，第二次世界大战之后最大规模的难民潮涌入欧洲各国，多起本土恐怖主义事件将欧洲穆斯林群体推到风口浪尖，使欧洲多元文化社会受到极大冲击。在这种情况下，欧洲的认同危机伴随着越发严重的排外情绪不断恶化。

欧洲历来以高福利自豪，但却往往忽视福利国家的基本单位是依照民族主义原则形成的封闭政治共同体。换言之，全球化和欧洲一体化事实上固化了欧洲福利制度中的"排他主义"。而这种先天的排他性是与人员自由流动的精神相悖的，伴随着全球化和欧洲一体化的深入，近年来中东难民潮的涌入，特别是各国在应对难民危机方面的低效，民众不断强化的"不安全"感，构成了右翼民粹主义话语的现实基础。

"不安全"感不仅影响到各国的政治认同，还冲击了欧洲共同体的认同。伴随着福利国家和移民浪潮的对冲、各国社会经济形势和危机应对效能的差异，欧洲国家之间的界限在不断加深。出于自利和自保，"我们凭什么为'懒惰'的希腊人买单"，"夺回我们的国家控制权"等口号在当前的民粹主义浪潮中此起彼伏，欧洲一体化的整体认同趋于弱化。

二 现有体制未能有效应对"不安全"带来的制度性认同危机

全球化和欧洲一体化带来冲击的影响是欧洲当前"不安全"感的最重要因素，是认同危机产生的根源。但是，直接将这一外部安全影响落实到欧盟和欧洲各国现有政治体制上的，是当前危机应对制度和措施的低效。主流政党履行竞选承诺和解决实际困难的能力受到越来越多的质疑，民众对无法掌控自己的国家感到恐慌。

首先，在欧盟层面，欧洲一体化若要成功实现"类国家建构"、建立民众和超国家机构之间的直接法律关系，就必须以政治认同为基础和前提。在20世纪70年代，一体化结束了凯歌行进的理想时期，开始感受到来自民族主义的阻力，欧洲的共同体认同成为一个"问题"并持续至今。可以说，对于欧共体或欧盟层面认同问题的讨论，对于民族国家和他们所协调合作产生的欧洲共同体之间关系的争议，本身就是欧盟内在认同危机的表现。

然而，欧盟尚无明确制度来解决认同问题。欧共体的产生逻辑是一种基于外部不安全的集体应对，其制度设计的基础是内部认同的一致，没有设定解决内部认同危机的"阀门"。但显然，当前的不安全已非欧洲整体的不安全，而在于成员国层面的安全问题和内部凝聚力的下降。在认同危机日益发酵恶化的今天，欧盟层面的无所作为导致人们长期以来认为欧盟代表先进制度的观点不复存在。

其次，在成员国层面，制度的低效主要源于多元文化主义的当代困境。2016年3月22日布鲁塞尔恐怖爆炸案、7月14日法国尼斯恐怖袭击等事件，给欧洲社会长期坚持的多元文化主义投下了浓重的阴影。关键在于，袭击者并不是来自遥远国度、文化和政治思维都陌生的"异己"，而是政治和法律意义上的"欧洲人"。"本土恐怖主义"逐渐露出苗头，是多元文化主义当代困境的体现。纯粹意义上的多元文化措施并不足以形成稳固的政治文化认同，这是当前欧洲国家在处理难民和本国少数民族问题上裹足不前、争议频出的根源所在。

从本质上而言，"多元文化主义"是对多民族国家认同状况的一种"确认"，其本身不足以构成一种多元文化的"解决"方案。这种表象上的多元一旦被泛化，就很容易陷入文化相对主义，甚至引发文化分裂主义。这在客观上很容易导致各个文化群体在强化自己文化认同的同时，不再承认和肯定其他民族文化的价值。

三 基于"不信任"的反体制诉求

对于现行制度的"不信任"或"不自信"，在欧洲民主体制和多党制度之下必然会发展为部分人的反体制诉求，民粹主义裹挟民意的不满愈发势大，这是由民粹主义的特质所决定的。民粹主义反对代议制政治，自诩代表民意而质疑精英统治，因此，它是制度认同危机的必然产物。

民粹主义在欧洲的全面崛起，除了有制度性认同危机的诱发和催化之外，本身也折射出当前欧洲民主制度的一些问题，如保罗·塔格特所言，欧洲民粹主义的产生既依赖于代议制民主，同时又是对这种政治运作方式缺陷的一种不满和挑战。可以说，民粹主义并不是反对"民主本身"，而是源于"民主的赤字"，即政治治理与民意相差巨大。欧洲民粹主义在根本上来源于人们对政党体制、对民主的合法性、对公民身份、对一体化的同质文化规范的危机意识。当前，欧洲民粹主义反体制的内涵主要体现在以下两个方面。

第一，极端右翼民粹主义的崛起。民粹主义当前最突出的表现是各国政坛的右倾化现象，而疑欧党派和极右翼势力的群体性出现，是欧洲民众反体制情绪集中爆发的体现。民众的不安心理在主流政治中找不到合理的解决路径，民粹主义依托极端民族主义适时填补了政治代言的空缺，充分利用并煽动人们对于危机和未知的恐惧心理，为其政治目的服务。

第二，欧洲范围内左右政党向民粹方向的合流。当前，欧洲民粹主义不是一个单独的政党或者运动，而是在同一时期不同国家出现的、具有一些相同主题特征的一系列不同政党的政治聚合。西欧、北欧的民粹主义多为右翼诉求，包括地区民粹主义政党、种族民粹主义政党和极端右翼民粹主义政党；中东欧的新民粹主义却并非右翼，既有偏右的"强硬派"民粹主义，还有偏左的"温和派"民粹主义；南欧则以左翼民粹主义为主。各种民粹主义势力都声称代表民意，但"人民"的内涵却显然因国而异，他们能在全欧范围内同时起势，不仅因为全球化与欧洲一体化对于各国的无差别冲击，也在于各国普遍存在的主流政党的代表性危机，以及传统左翼的衰落。民众厌倦和反感传统政党日益精英化、腐败丑闻不断，希望出现"非官僚"的"草根"人民领袖领导"超越传统左右"的新型政党来改变现状。而同时，主流政党并未提供一个较好的认同构建方案，政治上的联合执政仅仅代表了一种选举层面的短暂联盟，无法形成较为统一的政治认同。

四 认同危机与极端右翼民粹主义的恶性循环

当前欧洲政治图景中，民粹主义已经构成对现有政治秩序的最大威胁。其根源在于民粹的反民主、反体制特色，加之它的"空洞化"特质，可以使其与任何一种其他的主义相结合，在短时期内发酵为新的反体制力量，会在根本层面对欧洲既有政治体制构成威胁。当前欧洲的民粹主义非常特殊，这种特殊性在一定意义上体现为，民粹化趋势的确在一定程度上反映了底层民众的诉求和对社会的不满。如果没有得到妥善解决，既有的民粹主义运动会使当前的认同危机不断发酵升级。在过去一段时期内，民粹主义越发显示出与极端民族主义合流的迹象，极端右翼民粹主义已经朝着一个脱离制度性认同危机的独立问题方向发展，并与认同危机相互促进，这一恶性循环很有可能成为未来一段时期欧洲政治格局的重要形塑力量。

民粹主义并不是新鲜的现象。自俄国19世纪中后期的民粹运动以来，民粹主义在世界范围内从来没有彻底消失过。但大多数情况下，历史上的欧洲民粹主义往往是一种边缘化的政治势力，这一特点决定了欧洲历史上很少或几乎没有出现成为绝对多数的民粹主义政党。然而，伴随当前欧洲右翼民粹政党的全面崛起，这一情况似乎已经发生了根本性的变化。同时，民粹主义本身也并不具有社会改造力。历史上民粹主义变革的成分是由其所依托的其他"主义"带来的，在这些"主义"中，极端右翼或极端民族主义会对欧洲多元社会的认同构建提出最大的挑战。20世纪后期至今，伴随欧洲右翼民粹主义政党成为欧洲民粹主义现象的主导形态，民粹主义的情绪化、短视化、碎片化、极端化，加上极端民族主义反对开放、封闭保守的特质，正在不停塑造着欧洲的政治图景。这些党派虽然在短时间内不能左右欧盟和欧洲各国的发展走向，但从长远来看，却极有可能重塑欧洲政治生态，增加了欧洲政治的不确定性。

右翼民粹已经逐渐发展为一个脱离了认同危机的独立问题，一定程度上，一个反向的认同联盟正在形成，民粹主义成为国际化问题，甚至已经蔓延出欧洲。当前，欧洲民粹主义政党积极加强与跨国政党之间的联系与支持，使民粹主义势力欧洲化、国际化，影响力大大增强，如欧洲民族运动联盟已经成为一个泛欧洲的极右政党联盟，这些新民粹主义政党包括极右政党相互支持，渐成合流之势。只要民众依然缺乏安全感和寄托，他们就有生存的空间。

欧洲不能任由一个认同危机和民粹主义的恶性循环出现，这种恶性循环将在长时期内侵蚀欧洲几十年来的认同建设成果，甚至毁掉欧洲上百年的民主根基。一方面，这并非杞人忧天，无论是俄国在19世纪六七十年代出现的轰轰烈烈的民粹主义运动,还是19世纪晚期美国著名的"人民党"运动、20世纪的法西斯主义,抑或是20世纪五六十年代民粹主义在拉丁美洲成为政治主流,历史已经反复证明:一旦发生认同危机,民粹主义总会使政治的内容和基调发生结构性的变化。另一方面,其他面临同样问题的国家也需要从欧洲当前的认同危机中得到警示。从世界历史进程中来比较,一个事实是显而易见的:越是后发现代化国家,制度化程度越低、转型越不彻底,民粹主义的毒副作用就越大,就越可能泛滥成灾。如何积极及时地应对社会转型期的认同危机,有效打破民粹主义和认同危机的恶性循环,乃至将之扼杀在萌芽状态,是世界上许多国家共同面对的紧迫难题,需要我们认真思考。

恐袭多发与欧洲安全危机分析*

众所周知，自美国"9·11"事件发生以来，西方国家尤其是欧洲国家投入了大量的资源进行反恐，反恐级别不断提升，但其总体效果不佳，恐怖袭击频率不断上升，渐有常态化之势。

欧洲刑警组织发布的《欧盟恐怖主义现状与趋势报告》显示，2007—2013年，欧盟成员国共发生2208起恐怖袭击事件（包含所有成功的、失败的和被阻止的恐袭），其中大多数发生在法国（866起）、西班牙（937起）和英国（125起）。2016—2017年可以说是欧洲恐怖袭击的增长期，巴黎、尼斯、伦敦、曼彻斯特、布鲁塞尔、柏林等地连续遭受恐怖袭击，恐怖袭击在欧洲正呈不断上升之势。以2012年法国图卢兹犹太学校的恐怖袭击为分界，欧洲前期的恐怖袭击多为"基地"组织所为，后期则多为"伊斯兰国"组织所为，两类均属于伊斯兰极端恐怖主义。从恐怖袭击者的出身背景来看，其中多数是欧洲土生土长的穆斯林后代。法国《费加罗报》把一系列恐怖袭击称为"伊斯兰国"对欧洲掀起的"欧洲大战"，欧洲从此进入恐怖主义时代，无数无辜的平民成为恐怖主义的受害者。

为什么向来宽容平和的欧洲社会会变得如此激进、极端和暴戾？极端主义分子为何在欧洲频频出现？欧洲为什么会成为众多恐怖主义分子的袭击目标？

---

* 本文刊载于《人民论坛》2018年第10期，原文标题为《欧洲为什么越来越不安全》。清华大学国际关系学系原博士后沈晓晨、博士生齐思源亦有贡献。

一 地缘政治：毗邻伊斯兰国家与难民的欧洲选择

当前欧洲极端恐怖袭击频频发生，主要是源于欧洲自身复杂的社会经济环境。恐怖袭击折射出的是欧洲内部政治、经济、社会以及外部环境的多重问题。欧洲绝大多数恐怖袭击与伊斯兰宗教极端主义密切相关，这些"圣战者"大多与中东地区的"基地"组织以及后来的"伊斯兰国"组织有着密切的联系。从地缘环境来看，欧洲属于典型的"地理囚徒"。环顾周边，欧洲被十几个伊斯兰国家以及数亿穆斯林人口所包围。欧洲发达的经济和富裕的生活水平不仅使其成为中东北非地区民众的移民天堂，同时一旦周边这些国家和地区出现战争和社会动荡，欧洲大陆也必然成为难民躲避战乱和动荡的首选避难所。自2011年利比亚和叙利亚等中东国家局势动荡以来，数以万计的难民冒险从陆海多条路线涌向欧洲大陆，这其中也混杂着不计其数的恐怖分子。据美国情报机构估计，欧洲难民危机期间抵达欧洲的百万穆斯林难民中，至少有1500名受过专门训练的恐怖分子，这些人成为欧洲大陆的隐形炸弹，随时可能制造恐怖事件。

从历史来看，中东北非国家多数是欧洲国家原来的殖民地，欧洲对这些国家的历史欠账较多。第二次世界大战后，欧洲大陆因劳工短缺，从殖民地国家引进劳动力成为欧洲经济复兴的必然选择。目前欧洲各国来自中东北非地区的穆斯林有近4500万人，其中近四分之一分布在法国和德国。大量穆斯林的到来，慢慢改变着欧洲的面貌，所谓的"欧洲伊斯兰化"现象日趋显著，欧洲各地不断出现的移民与反移民浪潮就是明证。

大量移民的出现，带来了许多现实的社会融合问题。第二次世界大战后几十年来，欧洲外来移民与本土社会文化的融合有成功也有失败。一般而言，第一代移民的思想和社会经历相对较为简单，他们基本满足于自己的生活状况，也能够较好地与本土居民融为一体。但第二代及第三代移民与其父辈大为不同，他们虽然在出生后接受了与其同代的欧洲人的价值观念，在经济收入与社会地位方面却与欧洲本土人有着很大的差别。很多移民及其后代受教育程度较低，所从事的工作一般为主流社会不愿意做的，有些人甚至处于失业或半失业状态，收入水平和主流社会差异巨大。尽管欧洲社会建立了比较完善的社会福利政策，但其并没有完全覆盖到少数族群，大多数移民仍处于欧洲社会的底层，徘徊于文明世界的边缘。孤立和贫困催生出的愤怒，使得穆斯林聚居的移民区变成一个个"火药桶"，生活在这里的年轻人容易被各种激进思潮——宗教与政治极端主义引入歧途，成为极端思想的"俘虏"。

不仅如此，一些欧洲学者研究发现，即使那些较好融入欧洲社会的移民也正陷入一种"融合的悖论"之中，即越是与欧洲主流社会融合较好的穆斯林移民家庭，其子女越是容易受到极端思想的蛊惑，虽然其父母可以提供优越的物质条件，但他们并不感觉这样的生活有意义，并逐步产生彷徨苦闷。这些思想迷茫的青少年是最容易受到极端思想影响与渗透的群体，一旦有机会，极端组织就会通过互联网和社交媒体等对他们散布极端思想，招募"圣战者"，许多青年人因而成为极端组织的猎捕对象，在被洗脑后离家出走，参加"圣战"组织。2016年3月初，北约总司令、美国空军上将菲利普·布里德洛夫在美国国会作证时指出，从2012年起，至少有5000多名欧洲出生的穆斯林前往伊拉克和叙利亚参加"圣战"，其中多数均陆续返回欧洲。法国参议院2015年3月公布的报告显示，近年来有1430名法国人前往伊拉克和叙利亚参加"圣战"活动，是欧洲各国之最。这些深受极端思想左右的欧洲"圣战者"把恐怖主义带回欧洲大陆，成为欧洲最大的安全威胁。

二 恶性循环：欧洲的极右翼民粹主义与伊斯兰极端主义

从社会文化层面来看，欧洲国家大多宣称奉行文化多元主义，希望多元文化与宗教信仰可以和平共处，但在现实政策中，却仍是以白人主流文化为主导。久而久之，穆斯林移民认为其很难在欧洲国家获得文化与宗教的认同，愤懑与不满情绪油然而生。例如，作为穆斯林移民人数最多的欧洲国家，法国政府出台的禁止本国穆斯林妇女在公共场合穿戴面纱等政策，造成穆斯林移民的普遍不满。

伊斯兰文化与欧洲本土文化的长期矛盾，为伊斯兰极端主义提供了可乘之机。而伊斯兰极端主义反过来促发了欧洲各国右翼尤其是极右翼民粹主义政党的崛起。极右翼民粹主义政党以反欧盟、反一体化以及反移民为旗帜，把诸多复杂的社会问题和矛盾简单归罪于外来移民，激化了社会情绪，也为伊斯兰极端力量制造矛盾提供了借口。极右翼民粹主义与伊斯兰极端主义互相影响、互相作用，在欧洲社会形成了一种严重的恶性循环。

自 2015 年 1 月法国《查理周刊》恐袭、同年 11 月巴黎恐袭及 2016 年布鲁塞尔恐袭以来，欧洲政治生态急剧变化，反移民的极右翼势力急剧膨胀。法国极右翼政党"国民阵线"，把穆斯林在街头祈祷比作 20 世纪 40 年代前期纳粹对法国的占领，多次呼吁关闭受极端主义影响的清真寺，并驱逐境内传播反法思想的外国人，煽动排外情绪。布鲁塞尔恐怖袭击发生后，比利时民众在市中心广场纪念死难者时，有数百名极右翼分子行纳粹礼、呼喊着"我们是在自己家里"，冲散聚会的人群，与警察发生激烈冲突。德国也爆发多起"反伊斯兰化"游行。德国极右翼力量发起成立"爱国欧洲人反对欧洲伊斯兰化"（以下简称"佩吉达"）组织。2016 年 10 月 3 日，在德国总理默克尔和总统高克等政要出席德国统一 26 周年庆典时，遭到了在场数千名右翼人士的抗议，而抗议人群主要来自"佩吉达"。目前，"佩吉达"的影响力已经超越国界，在比利时、奥地利、瑞士、瑞典和挪威等欧洲国家形成了一定规模，并不断组织跨国界的反移民活动。

这些大规模的反移民、反穆斯林活动，为各国极右翼民粹主义政党的崛起提供了良好的社会土壤。在 2014 年 6 月以来的欧洲各国选举中，极右翼民粹主义政党群体性崛起，成为左右政局的重要力量。比如，英国独立党成为英国"脱欧"的重要推手；2016 年法国"国民阵线"在法国多个地方大区的第一轮选举中稳居第一，在 2017 年的总统选举中，"国民阵线"候选人玛丽娜·勒庞与中间派候选人埃玛纽埃尔·马克龙激烈角逐，赢得 35% 的选民支持；2017 年 9 月，德国新崛起的极右翼政党德国选择党，在德国议会选举中位居第三，改变了德国的政党格局；同时，各种不同形式的民粹主义政党在匈牙利、奥地利、丹麦、芬兰、葡萄牙、希腊、瑞士、西班牙、意大利等国家中皆成为举足轻重的政治力量。

极右翼民粹主义与极端伊斯兰主义互相影响、相互促进，已成为当今及未来一段时期内欧洲政治格局的重要形塑力量。一方面，伊斯兰极端主义及其所引发的恐怖袭击，已经成为欧洲社会最为严重的安全威胁；另一方面，伊斯兰极端主义与欧洲本土社会的极右翼民粹主义呈现相互刺激的恶性循环，甚嚣尘上的伊斯兰极端主义刺激了欧洲社会极右排外情绪的发酵升温，构成了民粹主义产生和发展的政治与社会基础。

三 反恐困境：欧洲的反恐政策失误和"自由至上"理念

从外部因素来看，中东地区失序、陷入动荡，美国与欧盟国家难辞其咎。长期以来，以欧美为代表的西方世界动辄对中东地区横加干涉。"9·11"事件发生后，美国草率地发动了伊拉克战争和阿富汗战争，拉开了"越反越恐"乱局的序幕。2011年阿拉伯革命爆发后，美国及欧盟某些国家以支持民主之名，假借反对派之手，推翻中东具有"反恐之盾"之称的利比亚卡扎菲政权，插手叙利亚事务，恶化了原有的教派矛盾，制造了叙利亚漫长而血腥的内战。欧美国家先以消灭"基地"组织为由发动了阿富汗战争与伊拉克战争，后又以反对暴君巴沙尔为由干涉叙利亚内政，最终导致"基地"组织没有被消灭、巴沙尔也没能被推翻，反而制造出了一个比"基地"组织更加疯狂的"伊斯兰国"组织。这不能不说是西方世界反恐大业的败笔。

从反恐政策与措施来看，欧洲陷入法治与自由理念的困境，成为法治与自由等价值理念的"囚徒"。民主、自由、法治在西方被奉为圭臬、不可撼动，许多欧洲人认为，自由与安全之间不存在矛盾，认为政府不应该以安全为由干涉个人的自由，包括言论方面的自由。实事求是地讲，欧洲发生的多起恐怖袭击案件，其实也是肆意倡导言论自由而伤害宗教信仰所致。由于欧盟各国法律的制约，警察经常会在涉及司法质询或者逮捕恐袭嫌犯时陷入困境，这导致某个或某些恐袭嫌犯经常因证据不足而被无罪释放，释放后又继续从事恐怖主义活动。不仅如此，欧洲各国公共场所的安检措施也存在诸多漏洞，给恐怖分子提供了可乘之机。漫步欧洲主要城市，如巴黎、布鲁塞尔乃至伦敦，虽然可以发现大街上满是荷枪实弹的巡逻士兵和灯光闪烁的警车，给人以威严紧张的印象，但在地铁与车站等人口密度较大的公共场所，却没有任何安检措施。与之相较，中国各地严密的安全措施虽然给行人带来一定的不便，但确实给予民众强烈的安全感。与中国相比，欧洲国家无疑显得更不安全。

总之，毗邻周边众多伊斯兰国家、拥有殖民统治的历史包袱、反恐政策存在失误以及"自由至上"的理念，已经成为欧洲反恐和安全的困境。须知，反恐不仅是破案、捉拿凶手、惩治罪犯，而且交织着复杂的族群关系、宗教信仰及社会矛盾。打击恐怖主义不是简单地一打了之，以暴制暴只会导致更多的暴力。从近期欧洲国家发生的恐怖袭击特点来看，恐怖袭击越来越呈现"独狼式"的小规模趋势，作案工具也越来越简单化，反恐难度不断增加。短期内欧洲国家的恐怖袭击恐怕难以根除，欧洲国家只能在维持高压反恐的态势下，致力于发展经济、增加就业、消除两极分化、缓和社会矛盾，尤其是妥善解决移民及融合问题。同时要支持西亚、北非等地反恐力度的增加，促使相关各方搁置争议、集结力量，建立反恐统一战线。在外交上，应致力于西亚北非的和平建设，促进叙利亚和伊拉克等地区恢复和平与稳定，根除恐怖主义的滋生。

身份认同危机与英国反恐斗争*

身份认同是个体对自我身份的确认和对所归属群体的认知，以及所伴随的情感体验及行为模式进行整合的心理历程。[①] 美国心理学家詹姆士（William James）和奥地利心理学家弗洛伊德（Sigmund Freud）都对身份认同有所提及，"身份认同"实际上包含了"身份"和"认同"两个概念，并由此衍生出"个体认同""社会认同""族群认同"等概念。美国心理学家杜克斯（Kay Deaux）认为，"身份认同是一个人对自己归属哪个群体的认知，这是自我概念中极其重要的一个方面"[②]。另一位美国心理学家埃里克森（Erik H. Erikson）认为，"具有身份认同的人会体验到自己是不同于其他人的，同时自己的生活又是连续的，过去、现在以及将来的自我都是自己认同的自我，其标准是独特性和连续性的统一"[③]。自我是通过对"我是谁"这个问题的叙述而获得具象化的。[④]

本文所探讨的身份认同问题，实际上是当个体或群体的特质在与他人或群体互动过程中，发生的原有身份变动对政治系统的长期稳定产生的影响，即国家认同问题。国家认同是维护政治合法性的基础，也是政

---

* 本文刊载于《当代世界社会主义问题》2018年第4期，原文标题《身份认同危机与英国反恐政策的困境》，合作者为原清华大学社会科学学院博士研究生田园。

① 张淑华、李海莹、刘芳：《身份认同研究综述》，《心理研究》2012年第1期。

② Kay Deaux, "Reconstructing Social Identity", in *Personality & Social Psychology Buletin*, Vol. 19, No. 1 (February 1993), pp. 4–12.

③ Erik H. Erikson, "Identity and the Life Cycle", in *Psychological Issues*, Vol. 1, No. 1 (January 1959), pp. 18–164.

④ Paul Ricoeur, *Time and Narrative*, Vol. 2, Chicago: Chicago University Press, 1988, p. 246.

治系统保持稳定的基础。当前世界各国正面临着深刻的社会变革，恐怖主义和民粹主义思想对社会稳定造成了极大的影响。近年来欧洲恐怖袭击事件频发，也使学者们开始越来越多地关注欧洲国家民众的身份认同问题。西方学者普遍认为，欧洲本土恐怖主义产生的根源在于少数族群与主流社会之间存在认同危机，两个社会群体之间存在较大差异，缺乏共同的国家认同。而在同样面临国家认同问题的欧洲各国中，比较有代表性的是英国。英国是欧洲大国中有较长移民历史的国家，少数族群与主流社会之间的分歧较大，特别是在2017年本土连续遭受恐怖袭击后，英国主流社会中的保守主义与民粹主义思想不断蔓延，并伴有强烈的排斥性和向极端化发展的倾向，这也致使主流社会与少数群体之间的隔阂不断加深，对英国社会稳定和国家安全都造成了严重的影响。因此，分析身份认同危机与英国反恐政策困境之间的关联，对于面临类似情况的国家也有一定的理论与实践意义。

在探讨身份认同危机与英国反恐政策的困境时，需要思考以下几个问题：首先，英国反恐斗争背景下的身份认同危机表现在哪些方面，其产生原因是什么；其次，英国针对身份认同危机制定了哪些反恐政策，并如何对这些反恐政策进行改进；最后，英国反恐斗争背景下的身份认同危机引发的政策困境是什么，应当如何解决。

一　身份认同与身份认同危机

（一）身份认同的概念辨析

福山（Francis Fukuyama）认为，西方的身份政治始于马丁·路德发起的宗教改革运动："宗教改革确认真正的宗教虔诚是个人的主观状态，把个人身份和外在行为分离开来。"[①] 泰勒（Charles Taylor）认为："现代身份认同要求承认，它本质上是政治性的。"[②] 人类社会发展到今天，越来越多的群体，特别是历史上受到压迫和歧视的群体，开始追求身份的

---

① Francis Fukuyama, "Identity, Immigration, and Liberal Democracy", in *Journal of Democracy*, Vol. 17, No. 2 (April, 2006), pp. 5–20.

② ［加］查尔斯·泰勒：《承认的政治》（上），《天涯》1997年第6期。

认同以及平等的尊严。

探讨身份认同问题的宏观层面就是国家认同。首先,认同应具有以下特点:第一,认同是社会性的,是一种集体行为,认同根源于个人与他者之间的关系;第二,认同是动态的、自然发生的,认同会发生变化,具有可塑性;第三,认同是客观社会存在与个体意识作用相结合而形成的,既是个体意识作用的结果,同时也依赖客观社会存在的一些条件。① 在明确了什么是"认同"后,再来看一下国家认同的含义。国家认同所包含的不仅有政治方面,还有历史、传统、文化、民族等其他方面的内容。国家认同侧重于对国家与民族的认同,决定国家认同的因素主要是人们的出生地、国籍、传统文化以及民族认同。政治认同则侧重于"公民对某种政治权力的承认、赞同和同意"②,其获得主要源于该政治权利的理念性资源意识形态、制度性资源社会公正以及功绩性资源经济发展。③

如果要厘清国家认同与其他概念的区别,就涉及对合法性、政治认同和文化认同概念的辨析。法国学者让-马克·夸克在《合法性与政治》中,详细论述了政治认同与合法性的区别和联系。他把政治认同称为对统治权力的赞同,把合法性定义为统治权力:"只要存在着赞同,那么对权力与权利的同一性的判断就将一直延续下去。如果这种赞同被收回,那么这将构成政治缺乏合法性的标志。因此,赞同是统治权力的必要条件,而并不是充分条件。"④ 合法性的建立除了政治认同之外,还需另外两个必要条件:一是规范,即政治合法性的内容;二是与法律的一致性。政治认同与另外两个必要条件同时存在,才能构成合法性的充分必要条件。政治认同是合法性的前提,政治认同在合法性建立的过程中占有最为基础的地位,可以使合法性获得支持、保持稳定。同时,根据李素华的观点,政治认同的含义为:"公民对某种政治权力的认同,即公民对某种政治权力的承认、赞同和同意,并且自觉地以该政治权力的要求来规范自己的政治行为。"⑤ 对于文化认同,江宜桦在论及沃尔泽的国家认同

---

① 李素华:《政治认同的辨析》,《当代亚太》2005 年第 12 期。
② 李素华:《政治认同的辨析》,《当代亚太》2005 年第 12 期。
③ 李素华:《政治认同的辨析》,《当代亚太》2005 年第 12 期。
④ [法] 让-马克·夸克:《合法性与政治》,中央编译出版社 2008 年版,第 18 页。
⑤ 李素华:《政治认同的辨析》,《当代亚太》2005 年第 12 期。

观时指出，文化认同是"基于次级成员身份（如教会、宗亲会、学校……）而对次级团体所产生的文化认同"①。也有一些学者认为，文化认同是"一群人由于分享了共同的历史传统、习俗规范以及无数的集体记忆，从而形成对某一共同体的归属感"②。因此，政治认同的主要源泉是意识形态、社会公正以及经济发展，而文化认同的主要源泉是每个人"生于斯长于斯的民族文化"③。早期国家的建立主要是以文化为纽带，将分散在各处的人们凝结起来，国家没有边界的概念，只有共同文化的概念，而现代国家幅员辽阔，同时具有多元社会群体，政治上的认同早已超过了文化认同的地理范围。同时政治认同和文化认同也不必然互斥："文化认同可以帮助较具族群感的人找到心灵的归宿，要防止文化认同演变为狭隘的部族主义；政治认同是任何国家存在的基本条件，但是我们不必以积极的同化政策威胁弱势文化族群的生存，我们事实上可以让文化认同与政治认同并存，并且让它们产生良性的互动与滋长。"④

因此，身份认同的关键还是在于民众的政治认同。本文赞成对政治认同概念的这种理解："一个人或一个群体基于对特定的政治、经济、社会制度的肯定所产生的政治性认同，包括对政治统治的认可、对固定国家领土的坚守、对意识形态的接受与坚持、对共同经济生活的积极参与。"⑤

（二）身份认同危机的产生与影响

在民族国家形成以前，并不存在身份认同的问题。因为那时的人们交往较少，交通也不发达，人员流动性低，很多人一生都生活在一个地

---

① 江宜桦：《自由主义、民族主义与国家认同》，台北：扬智文化事业股份有限公司1998年版，第89页。

② 复旦大学历史学系：《近代中国的国家形象与国家认同》，上海古籍出版社2003年版，第83页。

③ ［日］田中浩、和田守：《民族和国家的国际比较研究》，日本未来社1997年版，第50—55页。

④ 江宜桦：《自由主义、民族主义与国家认同》，台北：扬智文化事业股份有限公司1998年版，第90页。

⑤ 沈晓晨：《反新疆分裂斗争中的国家认同问题研究》，博士学位论文，兰州大学，2014年，第14页。

方,他的身份认同由他周边的社会环境决定,基本不会产生身份认同的差异。而进入现代社会之后,随着生产力的发展以及交通方式的便捷,社会流动性增强,人们不再只是依赖土地或家庭带给他的社会环境来确立自己的身份,而是开始面对一个移动、竞争、多元、开放的现代社会,并在此之中来平衡内在自我和个人身份的差异。20世纪90年代后,随着全球化对人类社会影响层面的不断扩张,各国政治、经济、社会及文化等领域受到广泛影响。新自由主义成了新的世界主流思潮,成为美、英国际垄断资本推行全球一体化理论体系的重要组成部分,同时各国交往日益频繁,国际政治格局与国内政治也发生深刻变革。受全球化影响,国家内部的政治认同问题也日益显现。陈茂荣认为:"在全球化背景下,随着市场经济的普遍推广,文化多元主义的不断兴起,世界霸权体系的去中心化和政治分裂的碎片化,多民族国家出现了诸如多元文化认同、多元价值认同、多元政治认同和多元身份认同等多样化认同形式,导致多民族国家面临严峻的国家认同危机,这主要缘于异质文化的互斥、民族认同的强化、经济发展的失衡和国家构建的滞后等因素。"[①] 刘昌明认为:"政治认同是政治统治合法性的理念基础,对于维持一个国家的政治稳定具有重要的作用。然而,迅猛推进的当代全球化不断改变着人们的政治思维方式,瓦解着传统的社会基础,导致许多国家政治认同呈现出新的发展趋向。"[②]

美国学者派伊指出:"认同危机是指一个国家除了出现贫穷、疾病、文盲的恶性循环之外,在主观的心理层次上也发生的一种恶性循环。"[③] 认同危机会造成"制约个体有效行动的正反矛盾并存的情绪和态度,并且会在政治发展的方向和路径上引发各种似是而非的观点和认识"[④]。如果不及时解决认同危机,将会造成政治发展的恶性循环。

一些西方学者认为,欧洲本土恐怖主义产生的根源在于少数族群的

[①] 陈茂荣:《全球化背景下多民族国家的国家认同危机》,《中南民族大学学报》(人文社会科学版) 2012年第5期。
[②] 刘昌明:《论全球化背景下发展中国家政治认同的新趋向》,《当代世界社会主义问题》2005年第2期。
[③] 冯契:《哲学大辞典》,上海辞书出版社2007年版,第1194页。
[④] 高益青:《认同危机与政治发展的主观障碍》,《社会科学战线》2012年第2期。

身份认同危机,要解决欧洲本土恐怖主义的问题,首先要解决少数族群的身份认同危机。根据美国《2008年国家反恐报告》的结论:采取一定程度的"软性"措施来预防、干预本国穆斯林投身恐怖活动,已经在某种程度上成为一种共识。① 因此,许多西方国家认为,解决少数族群的身份认同危机,需要通过多元文化主义的政治哲学来制定反恐政策,重构政治认同,强化少数族群与主流社会的融合,以减少本土恐怖主义的发生。

二 英国反恐斗争背景下的身份认同危机

2001年爆发的"9·11"事件对西方社会造成了巨大冲击,标志着国际恐怖主义浪潮进入了一个新的阶段。而近年来,在欧洲爆发的几起严重的恐怖袭击事件表明,国际恐怖主义已由过去的跨国袭击转为本土化袭击。在英国反恐斗争的背景下,身份认同危机导致了具有英国国籍的民众对自己所在国家实施的恐怖袭击,这种恐怖主义袭击方式使得预防与打击恐怖主义的工作更加难以开展。全球恐怖主义研究数据库的数据显示,自2015年以来,英国进入了恐怖主义活动的高发期。在2017年英国更是发生了5起严重的恐怖袭击事件,这些恐怖袭击事件的袭击者大多为具有极端思想的英国籍移民后代,同时也有少数具有极右翼思想的传统白人,他们彼此间相互敌视,对社会安全与国家稳定造成了极其恶劣的影响。

(一)英国反恐斗争背景下身份认同危机的表现

英国反恐斗争背景下的身份认同危机,主要表现在政治认同危机和文化认同危机两个方面。首先,英国的政治认同危机表现为穆斯林移民对英国国家身份的不完全认同。英国是一个接收移民较多的国家,同时也是当代世界中面临认同危机较为严重的国家之一。英国国家统计局2017年7月发布的数据显示,英国在2016年居民数量增长了53.8万人,其中自然人口增长了19.3万人(占总增长的35.8%),而国际净移民

---

① 沈晓晨、杨恕:《试析"反恐怖主义激进化"的三个关键维度——基于英国"预防战略"的案例分析》,《欧洲研究》2014年第3期。

33.6万人（占总增长的62.4%）。① 在英国的人口结构中包括亚洲、非洲等不同地域的移民，在宗教信仰上呈现出基督教、伊斯兰教、印度教等多种宗教共存的情况。皮尤研究中心在2006年3—5月调查了17个国家的舆论情况，其中包括英国、法国、德国等国，每国调查对象约有750人。该调查显示，在被问及宗教身份重要还是国家身份重要时，欧洲的穆斯林首先认为，自己是穆斯林，其次才是某一国的公民。特别是在英国，有81%的穆斯林认为，自己的身份首先是穆斯林，这个比例远高于欧洲其他国家，只有7%的穆斯林认为，自己的身份首先是英国人（如图1所示）。

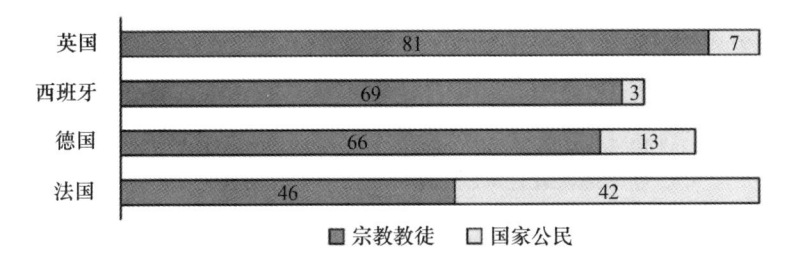

国家	宗教教徒	国家公民
英国	81	7
西班牙	69	3
德国	66	13
法国	46	42

图1 各国穆斯林对首要身份的选择（%）

资料来源：Pew Research Center, "Muslims in Europe: Economic Worries Top Concerns About Religious and Cultural Identity", https://www.pewresearch.org/global/2006/07/06/muslims-in-europe-economic-worries-top-concerns-about-religious-and-cultural-identity/，访问日期：2018年3月12日。

其次，英国的文化认同危机表现为穆斯林移民对英国主流文化的不认可。英国长期奉行"多元文化主义"政策，鼓励移民保留自己的民族和宗教传统，但长期以来穆斯林移民在信仰活动和生活传统上的自由，使得他们在接受英国主流文化价值观的积极性上大打折扣，难以融入英国主流社会。"这些穆斯林移民没有在主流社会价值观中，寻找到自己的合法文化身份认同和公民身份认同，而是在伊斯兰主义中找到了自己的文化和身份认同。"② 欧盟基本人权委员会2010年发布的《歧视、社会边缘化和暴力的经验：三个欧盟成员国穆斯林和非穆斯林青年的比较研究》

---

① UK Office for National Statistics, "People Population and Community", https://www.ons.gov.uk/peoplepopulationandcommunity/populationandmigration，访问日期：2018年3月12日。
② 宋全成：《族群分裂与宗教冲突：当代欧洲国家的恐怖主义》，《当代世界社会主义问题》2014年第3期。

报告中指出，英国、法国、西班牙三个国家的穆斯林青年群体更倾向于以自己的背景文化来定义自己的身份，对于欧洲国家主流文化身份的认同明显低于非穆斯林群体（如图2所示）。这里需要指出的是，皮尤研究中心与欧盟基本人权委员会的问卷显示的是不同的两个问题，即在政治认同上穆斯林群体更倾向于宗教身份认同，在文化认同上穆斯林青年群体对主流文化的认同明显低于非穆斯林青年群体。

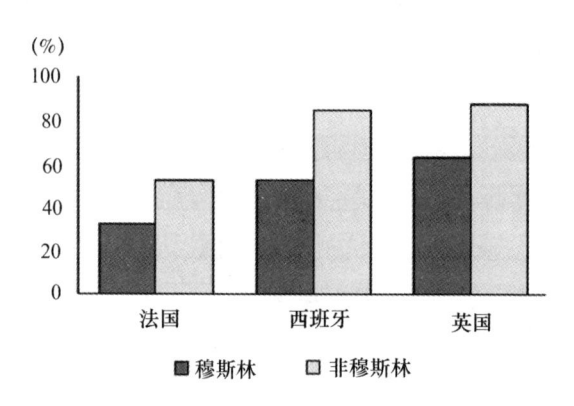

图2 各国青年群体对主流文化的身份认同

资料来源：European Agency for Fundamental Rights, *Experience of Discrimination Social Marginalization and Violence: A Comparative Study of Muslim and Non-Muslim Youth in Three EU Member States*, Belgium: FRA, 2010, p. 27。

在英国国内人口结构如此复杂并且每年移民人口数量大于自然人口增长数量的情况下，英国国内少数族群的政治认同危机与文化认同危机的影响相互交织，再加上本土恐怖主义威胁的安全压力，英国主流社会对少数族群的排斥和不满就越发明显地表现出来，致使双方的隔阂也越来越深。

（二）英国反恐斗争背景下身份认同危机产生的原因

第一，"去地域化"带来认同感缺失。

早在15世纪末到18世纪末，就有一些摩洛哥移民和土耳其移民与英国当地居民通婚并长期生活在英国。[①] 这种情况一直延续到20世纪中叶，

---

① 王娅：《英国穆斯林移民族群及其社会融合问题研究》，硕士学位论文，山东大学，2012年，第27—28页。

由于早期移民数量较少，并未对英国产生太大影响。直到20世纪50年代后，由于第二次世界大战刚结束，欧洲国家急需招募大量年轻、廉价的劳动力来缓解本地劳动力不足。英国在20世纪50—60年代从其殖民地印度和巴基斯坦招募了大量劳工。据英国内政部估计，1951—1961年，仅10年间，来自印度、巴基斯坦的移民就从36000人猛增到106000人。① 当移民规模达到一定程度时，便开始对英国的政治、经济和社会生活产生影响。例如，许多穆斯林在生活习惯与婚姻、财产等问题上，依据的是伊斯兰教的传统律法，这与英国世俗社会所形成的生活习惯和立法存在冲突，而穆斯林移民由于受到家庭和朋友等社会关系的影响，更倾向于遵从伊斯兰教的传统律法。

法国学者奥利维埃·罗伊认为，"去地域化"是威胁移民身份认同的根本问题。因为在传统的社会中，不会出现身份认同的分歧，个人身份依靠他的家庭与社会环境建立，他所在的社会与政治结构又决定了他在某个特定宗教（教派）的身份，这个身份的确立与当地的传统、习惯和风俗密切相关，个人是无法选择的。但是身份认同的差异化问题，恰巧是因为这些移民群体离开了传统的居住社区，在到达欧洲后才出现的。移民个体原有的身份不再被新的社会环境所支持，并且新的社会环境带来了对移民原始生活习惯和信仰的冲击，在这个过程中，个体会对自我身份的确认和对所归属群体的认知产生偏差。从心理学的角度来讲，就是人们在面临身份混乱的压力的时候，需要通过把自身形象与行为调整一致，来避免认知偏差。同时，身份认同的理论也解释了为什么移民群体的第二代或者第三代会产生认同危机，因为第一代移民总体上还是保持了以往的传统，并没有"切断与出生地文化的心理上的联系"②，但是，他们的孩子在欧洲主流的基督教社会文化和自己家庭所沿袭的宗教文化中不知该如何选择，他们既不屑于参与父母的宗教，也无法融入英国社会的主流文化中，因此产生了身份认同危机。

---

① Muhammad Anwar, *Between Cultures: Continuity and Change in the Lives of Young Asians*, London: Routledge, 1998, p. 2.
② Francis Fukuyama, "Identity, Immigration, and Liberal Democracy", in *Journal of Democracy*, Vol. 17, No. 2 (April, 2006), pp. 5–20.

第二,社会融入困难引发心理失衡。

由于一开始英国对移民的需求主要是廉价的劳动力人口,所以,这些移民普遍受教育程度偏低,并且不具备较高的专业技能,语言和生活习惯上也与英国本土居民差距较大,很难融入英国主流社会。而在劳工短缺的问题得到缓解后,大量的移民劳工难以维持之前的工作。"以失业率为例,2001—2010年的十年间,英国全国人口和白人人口的失业率约为5%,到2008—2010年期间升至7%—8%上下,而巴基斯坦裔和孟加拉国裔的移民失业率一直在15%—20%之间徘徊,这比全国人口和白人人口的失业率要高出二至四倍。"[①] 2008年国际金融危机的爆发更对英国经济的发展造成了严重影响,许多青年人找不到工作,生活难以为继。这些失业的青年大多是移民二代、三代,生活在社会的最底层,受到了高失业率、高辍学率、高犯罪率等不利因素的影响,在中学毕业或辍学后很难找到工作。这些移民群体的后代因为生活在移民社区,通常与白人社区交往很少,他们不仅对伊斯兰教缺乏足够的了解,同时也不易被主流社会接纳,有一些人为了融入西方社会曾努力将自己的生活方式西方化,但这种做法并没有让他们获得主流社会的认可。因此,他们在情感情绪上具有一定的脆弱性,对周围人和社会猜测、怀疑、焦虑、畏惧、逃避,无法平衡内在自我和个人身份的差异,从而使他们产生了抛弃原来的身份、寻求新的组织的想法。

第三,极端思想催生恐怖分子。

仅出现身份认同危机还不足以将这些持有不满态度或异见的社会边缘群体转变为极端的恐怖分子。许多西方学者认为,在个体转变为恐怖分子的过程中,存在着由"不满""激进""极端"再到"恐怖"的过程。同时美国兰德公司的报告《伊斯兰极端分子的去激进化》指出,"恐怖主义激进化"的过程中包括三个方面要素:"与具有相同遭遇的人或组织的情感联系、意识形态和现实因素。"[②] 因此,恐怖主义极端思想和意识形态在个体转化为恐怖分子的过程中起到了催化作用。

---

① 胡雨:《英国穆斯林族裔及其社会融入:回顾与反思》,《世界民族》2015年第5期。
② Angel Rabasa, et al., *Deradicalizing Islamist Extremists*, Santa Monica: RAND Corporation, 2010, pp. xv – xvi.

这些处于社会边缘的群体因身份认同危机而面临孤立无援的境地，他们迫切希望自我身份的确认与对归属群体的认知形成一致。恐怖主义极端思想和意识形态就是针对这种对身份认同的追求而进行的回应，恐怖组织通过对意识形态和叙事结构的塑造，来回答这些生活在英国的移民二代、三代所提出的"我是谁"的问题。一些人受到极端思想的蛊惑，走上了恐怖主义的道路，并最终以实施暴力行为的方式"证明"了他对所归属群体的认同。

三 英国基于应对身份认同危机的反恐政策

在社会边缘群体中，一些缺乏身份认同的年轻人在恐怖主义极端思想和意识形态的蛊惑下，成为恐怖组织的"圣战士"，随时准备发动恐怖袭击。这种具有英国本国国籍的"潜在"恐怖分子，难以有效预防和识别，给英国的反恐工作带来了巨大的压力。因此，英国政府在强化国家认同方面也作出了很多努力，如实施多元文化主义政策，在就业等方面减少对少数族群的歧视等，但是并没有取得令人满意的效果。面对近年来频发的本土恐怖袭击事件，如何化解英国反恐斗争背景下的身份认同危机，成为解决问题的关键。

针对近年来频发的本土恐怖袭击事件，英国政府为防止因身份认同危机而造成恐怖袭击，专门出台了一系列预防性的安全政策和反恐措施。如 2005 年出台的《2005 年恐怖主义预防法》，2007 年旨在反恐的《预防战略：英格兰地区地方合作伙伴的指导方针》，2011 年颁布了《2011 年恐怖主义预防和调查措施法》以替代《2005 年恐怖主义预防法》。[1] 为了应对本土恐怖主义威胁的新动向，英国政府又颁布了《2015 年反恐怖主义和安全法》[2] 等。这些法案和政策措施的出台，加大了对安全、边境及

---

[1] "Terrorism Prevention and Investigation Measures Act 2011", https://www.legislation.gov.uk/ukpga/2011/23/contents，访问日期：2018 年 3 月 12 日。

[2] 盛辰超：《英国反恐体制研究（2000—2015）》，硕士学位论文，华东师范大学，2017 年，第 26 页。

移民群体的控制，在一定程度上有助于解决英国面临的本土恐怖主义问题。但是，这些政策也存在实施的困境，如错误地用文化的分类方式将少数族群视为危险群体，这也使得原本处于身份认同危机中的群体与政府之间的矛盾裂痕不断加深。

在2002年11月，英国政府制定并实施了"CONTEST"① 反恐怖主义战略，但直到2006年才公之于众。② 其主要目的是降低恐怖主义对英国本土和海外利益的威胁，③ 核心思想是：区别于传统对恐怖主义的划分及政策响应，力求在政府间真正实现"联合"，通过"非常全面"的方式全方位地解决问题。④ 为了实现应对复杂挑战所需要的跨部门协调，该战略的基本组织结构被称为4Ps，分别是：追捕，制止恐怖袭击；预防，阻止人们成为恐怖分子或支持恐怖主义；保护，加强保护对抗恐怖袭击；准备，减轻恐怖袭击的影响。⑤

2005年7月7日，伦敦地铁恐怖袭击发生后，英国政府认为，"预防战略"是最为重要的，于是在2007年通过了《预防战略：英格兰地区地方合作伙伴的指导方针》。⑥ "预防战略"是"CONTEST"反恐怖主义战略的重要组成部分。但由于"CONTEST"战略在协调政府各部门之间的作用存在争议，2011年，联合政府要求英国内政部对之前的反恐战略进行全面评估，最终形成了《2011年预防战略回顾报告》（以下简称《2011预防战略》）。⑦

《2011预防战略》指出，根据情报显示，英国发生恐怖袭击的可能性

---

① "CONTEST"是"Counter-Terrorism Strategy"的缩写。参见 David Omand, *Securing the State*, Oxford: Oxford University Press, 2010, p. 86。

② HM Government, *Countering International Terrorism: The United Kingdom's Strategy*, London: TSO, 2006, p. 1.

③ HM Government, *Pursue Prevent Protect Prepare: The United Kingdom's Strategy for Countering Inter-national Terrorism*, Cm 7547, London: The Stationery Office, 2009, p. 56.

④ HM Government, *The Prevent Strategy, A Guide for Local Partners in England*, 2007, http://www.education.gov.uk/publications/standard/publicationdetail/pagel/288324

⑤ HM Government, *Prevent Strategy*, London: TSO, 2011。以下关于《2011年预防战略回顾报告》的内容皆出于此，不再特别标注。

⑥ 在这里，"反激进化"和"去激进化"都属于英国的"预防战略"，都是预防性的反恐政策。

⑦ 胡雨：《英国穆斯林族裔及其社会融入：回顾与反思》，《世界民族》2015年第5期。

很大，恐怖主义的威胁不仅来自国外，还来自在英国出生和长大的本土恐怖分子。同时，在英国面临一系列的恐怖威胁中，最严重的是来自"基地"组织、其分支机构以及有类似思想的组织。所有对英国构成威胁的恐怖主义组织都在寻求激进者并且招募人员参与它们的组织，尽管如此，在英国支持暴力极端主义的人比例很小，在支持者中大部分是年轻人。英国政府认为，化解英国反恐斗争背景下的身份认同危机的关键在于预防"恐怖主义激进化"，并且将其对英国国家安全的风险降到最低。因此，在《2011预防战略》中，将"恐怖主义激进化"明确定义为"个体变得支持恐怖主义和导致恐怖主义的极端主义的形式的过程"。这个定义暗含的逻辑是，个体转为恐怖主义是一个变化的过程，没有人天生是恐怖分子或是因患有心理疾病而进行恐怖袭击，个体的转变是因为受到了某些因素的影响，变得支持恐怖主义和其他会导致恐怖主义的极端主义的形式。"恐怖主义激进化"是由一个支持使用暴力的意识形态驱动的，这个意识形态来自本国或海外的意识形态的宣传者，由于个体的脆弱性和特殊的本地因素，使这些意识形态在一定的范围内看起来既具有吸引力又具有说服力。所以英国政府认为，在预防恐怖主义时，可以从"恐怖主义激进化"转变的过程入手，即"反恐怖主义激进化"（以下简称"反激进化"）和"去恐怖主义激进化"（以下简称"去激进化"）两个方面。在《2011预防战略》中，"反激进化"是指旨在阻止有风险的个体或群体参与恐怖主义活动的行为；"去激进化"是指针对个体支持恐怖主义并且在某些情况下从事与恐怖分子有关的活动，进行影响认知和（或）行为的干预，从而使受到恐怖主义影响的个体脱离恐怖主义。从这两个定义来看，"反激进化"更倾向于事前预防，"去激进化"更倾向于事后干预。[①]《2011预防战略》还指出，一些在英国变为"恐怖主义激进化"的人以前曾参与过极端主义组织，这对英国的预防战略的范围有重大意义。因此，英国的反恐战略包含预防"恐怖主义激进化"和阻止可能的恐怖分子发动大规模袭击，应对"恐怖主义激进化"的工作关键在

---

① Zeynep Yanasmayan, "Concepts of Multiculturalism and Assimilation", in Michael Emerson (eds.), *Interculturalism: Emerging Societal Models for Europe and its Muslims*, Brussels: CEPS, 2011, pp. 17 – 27.

于培养民众对国家的归属感和认同感。在《2011 预防战略》这个总体框架内，新的"预防"战略目标具体分为三个部分：一是应对恐怖主义的思想挑战；二是防止处于社会边缘的弱势群体被卷入恐怖主义活动，并给予他们适当的建议和支持；三是与英国存在"恐怖主义激进化"风险的部门和机构合作，如学校和监狱等。

由于反恐战略涉及国家机密、情报工作和个人隐私等问题，所以学者们的研究资料只能依靠官方发布的消息和知情人士的评论。在基本资料和统计数据相对缺乏的情况下，因为英国政府要求对之前的反恐战略进行全面评估，使得《2011 预防战略》成为欧洲国家中难得一见的、全面评析的反恐战略报告。与其他国家相比，英国的《2011 预防战略》基本涵盖了"恐怖主义激进化"的全过程，是英国政府对当时的国内外安全环境和反恐态势进行的一次全面评估，既是英国反恐战略的转折点，也是我们研究"恐怖主义激进化"和"反恐怖主义激进化"的起点，对于我们研究和把握反恐斗争工作具有重大意义。

在此后，英国政府由于反恐的效果受到外界的批评和资金等问题的影响，继而颁布了《2015 年反恐怖主义和安全法》以及《2015 反极端战略》，这是对《2011 预防战略》的政策微调，同时也将反恐工作的重心转移到"反恐怖主义极端化"上，即从对"风险个体"的关注转为对"风险场所"的关注，并与穆斯林组织进行合作，对社群进行风险预防与管控。

四 英国反恐政策的困境与出路

（一）基于应对身份认同危机的反恐政策的困境

在第二次世界大战结束后，欧洲国家为解决民族文化和历史传统的差异、融合外来移民与整合少数族裔的问题，采取多元文化主义的政治哲学来促进内部融合。与法国的共和模式、德国的客工模式不同的是，英国奉行"待人宽容如待己"的多元文化主义模式。① 多元文化主义指的是："在法律、政策、民主话语的公共领域内与遵循共享的公民身份和民族认同的条件下，对群体差异的承认和尊重，它可从社会现实、政治哲

---

① 胡雨：《英国穆斯林族裔及其社会融入：回顾与反思》，《世界民族》2015 年第 5 期。

学及公共政策等不同层面来加以认识和理解。"① 多元文化主义政策的核心是"移民（有时也包括非移民的少数族裔）作为平等的一员能够参与到全部的社会领域中去，无须放弃其自身的文化、宗教和语言，尽管通常亦期望其恪守某些关键性的价值观"②。因此，在英国，国家不仅接受多元文化社群，并且积极推行多元文化主义政策，鼓励不同文化之间互相交流，尊重少数族裔的权利，反对种族歧视。但是，问题在于对多元文化主义的错误理解。英国认为，多元化意味着必须尊重移民社区的自治，政府没有积极尝试将它们整合到一个更广泛的英国文化中去。因此，英国的多元文化主义政策被激进的伊玛目利用在移民社区进行极端思想的宣讲，而英国政府没有任何干涉，也没有任何想要去限制它的努力。

在"9·11"事件以及近年来频发的本土恐怖袭击事件的影响下，英国政府通过多元文化主义的逻辑来制定解决因身份认同危机而造成本土恐怖主义的政策的做法饱受争议。英国专栏作家梅拉妮·菲利普斯指出，多元文化主义已经不能够很好地解决不同族群之间的交流问题，反而变相地助长族群分裂。③ 英国社会各界也批评多元文化主义政策在福利国家背景下，无法很好地解决少数族裔的经济社会地位低下的问题，④ 并且还会刺激本土保守势力和极右翼政党的反弹。实际上，造成这个问题的原因是英国在解决本国认同危机引发的安全问题时，没有解决好认识论和方法论两个层面的问题，最终导致了反恐政策的困境。

第一，在认识论层面对安全概念的泛化。

亨廷顿的《文明的冲突与世界秩序的重建》一书认为，西方社会与穆斯林移民之间矛盾的产生是因为不同文明之间存在冲突，冷战结束后，

---

① Zeynep Yanasmayan, "Concepts of Multiculturalism and Assimilation", in Michael Emerson (eds.), *Interculturalism: Emerging Societal Models for Europe and its Muslims*, Brussels: CEPS, 2011, pp. 17–27.

② Stephen Castles et al., *The Age of Migration: International Population Movements in the Modern World*, London: Palgrave Macmillan, 2014, p. 270.

③ Melanie Phillips, *Londonistan*, New York: Encounter Books, 2006, pp. X–xxi.

④ Ruud Koopmans, "Trade-Offs between Equality and Difference: Immigrant Integration, Multi-culturalism and the Welfare State in Cross-National Perspective", in *Journal of Ethnic Migration Studies*, Vol. 36, No. 1 (January 2010), pp. 1–26.

世界需要一种"新的对抗和协调模式"①。但在实际社会中，文化、宗教、族群本身并不导致暴力的产生，问题的关键在于如何划分"我者"和"他者"，对自己身份的定位和对国家的认同才是差异产生的关键。

自 2015 年欧洲难民危机爆发以来，欧洲对待难民和移民群体的态度是以人道主义关怀为主的、包容的价值性建构，而在多次欧洲本土恐怖袭击发生后，欧洲对待难民和移民的态度转为以国家安全为主的、排斥性的安全性建构。"态度变迁的核心是恐怖袭击促使欧洲身份认同在短时间内由安全认同取代了价值认同。"②对许多欧洲国家而言，在对身份认同问题的建构中一直将"他者"的形象建构作为核心，"它是西方'自我'意识下的非西方描述，是一种西方中心主义确定自我优势的表达方式"③。在对"我者"和"他者"建构的过程中，以英国为代表的欧洲中心主义的优越性起到了至关重要的作用，欧洲中心主义始终通过"欧洲不是什么"的"排除性"方法来建立欧洲的身份认同。同时，通过媒体、社会舆论以及政府文件等内容，将安全概念泛化，扩大安全事件的影响力，把本属于社会方面的问题安全化，扩大安全控制的领域，最终造成了主流社会与少数族群矛盾双方的对立。所以，在难民问题爆发之前，英国就对德国号召的移民接收政策不感兴趣，同时即使在欧洲形成共同认识的情况下，英国认为，欧洲大陆的安全风险依然很高，它不愿同欧盟其他成员国共同承担风险，所以，对安全问题的担忧成了英国加强边境和移民管控、降低安全风险，直至举行"脱欧"公投的导火索。

第二，在方法论层面将安全目标群体化。

当不安情绪在英国内部蔓延时，政府不断强化安全立法，扩大安全部门的权力，并且对安全政策进行调整。英国的反恐战略也经历了从全球反恐阶段到"反恐怖主义激进化"阶段，再到"反恐怖主义极端化"

---

① ［美］塞缪尔·亨廷顿：《文明的冲突与世界秩序的重建》，周琪等译，新华出版社 1998 年版，第2 页。
② 周庆安、吴燕妮：《身份认同困境下的话语构建——从难民危机报道看欧洲身份认同》，《欧洲研究》2017 年第 3 期。
③ 周庆安、吴燕妮：《身份认同困境下的话语构建——从难民危机报道看欧洲身份认同》，《欧洲研究》2017 年第 3 期。

阶段。① 从"反激进化"阶段到"反极端化"阶段，实际上是从解决个体社会融合程度不高的问题转为对风险场所的管控，特别是加强了对学校和互联网等六类风险场所的监控。② 可见，在方法论上，英国仍然沿用多元文化主义的思维来解决安全问题。但是，纯粹的多元文化主义无益于加强社会文化认同，用多元文化主义来解决安全问题，只会将某一社会群体视为风险群体，并在与该群体的政策互动中为该群体提供更多的政策话语权，实际上增加了群体的特殊性，造成了主流社会与少数族群之间矛盾的深化。

实际上，英国反恐斗争背景下的身份认同危机产生的根本原因在于主流社会对外来移民和少数群体的歧视，如果不消除歧视，英国反恐斗争背景下的身份认同的困境仍将难以得到有效解决。同时，英国政府用多元文化主义的政治哲学来解决反恐问题，也造成了其反恐政策的实施困境。多元文化主义也许可以解决少数族群的社会融合问题，但是却不能很好地防止本土恐怖主义袭击事件的发生。因此，英国建立在多元文化主义政治哲学基础上的反恐政策的实施效果并没有得到英国民众的好评，无论是强化对穆斯林的监管，还是反对针对穆斯林的暴力，实际上都存在对穆斯林群体的整体性偏见。这种多元文化主义的思维将文化问题作为安全问题，将少数群体作为安全风险群体的结果，只会让差异化的思维更加深入人心。在遭受本土恐怖主义威胁时，建构在欧洲中心主义和白人优越论基础上的"安全隐喻"将外来移民和少数族群视为安全风险，长此以往只会强化不同群体之间的隔阂，从而加深群体之间的矛盾。

（二）英国反恐政策困境的出路

在全球化进程不断深入发展的背景下，原有的民族国家的边界概念越来越淡化，移民的逐年增长和难民潮的涌入以及在欧洲本土恐怖袭击频繁发生的情况下，欧洲各国民众对外来移民的安全忧虑不断加深，同

---

① 沈晓晨、史志钦：《反恐怖主义极端化的"欧洲模式"及其政策困境》，《当代世界与社会主义》2017年第4期。

② HM Government, *Prevent Strategy*, London: TSO, 2011.

时欧洲主流社会与少数移民群体之间的敌视也在不断加深，使这些处于认同危机和发展危机的社会边缘群体更容易受到恐怖主义极端思想的影响，继而走上恐怖主义的不归路。随着"伊斯兰国"的瓦解，国际恐怖组织看似分崩离析，但是，大量的恐怖分子回流欧洲，又为欧洲各国未来的安全稳定埋下了深深的隐患。尽管欧洲各国在预防和打击恐怖主义方面投入了大量的资金和人力，但是，对于仍处于经济危机阴影中的欧洲各国而言，长期投入巨额资金以确保社会稳定实非易事。

对英国反恐政策的改进，还是要从多元文化主义的本质入手。多元文化主义可以作为一种社会管理方式，但是不能用来解决安全问题，特别是反恐问题。实际上，英国也意识到了这一点，在2011年之后，英国将反恐的重点由"反恐怖主义激进化"逐步转为"反恐怖主义极端化"，就是抛弃多元文化主义的一种尝试。但是，"反恐怖主义激进化"与"反恐怖主义极端化"的症结，仍在于用多元文化主义处理反恐政策的个体路径和群体路径的矛盾，并且由于反恐对象的缺失和在实施层面将注意力集中于对"风险场所"的管控，最终"反恐怖主义极端化"政策又将风险目标锁定在少数族群上，这实质上又退回到群体，又回到了多元文化主义的思维。如果不跳出这种思维，英国反恐怖主义政策的困境将持续存在。

同时，由于本土恐怖主义的产生主要是基于身份认同危机而引发的矛盾，因此，解决英国身份认同危机的出路，还是要从英国身份认同建构的根本逻辑上寻求答案，即弱化欧洲中心主义在身份认同构建中的影响，减少对少数族群的歧视。在政策层面上，不仅要强调针对恐怖主义武力打击的重要性，同时也要避免将社会问题转化为安全问题，反恐政策的制定和实施应避免对少数族群的整体性偏见，并在此基础上构建理解包容的社会氛围，消除因身份认同差异而引发的矛盾冲突。

艰难的英国"脱欧谈判"*

英国"脱欧"的法律程序虽已启动,但是谈判能否取得预期的成果仍是最大的问题。从谈判双方来讲,英国由于内部的立场分歧并没有统一的方案,而欧盟在经历短暂的困难与混乱后愈加团结,立场也比较一致,这样的局面对英国而言是不利的。

在英国"脱欧"公投中,全英有72.1%的民众参与了投票,最终的结果是"脱欧"派领先留欧派约126万票,以51.9∶48.1获胜。从地域上看,大不列颠内的四个王国在退留欧盟问题上的差异较大,苏格兰和北爱尔兰的大部分人支持留欧,苏格兰有近62%的公民为留欧投了赞成票,仅38%的公民投了反对票,而英格兰和威尔士则更多人倾向于"脱欧"。卡梅伦进行"脱欧"公投,是希望从欧盟为英国争取更多的利益,但公投的结果却出乎卡梅伦的预料。可以说,英国公投及其结果直接地体现了英国政治及社会的巨大撕裂,英国政党之间、政党内部、地区之间、城市与乡村之间、白领与蓝领之间的分歧难以掩饰。

一 英国"脱欧"中的博弈

英国政府内部"硬脱欧"和"软脱欧"两大派相互博弈,"脱欧"已变成一场"政治游戏"。

根据欧盟相关法律规定,欧盟成员国如果要"脱欧",首先需启动

---

* 本文刊载于《人民论坛》2017年第25期,原文标题《英国"脱欧谈判"为何如此之难》。

《里斯本条约》第 50 条，正式通知欧盟"脱欧"意愿，并须在两年的时间内与其他成员国完成谈判工作；如果需要延长谈判时间，则必须获得欧盟其他 27 个成员国的一致同意。但事实上，英国政府内部在如何"脱欧"问题上立场分裂，主要呈现出"硬脱欧"和"软脱欧"两大派。"硬脱欧"就是完全切断与欧盟的关系，彻底脱离欧洲单一市场，并依照世界贸易组织的原则与欧盟来往；"软脱欧"则是英国通过放弃部分边界管控权以及有条件地允许欧洲移民自由流动，来换取英国部分留在欧洲共同市场，继续享受零关税带来的好处。

英国时任首相特雷莎·梅属于"硬脱欧"一派，其希望通过"硬脱欧"的策略来凝聚英国国内和党内的共识。但是，自 2016 年 7 月担任英国首相以来，特雷莎·梅在推动"硬脱欧"的过程中遇到了诸多挑战，对于其能否顺利完成"脱欧"任务目前也是尚存疑问。担任首相后，特雷莎·梅首先敉平党内分歧，组建"脱欧"内阁团队。组建内阁过程中，特雷莎·梅充分兼顾"脱欧"派与留欧派的平衡。在"脱欧"派中，伦敦前市长鲍里斯·约翰逊被任命为外交大臣，戴维·戴维斯则担任新创设的"脱欧"事务大臣一职，专门负责英国"脱欧"相关事务，利亚姆·福克斯担任国际贸易大臣职务。在留欧派中，原外交大臣菲利普·哈蒙德转任财政大臣，前能源大臣安伯·拉德担任内政大臣，迈克尔·法伦继续留任国防大臣。内阁组建后，特雷莎·梅于 2016 年 10 月初宣布，英国将于 2017 年 3 月底之前启动《里斯本条约》第 50 条，正式开启"脱欧"程序。

但是，留欧派并未放弃与"脱欧"派的抗争。2016 年 11 月 3 日，英国伦敦高等法院突然作出裁决：未经议会投票批准，英国政府不能启动"脱欧"程序。这意味着英国政府不能自行触发《里斯本条约》第 50 条而就"脱欧"问题与欧盟正式进行讨论。经过政府及保守党的努力与斡旋，2016 年 12 月 7 日，英国议会下议院投票通过政府提出的议案，支持政府的"脱欧"时间表。同时，出于妥协与平衡，议会也通过了反对党工党的一项议案，同意政府在启动"脱欧"程序前向议会公布"脱欧"计划。至此，"脱欧"议程及时间表似乎已经敲定。2017 年 1 月 17 日，英国首相特雷莎·梅就英国"脱欧"原则发表讲话，表示英国将寻求彻底"脱欧"，退出欧盟单一市场和关税同盟，与欧盟建立一种新的平等伙伴关系。但令人意想不到的是，2017年3月7日，英国上议院以358票对256票，决议修正"脱欧"法案，要求各部会保障"脱欧"后旅居英国欧盟公民的权利。上议院否决下议院的议案，在英国议会的历史上非常少见。虽然在两周后，议案重新通过，但这说明了英国"脱欧"的艰难，反映出了英国亲欧派的声音。2017年3月16日，英国女王伊丽莎白二世批准"脱欧"法案，授权英国首相特雷莎·梅正式启动"脱欧"程序。3月28日，英国正式通知欧盟，决定启动"脱欧"进程。

根据英国的选举制度，首相有权在执政的5年时间里，选择有利于本党的时机进行大选。针对党内、议会内以及社会上的掣肘，2017年4月18日，特雷莎·梅宣布于6月8日提前举行全国大选，这比原计划的2020年提前了3年，但是，提前进行大选的结果却是出乎意料，英国"悬浮议会"由此产生，政治更加不稳定。

二 "脱欧谈判"中新旧麻烦不断浮现

"脱欧谈判"是一块难啃的硬骨头。英国"脱欧"的法律程序虽已启动，但是谈判能否取得预期的成果仍是最大的问题。早有分析和评论指出，英国的"脱欧谈判"可能成为第二次世界大战后欧洲历史上最复杂的谈判之一。

到目前为止，英国与欧盟已经进行了三轮谈判，但进程缓慢，新问题旧麻烦不断浮现。英欧双方谈判的焦点主要在"脱欧费用""脱欧后海外公民权利"以及"英国—欧盟陆上边界"（英国北爱尔兰与爱尔兰边界安排）三个核心议题上。在这三个议题上，英国与欧盟各持己见，分歧严重。

对于"脱欧"费用，欧盟强调英国要有序"脱欧"，即双方需要就相关费用达成一致，英国必须支付欧盟600亿欧元的"分手费"。英国在一开始拒绝支付，但在第二轮谈判中，英国似乎软化了立场，其"脱欧谈判"代表戴维斯开始含蓄地承认英国在这方面的义务，但又强调欧盟应展示出一定的灵活性。如英国《卫报》指出的，虽然英国政府承认对此负有义务，但却没有明确指出财务清算状况，也没有针对"分手费"发布正式的谈判文件，因此，双方能否就此取得突破尚不可知。

对于"脱欧后海外公民权利",欧盟的诉求是,英国应允许居住在英国境内的 300 万欧盟公民能够自由地前往欧盟国家,并自由地返回英国,否则欧盟无法给予居住在欧盟的英国公民以对等的权利。这是欧盟的底线,若无法达成一致,在欧盟境内工作和生活的英国公民完全有可能失去自由前往另一个欧盟国家的权利。在核心的公民监管权问题上,欧盟坚持欧洲法院应是在英欧盟公民权利的唯一"监管者",而英国则反对欧洲法院继续插手"脱欧"后的一些争端,建议双方设立一个独立的委员会来协调解决争端。

在"英国—欧盟陆上边界",即英国北爱尔兰与爱尔兰边界安排问题上,英欧双方也存在巨大的分歧。英国退出欧盟后,北爱尔兰与爱尔兰共和国间的边界是英国与欧盟唯一的陆上边界,因此,英国"脱欧"后,爱尔兰的边境管理以及爱尔兰能否继续进入欧洲单一市场等问题,都需要在谈判中重新调整。欧盟已将爱尔兰列为英国"脱欧谈判"的优先议题之一,其强调应该研究英国"脱欧"对爱尔兰以及爱尔兰与北爱尔兰合作的影响;而英国则强调双方应继续遵守 1998 年达成的《北爱和平协议》,并寻求"灵活而有想象力"的解决方案。

总而言之,从"脱欧谈判"的进程来看,在两年内完成"脱欧谈判"是比较艰难的。从谈判双方来讲,英国由于内部的立场分歧并没有形成统一的方案,而欧盟在经历短暂的困难与混乱后愈加团结,立场也比较一致,这样的局面对英国而言是不利的。

三 "脱欧"触发双重影响

"脱欧"不仅引发欧洲局势的动荡,也再次引发了英国国内的分离主义。英国"脱欧"在欧洲引发的最大震荡无疑是给疑欧的民粹主义政党注入了一针强心剂,一时间,欧盟各大小媒体无不充斥着展翅欲飞的"黑天鹅"消息。同时,在主流政党遇挫的大背景下,欧洲各国反建制的左右翼民粹主义政党纷纷崛起,占据更为重要的位置。比如,法国的国民阵线、德国的另类选择党、意大利的五星运动党、奥地利的自由党等,都在本国的政治生活和选举中崭露头角。欧盟各国涌现出的民粹主义政党不仅站上了政治舞台,还获得越来越多的支持,成为不可忽视的政党。

民粹主义政党主要是反对欧盟对民族国家事务的管控权和决定权。左翼民粹主义政党主要是反对欧盟在货币和财政紧缩方面的政策；右翼民粹主义政党主要是反对欧盟在移民问题上边境开放、难民安置等的安排。同时，面对国内的少数族裔移民，尤其是穆斯林移民，右翼民粹主义的主张也具有明显的反伊斯兰和排外主义色彩。虽然这些反建制的民粹主义政党具体的主张各异，但是，有两方面的主张内容重叠：一是疑欧或反欧盟，主张收回本国在边境控制、移民、货币、金融等方面的主权，以本国利益优先；二是反移民（尤其是穆斯林移民），主要表现为反对无控制地接纳外来难民，同时，对本国的少数族裔移民提出更为严苛、同化主义的要求。

伴随着民粹主义政党的发展，欧洲政治的右倾化与保守化趋势越来越凸显。比如，意大利修宪公投失败，中左政党备受打击，五星运动党很有可能在下一次选举中借势成为议会多数党，执掌意大利政府。在法国，中间派领导人埃马纽埃尔·马克龙虽然夺得法国总统宝座，使得近年来受挫的欧盟信心倍增，但极右翼国民阵线候选人玛丽娜·勒庞的支持率也升至35%。与此同时，欧盟成员国的非主流民粹主义政党，也进一步冲击欧盟作为超国家政治经济组织所拥有的权力，以及作为后民族共同体所构建的价值观念。

"脱欧"不仅导致了欧盟的动荡，也再次引发了英国国内的分离主义。"脱欧"公投后，如何应对苏格兰公投成为英国政府需要面对的问题。在2014年苏格兰举行的独立公投中，约55%的选民不支持苏格兰独立。公投期间，卡梅伦曾向苏格兰选民承诺，如果苏格兰继续留在英国，英国将给予苏格兰更多的权力。而在"脱欧"公投中，苏格兰有近62%的公民为留在欧洲单一市场投了赞成票，也正因如此，多数苏格兰选民对于公投的结果十分失望，苏格兰独立情绪蔓延。虽然特雷莎·梅在上任后曾表示愿意与苏格兰探索一切可以接受的方案，却没有彻底消除苏格兰分离主义。2017年3月苏格兰议会寻求获得法律授权，计划在2018年秋季至2019年春季举行第二次苏格兰独立公投。虽然这项提案必须获得英国政府的批准后才能正式实施，但提案的提出已经充分体现了英国国内局势的动荡。

四 "脱欧"不足以影响中英、中欧关系

"脱欧"不足以影响中英关系大局,中英关系、中欧关系都将稳步上升。在1997年中英双方创造性地解决香港问题以后,中英关系不断发展,2004年中英建立全面战略伙伴关系,2013年12月卡梅伦承诺要做"中国在西方坚强的支持者",2015年中英提出要开启中英双边关系"黄金时代"。中英关系的发展是一个步步攀高的过程,并且实践证明,这一发展趋势不可逆转。特雷莎·梅就任英国首相后,也反复向中国政府承诺,要继续推动中英关系的"黄金时代"。

事实上,就经济方面而言,特雷莎·梅需要担负"脱欧"之后重振英国经济的重任,所以,必须要加强与中国在贸易与投资方面的合作。目前,中国是英国的第四大贸易国,2004年到2014年,英国从中国的进口贸易额由114亿英镑上升到了376亿英镑,而出口贸易额则从40亿英镑上升到了160多亿英镑。英国政府十分重视与中国的贸易关系,并将增加对中国的出口额视为其在2020年之前实现1万亿出口额的重要手段之一。同时,英国"脱欧"后,为了弥补经济方面的损失,迫切需要与其他大型经济体进行合作,而中国自然是其中重要的国家之一。

当然,英国"脱欧"也会给中国带来许多负面影响。例如,近年来伦敦着力推进人民币离岸市场的建设,目前伦敦已经成为仅次于香港的第二大人民币离岸结算中心。如果英国退出欧盟,伦敦作为全球顶级金融中心之一的地位将会面临挑战,这对人民币的国际化和中国资本"走出去"会有所影响。英国"脱欧"无论在经济上还是外交关系上,都会对中国造成一定的冲击,但这种冲击并不足以影响中英关系大局。

中国既与英国是全面战略伙伴关系,也与欧盟是全面战略伙伴关系,英欧分家是双边关系的重大事件,而中欧关系也是中国外交整体布局中的重要一环。进入21世纪以来,中欧双边关系快速发展,逐步建立和完善了全面战略伙伴关系,合作领域不断拓宽。中国政府始终支持欧盟的稳定发展。英国"脱欧",中国希望英欧都可以顺利地渡过难关,避免引

发世界政治与经济动荡。

　　从中欧、中英关系的长期发展来看，只要各方继续秉持相互尊重、相互理解、合作共赢的原则，只要不危害对方的核心利益，未来，中英关系、中欧关系都将是稳步上升的。

第二部分

问题与主义

区域不满与分离主义[*]

近年来，全球多个地区的分离主义运动不断升温。2014年，苏格兰"脱英"公投、鼓吹弗拉芒独立的新弗拉芒联盟党在比利时的大选中大获全胜、西班牙的加泰罗尼亚公投尝试更是引起世界各地的高度关注。欧洲这几个国家的公投，不但将其自身长期的分离主义运动推到高潮，而且也为其他国家的分离运动提供了可资借鉴的"样本"。与此同时，这些分离活动不但挑战各宗主国的主权及领土完整，其中诉诸暴力甚至恐怖主义的手段更是威胁到国际安全形势，引发了国际社会的高度重视。

近期规模最大、辐射性最广的分离主义运动，如英国的苏格兰、西班牙的加泰罗尼亚、比利时的弗拉芒都发生在西欧，所以，重点分析西欧地区的分离主义案例极有必要。西欧的分离主义运动大都放弃了暴力手段，而是用民主程序来实现目标，为世界上其他分离主义运动提供新的出路。上述三例再加上英国的北爱尔兰、西班牙巴斯克的分离运动，构成本文的五个案例。这五个案例在当今世界上也是最具规模和影响力的。

受篇幅所限，其他西欧的分离主义案例，如英国的威尔士、法国的科西嘉、意大利的威尼托和撒丁岛、德国的巴伐利亚等不能一一论述。之所以将研究范围集中在西欧，是要探讨它的特点以及对分离主义发展的影响。西欧各国都是发达国家，而且是成熟及稳定的民主政体。欧盟一体化日益加快，北约在军事上给予西欧各国的保护以及近几年一直困

---

[*] 本文刊载于《人民论坛·学术前沿》2015年第1期，原文标题为《西欧分离主义的发展趋势前瞻》，合作者为原清华大学社会科学学院博士后赖雪仪。

扰欧洲多国的债务危机等问题，都给分离主义运动提供了土壤。

但西欧国家的分离主义运动，与世界其他国家，如斯里兰卡（泰米尔）、印度尼西亚（亚齐）、乌克兰都有所不同。冷战结束、全球化、第三波民族主义浪潮及民粹主义兴起等重大因素是当今分离主义运动的大背景。相较其他地区的分离主义运动，近年来西欧个案的发展还算比较温和，尤其是苏格兰和加泰罗尼亚，诉诸法律手段，使用非暴力，效果和影响都值得关注。同时，探讨这些西欧案例与其他地区的分离运动的普遍性及可比性也极有必要。本文先回顾苏格兰、北爱尔兰、加泰罗尼亚、巴斯克及弗拉芒各个分离主义运动的诉求、表现和特点，然后整合并归纳出西欧分离主义案例的共性与每个案例的特殊性。最后，研判五个案例未来的发展趋势。

一 分离主义及概念界定

国内学术界对分离主义（及近似的分裂主义与独立运动）的研究比西方学界略晚，分离主义浪潮主要由冷战后的苏联解体所引起。不过，即使是对分离主义研究比较成熟的国际学术界，在概念的定义上仍然没有一个统一的界定。根据《牛津词典》，分离主义的概念起源于1604年，[1] 但直到今天，国内外学者对分离主义及近似的分裂主义的界定仍有争议。例如，对民族统一主义（irredentism）及去殖民地化（decolonization）两条是否应该包括在分离主义中仍意见各异。一些学者往往将分离主义、分裂主义和独立主义混用。

《不列颠百科全书》中文版把 separatist 翻译为分离派，并等同于独立派（independent），[2] 而 secession 则翻译为脱离联邦。[3] 推演下去，分离主义相当于英语中的 separatism，作为政治学专业术语使用时也可以与 sepa-

---

[1] *The Oxford English Dictionary*, second edition, Vol. 14, 1989, Oxford: Clarendon Press, p. 823.

[2] 中国大百科全书出版社不列颠百科全书编辑部编译：《不列颠百科全书》国际中文版15，中国大百科全书出版社1999年版，第170页。

[3] 中国大百科全书出版社不列颠百科全书编辑部编译：《不列颠百科全书》国际中文版15，中国大百科全书出版社1999年版，第211页。

rationism 通用；而 secessionism 则可翻译为分裂主义或分离主义。值得注意的是，即使最新版的《辞海》都没有分裂或分离词条，也没有分裂主义或分离主义，而是记载了"分散主义"，并定义为"违反统一领导和民主集中制原则的一种错误倾向"。另外，综合各种词典的定义，作为一种过程或政治行为时更多使用的是 secession，其动词为 secede，而 separation 作为一个过程及 separate 作为一个动词包括的意义就广泛得多。常见义有夫妻分居、政教分离、提取、隔开等。在英语文献中，分离主义较多使用的是 secession 及 separatist movement，而作为学术概念主要使用 separatism。

从中文语境的使用来看，民族问题学理研究中多用分离主义。本文选择用"分离主义"一词，大致对应于英语中的 separatism。近年来，尤其从新疆反恐角度切入的论文多倾向于使用分裂主义，令分裂主义一词的政治属性（主要抵触分离行为）越来越明显，所以，本文选用较为中性客观的分离主义一词。

本文的分离主义指的是某一个非主体群体在现属国家不同意的情况下，试图把现属国家的管辖权限制在该群体成员所居住的区域之外的行为。① 分离行为的最终目的为脱离所在国，脱离后可以是成立独立主权国家或者加入一个已存在的主权国家。根据此定义，分离主义包括民族统一主义但不包括去殖民化，正如学者杨恕所指出的，殖民地人民"并不具备宗主国完全成员身份"，而他们的脱离并不构成对宗主国领土完整的威胁。② 本文所包括的五个分离主义案例都符合这一界定。

二 西欧分离主义的分类及历史

如前所述，2014 年世界上分离主义运动的焦点都投到了西欧。当年 5 月在比利时、9 月在苏格兰及 11 月在加泰罗尼亚的投票，先后把酝酿已

---

① 此定义以艾伦·布坎南（Allen Buchanan）在 1991 年提出的定义为基础。Allen Buchanan, "Toward a Theory of Secession", in *Ethics*, Vol. 101, No. 2 (January 1991), pp. 326 - 327。

② 杨恕：《世界分裂主义论》，时事出版社 2008 年版，第 55 页。

久的分离热潮激发出来。这三个运动一直都很温和,主要的政治诉求仅是加强自治,代表了西欧合法及非暴力的分离主义运动。西欧的另一类分离主义运动则以英国的北爱尔兰和西班牙巴斯克为代表,诉诸武力甚至暴力,要求独立成国。这五个案例在强度、热度上都远超过其他西欧的分离主义运动。另外,如英国的威尔士、意大利的威尼托和德国的巴伐利亚等地的分离主义运动都还未成气候,它们是否会爆发以及爆发时会采取哪种手段都是未知之数,所以,不妨先探讨发展最成熟的五个案例。下面先从历史及民族认同感的构成过程中了解这些分离主义运动的构成理由。

(一)苏格兰

自 9 世纪到 1707 年,苏格兰都是一个独立王国,但与相邻的英格兰王国一直纷争不断。1603 年,一直未婚且无子嗣的英格兰女王伊丽莎白一世去世,把王位传给与她有血缘关系的苏格兰国王詹姆斯六世。从此,苏格兰及英格兰在同一国王统治下成为共主邦联,不过两国仍然保有自己的议会、法律体系与政府。1707 年,两国签订联合条约后结合成为大不列颠王国。立国后,苏格兰国内要求独立的呼声不断,1949 年,爱尔兰的 26 个郡完全退出英国,独立成国,亦为苏格兰分离主义提供了榜样,但分离诉求一直到 70 年代才因北海油田的利益分配问题而激化。

根据这一历史,苏格兰与英格兰是两个不同的民族,在 17 世纪和平地合并成一个国家,而政治上都有一定的独立性。虽然苏格兰与英格兰在文化或宗教上的差异比起其他案例要小,但是,政治上强烈的认同感还是把苏格兰推向了分离主义。

(二)加泰罗尼亚

中世纪时,加泰罗尼亚所在的阿拉贡王国比西班牙更早建国,阿拉贡是工业及贸易强国,其居民是独立的民族,拥有自己的文化、语言以及法律制度。1469 年,阿拉贡王国与邻国卡斯提尔王国联姻并合并为西班牙王国。随后,权力渐渐移离阿拉贡。1714 年,西班牙王位继承战争失败后,加泰罗尼亚完全丧失自治权,当时的君主菲利普五世把权力集中在中央政府手中。从 20 世纪初期到西班牙内战,加泰罗尼亚自治诉求不断加强，并取得了一定的权力，如重新建立自治政府。但佛朗哥上台后，西班牙又回到中央集权，大力打压地区性的身份认同，直到佛朗哥1975年逝世后，加泰罗尼亚才恢复自治及使用加泰罗尼亚语。西班牙民主化期间，分离主义上升，分离主义派认为，加泰罗尼亚和巴斯克等地区应该有更大的自主权，甚至独立成国。① 总之，加泰罗尼亚成为今天西班牙的一部分始于15世纪的皇室联姻合并，合并后加泰罗尼亚的自治权经过了多番的增减。加泰罗尼亚在语言、文化、意识形态上都与以马德里为中心的其他西班牙地区有着明显差异。

（三）弗拉芒

弗拉芒的情况较特殊，其他案例中要分离的都是该国家的少数，而弗拉芒人则是比利时的两大主要民族之一，人口占比利时总人口的六成。历史上，弗拉芒及瓦隆人在荷兰、法国的殖民统治后，在1830年共同建立了比利时。不过，比利时的独立革命又是弗拉芒人与比利时另一大民族瓦隆人冲突的开始，基于经济（尤其涉及贸易）利益，当时一些弗拉芒人并不太愿意脱离荷兰，而且建国后，荷兰语受到打压，法语成为比利时的唯一官方语言，说荷兰语的弗拉芒人受到不公平待遇，直到1898年荷兰语才取得与法语同样的地位。第一次世界大战及第二次世界大战时，军队只用法语等规定令弗拉芒军人以及普通的弗拉芒人越来越不满。另外，一些弗拉芒人为了换取弗拉芒独立，支持德国入侵，虽然这并非主流，但也加剧了弗拉芒与瓦隆间的矛盾。第二次世界大战后，比利时渐渐联邦化，分为弗拉芒、瓦隆及布鲁塞尔三个行政区。虽然和平合并已经180多年，弗拉芒跟瓦隆间的各项差异仍很明显，特别是语言、文化上的差异。

（四）巴斯克

巴斯克虽然人口规模、对西班牙的经济重要性都比加泰罗尼亚小，但其分离主义运动却令马德里政府极为头痛，不但独立的要求强烈，部

---

① Montserrat Guibernau, "National Identity, Devolution and Secession in Canada, Britain and Spain", in *Nations and Nationalism*, Vol. 12, No. 1 (January 2006), p. 62.

分组织更是不计后果。同时，巴斯克分离主义也是法国的困扰，因为要求独立的地区包括在法国境内的三个省，这三个省的情况跟西班牙境内的三个省不同，被法国中央政府的管治程度较高，而分离的倾向要弱很多。本文集中谈西班牙境内的巴斯克分离主义。

杨恕认为，巴斯克强烈的分离主义的一大成因要追溯到其古代没被罗马人或日耳曼人征服过及在阿拉伯人占领时期仍保持独立性的历史，但他强调，巴斯克地区并未出现过一个统一的国家。[1] 事实上，在13世纪，巴斯克已分为法国管治及西班牙前身卡斯提王国管治两部分。西班牙王国的巴斯克三省（以及相邻的纳瓦拉省）在地方特权法典制度（Fueros，以下简称法典制度）下高度自治，甚至税收、兵役上都不受管辖。[2] 到18世纪，西班牙王国开始逐渐废除这些特权，而巴斯克的反对无效。1876年，巴斯克支持的西班牙王室派（Cartlist）战败给执政的女王，作为惩罚巴斯克的特权被完全废除，只剩下每七年跟马德里政府商讨财政义务的权利。同时，1876年，西班牙政府开始了中央集权及鼓吹西班牙民族主义，加上大量移民工人到巴斯克工作，巴斯克感到自己的民族文化受到威胁。真正的威胁是1936年建立的佛朗哥独裁政权，他不仅取消巴斯克地区的经济特权，而且更严厉地打压巴斯克语言和文化。这反而激起了巴斯克的分离主义，如因暴力袭击而声名远播的埃塔（ETA）[3] 在1959年成立，以推翻佛朗哥政权为目标。埃塔在60年代后期变得极端起来，目标也变为争取巴斯克的独立。值得注意的是埃塔只是巴斯克分离运动分子的一部分，由于经常使用暴力及极端手法，所以吸引的注意力比温和的组织多得多。

1975年，佛朗哥去世。这为解决巴斯克问题提供了一个机会，走向民主的西班牙政府在1978年的新宪法中规定，禁止民族歧视及民族压迫，把法典制度自治权还给巴斯克，不过这并未满足埃塔对巴斯克独立的追求。埃塔的暴力及暗杀行动仍在继续，西班牙政府大力打击。"9·11"

---

[1] 杨恕、续建宜：《巴斯克民族分离主义的历史由来及其发展》，《国际政治研究》2004年第3期。

[2] Stanley Payne, "Catalan and Basque Nationalism", in *Journal of Contemporary History*, Vol. 6, No. 1（January 1971），p. 32.

[3] 埃塔（ETA, Euskadi Ta Askatasuna），意思是巴斯克人的祖国与自由。

事件后，西班牙政府把埃塔列入恐怖主义组织名单，并成功地令欧盟也将埃塔列入恐怖主义组织从而予以严厉打击。为了不让国际社会把它看作恐怖组织，埃塔开始放弃暴力恐怖主义手段。2006年宣布停火，并开始与政府和谈，但谈判不顺利，埃塔又重启暴力，不过其伤害程度较低。2011年，埃塔再次宣布永久性停火，而且信守诺言至今，巴斯克分离主义运动最血腥的阶段告一段落。

（五）北爱尔兰

与苏格兰相邻的北爱尔兰的分离运动与苏格兰不尽相同。首先，爱尔兰与英格兰被海峡相隔，爱尔兰岛上原先居住着凯尔特人，但其多次被维京人、诺曼人、英格兰人等侵占。16世纪时，英格兰国王亨利八世重启对爱尔兰的统治，同时，他宣布新教为英格兰国教。自此，爱尔兰人与英国人的冲突在领土、民族之外又添上宗教因素。反抗被镇压后，17世纪的爱尔兰又被大量来自英格兰及苏格兰的移民分占。1789年的一场叛乱被镇压后，爱尔兰的议会被废除，并于1801年被英国强行殖民，并组成大不列颠与北爱尔兰联合王国。

19世纪爱尔兰分离主义运动持续不断，虽然都以失败告终，但把"脱英"的情绪推到高潮。1918年，部分在英国议会选举获胜的爱尔兰新芬党人（Sinn Féin）拒绝到伦敦履职，而在都柏林成立爱尔兰议会，并于1919年1月宣布成立爱尔兰共和国，双方进行了两年半的英爱战争。英国因为国际社会对其军队品行的谴责及第一次世界大战后实力虚弱的缘故，在1922年允许南爱尔兰主要信奉天主教的26个省成立爱尔兰自由邦（1949年正式成立爱尔兰共和国），而北方信奉新教的6个省则选择留在英国（当时人口约七成是信奉新教的英国本土移民的后裔）。[①] 在1921年决定"脱英"与否时，北爱尔兰的新教及天主教已经有所冲突，为后来北爱的天主教徒在政治、经济上的不平等埋下了伏笔。

20世纪80年代中期，英政府开始让爱尔兰政府加入处理北爱问题，美国也开始给英政府施压。到90年代，英政府改变其强硬政策，于1998年4月与北爱问题各方达成《贝尔法斯特协定》，允许成立北爱尔兰地方

---

① 郭家宏：《民族、宗教与20世纪爱尔兰问题》，《史学月刊》2004年第2期。

政府，并由新教及天主教联合运作。同时，长期生活在暴力及斗争下的北爱人民亦渴望和平安宁。从此，北爱大规模分离主义行动告终，2005年7月，爱尔兰共和军宣布解除武装，巩固了北爱和平进程。近十年间，虽然偶尔还有与北爱分离主义有关的暴力事件，不过并没有影响和平解决北爱问题的大趋势，享有一定自治权的北爱人民"脱英"的情绪也不再高涨。

在前三个案例中，历史上的合并虽然是自愿的，但还是留下了分离主义的种子。巴斯克被并入西班牙与北爱被并入英国不同，前者反抗情绪从一开始就很强烈，两个地方都经历过高压的民族政策，以致对脱离所属国独立的渴望及反抗的手段都比上述三个案例要激进。另外，宗教冲突在北爱分离主义构成中是重要的诱因。历史以及由此形成的语言、文化、社会体制上的差异，令族群间清楚地感到"我们"及"他们"的对立，"我们"及"他们"历史上的差别被扩大。从领土上看，苏格兰及加泰罗尼亚在合并前更是主权独立的王国。表1综合归纳出五个案例的历史背景。

表1　　　　　　　　西欧分离主义案例一览

	英国		西班牙		比利时
	英格兰	北爱尔兰	加泰罗尼亚	巴斯克	弗拉芒
合并前	独立王国	与南爱尔兰为同一国家	独立王国	法典制度下高度自治	被多个帝国侵略及统治
合并历史	皇室合并	渗透、殖民	皇室联姻	被占领	自愿合并
与国内民族的文化差异	传统文化	宗教、传统文化	语言、传统文化	语言、传统文化	语言、传统文化
民族文化被压抑的历史	没有	有	有	有	有
权力下放	1997年	1998年	1979年	1978年	1993年联邦化
诉求	扩大自治→独立	独立	扩大自治→独立	独立	扩大自治→独立
主要手段	温和合法	武装+暴力	温和合法	温和合法+高度暴力	温和合法

三 西欧分离主义的最新发展

如上所述，巴斯克及北爱的分离主义运动已经在这几年沉淀下来了，没有被西欧分离主义运动所激发。西欧分离主义的最新发展主要由苏格兰、加泰罗尼亚及弗拉芒三个案例组成。

（一）苏格兰的独立公投

大不列颠王国立国后，在苏格兰地区内要求独立的声音不断，但这分离的要求一直到20世纪70年代才因北海油田的利益分配问题而激化。苏格兰不满中央政府对开采北海油田和天然气丰厚利益的分配。2008年开始的国际金融危机及随后的欧债危机又再次激化苏格兰对经济政策的不满，尤其是对保守党政府大减社会福利的决定不满。同时，主张苏格兰独立的苏格兰民族党（SNP）① 2007年开始成为苏格兰议会第一大党，而且政治动员成果显著。

2011年，苏格兰民族党更赢得苏格兰议会过半席位而建立多数党政府，领袖萨德蒙随即积极向英国中央政府争取更多权力，双方在2012年10月签订《爱丁堡协议》，允许苏格兰议会举办一次独立公投。"脱英"公投被正式承认无疑让苏格兰独立运动上升到分离边缘。然而，当时卡梅伦政府没想到此次公投会有机会通过。2013年11月，萨德蒙领导的苏格兰政府发布《苏格兰的未来：苏格兰独立指导》白皮书，其中强调苏格兰独立后的经济利益等多项政策及意识形态的自主（如禁止核武器和倾向社会主义的福利制度）。2013年12月，苏格兰议会批准于2014年9月18日举行公投，问题设为"苏格兰应否成为一个独立国家？"若超过一半选民赞成，苏格兰将于2016年3月正式独立。公投过程中，统派与独派激烈角逐，但结果是55%的选民反对，否决苏独。虽然这次公投没有通过，但它已成为其他分离运动的先导，影响不可低估。

---

① 苏格兰民族党（SNP），1934年成立，其民众支持度70年代开始上升。

（二）加泰罗尼亚非正式独立公投

西欧最新的一次公投，要数加泰罗尼亚非正式独立公投。自从 1469 年阿拉贡王国跟邻国卡斯提尔王国联姻合并为西班牙王国后，加泰罗尼亚人的自治权被动地经历多次起伏。西班牙由独裁转为民主后开始联邦化，马德里中央政府向包括加泰罗尼亚的地方政府下放权力。然而，经济发展超过其他地区的加泰罗尼亚认为，对自己的经济收益应该有更大的控制权。2003—2010 年，加泰罗尼亚跟马德里政府交涉修改 1979 年签订的《自治章程》，这期间民众开始对加泰罗尼亚与马德里政府的矛盾更为了解。但到这时，加泰罗尼亚的主流诉求只是增加自治权而非完全脱离西班牙。加泰罗尼亚最大政党统一联合党（Convergència i Unió）领导的诉求主要是加强自治，手段比较温和。但由于其加强自治诉求多年来都没有被中央政府重视，从 2006 年起，加泰罗尼亚分离运动急速升温。加上民众对 2010 年修改的自治法及受金融风暴打击的西班牙经济极为失望，2010 年和 2012 年，巴塞罗那举行大规模的示威游行，参与的民众上百万人。此后，出现多次大规模的人民参与的分离主义活动，而加泰罗尼亚的诉求升级为主权独立。更准确来说，加泰罗尼亚人认为，他们有权决定自己的将来。

2013 年 1 月，加泰罗尼亚议会发布《加泰罗尼亚是有政治主权的法定个体》的宣言，并要求让加泰罗尼亚人民以公投的方式决定应否独立。与伦敦对苏格兰公投的反应不同，马德里的中央政府一直否定这次公投的合法性。最终，加泰罗尼亚地方政府还是在 2014 年 11 月 9 日举办了一次不具法律效力的独立公投，750 万加泰罗尼亚居民投票率是 40%，有 80%赞成独立。马德里政府强调此次公投的不合法性及低投票率，加泰罗尼亚地方政府则强调有 80%的支持票，在双方各说各话的情况下，加泰罗尼亚分离的倾向仍然没有出路。不过，加泰罗尼亚转回 19 世纪后期的武力对抗的可能则微乎其微。

（三）弗拉芒

另一个走上高潮的西欧分离主义运动是比利时的弗拉芒。虽然没有暴力或恐怖袭击，但比利时内的分离主义仍是全球焦点之一，因为弗拉芒与瓦隆间的矛盾已到了瘫痪中央政府的地步。在 2010 年 6 月的选举中，两边的政党未能达成协议筹组联合政府，以致新一届联邦政府无法组成。这种"无政府"状态维持了一年半之久，创全球无政府纪录。弗拉芒地区对瓦隆地区经济上的不满在 2008 年国际金融风暴及随后的欧债危机中加剧，鼓吹弗拉芒独立的新弗拉芒联盟党①在近年的选举中屡获胜利。2014 年 5 月的三合一大选中，新弗拉芒联盟党大胜，并于其后提出要邦联化比利时以此让弗拉芒的自治权最大化。不过，鉴于欧盟领袖拒绝苏格兰"脱英"后仍留在欧盟，弗拉芒明白，把欧盟及北约预设为独立成国后的保护网，这显然不可能，因此，分离的诉求暂时得以缓和。目前，领导政府的新弗拉芒联盟党的目标是通过逐渐的、和平的方式，以增加弗拉芒的自治权并最终实现完全独立。

以上三个分离主义实例不但都采用了温和、合法的手段，而且在诉求上都是循序渐进，先取得自治权，然后增强自治权，再迈向独立。三个地区的最大党都是长期的分离主义派，它们追求独立的目标都是明确的，这些政党近年来的高支持率正反映了各地人民对现在中央政府的不满，想得到更多的自治权，甚至脱离现属国。

四　西欧分离主义的根本成因及催化剂

本文第二部分已经详细论述了五个分离主义案例的历史及民族认同感构成，五个案例都反映出所属国的政策失误是导致分离倾向上升的一个共同因素。这里的政策失误不只限于民族政策，还包括文化、经济、教育等领域内对个别民族的不公平、压制或剥夺。情况大多是主体民族以人口为多数的理由垄断权力，而忽视或漠视少数群体的利益，以致弱势族群的不满越发扩大，最常见的反抗方法就是要求脱离现属国。正如布坎南（Allen Buchanan）强调，当一国政府在分配利益时偏袒某一族群，会大大加强被歧视群体的分离诉求的合法性，因而在很多个案中都

---

① 新弗拉芒联盟党（Nieuw-Vlaamse Alliantie），前身是致力于增加弗拉芒自治权但在 2001 解散的人民联盟党。

被用作中心理由。① 尤其当母国政府的政策威胁一些族群的语言、文化，甚至整体的存在时，受威胁族群从母国政府手中夺回主权的要求就显得合情合理。

不仅如此，成功的政治动员也是上述分离运动得以升温的重要原因，以民族为单位的政治动员被认为是民族分离主义的大前提。② 例如，自2007年开始，苏格兰民族党及新弗拉芒联盟党的支持度一直稳定增长。加泰罗尼亚民众对争取独立的政府活动的参与也在过去几年内激增。在分离派政党的有效组织、领导及参与政府决策的前提下，三地的分离运动在合法的框架下成功前进。需要注意的是，这三个运动一直都很温和，主要的政治诉求仅是加强自治权。那么，三地的分离主义运动都在2014年升温的诱因是什么？

弗拉芒、苏格兰及加泰罗尼亚的分离运动经营数十年，并在2014年达到顶点。综合分析，可以发现有四个共同的时代性催化因素。

第一，2008年的国际金融风暴及随后的欧债危机不仅严重打击了欧洲经济，而且加剧了苏格兰、加泰罗尼亚及弗拉芒人民对各自中央政府经济政策的不满。本来，加泰罗尼亚及弗拉芒人民因为自身经济富裕，苏格兰人民因为杰出的思想文化优势，三个地区长时间拥有优越感，当经济环境良好时，对中央政府的反感没有爆发出来。可这几年持续的经济衰弱加剧了他们对中央政府的反感，觉得被本国的其他地区及中央政府的无能所拖累。

第二，欧盟及北约在第二次世界大战后成功建构了欧洲经济及军事安全保护网，尤其是欧盟成功的欧洲市场一体化，打破了国家在权力上的垄断，也为区域内的小国提供更大的生存空间。除此之外，这60年间，欧盟建立了世界上首个区域、国家、地方的多层治理方法。在这个结构中，主权向上被移至欧盟，向下下放至地方政府，地方政府可以跨过国家直接与欧盟处理关系及合作。上述三地均在欧盟及北约之内，他

---

① Allen Buchanan, "Toward a Theory of Secession", in *Ethics*, Vol. 101, No. 2 (January 1991), pp. 330–331.

② 王建娥：《民族分离主义的解读与治理——多民族国家化解民族矛盾、解决分离困窘的一个思路》，《民族研究》2010年第2期；宋全成：《族群分裂与宗教冲突——当代西方国家的民族分离主义》，《当代世界社会主义》2013年第1期。

们明白即使分裂成为一个小型国家，只要能留在欧盟及北约之内就有经济及军事的基本保障，而且弗拉芒、苏格兰及加泰罗尼亚绝对不会成为欧盟及北约中最小或最贫穷的成员国。当然，在劝阻苏格兰"脱英"公投时，欧盟已经表明不会让成员国内的分离主义地区独立后轻易加入欧盟，相信欧盟大门上的"不欢迎"是对这一波西欧分离主义运动的一个沉重打击。

第三，在近几年的分离浪潮兴起之前，这三个地区已经获得较高程度的自治权。中央政府对地区的权力下放是第二次世界大战后西欧的重要趋势，同时也是政府为了阻止国家分裂的一个对策。从以上三个实例来看，单单给地区政治下放权力并未能消除分离主义。相反，有研究指出，权力下放虽然延缓了分裂的诉求，却又加强了分离主义群体的地区性认同感。[①] 林达认为："在理论上，自治和分离是两回事，在现实操作上，它很容易失控，一不小心就可能从自治滑向分离的下一步。"[②]

第四，一个不可忽略的重要因素是高科技，尤其是21世纪以来兴起的社交媒体如脸书、推特等。政治活动动员、资讯的交流都能通过互联网及社交网络快速流通，而且成本低，效率高，又不受地区距离限制，便利了分离主义政党及组织的动员手段。

综合而言，西欧的分离主义运动是国际及区域性的大形势与国内小形势合成的结果。国际大形势包括全球化（尤其是贸易及金融上的全球性互相依赖）、冷战后二元对立体系的结束及民主化浪潮、全球性信息与通信技术大创新。另一个时代性的国际大背景是2008年爆发的国际金融风暴，而西欧正是经济受到最大打击的地区之一。

区域层面上，欧盟及北约为欧洲的成员国提供了经济及军事的保护网，尤其为区内的小国提供更大的生存空间。同时，欧盟及北约打破了国家对权力的垄断。

究其根本，国内因素才是分离主义运动的关键：历史中的积怨及累积下来的民族认同感是分离诉求产生的第一步。若母国的政策或政治制

---

① Guibernau, *National Identity, Devolution and Secession in Canada*, Britain and Spain 2006, p. 62.
② 林达：《加泰罗尼亚：为何要独立》，《东方早报》2014年6月25日第3—4版。

度失败，让个别族群长期感受到不平等，分离倾向会继续上升；如果出现有领导才能的政治组织或政治领袖去发动政治动员，就可以把分离主义运动推向高潮。

不过，就现况来分析短期前景，西欧的分离运动很难成功。首先，造成近年西欧分离运动高峰的欧洲经济及财政困境已得以缓和。苏格兰"脱英"公投被否决及加泰罗尼亚缺乏法律效力的公投后的结果，不但暂时降低了两地的分离倾向，也给西欧甚至其他地区的分离运动打了一针"降温剂"。更重要的是，欧盟明确表示，苏格兰和加泰罗尼亚等地若脱离现属国自立，即等同脱离欧盟及北约，就算之后申请加入欧盟及北约，过程及前景都会很困难。最后，上述案例中的领导政党都是理性的行为体，明白近年的分离主义运动高潮已经渐退，加上比利时、英国等国的中央政府都承诺改善分离主义地区的不公平待遇或加大区域性的自治权。因此，西欧分离主义运动个案的诉求主要回归到扩大自治权及为自己争取最大的资源及利益。然而，这并非西欧分离主义运动的结束，当各地经济环境或人民生活再陷入危机时，激进的分离运动又会回归。

难民潮与大打折扣的人道主义[*]

实际上，难民潮从2011年已经开始，但2015年难民数量急剧上升，危机愈演愈烈。在人道主义的发源地西欧，德国、瑞典、奥地利等国本着人道主义精神，大方打开国门，安置来自战乱和失序地区的难民。其他大部分西欧国家，尽管存在不同程度的勉强，也都较为平和地接受了欧盟分配的难民安置配额。相比之下，在价值观传统、历史经历、经济发展水平上与西欧存在较大差异的中东欧国家就颇为不情愿，在难民接收问题上比较强硬。它们不仅抵制欧盟布置的配额，而且还修建起围栏，限制或拒绝难民的进入，阻止难民递交避难申请。

实际上，即便是在最欢迎难民的德国，人道主义的难民援助也面临着来自本土民众的抗议和政府内部的反对声音，这导致德国的态度几经反复。最初是"门户开放"，单方面暂停执行《都柏林协议》；两周后，匆忙宣布恢复边界检查、暂停执行《申根协议》；之后，德国移民部长又表示德国会基于人道主义尽力安置难民；但后来德国内政部长又宣称将不会给予所有难民能长期待在德国的"难民"身份，而只能提供一年的保护时间，移民部将逐一审查是否将他们转移到别的欧盟国家。同时，政府开始加快将来自非战乱国的经济移民遣送出境。

德国的态度和政策的反复是可以理解的，因为人道主义的道义责任只是一方面，而另一方面，人财、物力、就业问题、社会秩序等都提出了现实的挑战。2015年有超过100万的大规模难民涌入德国，其中10月

---

[*] 本文刊载于《人民论坛》2016年第16期，原文标题《人道主义在现实困难面前大打折扣》，合作者为原清华大学社会科学学院博士研究生刘力达。

有 18 万难民、11 月有 20 万难民蜂拥而入。在第二次世界大战以来欧洲最大的难民潮面前，从德国现有的接待能力，到保守右派和人道主义左派的立场分歧，再到民众是否容纳洪流般的外来客，都存在问题。对援助难民的人道主义提出严峻挑战的，主要是三方面的现实问题。

一 国内政府层面：左右分歧与极右翼政党的崛起

国内政府层面，执政联盟中的左右党派立场分歧和极右翼政党的崛起，使得政府难以决定难民政策。

对于具体实施什么样的难民政策，西欧比例代表制结构下经常产生的左右翼联合政府内部各派往往有不同的主张。一般而言，左翼较倾向于实施有利于难民和移民的政策，因为移民群体一般会是左翼政党的票仓；右翼倾向于限制移民；而极右翼则主张打压或驱逐难民，其支持者大多是本土民众。这样，政党政治使难民政策受到左右党派的影响。例如在德国，默克尔政府中的社会民主党坚持应宽容接受难民，而默克尔自身的基督教民主党则认为应对叙利亚难民有所限制。夹在中间的默克尔需要顾及执政联盟的看法，但同时又不得不作出与本党党内共识一致的决策。另外，最近几年兴起的极右翼小党，也对左右大党造成了一定的威胁，不可小觑。如法国国民阵线、瑞典民主党等不少欧洲极右翼政党迅速崛起，德国选择党等的支持率也在不断上升。

二 国内大众层面：不断上升的担忧与排外

国内大众层面，本土民众越来越担忧社会治安、就业、福利和认同问题，排外情绪不断上升。

随着难民的增加和移民融入中出现的一些困难，西欧各国的本土民众在近些年来都不同程度地存在着排外主义和民粹主义的情绪，这从反移民、反穆斯林的极右翼政党的普遍兴起可见一斑。具体到 2015 年的欧洲难民危机，即使是在最为欢迎难民的德国，也有不少民众对难民表达出不满。全国截至 2015 年 9 月底共发生了 430 余起针对难民的袭击事件，从难民数量暴增的 10 月以来，德国海德瑙等地发生多起针对难民的纵火案。德累斯顿等地的"爱国欧洲人反西方伊斯兰化"（PEGIDA）运动[①]再次高涨，要求遣返难民、默克尔下台等。与 20 世纪几次欧洲内部的移民潮不同，这次难民潮的难民主要是来自域外异种族、异宗教、异文化、异语系的地区，而且是在短时间内、大规模涌入经济增长乏力的欧洲。复杂的异质性无疑会加大未来融合的难度。民众的担忧集中在：难民进入后能否保持良好的社会秩序，国家财政能否支持难民安置，自身的就业机会和福利是否会被挤占，移民是否认同国家、融入社会，等等。

三 欧盟层面：合力解决难民问题的协调困境

欧盟层面，欧盟难以有力协调各国合力解决难民问题。在"茉莉花革命"和欧美国家军事干涉的助推下，客观结果是北非地区动荡不安，叙利亚爆发内战，极端恐怖组织"伊斯兰国"壮大，从而直接导致 2015 年的欧洲难民潮。几年下来，叙利亚的中产阶级、青壮年和妇女儿童不得不往周边的土耳其、黎巴嫩和欧洲国家逃命。但是，对于不断恶化的地区形势所造成的难民潮，欧洲无法做到齐心协力去化解这一人道主义危机。相反，难民危机还进一步加深了东西欧以及欧盟内富国与穷国之间的分歧。

欧盟难以有效协调一致的根源在于欧盟是一个超民族国家体，介于政府间组织和联邦制国家之间，有一定的权力却又远不足以对危机快速反应。欧债危机已经造成了成员国间或多或少的撕裂和各国内不同程度的疑欧情绪，难民危机更是让欧盟一体化的艰难进程雪上加霜。不仅中东欧国家强烈抗议欧盟对它们安置和接收难民的要求，英国也提出未来留在欧盟的四项条件，其中包括控制欧盟进入英国的移民、减少对欧盟人口自由流动原则的滥用，否则将不排除脱离欧盟的可能。此外，即便是那些接受了欧盟安置难民配额的国家，不仅磋商 4 个月才勉强通过计

[①] 爱国欧洲人反西方伊斯兰化（德语：Patriotische Europäer gegen die Islamisierung des Abendlandes，缩写 PEGIDA）是 2014 年从德国兴起的一个欧洲右派民粹主义的政治运动。

划，而且计划两年内转移安置的16万名难民，但实施后两个月仅落实了100人左右，可谓杯水车薪。

现实的诸多挑战，使得欧盟各国政府、民众围绕难民问题的争论在2016年仍将持续。所争论的现实问题集中在国家安置难民所需的财政支出、就业市场的容量、社会秩序的安全和稳定、移民的社会融入情况、跨国合作的障碍，等等。人道主义的光辉理想不能不在现实的诸多困难前打折扣。

欧洲人的集体焦虑与排外主义[*]

2018年全球排外主义思潮泛滥，欧美等国家都表现出了不同程度的排外主义倾向，主要表现为：政治上的极端主义、经济上的保护主义、社会上的排外情绪等。欧洲排外主义产生的原因，既有政治框架设计的不足，也有有效应对手段的缺乏，而白人至上主义则是排外主义思潮产生的深层次社会根源。

一 排外主义概说

关于排外主义的概念，国内外学界尚无统一的界定。排外主义通常被简单地理解为对一切外域的人员或文化进行排斥，并拒绝与其他国家进行交往。在中文语境中，排外主义主要是指一种主张排斥外国、外地或本党派、本集团以外的思想理论体系。在西文语境中，经常使用的词语包括Xenophobia以及Exclusivism，前者可以翻译为"仇外""对外国人畏惧与憎恨"，后者可以翻译为"排外主义""独占主义"，都是一种不顾他人观点与意见的心态。

在西方尤其是欧洲，排外主义意味着"对陌生人的恐惧""对陌生人的仇恨""在特定人群中对非本地人的敌对态度"。社会生物学家认为，排外主义是一种普遍现象，而社会科学家则将其描述为现代国际社会中反常状况所产生的几种可能的反应形式之一。

---

[*] 本文刊载于《人民论坛》2019年第1期，原文标题为《排外主义折射欧洲人的集体焦虑》，合作者为原清华大学社会科学学院博士研究生田园。

排外主义和种族主义经常被重叠使用，但其实两者是截然不同的现象。种族主义通常是基于身体特征的差异，如肤色、头发、面部特征等。而排外主义则是基于他人是否源自本国或本社会而产生的想法和行为。由于通常采用身体特征的差异来区分"他者"，因此通常很难区分排外行为的动机究竟是种族主义还是排外主义。从意识形态产生的根源来看，排外主义不同于种族主义，其更多地体现为：因认知偏见，对本国、本民族或本地区未有的事物所产生的排斥思想或行为。2018年欧洲的排外主义突出表现为政治上的极端主义、经济上的保护主义、社会上的排斥情绪。

二　政治表现：极右翼民族民粹主义政党的崛起

以2014年6月欧洲议会选举为标志，欧洲多个国家的民族民粹主义政党群体性崛起。称其为"民族民粹主义政党"，是因为这些政党在选举中突出呼应高涨的种族主义、排外主义情绪，并使种族主义、排外主义成为重点话题。从主张"脱欧"的英国独立党，到反移民、反欧盟的老牌政党法国国民阵线以及最新的民粹主义政党意大利"五星运动"等，都是如此。针对执政党无力应对汹涌而来的大量难民的现实，民族民粹主义政党通过强调"欧洲至上"吸引了大量的右翼极端分子、中小工商业者、青年失业人员等。

典型的案例是法国的国民阵线。自2002年总统选举失败以来，该党因内部纷争而明显处于衰落态势，但金融危机以及难民危机的发生却使其在最近几年起死回生。在2014年的欧洲议会选举、2015年的大区选举、2017年的总统选举中，国民阵线过关斩将，接连取得佳绩。2018年6月，国民阵线进行内部整合，更改为国民联盟，试图弱化自己的极端种族色彩，迎接2019年的欧洲议会选举以及2020年的总统选举。事实上，国民阵线虽经历了转型，但其内外政策的极端性依然清晰可见。国民阵线主张法国脱离欧盟和欧元区，不断强调"法国优先"，提倡限制移民人数，在文化与宗教上极力渲染"伊斯兰威胁论"，将穆斯林等同于恐怖分子，要求"禁止或解散所有和伊斯兰理论研究相关的机构""关闭所有极端主义的清真教堂,禁止一切宗教地点和文化活动的社会资金支持"等。在2017年的法国总统大选中,国民阵线甚至提出要限制穆斯林移民入境人数,把法国的合法移民人数缩减至每年一万人,驱赶在法国居留的无证移民以及和激进伊斯兰教有关联的外国人。

创立于2013年的德国选择党,原本的诉求是反对援助陷入债务危机的欧盟成员国,但随着部分民众对难民涌入后自身生存状况恶化的担忧,其逐渐转变为反移民的政党。选择党的核心理念是"反对接纳难民""反对欧元区""反对德国伊斯兰化",打破了德国传统的"政治正确"。在2017年9月的联邦议院选举中,选择党以12.6%的选票进入议院,成为议院第三大政党,也是第一个进入德国联邦议院的右翼民粹主义政党。在英国,独立党以拒绝来自欧盟的移民为借口,在"脱欧"公投中发挥了关键作用。独立党指责欧盟以及执政党的多元主义政策是以背叛的方式赋予少数族裔、移民和外国人以机会,认为正是这些外来者"偷走"了就业机会、损害了传统生活方式、影响了国家安全。

不仅极端主义政党纷纷崛起,欧洲主流政党的政策也渐趋保守。在移民问题上,法国左右主流政党已经合流,将极右翼政党的主张内化至执政理念和政策中。在德国,因受难民危机困扰,默克尔领导的执政联盟出现分歧,时而表示德国要在移民问题上坚持接纳、包容与开放的态度,时而又在舆论和民众的压力下表示德国应禁止罩袍、德国法律优于伊斯兰法,等等。

这样的"民族主义+民粹情绪"模式,不仅影响着传统的西欧,而且也在中东欧国家落地生根。匈牙利、波兰、捷克和斯洛伐克组成的维谢格拉德集团,以"新欧洲"的姿态对抗"旧欧盟"。比如,匈牙利高举民族主义与民粹主义大旗,不但拒绝收容难民,还违背《申根协议》,在本国边界修筑栅栏限制难民进入,并一再蔑视布鲁塞尔的呼吁,限制媒体自由,拒绝履行欧洲人权标准。2018年5月,欧尔班·维克托凭借着匈牙利民众的民族主义情绪而成功连任总理。更令常人难以想象的是,右翼民粹主义政党在某些国家正式登堂入室,或主导政府或联合执政,成功地实现了政治上的突破。而当前民粹主义政党再次入阁乃至主导政府并没有引起媒体与社会的震动。这表明,在当今排外思潮泛滥的欧洲,社会与民众已经在心理上接受或默认了这一现实。

三 经济表现:贸易保护主义

在经济方面,欧盟国家发展水平差距逐渐拉大,贸易保护主义日益抬头,部分欧盟成员国转向以"经济爱国"为旗帜的贸易保护主义。2018年8月23日,欧洲中央银行公布的货币政策会议纪要显示,贸易保护主义是欧元区面临的最主要的经济风险。根据欧盟统计局的数据,欧盟28国和欧元区19国经济在2009年降至20多年来的最低点,平均跌幅为4.37%和4.52%,失业率依然维持在9.4%和10.9%。一些欧洲国家为保护本国经济,采取提高关税等一系列限制手段,缓阻外部商品对本国市场的冲击。欧盟在重要经济领域,强化国家控制,力阻关键领域被外部企业并购。还有一些西欧国家,为了保护本国的劳动力市场,对其他国家的廉价劳动力进行限制。在欧盟经济振兴乏力的背景下,那些认为自己在全球投资贸易中处于不利地位的欧盟国家和地区,贸易保护主义倾向明显。

四 社会表现:民众强烈的排外情绪

针对弥漫欧洲社会的排外主义思潮,2018年11月11日,多国政要汇聚于巴黎凯旋门前,隆重纪念第一次世界大战结束一百周年。法国总统马克龙指出,要警惕狭隘的民族主义,称爱国主义与民族主义并不相容。德国总理默克尔也表示,"目光狭隘"的民族主义者正在欧洲和世界其他地区获取权力,一些人只顾追求自己的利益,而忽略了第二次世界大战后维系世界和平的纽带,这种趋势令人担忧。尽管法德领导人强调警惕"狭隘的民族主义",但是,波兰、匈牙利、克罗地亚、捷克、奥地利等国家的排外情绪和极端民族主义情绪依然高涨。

五 排外主义的制度设计与历史文化传统

欧洲排外主义不仅涉及制度设计,还包括历史文化传统。表面来看,近十年来的欧洲社会矛盾及其产生的排外主义思潮，反映的是民族主义与全球化之间的内在矛盾，但实际上却有着深刻的政治背景与社会因素，其不仅涉及制度设计，还包括历史文化传统。

首先，西方现有的政治框架设计缺乏应对难民危机和民粹主义的有效措施。在经济不景气的背景下，无论是经济问题还是社会问题，一些西方政客都把责任归结到外国人头上。简单地以调动民族情绪来争取选票，几乎成为欧洲多数国家政党和政客的主要动力。但是，这些国家和政党的做法并没有从正面强调爱国主义情怀，而是在强调本民族的主体性时，表现出排外主义现象。尤其是一些主流政党为了获得选民的支持，对右倾思想和排外主义思潮采取包容或迎合的态度，在一定程度上起到了推波助澜的作用，导致了欧洲国家的整体性政治失序。

其次，在面对难民危机和恐怖主义等社会问题时，欧洲各国缺乏有效的应对措施。一些欧洲国家在制定反恐政策时，沿用多元文化主义思路，将文化差异问题安全化、将少数群体风险化，导致政策失效。事实上，无论是强调对少数族群的关注，还是出于安全考虑的监控，都是对这些群体的整体性偏见。

最后，欧洲社会长期以来形成的白人至上主义，以及对外来移民的整体性歧视，是排外主义思潮形成的深层次社会根源。欧洲各国在工业革命之后取得了巨大的发展，长期的经济发展红利以及强大的军事实力，使得欧洲人形成了强烈的优越感。但是，随着第二次世界大战结束后第三世界国家的群体性崛起，这些昔日的强国地位不断下降，一些拥有极端思想者由此产生了对其他国家的敌视。

实际上，无论是从担忧自身安全的角度，还是从维护自身利益的角度，反难民的排外运动都不是解决当前欧洲问题的良方。欧洲国家在经历了金融危机和难民危机后，希望求助于民粹主义和保护主义，但排外主义与民粹主义并无益于提高生活水平，也无益于消除政治不满。历史反复证明，这些做法只会带来更大的灾难。可以说，2018 年的排外主义思潮，折射出的是欧洲人的集体焦虑。在选举政治的背景下，排外情绪不仅将反全球化和反多边主义的民族主义者、民粹主义者送上领导者的地位，也使得欧洲的未来更趋保守。

冲击欧洲一体化的民粹主义[*]

十年前，民粹主义政党在欧洲只是星星之火，迄今它已呈燎原之势。以 2014 年 5 月欧洲议会选举为标志，欧洲民粹主义群体性崛起，2016 年随着英国成功"脱欧"公投而拉开脱离欧盟进程、意大利宪法改革公投失败以及早已觊觎总统宝座的法国国民阵线民意支持率蹿升等，无不标志着欧洲已进入民粹化时代。更重要的是，在民粹主义的冲击下，欧洲主流政党正呈现出右倾化与保守化的趋势。

一 民粹主义之火已燎原

英国"脱欧"，其中一个重要原因是担心大量难民从欧洲大陆潮水般地涌入英伦三岛。"脱欧"公投后，特雷莎·梅接替戴维·卡梅伦首相职务，受民粹主义及其民意裹挟，不惜牺牲对英国经济有利的四大流动自由，执意坚持"脱欧就是脱欧"的"硬脱欧"理念，不仅在移民问题上态度强硬，而且还禁止非英国公民参与英国"脱欧"问题的讨论和设计。

无独有偶，争夺总统宝座最具竞争力的法国右翼共和党候选人弗朗索瓦·菲永也如出一辙。作为总统候选人，他不仅在经济上采取撒切尔式的新自由主义路线，而且在国家建构和移民融合问题上采取了与极右翼政党国民阵线相似的政策主张对移民与穆斯林持强硬立场；在对欧问题上虽主张留在欧盟，但强调前提是能够维护法国的利益在对外政策上

---

[*] 本文刊载于《财经国家周刊》2017 年第 2 期，原文标题为《欧洲政治的民粹化时代》，合作者为原清华大学社会科学学院博士研究生刘力达。

趋于保护主义。业已辞职并准备代表左翼参选的前总理曼努埃尔·瓦尔斯则被称作是意识形态上的右"派主义者"。德国基督民主联盟再度选出安吉拉·默克尔为主席参加2017年总理竞选。默克尔一改之前在移民问题上接纳、包容、开放的态度，在党代会上表示德国应禁止罩袍，德国法律优于伊斯兰法，2015年难民潮不应也不会再重演，等等。

在这些主流政党之外，欧洲各国反建制的左右翼民粹主义政党纷纷崛起，占据更为重要的位置。法国的国民阵线一跃成为第三大党，其党魁马琳娜·勒庞成为总统大选的热门人选。德国的另类选择党在默克尔家乡的地方议会选举中击败基民盟，支持率不断攀升。意大利的五星运动在地方选举成为大赢家，候选人出任罗马与都灵两个城市的市长，并在总理伦齐辞职后成为意大利的重要政党。奥地利自由党尽管未能在总统大选中获胜，但其声势也一度咄咄逼人，获得近半数国民的支持。此外，还有丹麦人民党、匈牙利约比克党、荷兰自由党、芬兰真芬兰人党、瑞典民主党等，也在本国的政治生活和各层次选举中崭露头角。一时间，欧盟各国涌现出的民粹主义政党不仅站上了政治舞台，还获得越来越多的选票支持，成为主要的或不可忽视的政党。

这些反建制的民粹主义政党虽然具体的主张各异，但是，有两项主要内容重叠。一是疑欧或反欧盟，主张收回本国在边境控制、移民、货币、金融等方面的主权，本国利益优先。二是反移民（尤其是穆斯林移民），主要表现为反对无控制地接纳外来难民，对本国的移民少数族裔（尤其是穆斯林）提出更为严苛的、同化主义的要求。本质上说，民粹主义政党的这两项主张都源于国家民族主义。如此，共同体构建的路径在向民族国家回归，意味着对外偏离超民族国家建构路径，对内排斥异质于国族的世居和移民少数民族群体。

二 欧洲一体化进程受冲击

从欧洲的发展趋势看，不论未来是主流政党还是非主流的反建制政党上台，欧洲各国国家民族主义的普遍兴起将使欧洲政治与社会进一步民粹化，欧盟的一体化进程也将会遭到更大冲击。

首先，欧洲未来几年将持续民粹化。实际上，民粹化的动向并非今年才出现。2015年大规模的中东和北非难民潮涌入西欧，迅速激化了欧洲内部反移民、反欧盟的情绪。在此之前，早自欧债危机开始就已陆续出现反欧、反移民的民粹主义政党。国家债务与欧盟开出的财政紧缩条件加重了成员国与欧盟之间的紧张关系，而欧盟与成员国之间就缓解欧债危机和难民危机的拉锯战进一步凸显了"民主赤字"的问题，由此催生出左翼民粹主义，南欧的希腊、西班牙，乃至意大利等国表现尤为突出。经济下滑在福利、就业、安全等方面的影响以及恐怖组织"伊斯兰国"的壮大，加剧了欧洲中下层民众对穆斯林难民的排斥和对国内融入困难的移民的歧视，国家民族主义者急于打破"政治正确"，不满于当下的建制，由此催生出右翼民粹主义。

2014年5月的欧洲议会选举，左右翼民粹主义政党取得历史性突破和胜利，支持率居多个国家的前列。而面对如此民意，主流政党为赢得选举或谋求连任成功，会在不同程度上内化和吸收反建制政治力量的主张和政策以求获得选票和支持。因此，整个欧洲政治的趋势将继续呈现出民粹化的局面。

其次，主要国家主流政党的国家主义将减弱欧盟一体化的动力。"脱欧"已成英国这几年的中心议题，而英国首相特雷莎·梅坚定执行公投的"脱欧"决定。2017年，法国和德国迎来大选，法国前总理菲永和德国总理的默克尔虽然不会挑战欧盟的整体性，依旧主张留在欧盟，维持欧盟这一超国家结构，但在反欧民粹主义兴起的压力下，会更为强调国家利益优先，如在难民问题、边境管控问题、欧元问题等方面更坚持国家主权。作为欧盟一体化的主要推动者，德国和法国的保守化趋势意味着未来欧盟一体化进程的动力将会被减弱。

再次，欧盟成员国的非主流民粹主义政党将进一步冲击欧盟作为超国家政治经济组织所拥有的权力和作为后民族共同体所构建的价值观念。民粹主义政党反对欧盟对民族国家事务的管控权和决定权。左翼民粹主义政党主要反对欧盟在货币和财政紧缩问题上的政策，如希腊的激进左翼联盟和西班牙的"我们能"。右翼民粹主义政党主要反对欧盟在移民问题上的边境开放、难民安置等安排。同时，面对国内的移民少数族裔尤其是穆斯林移民，右翼民粹主义的主张也较多排外主义的色彩。右翼民粹主义政党的这些主张与欧盟的人员自由流动、尊重并促进文化多样性的价值理念是背道而驰的。在未来一段时间内，欧洲民粹主义方兴未艾，会极大冲击欧盟作为超国家共同体的政治权力和价值理念，削弱欧盟建构共同体的意识形态基础。

最后，值得关注的是，意大利修宪公投失败中左翼政党备受打击，在下一次大选中五星运动可能会借势成为议会多数，执掌意大利政府。意大利五星运动未必能如英国那样就"脱欧"与留欧举行全民公决，但一定会借助民意与欧盟讨价还价，像卡梅伦那样向欧盟索取对本国有利的政策好处。届时，欧盟的改革事业更会举步维艰，民众的不满情绪会更渐次上升。

法国哲学家、外交家亚历山大·科耶夫曾言，对于欧洲，"民族性政治实体的时代已经结束了。现在则是一个帝国林立的时代，一个跨国性的政治统一体的时代"。欧洲作为统一体的发展系于欧盟的整合，而这与德法的推动、各成员国的支持密不可分。当下，反欧、反移民的反建制民粹主义普遍兴起，这将更增欧盟一体化之艰难，弱化欧洲的整体力量及其在世界政治中的地位，增加欧洲政治的不确定性。

欧洲各国社会矛盾与愈演愈烈的民粹主义[*]

2008年后,由于遭受国际金融危机的重创,欧洲政治经济与社会危机叠加交叉,包括东西欧在内的各种民粹主义政党全方位崛起,竞相在国家、地区以及欧洲议会选举中实现突破,挤压和占领传统政党的生存空间。尤其是2014年在具有欧洲民意晴雨表之称的欧洲议会选举中,欧盟内具有极右翼倾向的民粹主义政党纷纷崛起,取得历史性突破和胜利。其中,法国国民阵线、英国独立党、丹麦人民党、比利时新佛莱芒联盟均夺得所在国支持率第一。这些政党大都以反移民、反全球化和反欧洲一体化而著称,它们的崛起无疑极大地冲击了欧盟的政治生态。

一 北部民粹主义右翼和南部民粹主义左翼

法国国民阵线的崛起具有导向性意义。它在20世纪70年代成立后曾几度沉浮。在2012年法国总统大选的首轮投票中,国民阵线的候选人玛丽娜·勒庞得到了17.9%的选票。2015年12月,巴黎恐怖袭击事件后,首次法国地方选举落幕。极右翼民粹主义政党国民阵线首轮投票在本土12个大区中的6个大区得票领先,在不少大区得票率超过40%;在第二轮投票中得票率为28.4%,创下历史最好成绩。国民阵线领导人玛丽娜·勒庞以不无挑衅的口吻表示,投票结果显示目前法国实际上只有两个政治派别,一个支持国民阵线,另一个则反对它。目前,国民阵线已

---

[*] 本文刊载于《人民论坛》2016年第13期,原文标题为《民粹主义何以在欧美愈演愈烈》。

铆足劲头，准备冲刺2017年法国总统选举。

在刚刚结束的奥地利总统第一轮选举中，反移民的奥地利自由党候选人诺贝特·霍费尔获得36.7%的得票率，将于本月底与得票第二的绿党候选人亚历山大·范德贝伦角逐总统。据最新民调，自由党的民意支持度超过了执政党。一旦具有右翼民粹主义倾向的霍费尔当选为奥地利总统，对处于困境中的欧盟来说无疑又将增加一位难以合作的伙伴。

在难民危机的冲击下，德国政坛也出现了类似民粹主义右倾动向。2015年，近110万难民涌入德国，致使德国国内治安事件层出不穷，激发了主流德国民众"向右走"的态势，从而使得德国选择党和爱国欧洲人反西方伊斯兰化运动（以下简称"佩吉达运动"）支持率扶摇直上，而老牌极右翼政党德国国家民主党（NPD）也在多年的持续衰落后逐渐恢复了元气。近期民调结果显示，支持反移民政策的德国选择党支持率已升至近10%，成为德国最受欢迎的政党；而德国总理默克尔领导的联盟党支持率则下跌至34%左右，这是2012年6月以来的最低水平。难民大规模涌入带来了一系列社会问题，使得同情移民的主流民意正迅速转化为对德国难民政策的批评和对难民的恐惧，而德国选择党、"佩吉达运动"和国家民主党在一定程度上成为排外、仇外民众的精神寄托。

在金融与欧债危机的冲击下，不仅右翼民粹主义政党力量和影响力不断上升，左翼民粹主义也表现不俗。从地理分布来看，左翼民粹主义主要体现在南欧国家，其典型代表分别是希腊的激进左翼联盟和西班牙的"我们能"。这样，在欧盟的政治版图上出现了北部民粹主义右翼和南部民粹主义左翼的有趣现象。南欧民粹主义的政治主张中大多包含反腐败、保护底层人民权益等；他们反对欧盟强加的财政紧缩政策，提出恢复本国货币等。例如，在2012年5月的希腊选举中，支持退出欧元区、反对救助计划的激进左翼联盟一举成为第二大党。2015年9月的选举中，激进左翼联盟获得35.5%的选票，与盟友独立希腊人党合计获得300个议席中的155个，继续执政希腊。

二 民粹现象为各国社会矛盾的集中体现

这些年来，人们也许已经对欧洲政治的民粹主义趋势产生疲劳。而如火如荼的美国总统初选始终扣人心弦，其过程与结果则更具有强烈的震撼性。现年70岁的纽约"地产之王"特朗普宣布竞选美国总统，无论是精英还是媒体都对此不屑一顾，原本在共和党的大佬眼中，他只是美国大选中陪跑"打酱油"的角色。但人们万万没有想到，特朗普竟然在党内主流精英的打压之下仍能过关斩将。特朗普充分利用了民众对于体制和奥巴马政权的失望，利用反全球化和反移民话题迎合民众心理。特朗普对现政权和美国政治制度的批评更是口无遮拦、出言不逊；将美国经济危机后的经济衰退归罪于自由贸易，大打经济民族主义牌；在ISIS威胁遍及全球和巴黎恐怖袭击事件背景下，高调反对拉美裔移民和穆斯林移民，从初选伊始就始终保持极高的支持率。作为具备成熟民主制度的美国，仍然无法将特朗普这样的典型民粹主义者拒之门外，这凸显了美国人对于自身生活水平下降的失望和因失业率上升而引起的强烈不安全感。

自从民粹主义出现崛起，学界及政界无不在反思：民粹主义为何能在欧美西方国家大行其道？其中首要的原因是经济大萧条所导致的失业率上升以及未来的不明朗。虽然美国奥巴马政府采取的刺激经济措施略见成效，但欧盟经济却依然徘徊在2008年国际金融危机发生前的水平，增长乏力。经济不佳直接导致人们对欧盟的批评，要求进行贸易和经济保护。其次则是收入和贫富差距的极大不平等。如法国经济学家托马斯·皮卡迪指出，过去几十年来收入与财富的不平等一直在上升，2008年金融危机则使得这种不平等又进一步加剧。美国的就业率虽然有所上升，但是收入分配却进一步恶化，1%与99%的鸿沟难以消除。

欧美政治中的民粹主义现象是各国社会矛盾的集中体现。民粹主义的核心是强调人民至上，反对政治生活中的精英主导。在当今西方民主制度下，政治发展越来越精英化，精英集团国际化，精英集团利益化，主流政党和政治精英均被利益集团和大资本家所绑架，而大众则被抛弃，他们只能默默地用选票说话。在民粹主义的操纵下，诸如克鲁兹、卢比奥、卡西奇乃至希拉里之类的建制派或者失语或者制造社会议题的能力下降，主流精英自恃的"政治正确"已不得人心，而"反建制派"的民粹主义者则说出了大众的心里话，掌握了制造社会议题的能力。毫无疑问，欧美各国形形色色的"特朗普们"正在引领和改变着未来的政治模式和政治形态。

欧洲日益多面化的极端主义[*]

极端主义是一个宽泛的概念，它囊括了包括政治极端主义、社会极端主义、宗教极端主义、民族极端主义等一系列不同的运动与诉求。

一 政治极端主义与极端右翼政党的凸显

2016年，各种形态的政治极端主义继续发展，在国家与地区层面的竞选政治中获得越发重要的地位，在一些国家，如美国、奥地利、法国、意大利、希腊、西班牙等，甚至已经被证明具有左右政局的能力。事实上，学界与主流媒体所高度关注的代表极端右翼的"特朗普现象"与代表激进左翼的"桑德斯现象"远不仅限于美国，在2016年12月4日结束的奥地利总统大选中，典型地体现了极端右翼与激进左翼候选人的对决。与此同时，经历过两轮地区选举后，法国极右翼政党"国民阵线"成为事实上的最大赢家，党魁玛丽娜·勒庞闯入2017年总统选举次轮角逐似无悬念；联系到2015年已经执政的希腊左翼激进联盟，西方世界近年来极端左右翼政党不断崛起，这些过去长时间处于边缘地位的政治力量及其诉求已经进入主流政治。

激进左翼和极端右翼政党不断崛起与势大，并不完全意味着政治光谱左右差距的拉大，事实上，在政治极端主义逐渐成为主流政治的一部分的情况下，传统的左与右、温和与极端的界限均已经越来越模糊，一

---

[*] 本文刊载于《人民论坛》2017年第1期，原文标题为《欧洲社会极端主义日益多面化》，合作者为原清华大学社会科学学院博士后沈晓晨。

方面，极端政党吸收了主流政治的关切议题，占取了主流政党相当部分的传统支持群体；另一方面，主流政党也开始吸纳部分极端诉求，极端议题进入主流政治辩论。政治极端主义的日益主流化，在极端右翼政党方面更为突出。

首先，在2016年欧洲的数次重要国家与地区选举中可见，极端主义政党或选举人的选举口号在越来越多的情况下寻求与主流政治关切相结合。突出体现为与前几年相比，极右翼政党在继续强调极端诉求的同时，也兼顾传统意义上并不属于极端右翼，甚至右翼的议题。在传统左翼当代衰落的情况下，极端右翼通过为底层民众发声，相当程度上获取了这一部分民众的支持，2016年的情况多次证明，这是极端主义政党进入主流政治的有效途径。

在2016年12月奥地利总统大选中，来自激进左翼的当选总统亚历山大·范德贝伦的支持者更多的是受教育程度较高的中产阶级，相反，来自极右翼自由党的诺贝特·霍费尔吸引了大量原属于左翼支持群体的蓝领阶层，之前5月的选举中，甚至有高达86%的工人都选择支持霍费尔。如果将法国2016年地区选举与20世纪七八十年代相比，将会发现国民阵线已经基本占据了大多数原属于左翼政党的支持地区，在13个大区中的两个，即北部—加来海峡—皮卡第大区和普罗旺斯—阿尔卑斯—蓝色海岸大区，左翼甚至退出了地区选举，形成极右翼与中右翼政党角逐的情形，这在2015年之前的选举中很难看到。

其次，为了赢得选民支持，传统主流政党也开始部分地吸收极端主义诉求，一些从未进入欧洲政治讨论的极端或保守议题，如堕胎、同性恋问题等，进入了选举辩论。在2016年法国选举电视辩论中，中右翼候选人弗朗索瓦·菲永与国民阵线党魁勒庞在社会议题的保守性、移民与对穆斯林的态度上呈现极大的相似性，两位候选人都希望修改同性婚姻法，菲永更是得到了反同性婚姻运动的支持；双方在移民和穆斯林问题上都持强硬态度，菲永希望收紧对难民的社会补助和国家医疗补助，并多次强调保护国家传统文化，否认法国是一个多元文化国家，这帮助他得到不少极右选民的支持。无独有偶，即使相对包容开放的德国总理安格拉·默克尔也不得不在极端政党的挑战和民意压力下一改之前对移民的态度，在不久前基民盟党代会上表示德国应禁止罩袍，德国法律优于伊斯兰法，2015年的难民潮不会再重演。

因此，在政治极端主义日益主流化的背景下，当前欧洲政治呈现出两大趋势，一是传统主流左右政党在共同遏制极端政治势力方面的合流，二是极端与温和的界限日益模糊。而这两大趋势的一个重要连接点，在于民粹主义。近年来，政治极端主义，特别是极右翼势力在欧洲的群体性出现，是欧洲民众反体制情绪集中爆发的体现。民众的不安心理在主流政治中找不到合理的解决路径，民粹主义依托极端民族主义及时填补了政治代言的真空地带，充分利用并煽动人们对于危机和未知的恐惧心理为其政治目的服务。而政治极端主义与民粹主义的深度结合，导致在动员方法上，迫使传统主流政党也不得不采取类似极端政党的民粹动员方式，加强对于"传统"及"爱国主义"话语的强调，"用对手的手段击败对手"。短期而言，主流政党的这种民粹式选举动员方式是有效且必要的，但是，从长期来看，主流政党在动员手段方面与极端政党的趋同到底是利是弊，是否会更大地刺激后者的发展、改写欧洲民主传统，尚有待观察。

各派别极端政党在2016年西方各国各层级选举中的表现充分说明，政治极端主义已经逐渐成为一个举足轻重的主流政治力量。

二 右翼极端情绪与伊斯兰极端主义构成的恶性循环

2016年的世界极为不平静，伊斯兰极端主义在西方世界持续蔓延，制造了法国巴黎与尼斯、比利时布鲁塞尔、美国奥兰多、德国巴伐利亚与柏林等多地的恐怖袭击。伊斯兰极端主义与恐怖主义，是当前反激进化和去极端化研究的核心议题，更是各国加强执法维稳工作的重中之重。但往往被忽视的是，伴随着全球化和欧洲一体化的深入，近年中东难民潮的涌入、各国在应对难民危机方面的低效，特别是恶性大规模恐怖袭击的持续发生，主要体现为极端保守排外，以排斥内外穆斯林群体、拒斥伊斯兰文明为显著特征的社会极端主义也在同步升温，欧洲社会生活中的极右排外情绪已经成为一个现实问题。

2016年10月16日，巴黎街头数万人上街反对同性婚姻和穆斯林移民，希望在2017年总统大选前再次开展相关论辩。同样的极右运动也发生在德国，3月和5月，右翼极端主义者两次在柏林组织游行示威，规模均达千人，"公开宣扬仇恨，反对我们的国家，反对我们的社会，反对持不同政治观点的人士，反对移民，也反对警察"，参与者多为新纳粹分子、流氓、所谓"德意志帝国主义者"以及摩托飞车党。值得注意的是，欧洲当前的极端右翼组织不仅包括"白狼恐怖团"这样的新纳粹组织，还包括更加具有隐蔽性的诸如"爱国欧洲人反西方伊斯兰化"（以下简称"佩吉达运动"，Pegida）等社会运动。10月3日德国总理默克尔和总统高克等政要在德累斯顿出席德国统一26周年庆典时，遭到了在场数千右翼人士的抗议，当天抗议的人群即主要来自"佩吉达运动"。目前，"佩吉达运动"的影响力已经超越国界，在比利时、奥地利、瑞士、瑞典和挪威等欧洲国家形成一定规模，在不同国家组织类似的反移民活动。

可能更值得警惕的是，极端社会情绪正在酝酿产生新的基层极端政治组织。例如，在2016年3月和9月，德国执政党基民盟和社民党在三邦议会选举和柏林地方选举中遭重挫，相反，两次选举中均看到极右翼政党——德国选择党的崛起，该党在9月选举后首度进入柏林市议会，甚至还已获得德国16个联邦州中的10个州的议会议席。同时，在"佩吉达运动"中，也有不少极右翼党派德国国家民主党的成员，这些成员试图通过排斥穆斯林等方式来获得极端保守主义者以及新纳粹分子的政治支持，为其在将来的德国议会选举中积累更多的政治能量和筹码。

种种事实证明，社会右翼极端情绪已经与伊斯兰极端主义构成了一个恶性循环。从社会安全角度而言，社会极端保守排外情绪的上涨根本无益于打击伊斯兰极端主义和恐怖主义，反而落入了恐怖主义的逻辑之中；从政治安全而言，来自欧洲本土的社会极端主义，与本土伊斯兰极端主义和恐怖主义相比，其威胁丝毫不低，甚至更为严重。它裹挟民意的不满而不断政治化，正在演化为一个独立的解构性力量。欧洲不能任由一个极端的恶性循环出现，因为这将在长时期内侵蚀欧洲几十年来的政治和文化认同建设成果，甚至毁掉欧洲上百年的民主根基。

2016年2月13日，时任法国总理瓦尔斯与俄罗斯总理梅德韦杰夫会晤后称，欧洲已进入一个"超级恐怖主义时代"，而在这个面临着日益严峻的伊斯兰极端主义威胁的时代中，我们更要清醒地认识到各种极端主义的影响。例如，英国首相特雷莎·梅于 2016 年 9 月 21 日在联合国大会上发言强调：恐怖主义现在并非来源于某个具体国家，其完全来自另一个空间……而要有效应对现代挑战，国际社会应协力打击各种形式的极端主义，包括伊斯兰恐惧症和新纳粹主义。这不仅是欧洲的问题，更是世界上许多国家共同面对的紧迫难题，需要认真思考。

多重危机下欧洲的不确定性与政治极化*

近年来，英国"脱欧"、意大利宪法公投以及民粹主义政党群体性崛起等，致使欧洲不确定性增加。这些事件引发了学者对欧洲社会矛盾、政治与社会极化、移民政策等问题的激烈讨论。在自身经济复苏乏力、大量穆斯林难民涌入的背景下，欧洲政治、社会危机叠加，矛盾交织，民众对政府及执政的主流政党越发不满，极端势力借机兴起，以激进左翼及极端右翼的姿态吸引民众的注意甚至支持，使得当前欧洲呈现两翼极化的现象：一方面，激进左翼政党与受其影响产生的民众运动和社会思潮不断壮大；另一方面，极端右翼政党的崛起及与之相关的社会力量给欧洲社会带来越发深远的震荡与影响。陷入左右翼夹击的主流政党似乎也失去了方向感，欧洲的不确定性进一步加深。

第二次世界大战后，由西欧开始，欧洲致力于一体化进程和经济发展，在民主制度运行、社会政策设计以及不同种族移民认同塑造等方面被认为是多元包容规范性力量的楷模。欧洲自身也一直以发达的经济、健全的社会保障、持久的和平局势为自豪，向发展中国家推广及输出其"欧洲模式"①。但

---

* 本文刊载于《人民论坛》2017年第3期，原文标题为《多重危机下的欧洲政治社会极化趋势研究》，合作者为原清华大学社会科学学院博士后赖雪仪。

① 在欧洲和国际政治界以及国内国际学术界中，关于"欧洲模式"这个名词早有提出，涉及经济、社会、政治和安全，以至福利、文化等方面。大体上以和平、稳定、团结和社会经济均衡发展为目标，在多元一体和主权共享的原则指导下，遵循共同的法规、在共同的体制机制下实行以国家和区域两个层级为主的相互协调多层互动的区域共同治理，同时受价值观指导、带意识形态色彩，甚至夹杂着意识形态偏见和利己主义思考，使用各种手段强制推行其价值观和规制秩序，还存有"欧洲中心论"和"欧洲文明优越论"的影响。

是，自从全球金融风暴引发欧元区主权债务危机之后，欧洲经济遭受重创，至今复苏缓慢；在2014年的乌克兰危机、2015年的难民危机以及随之爆发的巴黎、尼斯及布鲁塞尔等地多起恐怖袭击之后，欧洲在保持地区稳定、构建发达多元社会等多方面的制度成效遭到质疑。

叠加的危机相互作用、相互影响，欧洲政治及社会的稳定程度每况愈下，民众对政府及执政的主流政党越发不满，极端势力借机兴起。近年来，激进左翼及极端右翼政治力量已经吸引民众的注意，在一些地区甚至获得支持，使得当前欧洲呈现日益"极化"的现象：一方面是不断壮大的激进左翼政党及受其影响的民众运动或社会思潮；另一方面，极端右翼政党的崛起及与之相关的社会力量对欧洲社会造成震荡与影响。

在政治与社会左右两翼极化的态势下，疑欧情绪与排外主义盛行，欧盟一体化进程受阻。民众频频通过游行示威来表达对当权政府经济政策的不满。同时，由于骚乱和恐怖袭击频发，社会排外情绪上升，在欧洲各国移民政策下长期被边缘化的穆斯林移民首当其冲，近年大量涌入欧洲却未能得到期待中安置条件的难民进一步加剧了社会不稳定。在矛盾叠加的情况下，越来越多的个体或群体对所处现状和政治制度日益不满，倾向于接受和支持意识形态光谱中处于左右两端的思想，并不断分化，包括政党之间的极化、政治精英和普通民众的极化、不同族群的极化等。

一 极化、激进化与极端化的概念厘清

极化、激进化与极端化，是一组密切相关而又存在差别的术语。在政治学领域，极化一般指对极端意识形态所持的截然不同的态度，既是一种状态又是一个过程：作为一种状态是指"对某件事情的观点与理论上最大值的对立程度；作为一个过程是指这样的对立程度随着时间而增加"[1]。极化可以用来表述公共舆论的差异，也可以指某个群体内部的差

---

[1] Paul J. DiMaggio, John H. Evans, Bethany Bryson, "Have American's Social Attitudes Become More Polarized?" in *American Journal of Sociology*, Vol. 102, No. 3 (November 1996), p. 693.

异,但多数相关讨论和研究都以政党为基本研究对象,尤其是美国两党制下产生的左右对峙。极化现象最容易产生于政党和议会等政治精英之中,而普通民众虽然不会轻易改变意识形态倾向和政治倾向,但在行为层面他们无法不在日益严重的极化政治中做出选择。而且政治精英通常会结合当下政治环境和社会危机进行意识形态的宣传和动员,民众的态度和倾向也终将改变。随着极化的加剧,选民更加容易认清不同政党之间的意识形态差异,这也进一步促使他们在不同政党中寻找合适的自我定位。

当今欧洲,政治与社会除传统的左右分化外,极化还体现为政治光谱左右两翼的激进化或极端化。欧洲学者一般将比传统左翼"更左"的政治派别表述为"激进左翼",某些意识形态色彩更浓的学者有时使用"极端左翼";与之相应,"极端右翼"意指比传统的右翼"更右"的政治派别,比较客观或温和的学者则称为"激进右翼"。

激进化由历史上的"激进主义"衍生而来,在欧洲它通常只用于表述激进左翼。《布莱克维尔政治学百科全书》对"激进主义"的定义是:"一种对现有的机构、制度等持批判性疑问态度,并主张对那些已无存在的合理理由的机构制度等进行改革或干脆抛弃之的倾向,因此,与其说这是一种完整、全面的政治信念,倒不如说是一种立场;其实践内涵随着激进分子所处的政治环境不同而发生变化。"①

激进主义随着世界历史,尤其是政治革命史而出现并发展。激进主义在西方18世纪和19世纪的政治进程中是与自由主义、民主、反教会、反王权以及争取政治权利联系在一起的。在历史上,激进并不必然带来暴力,如英国19世纪末20世纪初,为争取提升妇女政治地位的激进女权运动的参与者大多数采取非暴力行为;20世纪60年代美国黑人运动中的马丁·路德·金也被认为是激进主义的代表,而他宣扬以非暴力方式进行变革。

在现今的欧洲,相关研究则大多将"激进化"与引起社会激烈变革的意识形态和暴力恐怖主义相联系。最近几年,欧美国家开始用

---

① [英]戴维·米勒、韦农·波格丹诺:《布莱克维尔政治学百科全书》,邓正来等译,中国政法大学出版社2011年版,第469页。

"激进化"一词来描述本国的恐怖主义威胁。英国政府在 2011 年发布的反恐战略报告把激进化界定为一个过程："在这个过程当中个人支持恐怖主义和导致恐怖主义的各种形式的极端主义。"① 美国国土安全部认为："激进化是接受极端主义信仰系统的过程，包括倾向于使用、支持或者帮助使用暴力以达到改变社会的目的。"② 荷兰安全情报局对"激进化"的定义是："追求和支持社会进行巨大的变革，该变革对现有的民主法律秩序造成危害并且包含使用对民主法律秩序的运行造成伤害的非民主手段。"③

严格而言，政治学和反恐语境中的激进化并不同，前者基本可以等同于社会革新或革命，与极端化乃至暴力行为均没有必然关系；后者是与极端化相连接的前期过程，是激进化（社会不满）发展成极端化（极端意识形态或组织动员）再发展成恐怖主义这一过程的第一步。欧美政府的观点多从反恐政策制定和实施的角度出发，而非从其内在思想和发展逻辑的层面加以全面认识。本文所定义的激进化，特指欧洲的激进左翼政党以及与其观点主张近似的民众运动及社会思潮，包括在欧洲社会与政治极化的背景下民众所表达的要求彻底政治变革的愿望。

极端主义则被界定为极端的、非常规的以及不可被接受的政治与宗教和其他领域的观点、思想、行动。而极端分子指的是持有极端主义并利用暴力等非法手段达到其目的的人。④ 从政治光谱的角度看，极端主义可以分为左翼极端主义和右翼极端主义，其区别主要是在意识形态的具体内容与主张上。本文中"极端"一词特指极端右翼政党及某些民众的极端右倾或保守倾向。

与激进化相比，极端化更侧重于极其保守和排外的政策主张，在对其他族群和宗教文化的认识上多为"我者"和"他者"的二元对立，当

---

① British Government, *Prevent Strategy*, London: TSO, 2011, p. 107.
② Homeland Security Institute, *Radicalization: An Overview and Annotated Bibliography of Open-Source Literature*, Arlington: HIS, 2006, pp. 2 – 12.
③ Ministry of the Interior and Kingdom Relations, *From Dawa to Jihad: The Various Threats from Radical Islam to the Democratic Legal Order*, The Hague: General Intelligence and Security Service, 2004, pp. 13 – 14.
④ ［英］霍恩比：《牛津高阶英汉双解词典》，石孝殊等译，商务印书馆 2005 年版，第 1416 页。

社会中一个或数个群体持有这种拒绝包容妥协的立场,在群体间互不信任的情况下,会酿成难以调和的矛盾。例如,欧洲主流社会希望穆斯林移民既能保持原来的宗教,又能将其限制在私人领域,不干涉公共事务,而对于许多穆斯林来说,这种"政"与"教"之间区分是荒谬的。在一系列本土恐怖袭击和针对穆斯林移民的抗议骚乱之后,两个群体都在"极端化"的过程中渐行渐远。

从目标来看,极端主义希望建立一个基于严格的意识形态原则的同质化社会。在手段上,包容度和妥协性极低的极端主义,为实现政治目的往往不惜使用包括暴力在内的任何方式。① 就性质而言,极端主义可以分为政治极端主义、宗教极端主义、文化极端主义和种族极端主义。需要指出的是,当代尤其是伊朗1979年伊斯兰革命以来的宗教极端主义大多从极端的角度阐述和解释某一宗教的教义,并主张通过极端的方式按照宗教教义实现社会改革,带有很浓的政治意义,在一定意义上属于宗教政治化范畴。这种宗教极端主义并不仅限于伊斯兰教,如宗教激进主义就强调对《圣经》教义进行极端解读,受极端思想的影响,2011年7月22日,挪威青年布雷维克在两小时内先后制造了政府大楼爆炸案和于特岛枪击事件,造成77人死亡,震惊世界。布雷维克曾经是右翼的挪威进步党成员,后来认为进步党在反对多元文化和移民方面还不够"极端",因而退出。

已有的研究显示,官方和学界对于与"极化"相联系的"激进化"和"极端化"的各类定义既有共性又有差异。极化强调的是意识形态或行为的对立,往往不是一种静止状态,而是一个发展过程。在极化的背景下,无论是激进化还是极端化都表达了对现行秩序的不满,希望进行根本的改变,在不同因素作用下,一部分人选择更往左,另一部分人选择更往右,使得欧洲民众在激进化或极端化路上渐行渐远。与极端主义不同,在欧洲,某些群体或个人会自我界定为激进主义或激进化。极端主义者经常被用于描述那些使用或者支持使用暴力的人;而那些被描述

---

① Alex Peter Schmid, "Radicalisation, De-Radicalisation, Counter-Radicalisation: A Conceptual Discussion and Literature Review", in *Terrorism and Counter-Terrorism Studies*, Vol. 4, No. 2 (March 2013), pp. 8 – 12.

为极端主义者的人一般不承认他们的行为或观点构成暴力，也不承认自己是极端主义者。与激进化相比，极端化一般更倾向于诉诸暴力。

二 欧洲政治及社会的左翼激进化

历史反复证明，越是经济困难的时期，民众就越倾向于选择激进的方式解决问题，因为他们都急于摆脱困境，对循序渐进的改革失去耐心。2008年国际金融风暴以来，随着欧洲主权债务危机的蔓延，新自由主义在欧洲的困境越发明显，之前沉寂许久的反资本主义左翼激进政党及左翼运动开始重新吸引民众的注意和支持。短短几年内，左翼政党在欧盟多国迅速崛起，南欧国家尤其明显。

面对高额的主权债务和欧盟施加的改革压力，希腊政治及政府陷入瘫痪。2009—2015年，希腊先后举行五次议会选举，名不见经传的激进左翼联盟支持率节节攀升，从4.5%蹿升至最高的36.3%，成为议会第一大党。2015年1—8月及2015年9月至今，希腊激进左翼联盟党主席齐普拉斯出任政府总理。2015年12月，西班牙大选，反紧缩政策的新兴激进左翼政党"我们能"党（Podemos）首次参选即获得20.7%选票，成为议会第三大党。而执政的人民党和最大反对党工人社会党没有赢得多数席位，不得不联合执政，两党轮流执政的传统局势就此被打破；因没有任何一个政党足以组建政府，2016年6月，西班牙再次举行大选，"我们能"党领导组成的左翼选举联盟（Unidos Podemos）以21.2%的选票位居第三，获71个议席，"我们能"党继续在西班牙政坛发挥影响作用。

希腊激进左翼联盟成立于2004年，由左翼和激进左翼政党联合而成。它最早可追溯到2001年的"左翼联合及共同行动对话空间"（以下简称"空间"），有各类左翼组织参加。"空间"有助于各政党就不同问题共同协作，包括反对养老金和社会安全体系的新自由主义改革；评估欧盟的作用以重新决定希腊的欧盟立场等。尽管"空间"不是一个政治组织，却试图联合和团结参与的组织和政党，推动了2002年地方选举联盟的诞生。"空间"还为某些成员党和组织发起希腊社会论坛奠定了共同基础，使其成为欧洲社会论坛的有机组成部分。

表1　　　　　　欧债危机以来欧洲激进左翼政党的竞选情况

国家	政党	选举情况
法国	激进左翼党	2007年议会选举获得1.3%的支持率；2012年议会选举获得1.7%的支持率和12个议席；2015年法国地方选举只获得0.02%的选票
法国	左翼阵线	2008年成立后，在2010年法国地方选举中扮演重要角色，2012年议会选举中获得6.9%的支持率；2012年总统选举中梅朗雄获得11.1%的支持率；是欧洲议会左翼党团（欧洲联合左派—北欧绿色左派）的重要成员之一；2015年法国地方选举获得2.5%的选票
西班牙	"我们能"党	2014年5月首次参选，在欧洲议会选举获得了54个席位中的5个；2015年首次参与国内选举获得20.7%支持率，成为议会第三大党；2016年5月"我们能"党领导组成的左翼选举联盟，获得21.2%的支持率，仍为议会第三大党
德国	左翼党	2013年议会选举中获得10.2%的支持率，取得64席，在2014年欧洲议会选举中获得7席，是欧洲议会左翼党团（欧洲联合左派—北欧绿色左派）的中坚力量
英国	苏格兰民族党	在2010年议会选举中获得1.7%的支持率，取得6个议席；2015年议会选举中获得4.7%的支持率，赢得苏格兰地区59个席位中的56席，成为议会第三大党
希腊	激进左翼联盟	在2012年的两次选举中成为第二大党；2014年欧洲议会选举支持率全国第一；在2015年两次选举中支持率为26.9%与36.3%，成为议会第一大党
葡萄牙	左翼集团	2011年议会选举，获得5.2%的选票，取得8个席位，2015年议会选举中获得了10.6%的支持率，取得19个席位，成为议会第三大党
丹麦	红绿联盟	2011年议会选举中6.7%的选票，取得7个席位；2015年的议会选举中，获7.8%的选票，取得10个席位，成为议会第四大党
斯洛文尼亚	联合左翼	2014年首次参加议会选举，获得6%支持率，取得6个席位，成为议会第四大党

西班牙"我们能"党成立于2014年3月，它起源于由伊格莱西亚领导的反对不平等、反腐败的游行示威运动，具有典型的左翼民粹主义风

格。该党旨在解决欧洲债务危机之后出现的不平等、失业与经济萎靡；要求与欧盟重谈财政紧缩政策。在民众经受紧缩和大规模失业的背景下，"我们能"党凭借"变革""滴答滴答"（意为现届政府的倒计时，随时准备取而代之）等极具动员力的口号主张，创造了在20天内有10万人加入的奇迹，如今党员人数已增加到近40万人。在2014年5月的欧洲议会选举中，获得全国8.0%的选票，取得5个欧洲议会议席。

与主流左翼政党相比，激进左翼政党大都与社会运动紧密相连，在政治意识形态和政治主张上表现得更为激进。意识形态上，它们对资本主义尤其是新自由主义持激烈的批判态度；在经济与社会政策上，它们更强调传统的左翼政策主张，强调捍卫福利国家。债务危机爆发后，激进左翼政党强烈批判资本主义制度，其所提出的维护社会大众利益的政策主张，受到民众的极大关注。①

2011年，欧洲反资本主义左翼联盟召开大会，聚集了主张"彻底革命"的极端左翼力量，它们声称要重新反思资本主义，坚决反对欧盟，不仅赞同欧洲议会党团"欧洲左翼党"的政治主张，而且要求立即关闭所有的境外银行业务，与资本主义体系和逻辑决裂，呼吁签署竞选纲领的成员党承诺拒绝支持或参与社民党或中左翼的新自由主义化的政府。在行动上，它们广泛联合左翼力量，坚持街头革命的传统。2009年年初成立的法国新反资本主义党把自己界定为"彻底革新社会"的政党，要求建立一个推翻资本主义制度的理想的革命者的广泛阵营，其反对资本主义、反对国际主义、反对种族主义、支持女权主义、反对一切社会歧视，主张摆脱经济全球化危机和推翻资本主义制度。②

以希腊的激进左翼联盟党为例，其坚持反紧缩立场，有效地利用民众对于经济现状尤其是紧缩政策的不满以及普遍的民族主义情绪，提出了废止救援协议、实现民主和社会公正以及保证希腊在欧盟和欧元区的平等地位等主张。同时继续推进其"回归社会"战略。一是积极参与通

---

① 李周：《从金融危机中法共主张看共产主义运动可持续发展》，《中国社会科学报》2011年10月8日第A15版。
② 参见法国新反资本主义党官网，https://npa2009.org/node/38455，访问日期：2017年2月15日。

过正式工会结构组织的罢工，尤其在地方层面上组织了一些具有重要影响的罢工抗议；二是积极支持危机期间发生的各种"社会不满运动"，比如"拒付款"运动，① 并通过分发食物和药品、给学生免费授课等方式，在一些主要城市构建了由其控制或至少能够产生主要影响的团结行动网，加强了与各社会阶层的联系；三是非正式但却积极参与希腊的占领运动——"愤怒者运动"，其部分党员干部甚至在运动中扮演了主要角色。同时，它也尝试将"广场运动"与其他罢工和游行结合起来，如2012年6月25—26日罢工者和"愤怒"抗议者联合举行的雅典总罢工。经济危机背景下泛希腊社会主义运动的"右"转，留下了一个左翼真空，将那些不满的选民重新导向其他政治力量，尤其是反紧缩的左翼力量。在这种背景下，激进左翼联盟乘势而起。

国际金融危机不仅催生诸多极左政党的崛起，而且导致左翼思想蔓延，直接影响欧洲民众与社会运动。由于主权债务危机的蔓延和深化，各国政府被迫削减开支，社会不满情绪加剧。2009年1月29日，法国爆发250万人抗议政府经济政策的全国性罢工；2011年5月15日，在西班牙经受紧缩和大规模失业之时，自称"愤怒者"的民众们聚集在西班牙全国的各个广场，他们对腐败的官僚制度、无能的经济政策表示强烈的不满，呼吁进行彻底的变革。与此前发生的数万青年人参加的广场运动相互呼应，西班牙民众自发组织起来"坚持不合作主义"，这种局势吸引了很多底层民众和反对极右势力民众的支持。除此，希腊多次爆发的大罢工，葡萄牙出现反血汗外籍临时工运动，意大利、葡萄牙、英国、德国等国陆续发生了几千人到上万人的罢工、抗议运动。这些抗议运动大多是在激进左翼政党直接或间接的领导下组织和发动起来的。

德国柏林自由大学的一项调查显示，近年（极）左翼思想在德国受到欢迎，超过60%的德国人对目前的民主体制不满，甚至有20%的人期盼着一场革命。"反对国家和资本，支持革命"一类的极左翼思想正越来越被德国民众所接受。② 结果表明，14%的西部受访者和28%的东部受访

---

① 希腊激进左翼联盟发起的"拒付款"运动，反对高速公路收费。

② Marco Damiani, Lorenzo Viviani, "The New Left in the European Democracies: The Case of the German Radical Left", in *Partecipazione E Conflitto*, Vol. 8, No. 4 (March 2015), pp. 241–262.

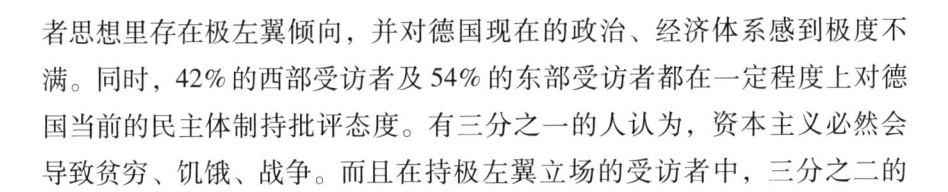

者思想里存在极左翼倾向,并对德国现在的政治、经济体系感到极度不满。同时,42%的西部受访者及54%的东部受访者都在一定程度上对德国当前的民主体制持批评态度。有三分之一的人认为,资本主义必然会导致贫穷、饥饿、战争。而且在持极左翼立场的受访者中,三分之二的人不排斥在必要时采用暴力来实现政治诉求。

21世纪以来,德国左翼极端分子参与、发动的暴力事件越来越多。民众对此往往没有一个客观的认识,低估了暴力事件的数量。这跟德国宪法保卫局严格区分"左翼"和"极左翼"的暴力行为不无关系,一般只有基于"极左翼"的暴力行为才会引起民众的广泛关注。实际上,属于"左翼"分子名下的犯罪案件并不少,仅在2013年就发生了50起纵火、爆炸物品犯罪,造成了271人受伤,负面影响不容小觑。2015年1月8日,德国莱比锡警察局就遭到数十名左翼分子的围攻,虽然无人受伤,但是警察局的玻璃门遭到了严重破坏。

激进左翼社会运动中最响亮的话题仍是反资本主义。当底层劳动者满意其人均收入、福利待遇时,他们未必会太在意社会的贫富差距;但若保障失去之时,他们就开始对这个议题敏感起来。此前一直无人问津的世界社会论坛、圣保罗论坛等左翼活动最近几年变得火爆。值得注意的是,新时代的激进左派社会运动与反新自由主义、反全球化结合起来,甚至还有反美、反欧盟等元素加入。在20世纪90年代的拉美,左翼运动的突出表现为反美,而现在西班牙、希腊、意大利的反欧运动,则指向欧盟。欧洲频繁爆发的激进左翼社会抗议运动,是民众的负面情绪的释放与宣泄。对日益强大的欧洲极右翼势力,激进左翼社会运动起到了一定的抗衡作用。但是同时,这些激进运动存在着破坏欧洲社会稳定和造成暴力冲突的可能性。

三 欧洲政治及社会的右翼极端化

激进左翼崛起时,激进右翼或极端民粹主义政党也在席卷欧洲。主权债务危机重创了欧盟的经济,极右翼政党紧紧抓住经济议题和穆斯林移民问题,在欧洲政坛上竞选频频得势,正以星火燎原之势从北欧蔓延到南欧。

表2　　欧债危机以来欧洲极端右翼政党的竞选情况

国家	政党	选举情况
法国	国民阵线	2012年总统选举首轮获得17.9%的选票；2014年欧洲议会选举支持率法国第一；2015年大区选举第三大党
意大利	五星运动	2013年首次参选获得25.1%的支持率，以0.1%之差取代意大利民主党在得票率上成为第一大党、议会第三大政治势力，获得众议院109席，参议院54席；在2016年6月地方选举中，五星运动候选人拿下了罗马和都灵两个城市市长职位
荷兰	自由党	2012年议会选举中获得10%的支持率，150席中的15席；2014年欧洲议会选举中支持率居荷兰第三位
比利时	VB弗莱芒集团	2010年议会选举中，获得150个席位中的27席，成为议会第一大党；2014年议会选举获得33个席位；2014年欧洲议会选举中支持率居全国第一位
德国	选择党	2013年议会选举中获得1.9%的支持率。在2014年欧洲议会选举中拿下德国96席中的6席，居全国第四位
	国家民主党	在德国16个州中占据2个州的议会议席，在基层议会中占大约220个议席
丹麦	丹麦人民党	2011年议会选举中，获得12.3%的支持率和22个议席。2015年议会选举中获得21.1%的支持率，取得37个议席，议会第二大党；2014年欧洲议会选举支持率全国第一
英国	英国独立党	2010年议会选举中获得3.1%的支持率；2014年欧洲议会选举全国支持率第一；2015年议会选举获得12.6%的支持率；是2016年英国"脱欧"公投运动中主张"脱欧"力量的最大推手
希腊	金色黎明党	在2012年的选举中成为第五大党；在2014年欧洲议会选举中支持率全国第三；在2015年两次选举中支持率分别为6.3%和7%，成为议会第三大党
奥地利	自由党	在1999—2002年短暂地当过执政党；2008年议会选举中获得了18%的支持率，取得35席；2013年议会选举，获得20.5%的支持率，取得40席，是议会第三大党；2014年欧洲议会选举中成为奥地利第三大党
芬兰	真芬兰人党	2011年的议会选举中，获得19%的支持率取得39个席位；2014年欧洲议会选举支持率全国第三；2015年议会选举中获得17.7%的支持率，取得38席，成为议会第三大党

续表

国家	政党	选举情况
瑞典	瑞典民主党	2010年议会选举中，获得5.7%的支持率，取得20席；2014年议会选举中，获得12.9%的支持率，取得49席，成为议会第三大党
波兰	新右派国会党	2014年欧洲议会选举支持率全国第二；2015年国家议会选举中，获得37.6%的支持率，取得235席，成为议会第一大党
匈牙利	约比克党	2010年的议会选举中，获得12%的支持率，取得47席；2014年欧洲议会选举支持率全国第二；2015年议会选举中获得20.5%的支持率，取得23席，① 成为议会第三大党

如表2所示，从国家层面看，法国的国民阵线已经成为法国第三大政党，形成左翼、右翼、极右三足鼎立之势。比利时的弗拉芒集团和波兰的新右派国会党都成为国会第一大党。意大利五星运动②、荷兰自由党、奥地利自由党、芬兰的真芬兰人党、匈牙利约比克党、希腊金色黎明党都成为议会中的第三大党。

2014年5月，欧洲议会选举，极右翼政党崛起势头明显。③ 反欧政党尤其是反移民的极右翼政党取得历史性突破，支持率在多个国家位居前列，中右翼政党丢失的席位为极右翼政党获得。虽然极右翼政党彼此差别较大，意识形态和政策诉求也不相同，在欧洲议会影响有限，但是，极右政党的真正威胁不在欧洲议会，而在于对各国国内政治的影响。同时，极右翼政党也可能间接地导致欧盟政策制定更加困难，因为成员国政党和政府可能会调整政策，以更接近某些极右翼政党的诉求。

极右翼政党一般崇尚传统主义与保守主义，反对自由主义民主制度所倡导的基本价值观，强调民众意志的终极作用，具有强烈的排外主义与反移民倾向，其意识形态构成中具有民族主义、威权主义、民粹主义

---

① 自2010年议会选举后，匈牙利国会规模从386席削减为199席。
② 意大利五星运动一度被界定为左翼，但自2014年6月与英国独立党联合在欧洲议会中组成新的党团——欧洲自由民主党团后开始被界定为右翼。五星运动有5个核心主张，即水资源公有、反高速铁路、发展、环保和直接民主。在2016年12月反对伦齐总理的宪法公投中，五星运动是核心的组织者。
③ 史志钦、刘力达：《民族主义、政治危机与选民分野——2014年欧洲议会选举中极右翼政党的崛起》，《当代世界与社会主义》2015年第2期。

等核心要素。① 欧洲极右翼政党则同时还具有明显的反欧盟特点，指责欧盟阻碍民族国家通向"世界政府"，主张退出欧盟或欧元区。

极右翼政党敢于打破主流政党达成的政治禁忌，在退出欧盟、移民失控等问题上煽动"伊斯兰恐惧症"和欧洲怀疑主义情绪。通过宣扬分裂主义、民族保护主义等极端化思想，夸大不同种族、国家和地区的差异，认为所有与自身不同的其他种族或社会文化群体都会对本群体的文化认同和价值构成威胁。如艾博齐塔和麦克唐纳提道，"极右翼的幽灵之所以在欧洲徘徊，是因为它们巧妙地把欧洲一体化和全球化浪潮所引发的就业压力、安全担忧以及种族、文化危机，特别是身份认同的焦虑与民众对代议制民主的不满联结起来，从而发动了一场又一场富有强烈极端化色彩的民主斗争"②。

以 2015 年以来多起严重恐怖袭击的发生地法国为例，极右翼势力的主要政治口号之一是"保卫传统文化，排斥外来移民文化"。长期以来，法国都存在着不容小觑的极右翼排外势力，国民阵线就是其中的重要代表，它集中了狂热的民族主义、反对外来移民和敌视现有政治制度等特点。从成立之初，国民阵线就高度重视移民问题，创党领袖让·玛丽·勒庞 1978 年在《世界报》发表了题为"反对移民"的文章，称国民阵线将成为积极反对外来移民的政治组织，其选举活动都是以此为基础。近年接连发生的恐怖袭击则给了他们绝佳的扩大影响的机会。国民阵线现任党魁马琳娜·勒庞在《查理周刊》事件后频出惊人言论，主张法国采取新的措施来应对迅速扩散的恐怖主义，包括切断一些激进的寺庙和宗教协会的经济来源，并对安全机构提供更多资金，甚至呼吁要恢复死刑。巴黎 2015 年 11 月 13 日发生多起恐袭之后，勒庞又称："法国和法国人已经不再安全，而我要告诉大家，我们必须采取紧急措施。法国应该分清敌我，一切与极端伊斯兰势力保持良好关系、与恐怖组织暧昧不清、与恐怖分子一道打击我们盟友的人都是敌人。"她呼吁关闭受极端主义影响

---

① Terri E. Givens, *Voting Radical Right in Western Europe*, Cambridge: Cambridge University Press, 2005, pp. 139 – 149.

② Daniele Albertazzi and Duncan McDonnell, *Twenty-First Century Populism: The Spectre of Western European Democracy*, London: Palgrave Macmillan, 2008, p. 164.

的清真寺，驱逐境内传播反法思想的外国人，大力宣扬民族主义思想，煽动法国人的排外情绪。

近年来，在欧洲接连发生的恐怖袭击引发了"伊斯兰恐惧症"，很多极右政党及极右翼分子利用恐怖袭击给民众带来的恐慌，给穆斯林群体贴上危险、懒惰的标签，认为其难以融入欧洲社会，应该限制和驱逐。正是不同群体在极端化中、思想层面上对彼此的认知偏见，使误解和分歧难以弥合，冲突难以调解。就在《查理周刊》遭袭前一天，德国爆发了3万人参加的"反对伊斯兰化"游行。惨案发生后短短几天，法国发生了十几起针对清真寺的袭击。

这一系列的事件都是欧洲不同族群矛盾累积的表现。把极右翼政党送入政府、参与极右翼政党和极端组织发动的街头暴力、发动疯狂的个人报复社会行为等，成为部分普通大众宣泄长久积累的不满、愤怒和反抗情绪的渠道。图1是贝伦贝格银行2015年9月发布的一组调查数据，从支持率来看，欧洲很多国家的极右翼政党都已经拥有了显著的民众支持度。

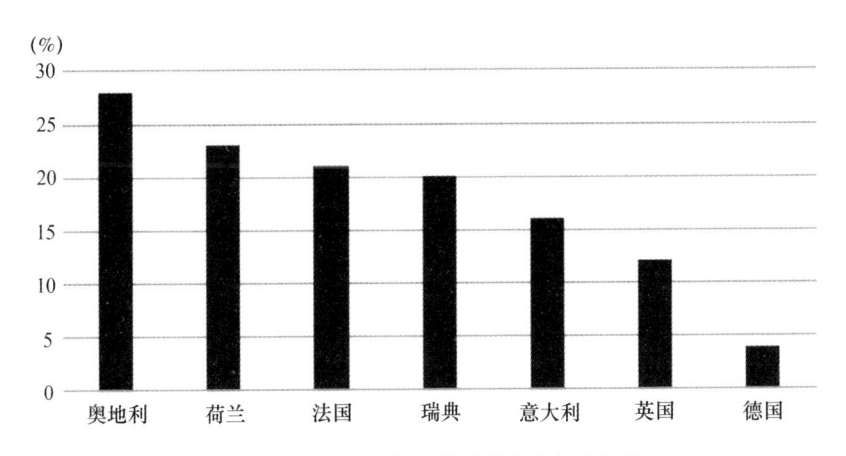

图1 欧洲2015年极右翼政党的支持率情况

资料来源：http://www.businessinsider.com/europeannationalism-risk-2015-9，访问日期：2017年2月15日。

伴随极右翼政党崛起的是欧洲社会与民众思想和情绪的极端化。20世纪50年代大批移民到欧洲成为劳动力，但是，由于文化差异、社会结构等问题，移民人口逐步发展为欧洲各国必须认真面对的难题，尤其是人数众多的穆斯林移民群体，对所在国家的社会经济和政治文化带来了早先预料不到的巨大挑战。弗里施曾将欧洲移民冲突归纳为："我们召唤的是劳动力，但来的是人。"① 进入21世纪，虽然排外主义的表现形式不如20世纪那样激烈，但欧洲很多国家依旧在经济、文化、种族、血统和生活方式等方面，把外来移民看作一种威胁。

有学者发现，群体之间的冲突，特别是伴随着持续暴力的群体冲突，会使得他们对彼此的消极认知变得越来越极端，极端到甚至把敌方非人格化。② 例如，很多极右翼分子不承认穆斯林移民应该享有平等的居住权、工作权和社会福利，甚至许多穆斯林觉得"自己处于一种被怀疑参与恐怖活动的大环境中，像是二等公民"③。与之相应，伊斯兰极端分子则认为欧洲的白人作为异教徒不配享有生命权。在极右翼政党的动员下，很多欧洲民众认为穆斯林社群无法接纳西方价值观，而且支持"伊斯兰国"等恐怖组织。随着恐怖袭击事件频发，欧洲社会主流民众与穆斯林移民之间的不信任感倍增，使得欧洲在族群关系上更为紧张。政府移民政策和媒体放大冲突的消极效应，也加深了少数族裔和主流社会之间的对立。

欧盟在2010年的一份报告指出：穆斯林群体通常在人口拥挤的贫民区居住，失业率高，如法国穆斯林的失业率超过非穆斯林群体失业率的4倍。④ 在移民融合过程中，对于移民影响最大的就是就业问题。在就业市场上，就业技能水平整体较低的有色种族移民本已处于弱势地位，而政府和工会组织在政策上也采取放任和排斥的态度，因此有色种族的移民往往是最后被雇用和最先被解聘的对象。移民在就业、教育、住房和福利等各方面经常遭受到不平等的对待，容易走向极端化。

---

① A speech made by Max Frisch on the topic of immigration at a Swiss Border patrol police station in Lucerne, first published in the Swiss newspaper Die Weltwoche on September 9, 1966.

② Robert H. Bates et al., *Social Movements, Political Violence, and the State: A Comparative Analysis of Italy and Germany*, Cambridge: Cambridge University Press, 1995, pp. 173–174.

③ 罗爱玲：《存在与冲突——试论穆斯林移民对欧洲政治与社会的影响》，《世界民族》2009年第3期。

④ European Agency for Fundamental Rights, *Experience of Discrimination Social Marginalization and Violence: A Comparative Study of Muslim and Non-Muslim Youth in Three EU Member States*, Belgium: FRA, 2010.

欧洲不少媒体刻意的、有选择性的片面报道，给穆斯林带来了相当大的负面影响。他们在报道中夸大穆斯林对当地社会的危害，如失业率上升、犯罪率上升、增加财政和社会负担等，煽动反穆斯林的情绪，而少有关于穆斯林历史、文化的客观报道。同时，欧洲媒体屡次对伊斯兰教表示戏谑的态度。例如，2005年9月30日，丹麦报纸《日尔兰邮报》刊登了一组12幅讽刺伊斯兰教创始人穆罕默德的漫画，引起伊斯兰世界的强烈不满。媒体这样的报道不仅仅加剧了主流社会和穆斯林之间"我们"和"他们"之分，也潜移默化地传达了"我们"必须改造"他们"的信息。对于穆斯林群体来说，他们并没有太多机会在主流媒体上发声，媒体对穆斯林群体的一些带有偏见的报道和消极评论加剧了穆斯林群体的社会边缘化，无形中强化了他们对本群体的文化归属和身份认同，这为极端化创造了条件。

随着入境移民数量的增加，社会上的排斥心理也随之增强。以包容力强见称的荷兰，近年来亦对于不同种族和文化差异的移民表现出一种拒绝接纳和要求对其进行同化的趋向。[①] 从英国的一次民意调查可以发现，半数以上的被调查者认为，应鼓励白人移民，限制有色种族的移民，因为后者消耗了社会服务资源，带来了疾病、肮脏不堪，引起就业竞争。[②]

一些极右翼势力也趁势而动，2008年以来，欧洲发生了上百起针对穆斯林移民的歧视暴力事件，包括暴力骚乱、冲击清真寺和侮辱袭击。2009—2010年，英国从法西斯组织英国国民党（BNP）在政治上的合法化，到英格兰防卫联盟（EDL）等草根阶层抗议组织的诞生，极右力量从地下转为公开。英格兰防卫联盟等极端分子从小规模、少数人以及缺乏组织的暴力犯罪，迅速发展为参与人数上千，组织严密、带恐怖性质的经常性的抗议暴乱。2016年法国国家人权委员会的报告显示，2015年法国境内反穆斯林犯罪事件达到429起，较2014年的133起激增了两倍多；而且仇恨恐吓或犯罪行为显著增加约22%，达2034起。尤其在《查理周刊》恐怖袭击

---

① Maykel Verkuyten, Ali Aslan Yildiz, "National (Dis) Identification and Ethnic and Religious Identity: A Study Among Turkish-Dutch Muslims", in *Personality and Social Psychology Bulletin*, Vol. 33, No. 10 (October 2007), p. 1446.

② Jonathan Power, Marguerite Garling, Anna Hardman, *Migrant Workers in Western Europe and the United States*, Oxford: Pergamon Press, 1979, pp. 45–46.

事件发生后,针对穆斯林的犯罪案件达至高峰。①

德国的"爱国欧洲人反欧洲伊斯兰化"(以下简称"佩吉达")是新近崛起的极右翼社会运动的代表。在《查理周刊》事件发生后,"佩吉达"呼吁在全欧洲范围内进行抗议活动,在德国城市莱比锡,"佩吉达"的支持者与反对者严重对立,德国警方从全国调动4000名警察阻止双方互斗。目前,"佩吉达"的影响力已经超越国界,在比利时、奥地利、瑞士、瑞典和挪威等欧洲国家形成一定规模,也计划组织与德国类似的反移民活动。在西班牙,右翼政党民主国民党的领导人曼纽尔·坎杜拉(Manuel Canduela)在社交网站上声援"佩吉达",号召实行"驱逐政策",称"欧洲是属于欧洲人的"。②

2015年,德国接收了约110万难民。大量难民的涌入导致国内治安事件层出不穷,激发了主流德国民众"向右走"的态势,而老牌极右翼政党德国国家民主党(NPD)也在多年的持续衰落后逐渐恢复了元气。民调结果显示,支持反移民政策的德国选择党支持率已近10%。③难民大规模涌入带来了一系列社会问题,使得同情移民的主流民意迅速转化为对德国难民政策的批评和对难民的恐惧,继而开始向右翼极端化和保守化倾斜,而德国选择党、"佩吉达"和国家民主党在一定程度上成了排外、仇外民众的精神寄托。

四 极化背景下的欧洲政治

在左翼激进化与右翼极端化的社会氛围下,新崛起的小党或边缘性政党严重地冲击着传统的政局,主流政党遭受左右夹击。

首先,多国政府出现非正常政府更迭,政府难产导致选举频繁发生,联合政府成为新常态。2009年以来,欧盟内先后有意大利、希腊、西班

---

① 参见新加坡《联合早报》2016年5月4日。
② 参见欧洲时报网,http://www.oushinet.com/news/europe/eu/20150115/179379.html,访问日期:2017年2月15日。
③ 参见观察者网《科隆性侵案引发民众恐慌 德国右翼势力趁机发展壮大》,https://www.guancha.cn/europe/2016_01_08_347383.shtml,2016年1月8日,访问日期:2017年2月15日。

牙、葡萄牙、爱尔兰等近半国家发生政府更迭。希腊前总理帕潘德里欧面临国内外压力黯然下台，意大利政坛不倒翁西尔维奥·贝卢斯科尼被迫辞职，具有小拿破仑之称的法国总统尼古拉·萨科齐壮志未酬，痛失2012年蝉联总统的机会。从2009年到2015年希腊因组建政府困难而先后举行四次选举，最终左翼激进联盟脱颖而出。2015年12月与2016年6月，西班牙连续举行两次选举，因无一政党获得议会多数，直到10月底才勉强组建一届脆弱政府，出现了长达10个多月的无政府局面，新崛起的左翼选举联盟"我们能"位居第三，对传统政党格局造成严重冲击。2010年6月至2011年12月，比利时大选后因北部荷兰语政党与南部法语政党无法就国家政体改革达成一致，新一届联邦政府迟迟未能成立，创造了541天无正式政府的世界纪录。

其次，在激进左翼与极端右翼的冲击下，一些主流政党被迫向两极靠拢。出于政党竞争的需要，主流政党在选举的压力下效仿激进极端政党的某些主张。最典型的例子是，由于极右翼政党对移民政策的严苛态度使其轻易赢得部分选票，于是，有些传统中左派政党为了讨好选民也开始在移民问题上右倾化。2013年，法国社会党政府驱逐罗姆女孩，引发巴黎及全国各地的移民少数族裔青少年的示威游行。总理瓦尔斯则对此表示："我们应为我们所做的感到自豪，而不是感到抱歉"。强硬程度与上届中右翼政府别无二致。与此同时，中右的人民运动联盟党也在变得更右。2013年10月，人民运动联盟党主席科佩（Jean-Franois Copé）提出，法国移民政策应该变更，从法国大革命以来实行的属地原则改为血统原则。这一提议实际上是极右翼政党二十多年来一直主张的。[1] 在2017年的总统选举中，主流右翼候选人的政策保守化趋势日渐凸显。争夺总统宝座最具竞争力的法国右翼共和党候选人弗朗索瓦·菲永，不仅在经济上采取撒切尔式的新自由主义路线，而且在国家建构和移民融合问题上采取了与极右翼政党国民阵线相似的政策主张，对移民与穆斯林

---

[1] 刘力达：《驱逐罗姆女孩：法国政治的右转与欧盟干预效力的弱化》，《中国民族报》2013年11月8日；Reinhard Heinisch, "Success in Opposition-Failure in Government: Explaining the Performance of Right-Wing Populist Parties in Public Office", in *West European Politics*, Vol. 126, No. 3 (July 2003), pp. 103–109.

持强硬立场；菲永在电视辩论中公开称法国"并非一个多元文化国家"，那些来到法国的外国人必须尊重法国的社会风俗。在对欧问题上，菲永虽主张留在欧盟，但是，强调前提是能够维护法国的利益，在对外政策上趋于保护主义。

2016年12月，德国基督民主联盟再度选出安吉拉·默克尔为主席参加2017年总理竞选。默克尔一改之前在移民问题上接纳、包容、开放的态度，在党代会上表示德国应禁止罩袍，德国法律优于伊斯兰教条，2015年难民潮不应也不会再重演，等等。值得警惕的是，欧洲的这种极端社会情绪正在酝酿产生新的基层极端政治组织。例如，在2016年3月和9月，德国执政党基民盟和社民党在联邦议会选举和柏林地方选举中遭重挫，相反，两次选举中均看到极右翼政党"德国选择党"的崛起，该党在9月选举后首度进入柏林市议会，甚至还获得德国16个联邦州中的10个州的议会议席。同时，在"佩吉达"中，有不少极右翼党派"德国国家民主党"的成员，这些成员试图通过排斥穆斯林等方式来获得极端保守主义者以及新纳粹分子的政治支持，为其在将来的德国议会选举中积累更多的政治能量和筹码。

2015年5月，英国大选，主张脱离欧盟、限制移民的独立党首次取得国会议席，成为2016年英国"脱欧"公投中的中坚力量。英国前首相卡梅伦政府之所以以自己的政治生命做赌注举行"脱欧"公投，主要压力是来自英国独立党崛起的选举竞争。"脱欧"公投后的英国保守党新领导人特雷莎·梅则完全接过民粹主义的大棒，不仅在移民问题上态度强硬，而且还禁止非英国公民参与英国"脱欧"问题的讨论和设计。与此同时，自从工党下野以后，党内精英与草根的矛盾也日渐凸显，草根代表杰里米·科尔宾凭借普通阶层的支持，以绝对优势当选工党党魁，党内政策急剧左倾。科尔宾被称为工党内"坚定的社会主义者"，他反对布莱尔时期"第三条道路"，主张把重要的垄断行业和公共服务领域重新国有化。英国"脱欧"公投后，科尔宾的党内权威面临空前挑战，但他仍凭借"草根"优势连任党魁，挫败党内精英"政变"，继续执行激进的左翼政策。不仅如此，具有地方主义色彩的苏格兰民族党在经历苏格兰独立公投及"脱欧"公投后力量大增，其政策比工党和自由民主党更左倾、更激进。

总之，面对激进左翼与极端右翼政党的夹击，主流政党已陷入困境，为赢得选举，被迫在不同程度上内化和吸收反建制政治力量得以获得选票的主张和政策。因此，在可见的将来，整个欧洲政治的趋势将继续呈现出民粹化的局面，主流政党推进欧洲一体化的动力将有所减弱。2017年，法国和德国迎来大选，作为法国总统候选人的菲永和谋求连任的德国总理默克尔虽然不会挑战欧盟的整体性，依旧主张留在欧盟，但在反欧主义兴起的压力下，会更强调国家利益优先。欧盟成员国的非主流激进或极端政党力量的上升及民意的民粹化将进一步冲击欧盟作为超国家政治经济组织所拥有的权力和作为后民族共同体所构建的价值观念。激进或极端政党反对欧盟对民族国家事务的管控权和决定权，激进左翼主要反对欧盟在货币和财政紧缩问题上的政策，极端右翼主要反对欧盟在移民问题上的边境开放、难民安置等安排。同时，面对国内的移民少数族裔尤其是穆斯林移民，极端右翼的主张也较多反穆斯林和排外主义的色彩；这些主张与欧盟的人员自由流动、尊重并促进文化多样性的价值理念背道而驰。在未来一段时间内，欧洲政治与社会的激进化与极端化方兴未艾，会极大冲击欧盟作为超国家共同体的政治权力和价值理念，削弱欧盟建构共同体的意识形态基础。

欧洲政治与社会的极化现象具有错综复杂的历史和现实原因。从历史上，全球化、欧洲一体化一直鼓励的文化多元化推动了欧洲经济与社会的成功发展，但是，长期以来也累积了一些负面问题。全球化强调人员、劳动力及资本的自由流动，有利于各民族之间交往、沟通和融合，但它也同时打破了过去各民族地区分散、孤立的状态，加大了民族矛盾暴露与激化的概率，拉大了经济发展不平衡和贫富差距，削弱了社会团结一致的基础，创造了反对民主原则本身的身份认同、价值和欲望等，对政府的正常运行和社会凝聚提出了巨大的挑战。从现实来看，伴随着欧洲债务主权危机及大规模的中东和北非难民潮的涌入，欧洲内部各种政治与社会情绪发酵。国家债务危机与欧盟开出的财政紧缩条件加重了成员国与欧盟之间的紧张关系，而欧盟与成员国之间就缓解欧债危机和难民危机的拉锯战进一步凸显了欧盟"民主赤字"的问题。欧洲民众在颓丧感的作用下，对当前的执政党和欧盟高度市场化产生强烈不满，持激进左翼思想的民众通过游行示威以及支持激进政党来干预政府的政策制定，由此催生出南欧诸国的左翼民粹主义及激进左翼情绪。经济下滑在福利、就业、安全等方面的影响，以及恐怖组织"伊斯兰国"的壮大，加剧了欧洲中下层民众对穆斯林难民的排斥和对国内融入困难的移民的歧视，国家民族主义者急于打破"政治正确"，不满于当下的建制，由此催生出右翼民粹主义。这样，主流政党不时地处于左右夹击之中，在社会氛围整体趋于保守或右倾的趋势下，更多的主流政党政策右倾化更趋明显。

近年来，欧洲叠加的矛盾是多年来全球化及欧洲一体化积累而成，全球及欧洲主流政治解决问题的能力决定了极化背景下激进化与极端化的力量能走多远。从未来趋势看，全球性危机仍在加剧着社会不安情绪；主流政党解决问题乏力使得各种左右翼极端政党将问题单一化的解决途径受到选民追捧；新媒体追求刺激和吸引眼球式的夸张言论更是为各种极端力量推波助澜。这些因素导致了各种激进或极端政治思潮在短期内不但不会偃旗息鼓，而且会在更大程度上与主流政治分享权力，这将增加欧盟一体化之艰难，增加了欧洲政治的不确定性，弱化欧洲的整体力量及其在世界政治中的地位。这不仅是欧洲的问题，更是世界上许多国家共同面对的紧迫难题，需要认真思考。

恐怖主义与欧洲反极端化[*]

面对日益严峻的本土恐怖主义威胁，欧洲主要国家在2010年开始采取反恐怖主义极端化措施。各国政策在目标对象设定和实施方式上具有较高的相似性，呈现出一种较为明显的反极端化"欧洲模式"。但这一模式并未有效遏制极端思想的蔓延，一方面是因为相关政策不再强调对恐怖分子个体成因的追问，导致个体层面的预防与干预失去了明确的目标和评判标准；另一方面是因为试图加强与穆斯林地方社群的合作的方式虽然弥补了个体预防的不足，但同时也强化了主流社会对于穆斯林"嫌疑群体"的认知，对反恐怖主义极端化工作的成效带来负面影响。"欧洲模式"遭遇的这两方面困境是我们在判断欧洲未来恐怖主义发展趋势、参考借鉴解决相关问题的经验时必须考虑的因素。

一 引言

恐怖主义可以简单表述为一个极端化不断升级的过程，即个体由于种种原因产生不满或怨恨情绪，并在极端思想或意识形态影响下逐渐发展成为恐怖分子。经过十多年的发展，当代恐怖主义研究和反恐政策实践已经基本形成一个共识：接受某种极端主义思想、实现极端化[1]是个体走向恐怖主义的最关键环节。2005年，随着全球反恐战争进入阶段性停

---

* 本文刊载于《当代世界与社会主义》2017年第4期，原文标题《反恐怖主义极端化的"欧洲模式"及其政策困境》，合作者为原清华大学社会科学学院博士后沈晓晨。

[1] 需要说明的是，本文是在恐怖主义研究领域特别是恐怖主义产生根源的层面上使用"极端主义"和"极端化"概念的。

滞期，欧洲开始频发本土恐怖主义事件，恐怖主义研究领域涌现出大量研究极端主义或个体极端化的成果。具有代表性的如兰德公司发布的报告《伊斯兰极端分子的去激进化》认为，个体成为恐怖分子必须同时具备三个要素：与具有相同遭遇的人或组织的情感联系、意识形态以及现实条件。[①] 极端主义所提供的就是其中至关重要的意识形态因素，它赋予恐怖主义暴力性和排外性，为恐怖组织采取的行动以及个体在实现组织目标过程中承受的困难提供合法性依据，是将背景各异的人聚集到一起实施暴恐活动的关键因素。

这一共识明确了当前反恐的打击对象，对于极端主义和极端化的认识决定了反恐的内容和方式。与极端主义学术研究兴起相对应，以反击极端主义叙事、预防和中断极端化进程为核心的反极端化工作，也逐渐成为当前大多数欧洲国家反恐的主要政策思路。2005年，美国首先开展"打击暴力极端主义斗争"，以意识形态的"反叙事"取代了之前的"全球反恐战争"，并在之后进一步明确为"反暴力极端主义"。[②] 而真正赋予反极端化工作以国内反恐意义的，是欧洲主要国家在2010年面临日益严峻的本土恐怖主义威胁时，对原先较为宽泛的、注重社会融合的"反激进化"（counter radicalization）措施进行收缩，集中于打击极端主义、遏制极端化相关工作，即"反极端化"（counter extremism）。在这一时期，欧洲国家将反恐的工作重点从武力打击为主转为震慑行动与赢取人心兼顾、预防与打击并重，从恐怖主义产生发展过程入手，遏制极端思想在本国的蔓延，预防极端化的发生，并在发生后进行有效干预和思想改造。

由于各国面临问题的严重程度不同，在政治文化方面也存在差异，欧洲各国反极端化政策在规模、资源投入、重视程度、相关工作的优先事项等方面均存在差异。但是，欧洲各国关于恐怖主义极端化过程或模式的理解在本质上大体相同，这决定了欧洲主要国家的反极端化工作思

[①] Angel Rabasa et al., *Deradicalizing Islamist Extremists*, Santa Monica: RAND Corporation, 2010, pp. xv – xvi.

[②] Alex P. Schmid, "Radicalisation, De-Radicalisation, Counter-Radicalisation: A Conceptual Discussion and Literature Review", *ICCT Research Paper* (March 2013), p. 10.

路基本相似。欧洲各国主要以国内极端化特别是发生于本国穆斯林群体中的伊斯兰主义极端化为预防和干预对象，相关工作一般由国家内政部门统筹协调，建立了一套包括中央各部门、全国警察系统、各级市政部门、监狱、学校以及其他合作机构在内的多方协作机制。但同时，反极端化的国际合作却非常有限。① 各国反极端化工作的内容设计也具有相似性，表现出以下两个特点：第一，在目标对象设定方面不再强调恐怖分子的个体成因，而是强调对于个体极端化的事后干预，弱化事先预防；第二，在方式上以"风险场所"替代"风险个体"，即主要依赖与穆斯林地方社群的合作来实现极端化预防，通过社群内的重要穆斯林组织，对社群进行极端化风险管控，推进针对伊斯兰极端主义的反意识形态工作。

2014年，随着本土恐怖主义威胁的不断上升，欧洲主要国家在既有反极端化工作基础上，均制定了专门的反极端化国家战略，② 或对原有的《反恐怖主义法》进行修订。③ 在一定意义上，以欧洲国家为代表的国内反极端化模式已经取代全球反恐战争时期的全球反极端化模式，成为当前世俗国家打击恐怖主义的主流方式。④ 目前，欧洲已有24个国家⑤制定

---

① 当前，欧洲国家参与的重要反恐国际合作仅有两项：一是在欧盟委员会"警惕激进网络"框架内的反极端化国际分工合作；二是在"金融事务行动组"框架内进行的打击恐怖主义资金链国际合作。可以说，国际合作并非各国反极端化工作的重心。

② 具有代表性的有：英国《反极端战略》(2015年)，比利时《打击暴力极端主义18点行动计划》(2015年)，荷兰《打击吉哈德主义综合行动项目》(2014年)，丹麦《国家反暴力极端化行动计划》(2015年)。

③ 例如，法国的《反恐怖主义法》在2014年进行了修订，德国的《反恐怖主义法》在2015年进行了修订。

④ 当今世界，欧洲各国对反极端化工作的重视程度最高，相关措施的设计也最为全面细致。同时，沙特、约旦等中东地区伊斯兰国家也制定了反极端化政策。虽然与欧洲国家相比，中东国家反极端化工作的政策制定与实施效果方面均有差距，有些国家还存在恐怖主义外溢问题，但其反极端化工作有鲜明特点，同样值得参考借鉴。例如，该地区部分国家能够较好地控制和利用本国伊斯兰宗教理论家，以国家推进唯一官方伊斯兰解读的方式来打击极端伊斯兰思想，这是欧洲国家所不具备的优势。

⑤ 24个国家和地区包括：阿尔巴尼亚、奥地利、阿塞拜疆、比利时、波斯尼亚和黑塞哥维那、保加利亚、塞浦路斯、丹麦、法国、格鲁吉亚、德国、希腊、爱尔兰、意大利、科索沃、马其顿、荷兰、挪威、俄罗斯、塞尔维亚、西班牙、瑞典、土耳其、英国。本文所使用的反极端化"欧洲模式"的范围限定得更窄一些，仅限于传统意义上的西欧民主制国家。

并实施了反极端化国家战略。然而遗憾的是,过去十余年的历史证明,欧洲相关反极端化措施并没有从根本上遏制极端主义和恐怖主义的蔓延,以伊斯兰主义为代表的当代欧洲社会极端化问题甚至已经超出一国范围,成为地区性乃至全球性问题。短期内"越反越恐"的尴尬局面虽然不足以说明这一模式的失败,但至少可以证明相关政策没有实现反极端化这一总体目标,当前欧洲反极端化陷入了一定的"政策困境"。在此情况下,对相关反极端化政策的反思与评估就成为迫在眉睫的工作:当前反极端主义理论研究对于极端主义提出了哪些解释?相关政策存在什么问题?应该从哪些方面进行改进?鉴于恐怖主义与极端主义蔓延的全球性,反极端化"欧洲模式"对于当前世俗国家反恐具有普遍性的借鉴意义。因此,这些问题是摆在所有国家面前的难题。

然而问题是,对反极端化乃至所有反恐政策进行评估,几乎是一个不可能完成的任务。最主要的原因首先在于,反极端化工作涉及国家安全、情报工作以及个人隐私等一系列问题,相关机构封锁了大部分信息,导致开展分析研究工作非常困难,反极端化成为国家安全领域学术研究最重要却也是最难获得可靠论据的议题之一。其次,反极端化相关研究滞后于政策实践还因为一些涉及政策效果的关键问题得不到回答:一方面,缺少任何直接关于"成功地反极端化"的指标,要判断一个人是否真的实现了思想、世界观的转变非常困难;[1] 另一方面,现有研究无法证明反极端化工作是否能够切实减少恐怖事件的发生。理论上,要建立反极端化政策与现实效果之间的因果关系链条,需要排除所有第三方变量,而可能会影响反恐政策效果的因素实在太多。正是因为存在上述复杂性原因,现有政策研究往往回避了政策评估问题,或是进行事件驱动性的、"事后诸葛亮"式的分析,很少涉及深层次的政策制定逻

---

[1] 当前,欧洲国家对于反极端化工作已经进行的官方评估往往缺乏对于"成功"的清晰界定。参见 Lawrence Pratchett et al., "Preventing Support for Violent Extremism through Community Interventions: A Review of the Evidence", Department for Communities and Local Government (March 2010), https://www.cvereferenceguide.org/sites/default/files/resources/Preventing% 20Support% 20for% 20Violent% 20Extremism% 20through% 20Community% 20Interventions - % 20A% 20Review% 20of% 20the% 20Evidence. pdf, 访问日期:2017 年 3 月 12 日。

辑问题;① 或是专注于反恐与恐怖形势的国别分析,很少从地区政策相似性或从泛欧洲模式的角度来思考当前政策困境的共性。②

笔者认为,反极端化政策评估的一个可能的替代方案,是从政策制定的角度出发,考察相关工作试图实现什么目标以及实现这些政策目标的理论与现实可行性。事实上,经过十余年的发展,欧洲各国制定与实施的反极端化政策纷繁复杂,不仅覆盖了很多领域,而且还试图获得过多成果,各部门的不同措施与项目时常指向多个不同方向。③ 因此,本文首先将对主要国家现有反极端化工作进行梳理,尝试阐述反极端化"欧洲模式"在目标设置和具体方略上的共性;其次,从理论层面讨论现有政策模式可以实现哪些目标、哪些实现不了,哪些政策可能带来负面效果、会导致什么问题。希望这种尝试可以帮助外部观察者从一个侧面了解当前反恐特别是以"欧洲模式"为典型代表的国内反极端化工作的困境。

二 认识论困境:个体目标对象的当代缺失

没有人生来就是恐怖分子,个体受到极端思想影响而逐渐向恐怖主义发展的极端化过程,正是反极端化工作的主要对象。因而,对于反极端化工作而言,首先要回答的问题是:个体为什么会接受极端思想?哪

---

① 参见 Virginie Andre, Fethi Mansouri and Michele Lobo, "A Fragmented Discourse of Religious Leadership in France: Muslim Youth between Citizenship and Radicalization", in *Journal of Muslim Minority Affairs*, Vol. 35, No. 2 (June 2015), pp. 296 - 313; Diego Muro, "Healing through Action? The Political Mobilization of Victims of Al Qaeda-Inspired Violence in Spain and the United Kingdom", in *Studies in Conflict & Terrorism*, Vol. 38, No. 6 (February 2015), pp. 478 - 493; Veronica Strandh and Niklas Eklund, "Swedish Counterterrorism Policy: An Intersection Between Prevention and Mitigation?" in *Studies in Conflict & Terrorism*, Vol. 38, No. 5 (March 2015), pp. 359 - 379。

② 参见 Frank Foley, *Countering Terrorism in Britain and France: Institutions, Norms and the Shadow of the Past*, New York: Cambridge University Press, 2013; Anna Cento Bull and Philip Cooke, *Ending Terrorism in Italy*, New York: Routledge, 2013; Raffaello Pantucci, *"We Love Death as You Love Life": Britain's Suburban Terrorists*, London: Hurst, f2015。

③ 参见 Lasse Lindekilde, "Introduction: Assessing the Effectiveness of Counter-Radicalisation Policies in Northwestern Europe", in *Critical Studies on Terrorism*, Vol. 5, No. 3 (December 2012), p. 339。

些个体更容易接受极端思想？对于这两个问题的回答，是有效预防极端化产生、对容易或已经极端化的个体进行针对性干预的前提。

(一) 个体目标对象的设定与欧洲反恐模式的三个阶段

恐怖分子的个体特殊性，是探寻恐怖主义产生根源、实现长效反恐的关键。欧洲国家反恐政策的调整反映了对于这个问题认识的变化。"9·11"事件之后，欧洲主要国家的反恐工作经历了两次重要的认知变化，形成了三个界限明确的阶段。

1. 全球反恐阶段：文化宗教与心理学特质（2001—2004年）

"9·11"事件后，探寻恐怖主义根源一度成为"政治不正确"。① 从2001年到2005年，恐怖主义"传统智慧"（conventional wisdom）和心理学分析代表了恐怖主义研究的主流，认为驱使个体投身恐怖主义的原因或在于伊斯兰异质性文化，或在于恐怖分子先天的心理和精神疾病。而这两种解释的核心都在于，恐怖分子因其固有特质——不管是文化的，还是心理的——决定了他们无法被改造，反恐只有武力打击这一条道路。这一时期，欧洲也没有发生严重的恐怖袭击，主要是参与美国主导的全球反恐战争。

2. 反激进化阶段：社会融合程度（2005—2010年）

2004年马德里和2005年伦敦先后发生恐怖袭击后，上述两种解释被反恐政策实践所抛弃，欧洲反恐进入第二阶段，即"反激进化"阶段。这一阶段，"个体与社会融合不够而产生的疏离感和不满"被认为是恐怖分子走上恐怖主义道路的根本原因。基于此，欧洲反恐真正进入国内层面。值得注意的是，这一时期政策变化的原因并不在于前两种解释缺乏合理性，而在于这一时期欧洲频发由本国恐怖分子发动的袭击。显然，当恐怖袭击者不再是来自遥远国度、文化和政治思维都陌生的"异己"，

---

① 彼得·纽曼（Peter Neumann）提出"9·11"事件后，讨论恐怖主义根源变得非常困难，一些评论家称这种做法是"为杀戮平民的行为寻找借口和合法性"。参见 Peter Neumann, "Perspectives on Radicalisation and Political Violence: Papers from the First International Conference on Radicalisation and Political Violence", ICSR (January 2008), https://www.nonviolent-conflict.org/wp-content/uploads/2016/11/Perspectives-on-Radicalisation-Political-Violence.pdf，访问日期：2017年3月12日。

而是在政治和法律意义上的"欧洲人"时，单纯的武力反恐就不再是一个合理的选择，诸如社会融合等内部软性考量因素的国内反极端政策则成为必须。

曼尼·克罗内（Manni Crone）和马丁·哈罗（Martin Harrow）最早提出并使用"本土生长"（homegrown）一词。伦敦"七七"爆炸案后，他们提出"本土恐怖主义"概念，认为本土恐怖分子是生活、生长在西方或至少与西方社会有强烈关系的策划或实施恐怖袭击的个体，这些个体（或小型团伙）是独立行动的，并未接受任何境外组织的直接命令。[1]在很大程度上，这一观点成为今日欧洲反恐、反极端化政策的基础。"本土恐怖主义"概念提出后立即被欧洲各国政府接受，它们针对恐怖威胁的"本土性"而制定并实施了"反激进化"对策，认为那些处于社会孤立状态、认同追寻和政治不满状态中的年轻人尤其是移民后裔，会经历一个向极端主义的"认知开放"（cognitive opening），即在某一触发事件影响下开始寻找另一种生活方式或思想。[2]因此，反激进化的基本思路是以思想上与主流社会融合的程度不高的个体为激进化的迹象或指标，将对于"风险指标"的监控和对于"风险个体"的保护性干预相结合，通过强化个体与社会的融合消减恐怖主义威胁。

3. 反极端化阶段：放弃微观层面恐怖主义原因的探究（2010年至今）

2010年，欧洲反恐进入第三阶段，即反极端化阶段。这一时期，欧洲各国政府对反激进化政策进行收缩，缩小目标范围。一方面，社会融合工作被抽出，交由其他机构负责，反极端化工作涵盖了打击和封堵宗教极端主义；另一方面，实施路径从原先的"预防"社会不满的产生转向强调在个体接受极端思想影响后的"干预"。进行这一政策修正，是因为从逮捕的一些本土恐怖分子个人情况来看，他们中不少人接受过良好教育并拥有正常工作，已经较好地融入了所在社会。因此，社会融合程

---

[1] Manni Crone and Martin Harrow, "Homegrown Terrorism in the West", in *Terrorism and Political Violence*, Vol. 23, No. 4 (September 2011), p. 522.

[2] Lasse Lindekilde, "Introduction: Assessing the Effectiveness of Counter-Radicalisation Policies in Northwestern Europe", in *Critical Studies on Terrorism*, Vol. 5, No. 3 (December 2012), p. 343.

度低并不足以成为个体走上恐怖主义道路的根本原因。另一个原因在于,"反激进化"工作成本过高而且短期效果并不明显。2010 年,欧洲遭遇普遍金融危机,不少国家开始削减促进个体与社会融合相关工作的预算(这一情况在英国和荷兰尤其显著),加之"难民危机"的出现,更让欧洲政府意识到,且不论强化社会融合最终能否实现反恐目标,维持这一政策的成本就已经让各国政府无法承受。① 欧洲反恐自此进入"反极端化"时代。

"反极端化"是如何回答"恐怖分子个体特殊性"的?有学者以"组织进程理论"(Group Process Approaches)较好地归纳了当前欧洲反极端化工作的思路。由于本土恐怖分子在个人背景方面的差异,政府在一定程度上放弃了反激进化对于个体"风险指标"的关注,不再探究恐怖分子的个体特征,而是关注某一特定的社会进程是如何引领"正常"人去做一些极端或出格的事情。换言之,与反激进化相反,反极端化的出发点不是出于个体特质的"需求的心理",而是瓦尔特·赖希(Walter Reich)所称的"奖励的心理"。② 因此,反极端化工作的重点就是关注恐怖主义极端化的易发场所,对"问题个体"迅速定位,进行及时且有针对性的劝说、纠正与改造。从反激进化的"风险个体"到反极端化的"问题个体",这种在事实上放弃探究恐怖分子个体特征的做法,构成了当前欧洲反极端化工作中最具代表性也被认为是最成功的"干预"工作的核心,即在个体出现极端化迹象之后,依赖"具有一线工作经验、通晓当地情况的执法人员"进行一对一式的评估和干预工作。

针对存在极端或恐怖嫌疑的个体,欧洲国家已经设计出一套有效的干预方案:由中央政府牵头开展多机构、多层次合作,进行一对一的评估和思想改造。这项工作一般分为三个步骤:第一,由多方合作机构负责筛查存在极端化和恐怖主义倾向的人选。第二,通过派驻全国各个地

---

① Lasse Lindekilde, "Value for Money? Problems of Impact Assessment of Counter-Radicalisarion Policies on End Target Groups: The Case of Denmark", in *European Journal on Criminal Policy Research*, Vol. 18, No. 18 (December 2012), p. 393.

② Walter Reich, *Origins of Terrorism: Psychologies, Ideologies, Theologies, States of Mind*, Baltimore: Johns Hopkins University Press, 1998, pp. 261 - 279.

区的专门工作人员,对嫌疑人选情况进行初步评估。这些工作人员一般都具有警察或地方政府工作背景,可以根据经验来判断这些对象是否存在极端化的风险。第三,一个由多机构代表组成的专家组对筛选出的个体作进一步评估,专家组根据每个人问题的严重程度和特点,商议出具体的帮助和指导方案。较为典型的如英国的"渠道项目"、德国北威州的"寻路者计划"、比利时的"反激进化行动计划"等。

针对那些已经成为暴力极端分子的个体,欧洲各国也制定了相应的去极端化改造项目。例如,有以柏林"暴力预防网络"项目为代表的社会培训服务,还有在监狱系统中为羁押的犯罪人员提供改造和社会融合的项目。值得注意的是,在当前恐怖组织"伊斯兰国"的威胁下,欧洲国家对这些项目也进行了相应的补充和调整。例如,荷兰政府规定,赴叙利亚和伊拉克参加过"伊斯兰国"的荷兰公民在回国之后,都必须接受政府进行的潜在威胁评估,其中一些返回者因威胁较高而被起诉逮捕,并接受政府提供的重新改造和融入社会的帮助。

(二) 反极端化的"未知的敌人"

当前反极端化工作放弃了对于个体走上极端主义和恐怖主义道路原因的探究,仅强调对极端化"问题个体"的事后干预,这显然是不足的。因为即便确实是组织过程而非个体心理倾向导致了恐怖暴力行为,在哪些个体会投身恐怖主义问题上,也存在偶然性因素。[1] 马克·塞奇曼(Marc Sageman)的研究显示,成为一个恐怖分子可能就是因为"在错误的地点遇到了错误的人、听信了错误的言论"[2],偶然的遭遇或接触对于个体极端化也会起到决定作用。这种思路实际上给反极端化工作确立了一个会随机出现的"未知的敌人",而基于这种未知的政策制定,会使个体层面反极端化相关工作陷入不可控状态:一是在个体极端化成因方面持不可知论,反极端化预防工作就无从谈起;二是无法判断

---

[1] 有学者认为,目前还没有关于个体加入组织前、在组织中以及脱离组织之后情况的系统分析。参见 Jeff Victoroff, "The Mind of the Terrorist: A Review and Critique of Psychological Approaches", in *Journal of Conflict Resolution*, Vol. 49, No. 1 (February 2005), p. 30。

[2] Marc Sageman, *Understanding Terror Network*, Philadelphia: University of Pennsylvania Press, 2004, p. 152.

个体是不是极端分子，一对一的个体反极端化干预工作会失去判定成效的标准。

1. 干预的效果大打折扣

由于没有明确目标，干预只能依赖一线人员的直觉与经验，会造成大量的资源浪费。一般认为，针对风险个体的干预工作是当前欧洲反极端化工作"最为明确的成就"，这种一对一的情况评估和后续跟踪观察不仅能取得较为明显的遏制极端行为的效果，而且干预工作就目标个体的行为层面设立了较为明确的"成功标准"，即脱离极端组织或不再有极端化举动，所以相对更容易进行评估。但是，随着恐怖主义形势的日益严峻，干预工作逐渐暴露出问题，不仅投入成本越来越高，难以长期持续，而且治标不治本，干预对象极易受到突发事件与社会情绪的影响。

首先，由于缺乏明确的目标，一线人员只能尽可能多地将极端化"嫌疑人"引入系统，造成大量资源的浪费。以英国"渠道项目"为例，从2007年4月项目开始，被引荐参加项目的人数几乎逐年翻倍上升，截至2014年3月，总人数已经达到3934人。① 但问题的关键是，其中真正被判定为极端分子的比例非常低。在所有被引荐人中，仅有777人被多机构专家组认定为具有参与暴力恐怖活动风险，仅占总人数的19.7%。其他类似项目的比例也与此相近。

其次，由于缺乏对于个体极端化原因的明确认识，判断干预工作成功与否只能停留在目标个体的行为层面。如英国"预防战略"监督部门负责人诺曼·贝蒂森（Norman Bettison）所说："到目前为止，在所有接受过干预的人员中，没有一个后来因恐怖主义相关暴力行为而被逮捕。"②

---

① 这一项目2014年之前由警察系统主管，之后由内政部负责，相关数据并未公开。2007—2014年具体每年人数为：2006—2007年，5人；2007—2008年，75人；2008—2009年，179人；2009—2010年，467人；2010—2011，599人；2011—2012年，580人；2012—2013年，748人，2013—2014年，1281人。参见"National Channel Referral Figures", Association of Chief Police Officers, http：//www. npcc. police. uk/FreedomofInformation/NationalChannelReferralFigures. aspx，访问日期：2017年3月12日。

② 参见Lorenzo Vidino and James Brandon, "Countering Radicalization in Europe", ICSR, https：//icsr. info/wp-content/uploads/2012/12/ICSR-Report-Countering-Radicalization-in-Europe. pdf，访问日期：2017年3月12日。

但是，仅仅通过关注变化了的外表（如服饰、蓄须等）或行为（如朋友圈、旅行地点、话语等）来衡量一个人是否实现了思想上的去极端化，显然是经不住推敲的。① 事实证明，发生这种判定错误已经带来了严重的现实问题。2017 年 3 月伦敦遭遇恐怖袭击后，首相特雷莎·梅在议会发言中承认："我能够确认的是，这名男子出生在英国，若干年前，军情五处对此人进行过调查，理由涉及暴力极端主义。"②

再次，当前对于干预工作效果的考察往往只关注项目本身，很少关注事实，在进入干预系统之前，有更多的人经历街头盘查。在伊斯兰主义恐怖袭击不断增多、社会穆斯林恐惧症不断增强的情况下，如果没有一个明确的指标，那么这种街头盘查往往会强化把穆斯林群体整体"嫌疑人化"的社会氛围。这种情况在欧洲各主要国家均有发生。据 2009 年的一份调查，法国的阿拉伯人和黑人在街头被警察盘问的概率比白人高 8 倍。③ 2010 年后，英国穆斯林遭到警察"截停搜身"（stop and search）的次数是白人的 5 倍。④

2. 个体层面的预防被悬置，反极端化工作在"等待恐怖事情发生"

欧洲各国政府在 2010 年放弃了反激进化关于恐怖分子个体成因的判断，不再认为恐怖主义产生原因是个体社会融合不足，但却始终未能提出任何替代性解释。这一目标的不确定性给预防工作造成了很大的负面影响。在反极端化工作设立伊始，有学者曾就这个反恐"未知的敌人"进行质疑和反思。何塞巴·祖莱卡（Joseba Zulaika）提出了当代反恐的"认识论困境"⑤（the epistemological crisis），认为在当前反恐研究与相关

---

① Froukje Demant, *Deradicalisation in Practice: Racism and Extremism Monitor*, Amsterdam: Leiden University, Anne Frank House, 2009, p. 73.

② Robert Mendick, "Khalid Masood: Everything we know about the London attacker", The Telegraph (March 27, 2017), http://www.telegraph.co.uk/news/2017/03/24/khalid-masood-everything-know-london-attacker/, 访问日期: 2017 年 3 月 12 日。

③ 参见 Peter O'brien, "Counter-Terrorism in Europe: The Elusive Search for Order", in *European Security*, Vol. 25, No. 5 (July 2016), pp. 1 – 19。

④ Stefano Bonino, "Policing Strategies Against Islamic Terrorism in the UK after 9/11: The Socio-Political Realities for British Muslims", in *Journal of Muslim Minority Affairs*, Vol. 32, No. 1 (January 2012), p. 18.

⑤ Joseba Zulaika, *Terrorism: The Self-Fullling Prophecy*, Chicago: University of Chicago Press, 2010, p. 2.

政策实践中，存在目标对象界定越发不清晰的趋势。理查德·杰克逊（Richard Jackson）在反极端化背景下进一步讨论了这一"认识论困境"的政策表现和后果："在制定反恐政策时坚持一种认为未来恐怖主义威胁完全不确定的'反知识'，并将这种幻想合法化和制度化，成为一种必要的反恐工具"，这会带来两个结果：第一，"坚持一种极端的预先性教条，认为针对'未知'恐怖主义威胁，需要通过先发制人式的、也往往是暴力的行动来控制"；第二，"关于下一次恐怖袭击，接受一种绝对永恒的'等待恐怖事件发生'的态度"。① 换言之，欧洲国家放弃了个体层面的预防工作，并代之以普遍的暴力式"先发制人"维稳措施，但对这种强力措施能否有效遏制极端化并不抱太大希望。从欧洲各国近期反极端化的政策变化中可以看到，杰克逊预言的政策后果都已经得到了验证。

从2014年和2015年各国政府对本国反恐法的修订可以看到，欧洲整体的反恐执法强度空前提高。以奥地利2015年1月起实施的《反恐怖主义法（修正案）》为例，新法案增添了三个方面内容：一是政府在获得独立法官和监察人员允许的情况下，可以对嫌疑个体和组织进行监控和监听；二是加强边境控制，边境管理人员在出入境人员审查过程中拥有独立否决权；三是允许国内执法机构加强监控，在逮捕极端恐怖分子嫌疑人方面拥有更大的权限。这种严苛的安全条款在以前是无法想象的，但其他各国反恐怖主义法修正案和反极端化国家战略中也有相似条款。显然，不断强化这种泛化且不具备个体针对性的"先发制人"措施并没有起到良好的预防效果。

总而言之，在反极端化目标设置方面，当前欧洲主要国家放弃了之前武力反恐和反激进化时代对于恐怖分子个体产生原因的追问，这一认识论层面的缺失决定了当前反极端化工作在越来越注重事后干预的同时，只能放弃个体层面的预防。但这并不意味着预防或遏制极端化产生的任务已经完成，当前反极端化的"欧洲模式"在一定程度上将预防工作的对象从"风险个体"转为"风险场所"，依赖于与穆斯林地方社群特别是

---

① Richard Jackson, "The Epistemological Crisis of Counter Terrorism", in *Critical Studies on Terrorism*, Vol. 8, No. 1 (April 2015), p. 34.

重要穆斯林组织的合作来实现安全防控和反意识形态目标。

三 方法论困境："风险场所"的预防

当前，反极端化的"欧洲模式"放弃了对于个体为什么会走上极端化和恐怖主义道路的探究，在反极端化预防方面留下了比较严重的空缺，因此，相关工作需要一个明确的"敌人"，来设定反极端化工作的目标对象。从当前欧洲各国政策可以看到，当前各国的普遍做法是将工作的对象从"风险个体"转向"风险场所"，极端化预防工作的核心就从判断"什么样的个体会极端化"转变为判断极端化最有可能发生在哪些地点，进而通过与这些场所及其中主要机构的合作来实现遏制极端化的目标。从当前各国政策来看，穆斯林地方社群是最主要甚至是唯一的"风险场所"，当前反极端化工作主要依赖于与穆斯林地方社群的合作来实现极端化预防，主要方式是与社群内重要穆斯林组织合作，推进针对伊斯兰极端主义的反意识形态工作。

（一）从"风险个体"到"风险场所"

1. 作为极端化"风险场所"的穆斯林社群

将穆斯林地方社群视为"风险场所"，与将穆斯林群体作为反恐的目标对象或"嫌疑群体"，两者存在本质区别。但不可否认，自2001年至今，恐怖主义"传统智慧"——认为恐怖分子的伊斯兰宗教信仰或文化背景是使其走上恐怖主义道路的根源——带来的政策影响一直没有消失，在"9·11"事件之后，伊斯兰极端主义乃至整个伊斯兰文化成为跨大西洋的核心安全事项，在常规政治实践甚至一些与恐怖主义不直接相关的政治措施中，也常常出现以穆斯林为治理对象的"例外主义"（exceptionalism）。[1] 欧洲公共辩论一直在讨论穆斯林群体的观点、需求、渴望，但他们实际上更关心这个群体及其所属的宗教文化滋生极端恐怖分子的可

---

[1] Kenan Malik, "The Failure of Multiculturalism: Community Versus Society in Europe", in *Foreign Affairs*, Vol. 94, No. 2 (March 2015), p. 23.

能性。① 这种将穆斯林群体默认为嫌疑对象的社会情绪与政策思路，构成了过去十余年欧洲反恐的宏观框架。

这一情况随着反激进化成为欧洲反恐的主流思路而出现了变化。在方法论上，反激进化标志着以特定个体而非泛化指标为工作对象的反恐思路的出现，强调个体而非所属群体的社会融合问题。虽然针对伊斯兰文化和穆斯林整体的"伊斯兰恐惧症"并没有消失，但至少在政策层面得到缓解，个体穆斯林身份被认为是可以与国家统一认同兼容的次级认同，穆斯林群体及地方穆斯林组织在这一阶段也成为帮助提升个体与社会融合的重要合作对象。从反激进化相关政策文本开始，对于穆斯林地方社群就开始使用一个较为中性与温和的概念，即"风险场所"——"在这些场所或组织中存在恐怖主义意识形态和相关宣传不被质疑，也不参与公开和自由讨论的情况"。②

在反激进化阶段，从"风险场所"入手已经成为欧洲各国反恐预防工作的关键内容。这项工作的重要性不言而喻，因为在实施行动之前，恐怖分子往往隐匿于人群之中，他们一旦受到煽动就会立即实施袭击，而且这种煽动往往发生在亲友之间，相关部门很难及时察觉，试图广泛地排查恐怖分子难以取得实效。针对这种情况，欧洲国家的做法是与"风险场所"开展密切合作。在反激进化阶段，各国对于"风险场所"的界定大体相似，一般包括以下六类：学校、互联网、宗教场所、医疗服务机构、监狱和少年犯监管系统、慈善机构。

在反极端化阶段，通过"风险场所"进行恐怖主义预防工作变得更加重要。一方面，反极端化不再关注个体极端化"风险指标"，而认为基于极端意识形态激励的组织或"极端环境"为成员提供的"个人角色地位""清晰的世界观"及"公正的目标"，是个体极端化乃至恐怖化的核

---

① 当前，越来越多的学者开始讨论伊斯兰教与暴力极端之间的关系。如《外交事务》杂志曾在同一期上刊登了针对这一问题的两篇态度对立的文章。Ayaan Hirsi Ali, "A Problem from Heaven: Why the United States Should Back Islam's Reformation", in *Foreign Affairs*, Vol. 94, No. 4 (July 2015), pp. 36-45; William McCants, "Islamic Scripture Is Not the Problem: And Funding Muslim Reformers Is Not the Solution", in *Foreign Affairs*, Vol. 94, No. 4 (July 2015), pp. 46-52.

② "Prevent Strategy", The Secretary of State for the Home Department (June 2011), https://assets.publishing.service.gov.uk/government/uploads/system/uploads/attachment_data/file/97976/prevent-strategy-review.pdf, 访问日期：2017年3月12日。

心要素，个体一旦进入其中，极端的身份认同会逐渐取代原有身份认同，意识形态灌输和来自其他成员的压力塑造出个体的暴力倾向。因此，"风险场所"本应成为反极端化政策思路的核心。另一方面，随着个体成为恐怖分子的原因追问被抛弃，要实现有效的反极端化预防，关注"风险场所"就成了唯一的替代方案。

当前，欧洲各国以反极端化取代反激进化，最明显的标志就是将原先大部分与"风险场所"的合作限定为社会融合工作，不再归为反恐任务。① 地方穆斯林社群特别是重要的穆斯林组织，成为反极端化工作中最主要甚至是唯一的"风险场所"。例如，荷兰"打击吉哈德主义综合行动项目"所列出的八项措施中，第一项就提出与"风险场所"的合作，要求加强与穆斯林社群的合作。在当前反极端化工作中，穆斯林社群成为最主要的进行极端化预防与管控的"风险场所"，并替代了个体预防，成为反恐预防的主要思路。

2. 社群"代理人"与反意识形态斗争

当前的反极端化工作主要依赖与穆斯林地方社群的合作来实现，然而，与其他"风险场所"不同，穆斯林地方社群往往游离于主流社会之外，具有封闭性，人数较多且存在明显的内部差异，与之合作开展极端化预防工作，既需要有效的"抓手"，还需要明确的内容。当前，这种合作的主要方式是赋予重要的穆斯林组织以准官方的对话者身份，对社群进行风险预防与管控，在一定意义上，这些穆斯林组织成为社群内开展反极端化工作的"代理人"，针对伊斯兰极端主义的反意识形态开展工作。

2012年，时任法国总统的萨科齐在将法国伊斯兰组织联合会纳入法国穆斯林理事会时指出："伊斯兰组织联合会这样的穆斯林组织能够最有效地帮助抵御政治暴力，因为它们在地方穆斯林社群中拥有遍及全社群的'触手'，这种组织结构赋予了这些组织以街头影响力，让它们成为劝说年轻的穆斯林不要接受恐怖主义的最有效的机构。"②

---

① "Prevent Strategy", The Secretary of State for the Home Department (June 2011), https://assets.publishing.service.gov.uk/government/uploads/system/uploads/attachment_data/file/97976/prevent-strategy-review.pdf，访问日期：2017年3月12日。

② Raymond Taras, *Xenophobia and Islamophobia in Europe*, Edinburgh: Edinburgh University Press, 2012, p.152.

与重要穆斯林组织合作的一项重要内容，就是推进针对伊斯兰极端主义的反意识形态工作。反极端化工作虽然很难界定明确的目标群体，但是有相对明晰的"思想敌人"。不过，对于大多数世俗国家而言，政府很难直接挑战或否定那些打着宗教旗帜的极端意识形态。① 事实上，虽然"消除伊斯兰极端主义"总是被提及，但是，现有欧洲各国反极端化政策文件中，并没有任何关于反意识形态工作具体应该包含哪些内容和步骤的说明。② 在这种情况下，反意识形态斗争在很大程度上被"转包"给了穆斯林组织。

早在2007年《反恐怖主义预防战略》中，英国政府就已经提出要提高与"能够较好挑战'基地'组织意识形态的社群组织"进行沟通的能力。这项工作在反极端化阶段得到进一步加强。英国政府不仅给予英国穆斯林协会准官方对话者身份，而且依靠该组织制定了《共同预防极端主义》报告，并设立了"预防暴力极端主义项目"及若干后续项目，如"预防暴力极端主义寻路者基金"等。通过这些项目，政府为地方穆斯林组织提供了数亿英镑经费，帮助它们进行反极端意识形态宣传。③

（二）反极端化的多元文化主义问题

应该承认，这种基于穆斯林社群"风险场所"的预防思路，是对当前反极端化认识论困境的一个重要补救措施。但是，相关合作特别是将"风险场所"收缩至以穆斯林地方社群为主，仍引发了一系列关于政府真实意图的争论与批评，即相关工作是否在默认甚至强化穆斯林为反极端

---

① Angel Rabasa etc., *Deradicalizing Islamist Extremists*, Santa Monica：RAND Corporation, 2010, p. xxi.

② 英国《2011战略回顾报告》是唯一对"如何推进反意识形态工作"有明确规定的反极端化政策文件，但是即便这份报告也仅仅强调了反意识形态三个思路：第一，可以采取非直接宗教干预，但未作出详细说明；第二，政府要就安全和外交政策与国内外穆斯林组织进行更好的沟通；第三，推进"民主、法治、机会均等、言论自由以及男女都有免遭迫害权利"的价值观。"Prevent Strategy", The Secretary of State for the Home Department（June 2011）, https：//assets.publishing.service.gov.uk/government/uploads/system/uploads/attachment_data/file/97976/prevent-strategy-review.pdf，访问日期：2017年3月12日。

③ Peter O'Brien, *The Muslim Question in Europe：Political Controversies and Public Philosophies*, Philadelphia：Temple University Press, 2016, p. 200.

化"嫌疑群体"这一认知。

显然,这些批评是有道理的。虽然当前反极端化工作在方法论层面对"风险场所"和"嫌疑群体"进行了区分,但本质上,只要将穆斯林文化群体作为一个社会治理单位,相关政策就无法否认或摆脱当代欧洲反恐拥有一个不便明言的多元文化主义政策前提:在自由民主社会中,反恐政策的有效性依赖于实施过程中的一个精妙平衡,即在依赖穆斯林群体提供安全与接受和容忍他们文化和思想差异性之间的平衡。[①] 正如彼得·奥布莱恩(Peter O'Brien)对当前反极端化"风险场所"预防工作的阐述,"这种基于文化社群的反极端化思路其实并没有摆脱基于多元文化主义的'方法论民族主义'(methodological nationalism)"[②]。不管当前反极端化工作在方式上有何变化,它始终存在三个特征:第一,在诸如穆斯林和非穆斯林这样的不同文化群体之间实现一种共享价值,既无必要,也不可能;第二,伊斯兰和伊斯兰文明与基督教和西方文明存在差异性甚至对抗性;第三,穆斯林群体被认为具有愤怒、疏离的特质,并不意味着没有有效的软性反恐措施,这种有效的劝服必须来自穆斯林群体内部。[③]

因此,虽然当前反极端化将穆斯林群体设为一个需要合作以预防和遏制极端化产生的"风险场所",但它本质上只是一种"方式",而不是一种关于恐怖主义产生原因的"解释",因而在具体实施中,无法摆脱多元文化主义的固有问题,这在一定意义上成为当前反极端化的"欧洲模式"的方法论困境。

1. 深层次的多元文化主义性质决定了将穆斯林群体视为"风险场所"无法解决穆斯林群体内部的极端化问题

自20世纪80年代末以来,多元文化主义一直是欧洲国家管理国内少数群体的主要政策工具,但历史证明,纯粹意义上的多元文化措施并不足以形成稳固的政治文化认同。多元文化主义在本质上是对多民族国家

---

① Virginie Andre, "Merah and Breivik: A Reflection of the European Identity Crisis", in *Islam Christian-Muslim Relations*, Vol. 26, No. 2 (November 2015), p. 189.

② Peter O'brien, "Counter-Terrorism in Europe: The Elusive Search for Order", in *European Security*, Vol. 25, No. 5 (July 2016).

③ Peter O'brien, "Counter-Terrorism in Europe: The Elusive Search for Order", in *European Security*, Vol. 25, No. 5 (July 2016).

内部社会多元状况的一种"确认"或"描述",其本身不足以构成一种"解决"方案。它的对内性、自治性影响甚至决定了当前反极端化政策制定过程中涉及的关键极端主义问题,如境外极端意识形态的蔓延、中东难民危机等,是无法通过加强与穆斯林社群"风险场所"的合作得到解决的。

首先,多元文化主义是对内的,无法应对由外源性极端意识形态带来的文化多元国际化问题。欧洲各国从2010年开始开展反极端化工作,这段时期正好也是"伊斯兰国"及其意识形态由弱到强、不断扩张的时期。大量欧洲穆斯林前往"伊斯兰国"参战这一事实,使越来越多的人开始质疑欧洲的反极端化政策。在欧洲所有国家中,英、法两国正是开展反极端化工作最积极的国家,但从法国前往"伊斯兰国"成为"圣战士"的人最多,排第二的英国在过去三年时间中也至少有1500人加入了伊拉克和叙利亚的宗教极端组织,这一数字比在英国军队中服役的本国穆斯林还要多。这不得不引起人们的反思:为什么政府与穆斯林社群之间看似积极且颇有成效的合作没有遏制外部极端思想的本土蔓延,阻止人们加入"伊斯兰国"?事实上,从当前针对穆斯林社群的"风险场所"合作内容来看,一方面,关于极端主义威胁的认知主要来自内部,对于外部多元问题缺乏应对;另一方面,相关合作依赖"文化的自我消化能力"试图慢慢解决社会多元问题,政策实施和效果缓慢,也就意味着无法对"伊斯兰国"或难民危机等突发问题进行及时有效的回应。

其次,欧洲多元文化主义政策的主要方式是"社群的自我管控"(community-based self policing)。选取穆斯林组织作为反极端化的"代理人"的做法是一种典型的多元文化主义政策,这也暴露出一个严峻问题:在社群自治情况下,选择哪些穆斯林组织进行合作是不可控的。具体说来,反极端化的逻辑在于预防和中断"在错误的地点遇到了错误的人、听信了错误的言论",通过与"风险场所"的合作进行的反意识形态宣传,至少是对"错误的地点"和"错误的言论"进行了有针对性的预防工作,但是,如何确定与之合作的组织不是"错误的人"?被法国和英国依赖为社群反极端化"代理人"的法国伊斯兰组织联合会和英国穆斯林协会,与国际伊斯兰主义组织都有密切的联系。而且由于穆斯林社群的自治性和封闭性,政府在大多数情况下对它们之间的联系是不知情的。

此外，为了实现有效的社群安全自治，政府甚至会与一些有强烈伊斯兰主义背景、在地方影响力很强的组织合作。例如，因被指控参与极端活动，德国伊斯兰协会在 2010 年被驱出了德国伊斯兰会议，但是，由于它在穆斯林群体中广泛的影响力，2014 年它再度被纳入其中。德国伊斯兰会议给出的解释是："如果没有伊斯兰协会的协助，机构在目标群体中就几乎没有任何可信度。"①

2. 在政策的多元文化主义影响下，与穆斯林社群开展反极端化合作会延缓和消解反恐的成效

首先，会加剧针对穆斯林的群体性歧视。英国"预防暴力极端主义项目"主管部长曾对这一项目作出非常直白的多元文化主义的解释："在社群中心设立强有力的而且得到有效管理的清真寺和穆斯林组织，能够更好地帮助我们抵御一些支持伊斯兰暴力极端主义的组织绑架和挟持社群内其他穆斯林（的思想）。因此，政府与穆斯林社群接触有两个目标：一是帮助本国穆斯林提升对极端化的免疫力，二是实现对穆斯林宗教监控的常规化。"② 这种观点其实是将穆斯林群体作为"嫌疑群体"。在具体行动层面也有相似情况。早在 2005 年英国伦敦遭受恐怖袭击之后，英国内政部就对警察"截停搜身"行为作出指示："作为对特定恐怖主义威胁的应对，（执法人员）可以在挑选需要截停搜身的人员时考虑族裔因素。"③ 到 2012 年《自由保护法案》废止该做法之前，被"截停搜身"的穆斯林人数是白人基督徒的 5 倍。④ 事实上，《自由保护法案》虽然废止无限定的"截停搜身"，但仍允许"在非常有限的条件之下"实施无嫌疑的搜查和拘禁。在现实中，这种"非常有限的条件"是非常难以把握

---

① Sara Wallace Goodman, *Immigration and Membership Politics in Western Europe*, Cambridge: Cambridge University Press, 2014, pp. 95 – 113.

② Hisham Aidi, *Rebel Music: Race, Empire, and the New Muslim Youth Culture*, New York: Pantheon Books, 2014, p. 213.

③ "Terrorism and Community Relations", The Secretary of State of UK (June 2005), https://assets.publishing.service.gov.uk/government/uploads/system/uploads/attachment_data/file/272140/6593.pdf, 访问日期：2017 年 3 月 12 日。

④ Stefano Bonino, "Policing Strategies against Islamic Terrorism in the UK after 9/11: The Socio-Political Realities for British Muslims", in *Journal of Muslim Minority Affairs*, Vol. 32, No. 1 (January 2012), pp. 5 – 31.

的，而且容易情绪化。

其次，将穆斯林社群视为"风险场所"的反极端思路会拉大群体间的"文化距离"。群体间的歧视和隐蔽基于不同群体的保护与赋权，都在加深群体间的文化边界，固化文化差异，极易引发文化冲突。文化距离界定了疏离感，而疏离感则界定了公众接受某种短暂错误做法的集体能力。当恐怖分子与袭击目标的文化距离越大，带来的恐惧效力就越强，受害者也就越难理解这种恐怖行为的动机，越倾向于实施惩罚性的回应，这反过来又会增强具备实施这种恐怖行为条件或动机的人群的被排斥感。① 遗憾的是，多元文化主义政治话语具有提升这种被排斥感的效果，并不能缩短或弥合这种文化距离。

四 结语

2010 年，面临日益严峻的本土恐怖主义威胁，欧洲主要国家对既有的反恐政策进行了大幅调整，以反极端化取代反激进化，从恐怖主义产生发展过程入手，遏制极端思想在本国的蔓延，预防极端化的发生，并在发生后进行有效干预。各国政策在目标对象设定和打击方式方面具有较高的相似性，呈现出一种较为明显的反极端化的"欧洲模式"，即不再强调恐怖分子个体成因，转而强调对于个体极端化的事后干预，以"风险场所"替代"风险个体"，通过与穆斯林地方社群的合作来实现预防极端化，推进针对伊斯兰极端主义的反意识形态工作。反极端化工作在目标对象设定和具体实施方式方面的创新，代表当前反恐工作进入了一个全新的阶段。但也正是在这两个方面所存在的问题，会给反极端化的"欧洲模式"带来一些严重的政策问题。如果现有政策不能解决在目标设定上的"未知的敌人"与实施方式上的多元文化主义问题，那么这种困境将始终存在，无法避免。

从更深层次而言，当前反恐斗争整体存在严重的滞后性。恐怖主义相关研究始终滞后于政策实践，一些涉及政策制定、效果评估的根本性

---

① Max Taylor et al. (eds.), *Extreme Right Wing Political Violence and Terrorism*, London: Bloomsbury Academic, ddd2013, p. 244.

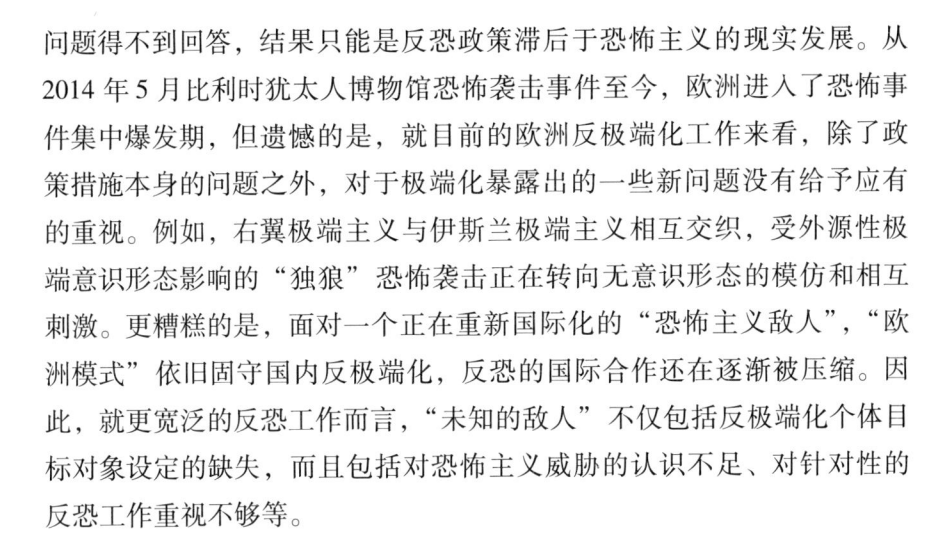

问题得不到回答，结果只能是反恐政策滞后于恐怖主义的现实发展。从2014年5月比利时犹太人博物馆恐怖袭击事件至今，欧洲进入了恐怖事件集中爆发期，但遗憾的是，就目前的欧洲反极端化工作来看，除了政策措施本身的问题之外，对于极端化暴露出的一些新问题没有给予应有的重视。例如，右翼极端主义与伊斯兰极端主义相互交织，受外源性极端意识形态影响的"独狼"恐怖袭击正在转向无意识形态的模仿和相互刺激。更糟糕的是，面对一个正在重新国际化的"恐怖主义敌人"，"欧洲模式"依旧固守国内反极端化，反恐的国际合作还在逐渐被压缩。因此，就更宽泛的反恐工作而言，"未知的敌人"不仅包括反极端化个体目标对象设定的缺失，而且包括对恐怖主义威胁的认识不足、对针对性的反恐工作重视不够等。

第三部分

左翼与中左翼

英国新工党的自我革新[*]

历史颇有惊人的相似之处。20世纪70年代末80年代初，以撒切尔主义逐渐闻名的零碎理论引起了世人对英国的兴趣，并影响到许多国家。如今当撒切尔及其保守党政府在野之后，布莱尔领导的工党因兜售"第三条道路"再次使英国在政治上时髦起来。一个时期以来，布莱尔及其内阁大臣频繁地就"第三条道路"发表演讲。布莱尔本人也数次越过大洋与克林顿一起讨论，希望使之成为一种国际共识。伦敦经济学院院长安东尼·吉登斯也专门对其著书立说，竭力推崇"第三条道路"。那么，被竭力渲染的"第三条道路"真的如其信徒们所吹捧的那样是当今最为完美的道路吗？它果真是与众不同的"第三条道路"吗？它与其他道路的本质区别是什么？其理论渊源是什么？如此等等，均需要分析解答。

一 新"第三条道路"

"第三条道路"实际上并不是一个新术语。几十年前美国记者马奎斯·蔡尔兹曾将瑞典社会民主党的道路描述为介于美国资本主义和苏联共产主义的"第三条道路"。20世纪60年代，一些政治学家又把东欧共产党将计划经济与市场的暗中结合称为"第三条道路"。20世纪七八十年代，欧洲共产主义理论家也提出要在社会党与苏联的共产主义之间探索一条中间道路。那么，流行于当今的新"第三条道路"又具有什么特

---

[*] 本文刊载于《北京行政学院学报》2000年第3期，原文标题为《布莱尔第三条道路理论探析》。

点呢？

当今新"第三条道路"的倡导者当首推英国首相托尼·布莱尔。它针对当今人类社会面临全球化所带来的种种挑战，突出强调"进步左派"要跨越左右之间的传统分歧，实现"现代社会民主的复兴与成功"。布莱尔在其为费边社出版发行的小册子《第三条道路：新世纪的新政治》中强调指出："第三条道路"最好地代表了英国和国外进步中左派人士的新政治主张，代表了一种现代形式的社会民主，"是现代社会民主复兴与成功的道路"。它要求"我们必须坚决超越那些过时的思想方法。既要突破旧左派那种专注于国家控制、高税收和维护生产者利益的观念，又要突破新右派倡导的那种狭隘的个人主义、相信自由市场经济能够解决所有问题的放任自由主义"。

"第三条道路"的重要理论家、伦敦经济学院院长安东尼·吉登斯是较早地对"第三条道路"作出过全面阐述的理论家之一。他在其新著《第三条道路：社会民主主义的复兴》一书的序言中首先指出，在英国，"第三条道路逐渐与托尼·布莱尔和新工党联系在一起"。吉登斯认为，"第三条道路"反映的是传统阶级政治的衰落，其最终目的是跨越而不是在其中间，老右翼的新自由主义和老左派的社会民主思想。他从七个方面概括了三者的不同，涉及政治联盟，经济的计划与市场，国家与政府，市民社会，民族，福利制度以及全球秩序等。①

"第三条道路"一抛出就遭到了来自左的和右的理论家和政治家的批评。许多怀疑"第三条道路"的欧洲社会民主党人把"第三条道路"与新自由主义政治紧密地结合在一起，认为所谓的"第三条道路"是对社会民主主义集体主义理想的背叛。另一方面，右翼的理论家们则认为"第三条道路"是一个空洞的概念。称它为"空洞政治"，是换汤不换药，没有任何实质性的内容；认为给"第三条道路"下一个准确的定义就像和一个充满了气的人扭打一样，如果你抓住他的一只胳膊，所有的热气就会冲向另一方。②

人们蔑视"第三条道路"的一个重要理由是，20世纪，无论是英国

---

① *The Economist*, May 2, 1998.

② *The Economist*, December 19th 1998.

或是别的地方都出现过许多"第三条道路"和中间道路,这条道路也只不过是历史的重复。那么,新"第三条道路"究竟有没有什么新颖之处?

从布莱尔、吉登斯等人的论述中,我们可以看出,与过去的中间道路相比新工党"第三条道路"的"新颖之处"就是介于左右之间,其他的"第三条道路"不是在新自由主义和社会民主之间进行选择。麦克米兰的中间道路把自己看作介于资本主义和社会主义之间。工党的"第三条道路"持有相似的言辞,但它还试图在人们共知的二元思想之间开辟一条道路。不过,其内容还是与别的"第三条道路"有很大不同。新工党的思想实际上是一个混合物,包括自由论保守主义及社会主义成分。此外,新工党还从美国引进一些思想主张。但新工党的思想又与上述范畴不完全等同,在一些重要领域又偏离了它们像任何思想一样,突出工党"第三条道路"特色的是其独特的构成:它所源自的政治概念、它用通俗的政治语言所表述的特殊新含义,以及它将国内外思想与自己的传统相结合的创新方法。那么,这种新特性是否会如其设想者所认为的那样行之有效呢?

二 "第三条道路"的"四根支柱"

1998年年初,伦敦经济学院教授朱利安·勒格兰德(Julian Le Grand)在《新政治家》杂志上发表一篇文章,热情称赞"第三条道路"。他认为,"第三条道路"有四方面的内容区别于新自由主义和社会民主主义:社区、义务、责任和机遇。[①] 但如果仔细地研究这些概念,人们难免会疑虑重重,因为无论怎么解释都不能说明四个因素的结合就是一条新道路。实际上,支撑"第三条道路"的原则和价值在别的地方和时间几乎都曾被人们表述过。

勒格兰德认为,社区(Community)的含义可以划分为地方与合作的团结精神,而工党政府所采取的许多行动无不体现出对社区价值的坚定信仰,特别是对地方社区的坚定信仰。勒格兰德指出,社区意味着人与

[①] Andrew Rawnsley, "Question Who Reckons He the Most Radical Man in the Government? Clue. Have a Look Inside No. 10", in *The Observer* (26 April 1998).

政府之间的契约，在人与地方组织之间建立伙伴关系，政府可以通过社区以"团结与协商的精神取代撒切尔时期个人主义的毁坏性"。

社会契约思想属于古典自由主义，表明的是一种虚弱且含有商业性的人际关系。实际上，这种含义在其他许多传统思想里都有不同的反映。新自由主义者认为，社区有着很强烈的组织含义。根据这种含义，社会成员是独立存在的要素，社会作为一个整体，有着自己的利益和需要，而实现这些东西既有助于社会又有助于个人。许多保守主义者认为，社区意味着英国单一民族的残余，仅仅是幸运者独断地享有不幸者的权利。美国社会学家阿米泰·埃茨奥尼认为，社区需要某种形式的社会控制，以便能够规范社区成员的行为和道德，要求成员支持这种规范，减少个人专断。但新工党并没有明确地阐明它的社区思想属于哪一个。

勒格兰德认为，"第三条道路"的第二根支柱是，政府行动中所强调的责任。实际上，责任是自由主义法制观的古典组成部分。从勒格兰德对责任的理解我们显然可以看出，工党的责任观既针对地方社区组织，又针对国家的社区组织。政府要求社区组织、地方政府、健康部门以及医院应该更为积极主动，但又要为其行动对社区负责。

勒格兰德指出，地方组织也必须对国家社区负责，因为国家社区代表着中央政府。在工党政府上台后所颁布的关于教育的白皮书中，教育和就业部门为学校制定了识字识数目标。届时，这些部门必须接受相关的评估检查，内容包括与其学生相关的家庭背景的标准目标。

第三根支柱是与社区责任相关的个人义务。根据勒格兰德的理解，责任和义务具有相似的意义：社区对其成员的责任与成员对社区的义务是同一硬币的正反两面。工党这里所指的义务实际上和埃茨奥尼的观点相似，如布莱尔所说，"一个合理的社会不应该以权利为基础，而是要以义务为基础，即人与社会之间的相互义务"[①]。埃茨奥尼对权利与义务的关系进行了比较。他把权利看作人的既对抗而又利己的要求，其中许多成分成了社会的包袱，特别是当它们威胁到社区所珍视的价值时更是如此。这样，埃茨奥尼就要求暂且搁置其他新权利，因为他认为在社区与

---

① Julian Le Grand, "The Third Way Begins with Cora", in *New Statesman*, No. 5 (March 6, 1998), pp. 26–27.

个人的关系中，个人对于维持社会结构负有更大的责任。

勒格兰德还认为，社区是形成共同道德语言的地方，是人类共同活动的场所。社区的道德语言要通过共同的空间、一致的目标和前途来表述，其表达途径是家庭、学校等。他把这些比作引导正确行为的传导器。

新工党1997年通过的宣言体现了这种思想。宣言强调父母应"对子女的不良行为承担责任"，以严厉的态度对待犯罪，对待"反社会行为"。此外，工党还强调了福利改革的重要性，其目的旨在既要削减社会福利的高昂费用，又要减少人们对福利的依赖，鼓励个人对自己的行为负责。

特别需要指出的是，新工党采纳了埃茨奥尼所推崇的指导性劝说理论，即要在公共生活中实行劝说性强制，在公众生活中洁身自好，严于律己，提倡社会协作。宣言还指出，不管你是索取钱财还是挑战价值观念，个人的美德就是不妨碍别人。其典型的表现就是反对"依赖文化"，认为它歪曲了福利国家，不符合社会主义伦理规范。

勒格兰德强调的第四根支柱是机遇。根据勒格兰德对工党价值的理解，机会是为了具体的活动，是为了工作，而不是为了实现个人潜力。也就是说，工作不是社会党人所说的人类的创造性，更不是社会自由主义者所说的为社区提供服务而做的一种补偿，而是认为，工作就是个人经济上的独立，是市场力量决定的经济生产活动，如勒格兰德指出，这样的机会实际上是排除了社会正义的关键要素：平均分配。

这进而提出了怎样看待社会主义的问题。新工党的纲领对此则比较模糊，不过有一点十分清楚："社会主义"已成为工党厌恶的词。1997年宣言没有出现"社会主义"一词。相反，则用一些代名词来暗指社会主义，如"过时的教条""旧左派"等。当布莱尔使用社会主义时，他则是谨小慎微，采用了"社会的主义"（socialism）这一新词语。

1994年在费边社所作的一次演讲中，布莱尔指出，社会主义有许多分支，现在应该恢复社会主义的伦理思想，但这"不是为了与它的过去或传统决裂，相反是为了重新发现其真正的含义，以便将其与左派的新保守主义区别开来"。

勒格兰德认为，这四根支柱真正地体现了"第三条道路"，一条完全不同于新自由主义和社会民主主义的道路。与新自由主义不同，它不是自由意志论者或个人主义者。个人的权利不是第一位的，个人对社区的义务同等重要，并在许多领域处于优先地位。与社会民主主义者不同，它不是平均主义者。毫无疑问，它也支持社会正义，但它主张的社会正义是依靠确保最低标准和机会平等，而不是财富的重新分配和均等。政府的责任就是尽可能地确保每个人都有机会做出这些选择。这实际上是一个世纪之前新自由主义者所主张的观点，其实质是通过强调合作与相互责任，把一系列观念联系起来，如社会正义、凝聚力、人人平等以及机会均等。

三 "第三条道路"的思想来源

著名学者安德鲁·文森特对新工党的理论进行过深入的研究，认为它源自20世纪初的新自由主义价值观。彼得·海恩认为，布莱尔是纯粹的自由社会主义者。戴维·马昆德则撰文指出，新工党的理论"不是社会主义者，甚至不是社会民主者或社会自由主义者。工党已经放弃了社会民主者的传统，它还背离了凯恩斯以及贝福利奇"①。无疑，他们的观点都有道理，但都不能涵盖其整体内容。

通过以上对"第三条道路"内容的透视，我们不难发现，其思想体现实际上介于西方的三大传统之间：自由主义、保守主义和社会主义。同时，又吸取了美国民主党的成功经验。

自由主义致力于追求自由、个性的发展、人类的理性、不受任何约束的进步、限制国家权力，而且还致力于某些共同的善良概念。新工党从这一思想中吸取的内容包括私人选择、提高人的能力、保护合法的个人利益、尊重个人权利、关注人类幸福。不过，新工党主张，实现人类的幸福既要靠福利国家，更要靠个人的责任，布莱尔把它和才干、抱负……志向和成就等同起来，但它拒绝接受与自由主义密切相关的极端自由主义。与这些自由思想相联系的社会经济实践包括法治、混合经济、鼓励国家与个人之间及个人与社会组织之间互利的协约关系。

---

① 转引自 Samuel Beer, "The Roots of New Labour", in *The Economist* (Feb. 7th 1998), pp. 23–25。

保守主义致力于控制社会和政治的变化，仅允许有组织而延续的变化。同时，还广泛地求助于社会秩序中超人类的基础，如上帝、历史、人的本性及经济因素。在英国，撒切尔主义的保守思想就是把经济看作自我调整的主要领域，强调不受个人因素支配的市场规律。这些要素无疑有助于成功，却在社会生活的其他领域里具有危害作用。这样就必须赋予家庭以社会控制的作用，通过警察强迫人民尊重这些规范。新工党从这些思想中吸取的内容包括：生产力、物质富裕、社会普遍规范中的道德权威、个人对社会的绝对义务、犯罪根源是社会小单位的失败而不是社会整体的失败、政治领导的重要性等。但新工党拒绝因循过去习惯，放弃了人为的政治排斥政策。与这些保守内容密切相连的社会经济实践包括：通过严格规范公共机构（特别是教育机构）来生产人们所渴望的社会产品，坚持重建稳定的家庭价值，如晚上禁止儿童外出，对社会上的偏常者采取"零宽容"政策，虚夸政府在保护社会利益方面的作用。正如吉登斯所说，新的激进主义必须与保守主义结合起来，重视"恢复被压制的道德内容"[①]。

社会主义致力于社会关系的集团性质，重视工作、工人和创造性，重视社会经济的平均特性，重视人的福利和物质生活条件的改善，看重未来以及有益社会的变革。新工党从这一思想中吸取了关于集团结构构成的核心观念：从人人都应尽义务的规范社会到具有社会交际功能的家庭，再到制造商品的地方等。令人感到奇怪的是，布莱尔根据社会党和社会民主党的思想依然坚持认为，"家庭应该继续成为社会中最重要的单位"。不过，使用"团体"这一概念却说明，布莱尔是在把新工党与新英国等同起来，与各爱国团体和新的民族特性等同起来。他希望用这种新特性来取代过去所信奉的集体主义。

新工党系统地阐述了福利的含义：个人的共同责任 + 为急需者提供的保障网络。它淡化了平等的概念，事实上已对其进行了自由主义的解释，即机会平等、公正、温和的再分配。与这些社会主义概念相联系的

[①] Andrew Vincent, "New Ideologies for Old?", in *Political Quarterly*, Vol. 69, No. 1 (January 1998), pp. 48 – 58; Peter Hain, "Meet Blair, the Libertarian Socialist", in *New Statesman*, (March 12, 1999); David Marquand, "The Blair Paradox" in *Prospect*, (May 1998), p. 19.

社会经济实践包括：减少贫困与困难，保留重要领域如卫生、教育等领域普遍的免费服务，努力改革某些不平等结构，如下层社会、贵族院。

在追溯"第三条道路"的思想来源时也决不能忽视美国的影响。美国公共政策的影响明显地表现在两大领域，包括帮助新工党形成思想的实践活动。首先是上文提及的"零容忍"。这是1997年宣言中出现的一个短语，也是清楚地否定自由主义宽容价值的重要表现。现在，这个词已超出了美国使用时的原始含义，即对犯罪决不妥协。在英国，"零容忍"还用来指那些不出成效的学校，即处于半犯罪状态，潜在地处于体制上的死刑状态。用1997年宣言的话就是，"关闭现有学校，另起炉灶"。其次是"工作性福利"。在美国，工作性福利同威慑性社会政策紧密相连，目的在于减少社会福利开支，在"下层阶层"引进"工作伦理"政策。引人注目的是，新工党对其加以改造，成为"从福利到工作"，赋予其一定的思想含义，强调工作性福利。

过去，社会民主党人福利观是人类的繁荣和富裕，完善人类的创造性，消除人类异化。这种福利观与共同利用人类资源，共同享受社会产品密切相关。然而，在当今的流行口号中，社会福利已简化成了为边缘者、残疾者或不幸者提供服务，即为那些无力供养自己的人提供服务。在许多层含义上，这仅仅意味着摆脱贫困，只是人类最低的幸福观。实际上，这正是新工党一直在高声斥责的社会排斥现象。而这种福利观也只不过是对工党口号的重复。

在布莱尔的伦理标准中，还有一支重要的基督教来源，深化了他对社区的理解，使他认识到相互尊重的社区关系以及个人应当履行的义务。他把社区联想为神圣的宗教仪式，将其与人的社会罪恶联系在一起，对那些没有履行社会义务的行为进行惩罚。其意思是说，人类的失误是意志自由的失误，是邪恶愿望的失误。布莱尔认为，只要社会中的每个成员都遵循他关于"共同行为规范"的号召，大家都会得到相应的机会，最终进入一个理想社会。

四　结语

新工党宣称致力于激进主义，通过实现自我更新和所谓的现代化，最终到"第三条道路"的出笼，实际上是改变了社会主义的崇高语言，改变了最终的目标。它已不再相信自己长期坚持的社会主义是历史的演变规律，不再相信历史的经验，进而彻底地摆脱掉了身上的枷锁，这就是工党的"新颖之处"。不过，近年来的实践表明，新工党的一些时髦用语经常是昙花一现。1996年流行的"风险共担的社会"已被人们忘却。现在，"第三条道路"已成了新工党压倒一切的声音。但根据工党近来的实践判断，它的这一最新时髦用语也难以永远地支配其未来的政治辩论进程。一言以蔽之，新工党的思想只不过是一个内部的竞争舞台，它的许多政治价值含义及其所涉及的概念实际上是模糊不清、模棱两可的。只要这些矛盾继续存在，工党就难以实施清晰的政策措施。为促使政策的形成，新工党还必须做出进一步的选择，继续进行其未来的思想构造。

欧洲左翼与时俱进的探索*

20世纪90年代以来，随着世界经济一体化和欧洲统一进程的不断加速，欧洲各主要政党都不约而同地遇到了如何根据形势的变化调整自己政策纲领的重大问题，以便能够在剧烈变化的政治经济和社会环境中求生存求发展、做到与时俱进，求实创新。

在欧洲，提及左翼，人们习惯上总是与社会党、社会民主党和工党为代表的社会民主党人联系在一起。实事求是地讲，社会民主党应是最早感到全球化对自己产生影响和冲击最大的政党。众所周知，欧洲左派政党一度在第二次世界大战后的五六十年代经历了黄金发展时期，进入20世纪70年代末期之后，这些政党在各国的选举中纷纷中箭落马。一些有影响的政党如英国工党、德国社会民主党在野长达十几年之久，陷入困境而难以自拔。如何图强振兴一直是各党激烈辩论的主题。进入90年代后，一批具有革新精神的中青年政治家在激烈的党内斗争中脱颖而出。他们辩论的核心是针对全球化的冲击，左派应该用什么样的政治代替传统左派的社会民主思想和右派的自由市场思想。他们由此而提出的一系列治国理念被逐渐地冠之以"第三条道路"。

"第三条道路"认为，针对当今人类社会面临全球化所带来的种种挑战，"进步左派"要跨越左右之间的传统分歧，实现"现代社会民主的复兴与成功"，达到效率与公平的结合，如布莱尔在《第三条道路：新世纪的新政治》一书中强调指出："第三条道路"寻求采纳中间和中左道路的基本价值观念，并把它应用于全球社会和经济的根本变革之中，而且不

---

* 本文刊载于《南风窗》2002年第1期，原文标题为《欧洲政党的与时俱进》。

受过时的意识形态的束缚。因而它要求既要突破旧左派那种专注于国家控制、高税收和维护生产者利益的观念，又要突破新右派倡导的那种狭隘的个人主义、相信自由市场经济能够解决所有问题的放任自由主义。

德国社会民主党人施罗德则以所谓"新中间"为旗帜，强调有用的就是正确的实用主义，"我既非左派又非右派，我就是我"，"旧的意识形态已被历史的力量所压倒，我只对当前起作用的东西感兴趣"。意大利左民党总理达赖马也说，左派"对国有化或者国家干预经济不感兴趣。在一个全球化世界里，欧洲需要一个开放的、有活力的、有竞争力的经济。这是维持一个团结互助的社会的前提。假如社会制度因为过于花钱而阻碍经济保持竞争和活力，那么它们就会自行灭亡"。

伦敦经济学院院长、布莱尔的智囊安东尼·吉登斯系统分析了"第三条道路"与传统的左右之间的差异：关于政治，老左派与老右派以阶级划分为基础，而"第三条道路"建立的则是左右之间界限模糊的新联盟。关于国家与政府之间的关系，老左派试图夸大国家的力量，老右派则竭力缩小之；而"第三条道路"则主张在各个层面上重构政府，弥补缺陷，扩大民主。关于市民社会，老左派怀疑它，认为它降低了国家的作用；老右派则认为，只要国家不过多地干预，市民社会就会得以蓬勃发展；而"第三条道路"则既珍视市民社会的作用，但又同时认为，只有国家才能有效地促使其发挥作用。关于经济，老左派赞成混合经济，以使资本主义人道化；老右派则竭力吹捧市场；而"第三条道路"却赞成"一种新型的混合经济"，强调的重点不是所有制，而是竞争与规则。关于福利国家，老左派欢迎福利国家，把它看作进行再分配的主要手段；老右派则仇视它，把它看作魔鬼；而"第三条道路"的目标是把福利国家改造为"社会投资国家"，把在公益事业上的花钱转为"人力资本投资"，增加对教育和职业培训的投资。关于全球秩序，老左派根本没有全球理论，只有无产阶级的国际主义；新右派处理国际关系的方法则是要反对一切战争；而"第三条道路"认为，我们已不再生活在两极世界里，国家已失去敌人，面对的只是危险。

在这一思想的支配和影响下，英国工党于1997年、德国社会民主党于1998年先后上台执政。于是，在20世纪末的最后几年中，欧洲4个经济大国（英国、德国、法国、意大利）出现了中左政治家一统天下的局面。与此同时,欧盟15个国家中一度出现13个中左政府,以致一些政治家和记者把当时欧洲的政治局面描述为"粉红色的十月"。2001年5月,英国布莱尔再次以高选票蝉联首相职务,他对此更加踌躇满志,认为这进一步表明"第三条道路"的治国方针得到了选民的理解和支持。

"第三条道路"理论出台不久,立即引起世界舆论界和学术界的高度关注,当然对其反应也褒贬不一。但是,一点必须肯定的,它反映出面对全球化的严峻挑战,传统的思想和方法已经失效,新的现实要求各国政府和政党必须采取新思维、探索新道路。

欧洲社会党的变革[*]

作为欧洲各社会党、社会民主党和工党（以下统称社会党）的思想体系，民主社会主义是欧洲地区最具影响力的一股政治思潮。长期以来，它作为保守主义、自由主义以及东欧"现实社会主义"的对立物而存在，对战后欧洲政治产生过重大影响。

不过，苏联解体、东欧剧变以及"现实社会主义"在苏东地区消亡后，自视为正宗社会主义的欧洲各国社会党并没有因此而赢得预想的胜利，相反，它们也遭到前所未有的冲击。保守主义和自由主义都异口同声地宣称："一切类型的社会主义"包括民主社会主义已经无可挽回地失败了。20 世纪 90 年代上半期，随着欧洲政治和舆论天平的普遍右倾，欧洲各国社会党处境艰难，在选举中屡遭失败。随着 1993 年法国社会党的选举失败，英国、法国、德国、意大利四大国均没有社会党在台上执政。这种状况是自 20 世纪 60 年代以来极为罕见的。这是为什么？

欧洲各国社会党开始对党的理论和方针政策进行广泛的讨论，尤其是对长期以来共产党人和社会党人在不同意义上共同使用的"社会主义""国有化""公有制"等概念和信条进行理论反思，努力从自己的理论信条中剔除已被苏东"现实社会主义"的瓦解所证明为不合时宜的东西。在理论反思的基础上，各党采取现实主义的态度，积极进行政党理论的改进和创新，以适应全球化形势下国内外条件的变化和社会发展的需要。它们主要进行了三方面的变革。

---

[*] 本文刊载于《人民论坛》2013 年第 12 期，原文标题《"不变革的政党必将死亡"——欧洲社会党的变革运动》。

(1) 改进党的传统的基本价值与核心概念，赋予其与时代特征相一致的含义；

(2) 重新审视传统的生产关系观念，注重发展生产力，制订鼓励竞争的经济政策；

(3) 强调党的开放性，力争使党成为跨阶级的政党，扩大党的群众基础。

一 社会主义"是一种人们为了把事情办好而在一起工作的理论"

苏联解体、东欧剧变不仅是国际共产主义运动的一次重大挫折，也对欧洲社会党奉行的"民主社会主义"理论和信念造成了严重冲击。这种冲击首先来自保守党人，他们有意把"民主社会主义"与"现实社会主义"混为一谈，说二者中间存在着同一性，因而宣称一切类型的社会主义理论与模式都已失败。社会党阵营中一部分知识分子和理论家也持这种观点，认为，鉴于苏东社会主义模式的历史性破产已使社会主义概念的信誉遭到严重损害，社民党应该放弃使用"民主社会主义"，而改用"社会民主主义"，以示与苏东模式的区别。

与此相反，欧洲社会党另一派主张继续坚持使用"民主社会主义"这一概念。这一问题所引起的辩论长达两年之久，激烈程度前所未有，在德国社民党中尤其如此，党的领导层则对此采取了实用主义的折中态度，认为概念可以改换，但无须在理论上进行说明和讨论。在近几年的实践中，社会党人实际上已经淡化甚至放弃了这一概念。1992年9月，社会党国际第19次代表大会所通过的文件也把用了四十多年的"民主社会主义"改回到"社会民主主义"。

英国工党也对党的一系列传统价值进行了刷新。在布莱尔之前，工党主张的社会主义主要强调工人阶级的物质利益，也就是把社会主义界定为一种人们之间的物质关系。而布莱尔则把社会主义界定为人们之间的伦理关系。布莱尔经常反复强调的核心价值是社区、机会和责任。他已很少使用"社会主义"这个概念。1997年工党宣言中甚至没有出现"社会主义"一词。即使当布莱尔使用社会主义一词时，他用的是"社会主义"(Socialism)。他所说的"社会主义""不是阶级、工会或资本主义对社会主义的理论,而是一种人们为了把事情办好而在一起工作的理论"。他认为,整个社会应当为每个人的成功而携手共进,建立一个强有力的社会,以促进社会全体成员的利益;社会主义不只是对人类本性以及个人与社会关系的探索,它还是对一种能促使每个人充分发挥能力的社会结构的探索。

二 布莱尔对工党党章第4条的修改

欧洲社会党人理论反思的第二个突出表现,是根据新的情况重新审视以往长期坚持的两大原则:政府干预和大企业实行国有化。其结果是各党普遍放弃了国有化口号,进而强调发挥私有制的积极性,强调发展混合经济模式;重视市场机制对制定经济政策的作用;转变过去那种重分配、轻生产,重社会公正、轻经济效益的传统模式,强调两者兼顾,力求平衡,协调发展。在社会福利方面,不再强调社会福利的保障措施,也不再强调充分就业,而是改为减少失业,主张增加培训,提高工人素质。

在这方面,英国工党的步子迈得最大。1994年7月,工党领袖托尼·布莱尔上台后打出了"新工党,新英国"的口号。他要求党内抛弃关于公有和私有、国家与市场的争论,认为理想的经济模式应是"充满活力的私有经济,而辅之以高质量的公有服务业",市场作用奏效的领域靠市场,市场作用失效的领域靠政府。在他对工党进行大刀阔斧的改革中,最引人注目的一项改革就是修改党章第4条。工党的章程产生于1917年,并在1918年的代表大会上获得通过。其中第4条集中体现了工党的宗旨,即以实现公有制社会为奋斗目标。由于这一条明确要求实现公有制,所以,长期以来被视为党的社会主义象征,同时它也是工党推行国有化和社会福利政策的理论基础。

第二次世界大战结束后不久,工党曾根据党章第4条大张旗鼓地推行国有化和社会福利政策,取得了显著成绩。然而,进入20世纪50年代以后,由于工党连续几次在大选中失利,是否取消第4条问题逐渐成为党内斗争的焦点。布莱尔一上台便强调党必须适应英国新的社会、文化和经济现实,从根本上扭转工党游离于英国主流社会的态势。修改党章第4条,使工党不仅在实践上而且在理论上,从一个目标比较狭窄的政党转变为能够有效地管理一个发达社会、促进自由市场经济制度的政党。1995年4月29日在工党代表大会上,布莱尔终于挫败了左翼的抵制,以压倒性多数通过新党章。新党章取消公有制条款,提出要建立一个"为公众利益服务的充满生机的经济体",要建立一个"正义的""开放的民主的社会"。

法国社会党曾是民主社会主义政党中推行国有化最积极的政党。密特朗正是靠着建设"法国式社会主义"而赢得1981年大选的胜利,其经济纲领的核心是在保留私有制的同时,扩大国有化和计划化。然而,就在密特朗第二个任期中,法国社会党却逐渐放弃了国有化。他为此自我辩解说:"我并不把'法国式的社会主义'奉为圣经。"密特朗的继任者在对待国有化的态度上更为消极。若斯潘在1995年的竞选演说中,把经济政策的注意力完全集中在就业、社会保险、工资和住房等问题上,国有化和计划经济根本不在考虑之列。担任总理后,若斯潘一方面强调限制资本主义的消极因素,另一方面则悄悄地推行私有化政策。

意大利是西欧国家国有化程度最高的国家之一。1996年以普罗迪为首的中左联盟成立后,公开地挑战左派的"大政府"观念,缩小公共部门的作用,对价值750亿美元的国有工业实现私有化,大胆地推行财政紧缩政策,削减了长年的财政赤字,降低了居高不下的通货膨胀,使意大利顺利地成为欧元区的第一批成员国。意大利左民党总理达莱马也说,左派"对国有化或者国家干预经济不感兴趣。在一个全球化世界里,欧洲需要一个开放的、有活力的、有竞争力的经济。这是维持一个团结互助社会的前提。假如社会因过于花钱而阻碍经济的竞争和活力,那么它就会自行灭亡"。

德国社民党主席施罗德则把他的竞选纲领描述为"新中间纲领",强调要通过改革和技术来振兴萧条的经济,纠正对经济增长重"质"(有益于生态环境和提高人的生活质量)不重"量"的方针,主张在保持"质"的前提下,尽可能促进"量"的增长;修正以需求调节和结构调节为基础的凯恩斯主义宏观调控方法,既重视国际性协调对本国经济的调控作用,又重视供给学派旨在给企业发展提供更多活动余地的调控主张。

针对一些批评家的指责，施罗德自我辩护说，他采用纯粹的实用主义政治，不管标榜什么，什么政策能产生最佳效果，就采用什么政策。

与此相适应，在实际政策中，各国社会党针对西欧经济普遍不景气的客观现实不得不自行削减或支持政府削减自己一贯维护的社会福利政策，提出"工作性福利"，强调对人员的培训，以增强个人在全球化竞争中的能力。

三 实现党的"现代化"，扩大党的群众基础

欧洲各国社会党曾经衰落的另外一个重要原因是，党的自身建设、阶级基础以及政治联盟等诸方面不适应形势发展的需求。随着欧洲经济和社会阶级结构的巨大变化，社会利益越来越多元化，各种力量相继出现，进而威胁着社会党的阶级基础、依靠力量和联盟对象。

随着各种"新社会运动"的出现，一些新政党随之出现，进而分散了左派的力量。这些新政党提出了许多选民关注的社会问题，吸引了相当部分选民。反观社会党，领导班子成员老化严重，思想僵化，缺乏生机和活力。再加上一些执政时间较长的领导人因腐败丑闻曝光而遭司法起诉，严重地影响了党的形象。在这种情况下，致力于改革图强的新一代领导人脱颖而出。他们大都思维敏捷，勇于创新，没有历史包袱，在各自党内展开了大刀阔斧的理论创新和政策调整。这些新人大都强调党的开放性，力争使党成为跨阶级的政党，进一步扩大党的群众基础。同时，他们还注意改革领导体制，促使党的领导层年轻化，保持生机和活力。

英国工党从20世纪80年代末就开始着手探索走出困境、重新崛起的道路。1987年大选后，党的领袖尼尔·金诺克发起"政策反思运动"，对工党的传统政策进行反思，准备按照"新模式"重建工党。1992年，约翰·史密斯继任领袖后对党内的选举制度进行改革，在领袖选举上取消了工会在选举中的集体投票制，实现"一人一票制"。这些改革虽然在一定程度上使工党恢复活力，但毕竟有限，不可能使工党得到彻底的改造。1994年，新领袖布莱尔在建设"新工党"的旗号下，对党进行了全方位的改造，使工党从理论到实践都发生了巨大变化。尤其是党章第4条的

取消，使工党从一个重视意识形态的政党转变为以争取上台执政为奋斗目标的纯议会党，从一个自称为工人阶级的政党转变为所谓的"超越于左右"之间的中间阶层政党，成为"企业界和商业界的政党"。

法国社会党虽然是以执政党的身份进入90年代的，但是，由于社会环境的剧烈动荡，它几乎陷于内部分裂之中。1993年3月，法国社会党在议会选举中惨败，其后虽经过几任领导人，但均没有摆脱其日益衰败的局面。1995年2月，新生代领导人若斯潘脱颖而出，成为社会党竞选总统的候选人。选举中若斯潘虽然败北，但他的不俗成绩却给数度遭受重创的社会党带来新的希望。在随后的几年内，若斯潘潜心研究制定社会党的新政策，着重加强党的思想和组织整顿。在思想建设方面，若斯潘提出必须对世界和社会党自身进行新的思考，把欧洲问题、国有部门和社会民主等问题作为党纲的重点。在组织建设方面，若斯潘建议党的各级领导人今后不再由任命而由选举产生，让党员，特别是年轻党员更多地参与党的决策，增加妇女党员的比例，减少党费，放宽入党条件等。鉴于社会党执政时丑闻不断，他特别要求增加党内的财务管理透明度，以加强监督。

意大利左翼民主党的前身是意大利共产党（以下简称意共），它一度是西欧最大的共产党，但是，由于冷战的环境及其政党性质，它虽是意大利国内第二大党却始终被排斥在政府之外。东欧剧变后，党的领导人阿吉利·奥凯托建议解散意共，成立新党。奥凯托的建议在党内引起了长达14个月的激烈争论，最终近70%的代表同意将党改造为左翼民主党。实际上，早在1989年之前，意共已经在组织和思想上演变成了一个具有社会党性质的政党。1989年3月，意共召开第18次代表大会，党的总书记奥凯托强调指出，形势已经变化，党应当"代表全体意大利的公民"。大会最终决定取消民主集中制。1991年，意共第20次代表大会决定将党改造为左翼民主党，意共不复存在。从新党的名称来看，它已没有任何意识形态的迹象，它既看不出社会民主党的传统又看不出社会党的传统，只采用了"民主"和"左翼"两词。新党强调自己是纲领性政党，以吸收独立左派人士入党；新党彻底改造了旧的组织结构，用职能性的松散组织代替过去的按地方和行业划分的党支部，新党强调克服性别差异（党的全国委员会女性比例规定在40%左右），使党成为真正男女平等的党。

这种局面的出现固然有欧洲战后"政治钟摆"的惯性作用，但更主要的是这些国家社会党理论创新、政策调整的结果。这种调整后来被布莱尔等人冠之以"第三条道路"。正如笔者在《南风窗》2002年第1期《欧洲政党的与时俱进》中所提到的，"第三条道路"实际上是欧洲社会党人在全球化的严峻挑战下对传统的思想方法和政策的反思。它表明，针对全球化的强大冲击，传统的思想和方法已经失效，任何政党和组织要求生存、求发展，就必须更新观念，勇于创新，探索出符合本国国情和时代特征的路线。一个政党能否拥有执政的合法性，不主要是看它说了什么、它的"基本教义"是什么，而更主要的是看它能否勇于变革，顺应潮流，为民众提供有效、优质的服务。正如布莱尔所言："不进行变革的政党必将死亡，工党应当是一个生机勃勃的运动而非一座历史纪念碑。"

需要指出的是，西欧各国社会党的调整和改革是各自国家内政治经济文化和社会发生巨大变化的现实使然，是各党根据本国国情探索的结果。其经验也许只适宜于当今的发达国家，且其许多理论和做法也存在种种漏洞，但它们勇于探索、变革图强的精神是值得肯定的。

欧洲社会民主党的转型和困境[*]

社会民主党，有些国家又称社会党或工党，是21世纪初欧洲政坛的主流左翼政党，是第二次世界大战后欧洲政治舞台上一支重要的政治力量。随着第二次世界大战后欧洲社会和经济结构的巨大变化，尤其是20世纪末苏联解体、东欧剧变后，冷战结束，欧洲社会民主党为求生存、求发展进行了重大的思想理论乃至组织转型。这种转型一度使欧洲社会民主主义出现复兴，但也无疑造成一系列严重的问题和后果，成为其日后危机的诱因。

一 在左右竞争的政治格局中，左翼显然处于劣势

社会民主党转型和调整的核心动因是要复兴社会民主主义，实现上台执政的愿望。其主要措施是，在思想上，各党逐步地淡化传统的社会主义主张，更多地接受了新自由主义主张；在组织上，由工人阶级政党进一步向"全民党"转型；在理论政策上，更多地借鉴乃至接受了历来属于保守主义的传统主张。这种调整与转型以20世纪90年代中后期托尼·布莱尔领导的工党、德国格哈德·施罗德领导的社会民主党以及法国里昂内尔·若斯潘领导的社会党为代表。他们提出的一系列旨在使社会党在全球化背景下实现现代化的改革措施，在英国体现为"第三条道路"，德国是所谓的"新中间道路"，法国则要构建现代社会主义，其核

---

[*] 本文刊载于《人民论坛》2013年第12期，原文标题为《欧洲社会民主党的转型与困境》。

心是要在传统的社会民主主义和保守主义之间革新社会主义。

在"第三条道路"等称呼的指引下，欧洲社会党人在实践中抛弃了意识形态的信条，崇尚"没有什么左派、右派区别，只要行得通就是好政策"。这些改革措施确实一度导致欧洲社会民主主义的复兴，使当时欧盟15个成员国中13个国家出现了中左政府，出现所谓"粉红色的欧洲"。但与此同时，改革措施也引发一系列问题和挑战。2008年，一场突如其来的金融危机使"第三条道路"的弊端暴露无遗。实际上，在危机爆发前后的一些选举中，一些国家的社会民主党已开始失去地盘，处于守势。2009年6月，欧洲议会选举更是社会党选举失败的分水岭。英国、法国、德国等大国的左翼候选人纷纷败下阵来，中间偏右的主流派候选人普遍胜出；甚至少数极右的党派候选人也跨越"门槛"而首次当选。在左右竞争的政治格局中，左翼显然处于劣势。2012年5月，法国社会党奥朗德虽然成功地当选为法国总统，扭转了左翼的颓势。但奥朗德的当选与其说是社会党理论政策的创新，倒不如说是萨科齐执政不得人心而导致选民对其深深厌恶的结果。

令人感到费解的是，历史上每当经济危机发生时，往往是左翼政党在选举中比较容易胜出的时机，因为危机反映了自由放任式的资本主义的弊端，这时则需要主张国家干预的社会主义者上台治疗病症。但欧洲议会的选举结果恰恰相反，选民并不买左翼的账，左翼政党遭受重挫。德国社会民主党得票率仅为20.8%，创下该党在第二次世界大战结束后任何一次全国性选举中的新低。同样遭受打击的还有英国执政的工党，该党不仅以大比数输给竞争对手保守党，而且还被力量单薄的英国独立党打落到第三位，严重动摇了布朗首相的管治威信，致使英国工党迎战2010年选举信心受挫。

二 社会民主党人陷入意识形态的茫然状态

欧洲议会左翼选举失败的最直接原因是，面对金融危机，左翼没有提出一套应对金融危机的良策。多年来，欧洲社会党人虽然一直在警告批评无节制的市场经济会带来恶果，但只是批评，没有提出被广泛接受的政策。从如何保护劳工的权利到怎么样应对全球化的挑战，再到是应该保护社会福利制度还是改革社会福利制度等重大问题，各党都是政策分歧，难以达成共识性政策，从而不能展现社会党人应对金融危机的能力。但从深层次分析，左翼政党屡次挫折和失败，也折射了社会党人在全球化背景下转型及由此产生的涉及意识形态、组织基础、执政联盟和执政策略而造成的身份危机。

在传统的政党政治中，意识形态的鲜明差别是各主要政党的标志之一。与保守的右翼相比，左翼政党尤其强调自己的公平、正义等社会主义的意识形态特征。但在过去几十年，尤其是最近发生的社会民主主义复兴的十几年中，无论是英国工党还是大陆的社会民主党，在实现政党的现代化过程中，恰恰是淡化意识形态，强调超越左右，走"第三条道路"，要在传统的社会民主主义和新自由主义之间进行折中。因而，许多社会党强调实用主义，淡化意识形态，主张"少谈一些主义，多解决一些问题"。这样在许多党内，不仅意识形态被束之高阁，而且政治家谈道意识形态这个词时就有点别扭。如德国前总理施罗德在接受媒体采访时曾说，"我既非左派又非右派，我就是我；旧的意识形态已被历史的力量所压倒，我只对当前产生效果的东西感兴趣"。无论是英国工党的"第三条道路"还是德国社会民主党的"新中间道路"，其实质是放弃社会主义目标，接受新自由主义主张。

这样，工党及社会民主党在实践中虽名为社会民主主义政党，却行新自由主义之实，强化了新自由主义及资本主义在欧洲各国的力量，社会主义被逼入墙角。一旦金融危机爆发，新自由主义的弊端暴露无遗，一度被宣称为"灵丹妙药"的意识形态黯然失色，回顾过去似更不现实。由此，社会民主党人陷入意识形态的茫然状态。

三 社会民主党的组织危机

超然于"左与右"的意识形态，必然要求组织上和选举中争取中间支持者或中间选民，其结果必然造成党的组织危机，涉及党的群众基础、党员参与、利益表达等方面的危机。

首先，由于党的队伍扩大，使党在利益整合时更加困难。社会民主党强调超越左右的目的是要在选举中做赢得最大多数选民的"全民党"。

这就必然要淡化党的阶级基础，尽可能吸收工人阶级之外的其他群体，客观上带来党内各利益群体之间的矛盾，造成党面临着组织整合的危机。以党内新加入的环境保护者和传统的工人阶级两个群体为例，环境保护者往往反对发展工业，他们主张减少造成污染环境的工业生产，而这恰恰危及部分蓝领工人的利益。因为，他们正是在这些工厂中工作，并以此为生的。这样，党内仅有的蓝领工人自然不满。

其次，扩大党的支持者，结果导致党顾此失彼，争取到了新的支持者，又丧失了传统的支持者。20世纪末，由于传统工人阶级的萎缩，社会民主党的政策逐渐向社会中上层人们的倾斜，也招来众多社会下层群众的不满，他们开始放弃对"代表无产阶级利益"的社会民主党的支持。正所谓左翼固然一时获得了中间派选票，却开罪了铁杆左派，加速了左翼分裂，导致大批原来的社会民主党基本群众转向极左或极右政党。法国社会党由于十几年在野，左翼内部缺乏团结，声望一蹶不振。这些年来法国左翼力量的"多样化"趋势日益凸显，光怪陆离的政党不下十几个，光是各种牌号的托洛茨基政党就有好几个，分散了左翼选票。意大利左翼的分裂更是惨不忍睹。左翼民主党几经分化组合，已经抛弃左翼的名称标志，自称为民主党，彻底成为一个后意识形态、后社会民主主义的"美国式"民主党。

毋庸置疑，全球化社会经济的急速转型似乎使世界"扁平化"了，因而涤荡着旧有的意识形态认同基础。但不容忽视的是，阶级结构的变化并不意味着"意识形态终结"，人们的社会地位、经济和财富结构、知识结构和身份认同等各方面的差异总是存在的，这些因素也是意识形态分化的重要因素。而冷战后时代的全球化在促使世界"扁平化"和人们成为命运共同体的同时，却无可避免地造成了"赢者"和"输者"的分化，这必然又反过来促使不同类型的人们在意识形态上各有所持。因此，新工党及这些现代化的政党具有做"全民党"的政治意愿，但却缺乏一个意识形态上坚实的"全民共识"基础。

最后，与全民党的目标相背，社会民主党正由群众性政党向精英性政党演变，结果导致党员在党内参与功能下降，领导作用上升。这种变化与信息化时代媒体在政治中发挥的作用密切相关。鉴于媒体对政治运作的影响凸显，社会民主党也开始越来越多地利用媒体来宣传自己，将媒体作为赢得选举的重要工具。这不仅因为党的纲领政策在多数情况下要因媒体运作的需要而改变，而且党的领袖要考虑媒体的喜好而产生。这就要求党的活动必须配合领袖在媒体社会中的表演而展开，结果是党的领袖可以通过将自己意见直接诉诸媒体而不是普通党员来施加对党的影响。党与媒体、党的领袖与普通党员关系的这些改变，给社会民主党带来了众多问题，其中最严重的问题之一，就是因党的领袖作用突出、普通党员地位下降而带来的组织危机。因为在媒体社会中，广大党员在表达政治目标、传播纲领政策、影响选举结果等方面的作用相比于他们在传统工业社会时的情况，是大大降低了，这必然会减小他们加入党组织的动力、降低他们参与党组织活动的热情。

四 社会民主党的执政联盟危机和执政危机

与党的意识形态危机和组织危机密切相关的，是党的执政联盟危机和执政危机。由于社会愈加多元化以及左翼阵营力量的分散，社会民主党在许多国家选举中的份额呈下降趋势，单独组阁愈加困难，联合执政成为常态。

20世纪后期，社会民主党要代表的群体扩大了，固定选民却减少了。这主要是由第二次世界大战后欧洲社会利益群体的分化造成的。在众多利益群体面前，社会民主党已经不能旗帜鲜明地代表单一阶层的利益。面对社会分化，社会民主党的执政地位受到很大挑战，它只能通过与其他政治组织结盟的方式，在选举中胜出。但是，选举或者是执政联盟并不是一成不变的。属于同一阵营的各政党之间虽然会因为某种需要而合作，但已有的信任不足，经常会出现互挖墙脚的现象，一旦分歧严重极容易导致政府危机，甚至重新大选。以德国社会民主党与绿党的红绿联盟为例，虽然两党是合作关系，但两党间此消彼长的竞争还是很激烈的。包括工会在内的公民社会组织与社会民主党也有许多矛盾。对于社会民主党来说，凭借党际合作得到的执政地位并不是很可靠的。

政党联合虽然是欧洲政党政治的常态，政党联合也一般以意识形态接近为基础，但由于欧洲政党的趋同，超越左右的政党联合越来越多，即政党不再追求意识形态的近似，反而具有意识形态差异的政党也开始走在一起，如 2010 年英国自由民主党与保守党联合，德国社会党与基民盟的联合，以及最新的意大利中左联盟与贝卢斯科尼自由党的联合。他们纯粹是为了执政而联合，政策差异较小。

政党趋同，导致政党竞争性质发生变化，意识形态之争正让位于执政能力之争。由于左右趋同，在施政方针上，社会党大多借鉴了保守党的政策，占据中间阵地，但一旦中间派因各种原因而琵琶别抱，社会党就会"左右不是人"。施罗德政府减少福利的制度改革，就把大批原来的社会民主党基本群众推向了左翼党。而且，当右翼政党明白左翼胜利的原因后也如法炮制，这样，左右之间的竞争已不再是意识形态的争论，而是谁更有执政能力的竞争。如 2009 年欧洲议会选举后《纽约时报》在解释欧洲左翼的困境时所说，是因为右翼向中间靠拢，在医疗福利、环境保护等题目上采纳了原属左翼的一些立场。如果属实，可以说是右翼如法炮制左翼"第三条道路"的成功，并且更上一层楼，在争取中间派的同时，保持了右翼阵营的一体性。

总之，社会党在 20 世纪 90 年代实现转型之后尝到了变革的红利，但这种转型引发的问题随着时间的推移逐渐凸显起来，有些是涉及其生存的深层问题。如法国《世界报》2008 年 11 月 8 日发表的《社会民主党产生身份危机》一文指出：欧洲各国的社会民主党派陷入了存在危机……他们当政时（例如德国和英国），其政策不得人心，当他们处于在野党地位时（例如法国和意大利），面临强硬的右翼势力，无计可施，听不到他们的声音，在公众中也不受信任。

从自由党到自民党的政党兴衰转型*

英国自由党是英国乃至世界上历史最为古老悠久的现代政党之一。自由党及其前身辉格党诞生于17世纪，辉煌于19世纪中叶，衰落于19世纪末20世纪初。在19世纪之后一百多年的兴衰与沉浮中，它曾与另一古老政党保守党在第一次世界大战之前构成英国经典般的两党制。第一次世界大战后自由党的地位逐渐被工党所取代，成为英国的第三大党，其间也会偶尔与两党之一构成联合政府，但基本格局没有发生实质性变化。在2010年5月的英国大选中，由自由党演变而来的自由民主党作为英国政党的第三支力量崛起并与保守党组成联合政府，因而再度引起人们对于自由党的沉浮兴衰产生了浓厚的兴趣。

一 培育群众基础

20世纪之初，英国经济和社会问题突出，曾为自由党施展才华提供了良好的机会。为争取业已获得选举权的广大群众手中的选票，自由党巧妙地利用它与工人代表委员会在诸多问题上的共识，与其建立合作关系。而工人代表委员会也在立足未稳之际不得不把自己的政治前途与自由党的兴衰紧密地联系在一起。凭借着工党的支持，自由党在1906年的大选中东山再起，获得下院的绝对多数而再次上台执政。但这种外表的强大却掩盖不了它内部的弱点。

实际上，在20世纪头十年中，自由党各社会阶级的支持者都在慢慢

---

* 本文刊载于《人民论坛》2012年第4期，原文标题为《英国自由党兴衰借鉴》。

地脱离自由党。其原因首先是自由党的核心支持群体——商人在迅速减少。20世纪初，自由党的商人支持者对自由党的政策越来越不满，他们开始慢慢地退出政治生活。1892—1895年商人在自由党议员中所占的比例为43%—44%，1906年下降到33%—34%。其次是以工会为代表的工人阶级组织越来越把工党作为自己政治成功的必要条件。工人阶级越来越不满意于自由党的政策，导致自由党自然也失去如此庞大的选民支持队伍。

与之形成鲜明对比的是，经受第一次世界大战时参政锻炼因而信心倍增的工党，在俄国十月革命胜利的影响下，进行了具有重大历史意义的思想更新和组织改造，这时的工党已不再满足于追随自由党的政策。在1918年12月的大选中，工党在自己纲领的旗帜下一举提出360名候选人，同比1910年选举，工党只推选了78名候选人。工党的一系列决定造成自由党失去了重要的社会基础，为随后工党的成功打下了很好的基础。在1922年举行的大选中，保守党以绝对多数票重新上台。与此同时，工党议席猛增一倍，第一次超过了自由党，成为议会中的第一大反对党，历史性地结束了保守党和自由党控制议会中绝对多数的两党制的格局。

二 避免内斗损耗

自由党内部结构和派别斗争是其衰落的重要组织原因。自由党从一成立起就一直是一个松散的联盟，党内派系林立，矛盾重重。由于其推崇的自由主义思想，英国政坛上希望改革的力量都聚集于党内，结果导致自由党内存在许多派别，领导集团左右为难，在许多问题上只能采取小心翼翼甚至见风使舵的方针。自由党的存在高度依赖于各派人士对党的忠诚，党的活动依赖有声望的政党首脑，党的督导员与注册委员会经常脱节。一旦党内派别利益与自由党主流发生冲突，往往容易留下分裂的隐患，使它难以经受严重的政治风暴冲击。

第一次世界大战爆发后不久，执政的自由党被迫组成联合政府。1916年自由党在英国如何参战的问题上发生大分裂，分裂为阿斯奎斯派和劳合·乔治派，两者之间的斗争使本党受到致命打击。在1918年12月的选举中，党内两派各自为战。在大战中赢得一定声誉的劳合·乔治勉强联合党内另一派别与保守党结成竞选联盟,艰难地赢得了选举胜利,在保守党的支持下继续组阁为政,但在此次议会的707个议席中,自由党仅占136席。选举结果证明,衰落的自由党已不能在英国政治舞台上发挥多大作用了。随着战后"相对繁荣"期的结束,接踵而至的经济萧条又进一步导致劳合·乔治政府陷入困境之中。这时,卧薪尝胆的保守党乘势而上,决定抛弃劳合·乔治,依靠保护主义来重振经济。

三 适应时代潮流

自由党及其前身辉格党是从反对封建专制、反对政治不平等起家的,但是到了19世纪80年代,它所追求的政治目标已基本实现。如前所述,随着议会选举改革的成功,资产阶级与工人阶级获得了选举权,拥有了自己的议员,并在此基础上形成以摆脱自由党为核心的独立劳工运动及其政党组织。这样,过去一向只有自由党充当工人阶级代言人和社会改革倡导者的局面必然要受到挑战,致使自由党势必会丧失一定的社会基础。随着工党的崛起和壮大,与其具有类似价值观的自由党的衰落势成必然,它夺走了自由党的选民,使自由党成为无本之木。

同样,从经济和社会生活方面来看,自由党长期主导的自由主义也受到挑战。自由主义反对国家干预经济和社会事务,这些基本思想一直体现于英国长期奉行的经济政策和社会改革中,但是,第一次世界大战的爆发及随后国家干预主义的出现则使传统自由主义的基本理想遭到破坏。这一现象表明,自由主义及其代表者自由党已经完成其历史使命。随后自由党及其理论上的混乱,必然导致自由党人行动上步调不一,难以有所建树。与此同时,针对英国社会出现的社会贫困、经济衰退和失业现象,作为工党理论基础的英国社会主义思潮则明显地成为时代的潮流。

四 革新与复兴

20世纪80年代,由于撒切尔夫人领导的保守党政府采取了激进的右翼经济政策,英国失业人数日益增多,反对党工党中的左派势力占据上风。而且，工党党内的温和派人士对工党当时排斥欧洲和北约的情绪也感到不满，逐渐形成了离心倾向。后来，这批工党成员另立门户，成立了一个新党——社会民主党。社会民主党人士很快发现，该党许多政策都与自由党十分相似。出于大选争取选民的考虑，这两个党顺理成章地展开了政治上的合作。1988年，自由党和社会民主党合并，新党取名为自由民主党，进而揭开了政党转型的新的一页。

自由党衰退沉浮的历史证明，在英国两大政党制度的格局下，中间立场是站不住的。然而，直到1999年之前自民党一直将自己定位于中间偏左的激进派，所以，自由党与自由民主党发展坐大的空间自然会受到极大的制约。鉴于自民党与工党在政治倾向上存在某些相似之处，1995年以来，它也逐渐同工党建立起了比较密切的关系。

1997年大选后，自民党与执政的工党布莱尔政府在很多政策领域都存在着密切的合作。但是自民党和工党还是保持着自身的特色，自民党非常强调个人权利，坚决反对政府对经济社会生活的控制。这是因为，自民党一以贯之的指导思想就是强调个人权利，反对过于强大的政府。但由于英国选制鼓励大党、惩罚小党的关系，尽管自民党得票率总是非常接近于两大政党，但却始终无法有效转换成为下院议席。自民党的这一政治地位，使之非常重视自身各个方面的改革和建设。

进入21世纪，随着自民党内部体制越来越亲民化、民主化，也随着它的政策越来越迎合英国选民的意愿，该党在选举中所获得的支持率不断攀升。自民党现任党魁是尼克·克莱格。在2007年党魁选举中，他以50.6%的得票率，成为新任党魁至今。2010年英国大选成为自民党发展过程中的一个重要里程碑。自民党成为大选的赢家，成功地塑造了战后英国政坛上极为罕见的三足鼎立的政党政治格局。由自由党演变而来的自由民主党再次与保守党联合建立联合政府，但此届联合也绝非历史的简单重复，而是当今全球化背景下英国社会政治和经济变化的必然结果。

欧洲议会左翼党团的政治表现与影响*

2019 年，欧洲议会党团共有 7 个，其中社会党党团、激进左翼党团和绿党党团居左翼位置。社会党党团成立于 1953 年，作为欧洲议会中三个最早的党团之一，向来具有很强的内聚力，这与其严格的组织原则有关；而激进左翼党团则是相对松散的政治联盟，注重维护成员党身份的多样性；绿党党团是包含绿党、地区主义和左派民族主义政党的政治集团。近年来，在全球新自由主义浪潮的席卷之下，欧盟各国失业人数和贫困人口不断增加，阶级矛盾也不断激化。欧洲议会中的左翼党团力量是遏制新自由主义、促进社会公平的重要力量。然而，欧洲的左翼势力并未都在反新自由主义的浪潮中发展壮大，部分左翼党团在欧洲议会选举中不断受挫，席位大幅减少，进一步影响到其在欧洲议会决策中的作用。欧洲议会右翼党团的崛起使得欧洲议会内部的政党竞争不断加剧，促使欧盟面临多重危机。[①] 笔者基于直选以来欧洲议会左翼党团的演变，剖析欧洲政党政治变化的原因，并总结左翼党团在欧洲政治和国际政治中的地位和影响。

---

* 本文刊载于《当代世界社会主义问题》2019 年第 4 期，原文标题为《当前欧洲议会左翼党团的政治表现与影响》，合作者为原清华大学社会科学学院博士后游楠。

① Simon Hix, "Decentralised Federalism: A New Model for the EU", in Benjamin Martill, Uta Staiger (eds.), *Brexit and Beyond: Rethinking the Futures of Europe*, London: UCL Press, 2018, pp. 72 – 80.

一　欧洲议会左翼党团的演变、选举表现与地位变化

自1979年以来，欧洲议会选举越来越成为衡量欧洲政治风向的"晴雨表"。随着欧洲议会党团政治的日益巩固，政党在欧盟层面的跨国合作取得更多进展。2019年欧洲议会选举结束，右翼政党取得了较好的选举业绩。除绿党党团外，以社会党党团为首的左翼党团席位数不断下降，进一步影响到了其在欧洲议会中的政治影响力。

（一）欧洲议会左翼党团的内部演变

自直选以来，欧洲议会的左翼党团除名称变化外，还出现了内部的分裂与重组。

表1显示了社会党党团的变化过程。社会党党团的前身是"社会主义者党团"，该党团成立于1953年6月23日，是欧洲煤钢共同体大会上成立的第一个跨国性党团。此后，该党团一直使用"社会主义者党团"这一名称，直到1993年4月21日才更名为"欧洲社会主义者党团"。2004年7月20日，该党团改称"欧洲议会社会主义者党团"。[①] 2009年6月23日，该组织又更名为"欧洲议会社会党和民主主义者进步联盟党团"（以下简称社会党党团），并沿用至今。

表1　　　　　　　　社会党党团名称变化时间

使用时间	党团名称	欧洲议会官方网站英文名称	法文简称	英文简称
1953—1958年	社会主义者党团	Group of the Socialists	—	S
1958—1993年	社会主义者党团	Socialist Group	—	SOC
1993—2004年	欧洲社会主义者党团	Group of the Party of European Socialists	PSE	PES

---

① "Group of the Socialists" "Socialist Group" 国内学者均译为"社会主义者党团"；而 "Group of the Party of European Socialists" "Socialist Group in the European Parliament" 国内均译为"欧洲社会主义者党团"，并未进行区分。

续表

使用时间	党团名称	欧洲议会官方网站英文名称	法文简称	英文简称
2004—2009 年	欧洲议会社会主义者党团	Socialist Group in the European Parliament	PSE	PES
2009 年至今	欧洲议会社会党和民主主义者进步联盟党团	Group of the Progressive Alliance of Socialists and Democrats in the European Parliament	S&D	S&D

资料来源：本表根据欧洲议会官方网站及相关媒体报道整理。

表 2 显示了激进左翼党团的名称变化。该党团成立于 1973 年的 10 月 16 日，早期主要以共产主义为旗帜，又被称为"共产主义党团"或"共产主义者与同盟者党团"。1989 年 7 月 25 日，该组织分裂为"左翼团结党团"和"欧洲统一左翼党团"。1993 年 1 月，"欧洲统一左翼党团"解散，1994 年 7 月 19 日，以"左翼团结党团"为基础，成立了"欧洲联合左翼党团"。① 1995 年 1 月 6 日，随着瑞典和芬兰等北欧国家绿党的加入，该组织又更名为"欧洲联合左翼/北欧绿色左翼联盟党团"（以下简称激进左翼党团），从此名称保持不变。

表 2 　　　　　　激进左翼党团名称变化时间

使用时间	党团名称	欧洲议会官方网站英文名称	法文简称	英文简称
1973—1989 年	共产主义者与同盟者党团	Communist and Allies Group	—	COM
1989—1993 年	欧洲统一左翼党团	Group for the European United Left	GUE	EUL
1989—1994 年	左翼团结党团	Left Unity	CG	LU
1994—1995 年	欧洲联合左翼党团	Confederal Group of the European United Left	GUE	EUL
1995 年至今	欧洲联合左翼/北欧绿色左翼联盟党团	Confederal Group of the European United Left-Nordic Green Left	GUE/NGL	EUL/NGL

资料来源：本表根据欧洲议会官方网站及相关媒体报道整理。

---

① Abdul Noury and Gerard Roland, "More Power to The European Parliament?" in *Economic Policy*, Vol. 17, No. 35 (October 2002), pp. 279 – 319.

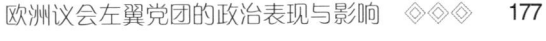

表3显示了绿党党团名称的变化过程。1984年，欧洲绿党和地区主义者一起组建了"彩虹党团"。1989年，"彩虹党团"发生分裂，分裂出去的部分成员组成了"绿党党团"，然而地区主义者仍然留在"彩虹党团"之内。"彩虹党团"于1994年解散，其成员在法国"能源激进派"的影响下，加入"欧洲激进联盟党团"①。欧洲绿党和地区主义者长期处于分裂状态，直到1999年才在"绿党/欧洲自由联盟党团"（以下简称绿党党团）的旗帜下进行合并，并采用这一名称至今未变。

表3 绿党党团的名称变化时间

使用时间	党团名称	欧洲议会官方网站英文名称	法文简称	英文简称
1984—1994年	彩虹党团	Rainbow Group	ARC	RBW
1989—1999年	绿党党团	The Green Group	V	G
1999年至今	绿党/欧洲自由联盟党团	Group of the Greens-European Free Alliance	Verts/ALE	Green/EFA

资料来源：本表根据欧洲议会官方网站及相关媒体报道整理。

欧洲议会党团数目长期维持在7—10个。随着时间的推移，组成党团的门槛不断提高，且党团中的成员党数目逐渐增多。从表4可以看出，就政党数量而言，1979年，欧洲议会只有57个政党，如今增加到203个。② 其中左翼党团的成员数量也持续增加，如社会党党团初创时期由6个国家的6个社会党组成，如今增加到26个成员国的34个政党。③ 欧洲议会党团规模不断变动，反映出欧洲政党间的分化重组态势。

---

① Simon Hix, Abdul Noury and Gérard Roland, "Dimensions of Politics in the European Parliament", in *American Journal of Political Science*, Vol. 50, No. 2 (April 2006), pp. 494–511.

② Giulio Sabbati, "European Parliament: Facts and Figures", European Parliament Think Tank (March 2022), https://www.europarl.europa.eu/thinktank/en/document/EPRS_BRI(2022)698880，访问日期：2019年3月22日。

③ S&D, "Who We Are: Our Members", Socialists and Democrats, https://www.socialistsanddemocrats.eu/who-we-are/our-members/meps，访问日期：2019年3月22日。

表4　　　　1979—2019年欧洲议会党团和政党等相关数据统计　　　　单位：个

	1979—1984年	1984—1989年	1989—1994年	1994—1999年	1999—2004年	2004—2009年	2009—2014年	2014—2019年	2019—2024年
成员国数量	9	10	12	12	15	25	27	28	28
党团数量	7	8	10	9	8	7	7	7	7
政党数量	57	67	103	97	127	168	176	191	203

资料来源：Giulio Sabbati, "European Parliament: Facts and Figures", European Parliament Think Tank（March 2022）, https：//www.europarl.europa.eu/thinktank/en/document/EPRS_BRI（2022）698880, 访问日期：2019年3月22日。

（二）左翼各党团的选举表现及其在欧洲议会地位的变化

2019年欧洲议会选举结束后形成了7个党团：欧洲人民党党团（EPP）、社会主义者和民主主义者进步联盟党团（S&D）、欧洲保守主义者和改良主义者党团（ECR）、欧洲联合左翼—北欧绿色左翼联盟党团（GUE/NGL）、更新欧洲党团（RenewEurope）、绿党/欧洲自由联盟党团（Greens/EFA）、身份与民主党团（ID），此外，还有57名无党派议员。

从表5可见，欧洲议会九次选举左翼党团的席位数变化情况。自1979年以来，社会党党团选举业绩呈现逐渐上升再下降的趋势，激进左翼党团呈现逐渐下降的趋势，绿党党团呈现出逐年上升趋势。社会党党团从1979—1994年的席位数和占总席位的比例持续提高，从1999年开始下降，2019年席位数减少到154个。1989年，"左翼团结"党团参与选举，受到苏联解体、东欧剧变影响，选举业绩大幅下降。[①] 虽然目前激进左翼党团仍是十分有影响力的左翼跨国政党组织，但影响力已大不如前。在2019年欧洲议会选举中，激进左翼党团的席位从52个减少到41个。[②] 下滑最严重的是西班牙"我们能"党，减少了5个席位。绿党党团不像前两者那样出现明显变化，该党团是欧洲议会选举中表现最为稳定的党团之一。1984年，绿党党团的前身"彩虹党团"首次进入欧洲议会，

---

① James Lo, "An Electoral Connection in European Parliament Voting", in *Legislative Studies Quarterly*, Vol.38, No.4（November 2013）, pp.439–460.

② "2019 European Election Results", European Parliament（March 2009）, htps：//www.e-lection-results.eu, 访问日期：2019年3月22日。

1989年组成了单独的"绿党党团"。2014年欧洲议会选举中,绿党党团取得6.92%的选票,席位数量稍逊于2009年。[1] 到2019年欧洲议会选举时,绿党党团斩获成功,比上届增加24个席位。然而,绿党党团的选举业绩并未改变左翼党团整体下跌的趋势,折射出当下欧洲议会的左翼政党处于困境之中。

表5　　欧洲议会直选以来历届左翼党团席位数变化情况　　单位:个

	1979—1984年	1984—1989年	1989—1994年	1994—1999年	1999—2004年	2004—2009年	2009—2014年	2014—2019年	2019—2024年
社会党	112	130	180	198	180	200	184	191	154
激进左翼	44	41	28	28	42	41	35	52	41
绿党	—	—	30	23	48	42	55	50	74
欧洲议会总席位数	410	434	518	567	626	732	736	751	751

资料来源:本表根据欧洲议会官方网站及相关媒体报道整理而成。

除此之外,左翼党团成员在欧洲议会各委员会中担任主席职务的人数发生了变化。欧洲议会共有22个常设专门委员会,委员会由25—73名正式成员和相当数量的候补成员组成,任期两年半。每个委员会在其正式成员中选举1名主席和至多4名副主席,组成委员会主席团。[2] 委员会的政治组成反映了全体大会的政治构成,委员会席位在议会各党团中的分配比例与其在整个议会中所占比例相当。大多数情况下委员会的报告是各党团沟通协调的产物。选取欧洲议会12个委员会中左翼党团担任主席的人数进行比较,1979—1984年第一任期有8人,占47.06%;1984—1989年第一任期有11人,占64.71%;1989—1994年第一任期有11人,占61.11%;1994—1999年第一任期有15人,占60%;1999—2004年第

---

[1] 郇庆治:《2014年欧洲议会选举中的欧洲绿党:以中东欧国家为中心》,《国外理论动态》2015年第1期。

[2] Giulio Sabbati, "European Parliament: Facts and Figures", European Parliament Think Tank (March 2022), https://www.europarl.europa.eu/thinktank/en/document/EPRS_BRI (2022) 698880,访问日期:2019年3月22日。

一任期有 8 人，占 44.4%；2004—2009 年第一任期有 11 人，占 44%；2009—2014 年第一任期有 10 人，占 41.7%；2014—2019 年第一任期有 9 人，占 37.5%。[①] 可以看出，从欧洲议会直选至今，左翼党团担任委员会主席的人数先呈增长态势，在 1989 年达到巅峰后不断下降。2014—2019 年第一任期的比例还不如第一届高，这与整体上左翼党团在选举中不断受挫的趋势相一致。

（三）欧洲议会左翼党团地位变化的原因

自直选以来，欧洲议会党团中的左右两极势力不断竞争，但左翼势力逐渐不敌右翼。中左翼势力逐渐下滑，极左力量增长缓慢；而非主流政党，包括极右党团和其他无党团议员势力增长较快。[②] 而且近几年来，这种趋势越来越明显。欧洲议会党团中的左翼地位发生变化，有以下几方面原因。

第一，欧洲议会党团格局变化的影响。变革是当代政党竞争模式的常态，左翼政党为了应对选举压力和竞争对手的政策挑战，也不得不持续进行变革。左翼政党在自身发展历史上经历了多次转型，党团与政党相互影响，政党转型必然涉及相应党团的变化。比如，社会民主党在政党转型的过程中逐渐向右偏移，社会党党团也受到了影响。2014 年欧洲议会选举后，多党体系的变动性逐渐增强，政党融合与政党分裂同时进行。目前，中右翼的人民党党团和中左翼的社会党党团仍是最大的两个党团，但在 2019 年大选中失去近 80 个席位，政治格局变得更加分散，党团之间的实力对比越发均衡化，使得欧盟在诸如自由贸易协定、法治、外交政策和预算等问题上的治理变得更加复杂。[③]

第二，左翼政党阶级基础削弱和政党认同降低。经济全球化、社会

---

① Christian Salm, "Political Groups in the European Parliament since 1979: Key Facts and Figures", European Parliament Think Tank (June 2019), https://www.europarl.europa.eu/thinktank/en/document/EPRS_STU(2019)637958, 访问日期：2019 年 3 月 22 日。

② 张磊：《2014 年欧洲议会选举探析——"欧洲选举"还是"次等国内选举"?》，《欧洲研究》2014 年第 4 期。

③ "European Parliament Elections 2019: Main Take Aways", Economist Intelligence (June 2019), http://country.eiu.com/article.aspx?articleid=53473389&Country=Austria&topic=Economy&oid=666248650&flid=498111833, 访问日期：2019 年 3 月 22 日。

信息化改变了传统的生产方式，也导致了社会结构发生变化。社会流动加速改变着传统的社会结构，群体层次越来越多，社会意识形态越来越多元，导致传统政党政治的阶级基础发生变化。从社会党党团内部的社会民主党来看，阶级基础持续萎缩。激进左翼党团内部的政党党员队伍流失严重、缺乏活力。① 从绿党党团来看，尽管在新一届选举中取得了好成绩，各国绿党在民调中表现突出，但仍面临着群众基础缺失的挑战。绿党主张对物质主义、消费主义进行抗议，在某种程度上陷入生态环境与选民赖以生存的经济形态的两难选择困境。而且，政党是建立在阶级认同基础上的，但这些认同在后工业社会中已经基本失去了相关性。如今社会民主党等主流左翼政党不断弱化意识形态色彩，吸收一些反建制力量，还效仿极端政党的某些主张，甚至为了讨好选民，在移民问题上右倾化。欧洲左翼政党缺乏明确的指导方针，从理论到组织都存在诸多问题，没有发挥应有的作用。② 这些都造成党员对政党认同度降低，政党自身功能日渐衰弱，政党吸引力下降，使得左翼政党支持率不断下降，直接影响到了左翼党团的选举业绩。

第三，欧洲民粹主义浪潮兴起，抢夺主流左翼党团政治空间。近年来，欧洲出现大范围的民粹主义浪潮，极左翼和极右翼崛起使得主流左翼政党陷入困境，作用受到了影响。自20世纪80年代后期以来，欧洲各国右翼极端主义政党数量增长，德国民主党、瑞典民主党、法国国民阵线党、丹麦人民党、荷兰自由党等极右翼政党在本国大选和欧洲议会选举中取得成功，极大地压缩了欧洲左翼政党的政治空间。各国民粹主义分子之间的跨国合作和交流渠道增多。对年轻人来说，比起让他们直接参与政党，通过亚文化网络加入极端主义群体更有吸引力，这对主流左翼党团的宣传工作造成了负面影响。虽然极右翼政党尚未取代传统的主流政党，但右翼民粹主义运动的兴起，反映了欧洲地区极端主义运动的盛行趋势。③ 这不仅对欧洲

---

① 邢文增：《"国际共产主义运动：变动世界中的国外激进左翼"学术研讨会综述》，《马克思主义研究》2014年第8期。

② 张文红：《欧洲左翼力量的现状、困境与前景》，《当代世界》2017年第4期。

③ Daniel Koehler, "Recent Trends in German Right-Wing Violence and Terorism: What are the Contextual Factors behind 'Hive Terorism'?" in *Perspectives on Terrorism*, Vol. 12, No. 6 (January 2018), pp. 72 - 88.

议会所塑造的价值观产生了影响，也冲击了欧盟的权力结构。面对民粹主义浪潮的兴起，传统的左翼政党好像迷失了方向。英国经济学家杰弗里·霍奇森教授在《错误的转变：左派如何迷路》一书中认为，自20世纪50年代社会党和工党与资本主义妥协后，未能提供2008年国际金融危机后有说服力的"可行的民主方案"。① "中左翼、中右翼政党努力超越左和右、从纲领组织型政党向选举型全民党转变的做法，在争取中间选民的同时，却很难兼顾传统选民的利益，从而为其他类型政党提供了生存空间。"②

第四，疑欧党团力量此消彼长，绿色浪潮席卷欧洲。除左右翼之分外，欧洲议会还素有亲欧派和疑欧派之分。一些右派亲欧议员认为欧盟是欧洲经济自由化的重要力量，而左派亲欧议员认为欧盟是保护欧洲社会标准免受全球化负面影响的重要屏障。2014年大选后，疑欧主义力量增加，到2019年欧洲议会选举，疑欧党团力量不再呈现全面增长态势。亲欧党团在2019年选举中获得了50%以上的席位，人民党党团和社会党党团优势下降，另两个亲欧党团议席增加：一是法国总统马克龙领导的"共和国前进"运动与强烈亲欧的自由民主联盟党团结盟赢得了108个席位，成为欧洲议会中的第三大势力。二是绿党党团赢得74个席位，比2014年增加了24个席位，取得了瞩目的成绩。③ 欧洲地区出现绿色浪潮，人们对绿色问题的关注将更加突出。《政治生态史》（*A History of Political Ecology*）的作者阿瑟·纳扎雷特（Arthur Nazaret）认为："绿党所倡导的思想已经在各地传播，这是一个文化上的胜利。"④ 绿党在南欧地区可能

---

① Leonid Bershidsky, "This is How Europe can Defeat Populists in 2019", Gulf News (December 31, 2018), https://gulfnews.com/opinion/op-eds/this-is-how-europe-can-defeat-populists-in-2019-1.61183730, 访问日期：2019年3月22日。

② 项佐涛：《中东欧政党政治的"欧洲化"程度研究》，《当代世界与社会主义》2013年第2期。

③ Elise Uberoi et al., "European Parliament Elections 2019: Results and Analysis", House of Commons Library (June 26, 2019) https://commonslibrary.parliament.uk/research-briefings/cbp-8600/, 访问日期：2019年3月22日。

④ "Is a Green Wave 'heading for Europe's Parliamentary Elections?", France 24 (May 17, 2019), https://www.france24.com/en/20190517-europe-eu-parliamentary-elections-green-wave-support-green-parties-environment, 访问日期：2019年3月22日。

并不强大，但他们的力量正在增强。在葡萄牙，选出了欧洲议会的第一位绿色议员。在西班牙，社会党在全国选举中提出了绿色新政，并在欧洲议会选举中强调要实现经济的可持续发展。① 未来欧洲议会的权力平衡仍向亲欧党团倾斜，而亲欧党团注重结盟才能取得胜利，就像政治学家伊斯雷尔·巴特勒所说："欧洲议会最稳定的多数就是中右人民党党团、中左社会党党团和中间派自由党党团三大党团各自去除其疑欧成员后与绿党党团结成的联盟。"②

二　左翼党团在欧洲议会内外的组织活动

欧盟的政党政治是复杂的，议会党团简化了政治冲突，围绕党团开展活动极大地提高了工作效率。欧洲议会是跨国政党联盟的重要活动舞台，左翼党团在欧洲议会的政治表现不仅关系到是否能够保障工人阶级的合法权益，而且也关系到欧洲地区和世界范围内社会主义运动的发展。

（一）左翼党团在欧洲议会内的组织活动

左翼党团在议会日常的政治活动就是影响欧洲议会制定的各项政策。三大左翼党团针对时事热点问题开设有关经济、社会的论坛，积极寻求应对当前挑战的对策。

一方面，通过党团结盟影响欧洲议会的决策过程。对有影响力的党团来说，党团的结盟起着重要作用。各党团将自身的政策偏好引入议会讨论中，比如提供意见、起草立法修正案、参与辩论和投票表决等。在政策形成之前，他们通过组织研讨会，将议题和意见引入欧盟的政策议程中。在全体会议周，议会党团间可以自由组成任何立法联盟，目的是

---

① Peter Ford, "Green Politics Comes Surging into the Mainstream in EU Elections", The Christian Science Monitor (May 28, 2019), https://es.scribd.com/article/411773308/Green-Politics-Comes-Surging-Into-The-Mainstream-In-Eu-Elections, 访问日期: 2019 年 3 月 22 日。

② Valentina Pop, "Pro-EU Parties Hold Fragmented Majority in European Parliament", Wall Street Journal (May 26, 2019), https://www.wsj.com/articles/european-voters-look-set-to-strengthen-skeptics-power-11558869097, 访问日期: 2019 年 3 月 22 日。

影响政策结果。目前,没有任何一个党团能够拥有议会简单多数,只有开展合作才能形成决议。欧洲议会内党团结成联盟的方式有以下两种:一是左右联合的"中心结盟"①;二是"左右两极"的结盟,左翼党团以社会党党团为核心结成联盟,右翼党团以人民党党团为核心结成联盟。左右翼党团结盟主要体现在人事安排和欧洲议会决策中,欧洲议会逐渐形成两大党团共同合作的党团体制,2009—2014 年议会的表决情况看,两大党团结成联盟的情况占 70%,15% 的情况是以左翼大联盟或者右翼大联盟的形式通过的。②

另一方面,左翼党团在欧洲议会内组织多种多样的活动。社会党党团发起了"欧盟觉醒(EU Wake Up)"③"欧洲团结起来(Europe Together)"活动④等,另外还在官方网站上展示了其主要议题,包括"可持续的平等——转向 2019—2024 年的行动(Sustainable Equality-Shifting to Action 2019 – 2024)""改变欧洲经济模式(Change The European Economic Model)""建立迈向欧洲新发展模式的联盟(Building Alliances towards a New Model of Development in Europe)"⑤。激进左翼党团组织的活动范围广泛,包含政治、经济、民生、军事等领域。2016 年 1 月 28 日,激进左翼党团举办了"2016 年欧洲社会团结经济论坛",主题是"转变经济和文化范式"。此次活动汇集了来自欧洲、拉丁美洲和北美 14 个国家的 250 多名与会者,讨论经济日益增长过程中出现的问题。此外,2017 年 5 月 31 日,欧洲议会举办了"理解'一带一路'倡议,中欧经贸合作的未来"会议,讨论全球经济和贸易挑战、中国"一带一路"和欧盟"为所有人的贸易"(Trade for All)对中欧关系的影响。绿党党团开展

---

① 李景治、张小劲等:《政党政治视角下的欧洲一体化》,法律出版社 2003 年版,第 277 页。

② 王明进:《欧洲议会疑欧主义政党的崛起及其对欧盟政治的影响》,《国际论坛》2015 年第 4 期。

③ S&D, "No More Walls in Europe-EU Wake Up", Socialists and Democrats, https://www.socialistsanddemocrats.eu/publications/no-more-walls-europe-euwakeup,访问日期:2019 年 3 月 22 日。

④ S&D, "Equitable Society", Socialists and Democrats, htps://www.progresivesociety.eu/topic/equitable-society,访问日期:2019 年 3 月 22 日。

⑤ S&D, "Events", Socialists and Democrats, https://www.progressivesociety.eu/events.,访问日期:2019 年 3 月 22 日。

的活动具有独特性和创新性,与非政府组织联合创办了欧洲创意实验室,旨在将欧洲各地呼吁变革的人们聚集在一起。他们都有共同的目标,呼吁要给社会带来积极的变化。2017年2月,欧洲各地的300多名与会者出席了会议,2/3的与会者是非政府组织代表,1/3是绿党活动分子①。另外,2016年,绿党党团还和绿色欧洲基金会在欧盟"移民和庇护资金指南"项目上进行合作,向欧洲各地的活动家和组织提供赞助资金。

(二) 左翼党团在欧洲议会外的组织活动

欧洲议会党团与民族国家政党、跨国政党联盟保持着密切关系,三者是重要的合作伙伴。此外,党团与欧盟其他机构之间的关系也很重要,最重要的是和欧盟委员会、理事会的关系。总体来说,左翼党团在欧洲议会外的组织活动与跨国政党联盟及成员党相关。

一方面,左翼党团与跨国政党联盟相互促进。当前,欧洲范围的跨国政党联盟主要包括欧洲社会党、欧洲人民党、欧洲自由民主联盟和欧洲绿党联盟、欧洲左翼党等。欧洲议会党团与跨党联盟互相促进,比如欧洲绿党联盟把绿党党团作为长期的合作对象,绿党党团经常与之开展合作,以期对欧盟成员国政府和欧盟施加影响。② 社会党党团和激进左翼党团中的部分成员党同时又是欧洲左翼党的成员。这一欧洲层面政党于2004年5月成立,致力于弥合欧盟成员国的政策分歧。左翼党团的成员党比较活跃,在议会外的左翼联合中积极发挥作用。激进左翼党团的主体是共产主义政党,每当欧洲共产党会议召开之际,激进左翼党团中的政党都要积极发声。在国际范围,社会党国际是影响力比较大的政党联盟,社会党党团的成员也是社会党国际的主要成员。社会党党团和社会党国际共同合作,对于制定世界社会民主政策有重要作用。

另一方面,欧洲议会左翼党团与成员国政党相互融合。党团与成员

---

① "European Ideas Lab-Brusels", The Greens/EFA, htps://www.grens-efa.eu/en/article/e-vent/european-ide-as-lab-brusels,访问日期:2019年3月22日。
② 刘春元、石方方:《欧洲危机与欧洲左翼党的主张——欧洲左翼党第五次代表大会综述》,《世界社会主义研究》2017年第5期。

国政党的沟通是欧盟和成员国之间的重要联系渠道，党团不仅邀请成员国政党代表团来访欧洲议会，还派出代表团访问成员国政党。① 欧洲议会内成员党组织的活动在不同程度上影响欧洲议会议员的思想和行为。② 比如，绿党对左翼党团的作用是潜移默化的，它积极推动欧洲统一的环境立法，在一些国家不断地扩大影响力，迫使主流左翼党团采纳更多的绿色议题，制定更为吸引人的环境保护政策。左翼党团虽然在议会外不能发挥像其在议会内一样的重要作用，但其成员党积极参加区域性合作平台和国际性合作论坛。比如，激进左翼党团创办了年度欧洲政治论坛，通过团结和汇集社会、工会、知识分子和非政府组织力量，促进欧洲激进左翼力量的融合和共同奋斗目标的实现。③

三 欧洲议会左翼党团对欧洲政治和国际政治的影响

在欧洲议会党团政治中，虽然社会党党团失去了多数席位，右翼不断崛起，但整体来说，传统的政治图谱结构仍然存在，左翼党团的光谱位置变化不大。④ 政治学的传统观点是按照选举的结果，如获得议席的数量和是否能上台执政等来判断政党社会影响力大小。但分析欧洲议会左翼党团的影响力时，不能完全根据选举结果判断，还应注重其在平衡左右翼政治、教育动员群众方面的作用，甚至还应评估其在欧洲地区和国际社会上形成的广泛影响。

第一，左翼党团对欧洲一体化进程的影响不容忽视。党团弱化了国家色彩，强化了政党地位，有利于欧洲议会的高效运转。欧洲一体化和超国家机构的发展是党团之间激烈讨论的焦点，党团之间的互动有助于

---

① 张磊：《欧洲议会中的党团政治》，北京大学出版社2013年版，第147页。
② 张永桃主编：《欧洲的梦想与现实——欧洲统一的历程与前景》，南京大学出版社2000年版，第159页。
③ 王聪聪：《欧洲多重危机背景下的激进左翼政党》，《当代世界社会主义问题》2017年第1期。
④ Elise Uberoi et al., "European Parliament Elections 2019: Results and Analysis", House of Commons Library (June 26, 2019), https://commonslibrary.parliament.uk/research-briefings/cbp-8600/，访问日期：2019年3月22日。

解决欧洲一体化进程中的"民主赤字"问题，也使得欧洲议会不断扩权。可以说，议会党团是欧洲一体化过程中政治发展的产物，而同样，欧洲议会党团的壮大又反过来加速了欧洲政治一体化的发展。从《单一欧洲法令》到《马斯特里赫特条约》，再到《阿姆斯特丹条约》，党团的作用功不可没。欧洲议会左翼党团的团结也是欧盟内部团结的重要因素之一。比如，绿党党团始终支持欧洲一体化进程，并努力加强欧盟的团结。

第二，欧洲议会中的左翼党团也影响到成员国国内政党政治的发展。左翼党团在影响欧盟政策制定方面有较大的作用，且政党通过在议会中扩大影响力来增加其在本国的影响力。欧盟对环境问题非常重视，绿党党团高举生态环保的旗帜，对资本主义经济发展模式进行批评，坚持在环境改善和发展模式上有所创新。绿党党团在环保问题上的创新性主张对于改变民众的传统环保思想发挥了重要作用。随着欧洲地区绿色潮流的崛起，绿党党团的成员党势力不断增强。比如，过去五年来，比利时选民对环保组织和绿色联盟的支持成倍增长。他们不仅希望绿党党团在欧洲议会的席位增加，还希望本国绿党在国内立法选举中赢得更多席位。法国的主流政党同样受到绿色浪潮的影响，采纳了传统意义上的"绿色"议题制定政策。

第三，左翼党团的结盟策略影响欧盟政策的走向。左翼党团影响欧盟决策的最有效方式就是在议会的立法活动中发挥作用。党团在立法程序中进行结盟，直接影响欧盟政策走向，尤其是社会党党团和人民党党团长期以来一直有结成大联盟的传统。虽然这种结盟关系往往是暂时的，变动性大，但也形成了一定的模式。左右翼两大主流党团各持有中左、中右的立场，形成议会决策中间化趋势，与各小党团的两极化趋势并存。[①] 不同种类的党团结盟影响着欧盟不同领域的政策走向。比如，绿党党团关注民主和人权建设、欧盟扩大等问题，在欧盟生态政策制定方面尤其起重要作用。农业、宪法等事务的决策往往由社会党党团和人民党党团组成的大联盟推动，公民自由事务的决策由社会党党团和自由民主

---

① 李景治、张小劲等：《政党政治视角下的欧洲一体化》，法律出版社2003年版，第276—277页。

党团组成的中左联盟达成，而对于经济和货币事务的决策，往往由社会党党团与绿党党团结成联盟推动。① 在难民政策、环境政策和国际发展方面，激进左翼党团、自由民主联盟党团、社会党党团和绿党党团常起到主导作用。②

第四，左翼党团试图以团结遏制欧洲右转的趋势。尽管不同类型的左翼政治力量在理论纲领和政策主张等方面存在差异，但它们仍具有一定的共性，即在某种程度上代表着社会政治进步方向，是国际右翼保守势力的主要竞争对手。欧洲议会左翼党团是欧洲的左翼政党在欧盟内发挥作用的重要平台，尤其是绿党党团在议会全会上和欧盟决策过程中作用越来越突出。激进左翼党团和绿党党团谋求与社会党党团合作并结盟。绿党党团的一些成员党已经逐渐参与国内政权，不断为欧洲和全球政治注入活力。右翼民粹主义政党的暂时崛起导致了欧洲政治的右转，且其影响力是跨政治光谱的，冲击了既有的政党格局，但它尚未取代传统的主流政党。③ 目前来看，左右翼政治力量的地位就像钟摆一样来回摆动，这种状况会持续下去。左翼党团在欧洲议会内部必须进一步凝聚力量，才能有效发挥作用。

第五，丰富政党国际合作和促进世界社会主义运动发展。从国际合作的角度看，在历史长河中不乏政党国际合作的典范，如共产国际、社会党国际等。欧洲议会中的左翼党团加强了欧洲地区跨国左翼力量的联合，促进了政党国际合作，对左翼思潮发展起到了推动作用。如今，大多数共产党和工人党在资产阶级政党的进攻下处境困难，因此，左翼党团亟须加强左翼力量的内部团结，利用各种平台和机制在国际舞台上联合发声。左翼党团与世界多国共产党等政治力量共同讨论当今世界社会主义运动面临的挑战，参加欧洲共产党会议、欧洲共产党和工人党倡议、世界共产党和工人党会议等国际论坛，对加强欧洲地区共产党和工人党的联系，影响欧洲和整个世界社会主义发展态势具有重要作用。

---

① 张磊：《2014 年欧洲议会选举探析——"欧洲选举"还是"次等国内选举"?》，《欧洲研究》2014 年第 4 期。
② "EP Elections: Not a Populist Takeover, Nor Busines as Usual", EIU ViewsWire (May 10, 2019).
③ 张伟：《民粹主义风潮冲击欧洲》，《新华每日电讯》2016 年 12 月 6 日第 8 版。

综上所述，欧洲左翼力量要想在欧洲政治中立足，必须团结一致，提出紧跟时代的、有效的斗争策略。如果欧洲议会中的左翼党团能进一步建立政治联盟，其表现必将随着时间的推移而变得更加丰富多彩。

第四部分

右翼与极右翼

混乱之中的欧洲右翼政党[*]

20 世纪 90 年代中后期，一度辉煌的欧洲右派政党像患上传染病似的纷纷中箭落马。在 20 世纪末 21 世纪初的世纪之交的数年选举中，欧盟国家的选民几乎毫无例外地抛弃了右派政党，把具有现代面貌的社会党、社会民主党推向权力宝座。1997 年，法国和英国的右派政党相继下台。1998 年 9 月，德国科尔领导的基督教民主联盟在执政 16 年之后也最终落马，让位于社会民主党。这样，当时欧盟 15 个国家中，左派政府占多数。比利时和卢森堡则是右派与左翼联合执政，组成中左政府；爱尔兰的左右划分则不十分明显；只有西班牙是右派单独执政；奥地利刚刚出现一个由中右政党人民党和极右政党自由党组成的联合政府，但却正在遭受欧洲舆论的强烈压力，它能否持续下去还需进一步观察。因此，欧洲右派正陷于一种进退维谷的局面。

欧洲右翼就政治分野来说可分为温和的中右和极端的右翼两类。前者属于战后欧洲的主流政党之一，而后者则属于没有得到多数选民认可的边缘政党，二者在欧洲一体化和对待外来移民问题上存在尖锐矛盾。随着左派选举的胜利，右派陷入严重危机之中，右派在许多地方已处于严重分裂、群龙无首的地步。在法国，右派政党呈现出六党纷争的局面。主流右派政党已经分别分化为法兰西民主联盟、前内政部部长夏尔·帕斯卡领导的爱国者法兰西联盟、现任总统希拉克领导的保卫共和联盟以及阿兰·马德兰领导的自由民主党；极右派政党国民阵线也因权力之争

---

[*] 本文刊载于《国外理论动态》2000 年第 4 期和《国际展望》2000 年第 6 期，原文标题分别为《混乱中的欧洲右翼政党》和《欧洲右翼政党的几种发展趋势》，现将两篇合并。

而分化为两个政党。在意大利，右派出现三个领导人竞相争夺选民的局面。在德国，长期以来，一直被人们认为是最讲法制、比较干净的基督教民主联盟却因"献金丑闻"而陷入前所未有的危机之中。而奥地利的右派政党更在经历着前所未有的困难。

20世纪末21世纪初的世纪之交，各国选民思想正在发生着激烈的变化。右派之所以失败，重要原因在于过高地估计全球化的积极作用，没有采取积极措施来消除选民的不安全感，加之长时间执政严重滋长傲慢情绪，进而激起选民严重不满。而左派则面对全球化的挑战，积极调整战略和思想，进行党的更新。尤其是布莱尔领导的英国新工党打出"第三条道路"的旗帜，不仅重新占领了中间地盘，"偷走了右派的衣服"，而且比右派看起来更加生机勃勃，富有活力。难怪德国基督教民主联盟一名党员气愤地说，"在很多情况下，布莱尔的家庭观和经济观都与我们相同"。

实际上，左派政策更新的范围十分广泛，它既是覆盖了生机勃勃的军事政策，又涉及严格的移民政策。众所周知，在轰炸科索沃、伊拉克的军事行动中，布莱尔表现得最坚决。对于大量的移民，法国社会党人所制定的措施更为严格。

最根本的变化表现在经济观上。布莱尔新工党的设计师彼得·曼科尔逊曾经总结说，"富裕"没有什么过错。虽然并非所有左派政党都走得那么远，但大都已经接受了市场经济的基本原则，承认私有企业和财政紧缩的好处。法国大规模出售国家企业，超过其右派前任；希腊社会党为加入欧元，大幅度削减开支。因此，曾经担任保守党外交大臣道格拉斯·赫德的智囊、现为伦敦经济学院教授的莫里斯·弗雷泽寓意深长地说，"右派在理论上胜利了，但在选举中失败了"。

如何摆脱困境，探索新道路，重新为自己定位，已成为右派的核心任务。目前，各国右派正在为此进行着激烈的辩论，其焦点是，面对左派的胜利，自己该如何进行策略调整，重新夺回政权。综观各派观点，大致可以分为两种：一是主张重新争取中间选民，夺回被左派抢占的阵地，超过左派，建立"走中间道路"的欧洲；二是进行激进的变革，建立新右派，划清自己与中左政党的界限。

一　学习布莱尔，夺回中间阵地

自从20世纪90年代中期托尼·布莱尔更新英国工党以来，所谓的"布莱尔旋风"席卷欧洲，不仅影响了左派政党，也给整个中右政党带来极大震撼，众多的中右政治家都在不停地念叨一个词：托尼·布莱尔。西班牙首相何塞·玛利亚·阿斯纳尔指出，布莱尔已成为最令人羡慕的人；意大利米兰中右政党领导人加布里埃莱·阿尔贝蒂尼也承认说，他的政策与布莱尔之间没有什么差别；欧洲人民党书记克劳斯情绪低落地说，"布莱尔说希望在社会主义与资本主义之间寻找道路。而这正是传统的基督教民主党要做的事情"。总之，布莱尔及其主张的"第三条道路"旋风般地把欧洲右派吹得眼花缭乱，不知所措。布莱尔把市场与实用主义的干预措施结合起来，博得了民众的好感，使外界认为左派已经实现了现代化。相较而言，许多右派政治家则显得消沉、被动。

右派一直宣称是自由民主的捍卫者，但冷战的结束却使其失去了这一形象。新左派把它挤出了中间阵地，使其不得不重新摸索，寻找出路，为自己再定性。学习布莱尔，重新争取中间选民，夺回中间地带，自然也就成为部分右派政治家追求的目标。

西班牙在阿斯纳尔人民党的领导下，逐渐摆脱了佛朗哥的消极影响，慢慢左转，淡化经济自由主义，强调建立具有同情心的政府。像意大利和德国一样，由于西班牙曾经经历过佛朗哥的独裁统治，人们"谈右色变"，立即会使选民回忆起过去的恐怖形势。难怪西班牙人民党刻意追求中间道路，积极加入欧洲人民党阵营。

在某种程度上，这种中间模式吸收了美国的某些经验。在得克萨斯和佛罗里达两州，小布什兄弟鼓吹建立"关心人的政府"，主张把小政府与同情心的政府融为一体：支持小的个人，反对大的国家；坚持帮助个人提高自己，而不是依靠政府的施舍。换言之，这同布莱尔的主张也非常相似。

持此种观点者认为，现在的选举体现的并不是思想上的竞争，而是能力上的较量。大家都想创造个人财富，同时又要保护穷人的利益，谁做得最好谁就能够吸引选民。1999年4月20日，彼德·利利（Peter Lilley）在纪念撒切尔夫人入主唐宁街10号20周年的发言中，明确要求保守党放弃自己奉行多年的撒切尔主义哲学，成为福利国家的捍卫者；要求保守党降低鼓吹自由市场的调子，放弃医疗和教育私有化的幻想。但谁能做得最好呢？法国民主联盟的埃尔韦·沙雷特说，"现在已不再是左和右的问题，而是一个执政、一个准备替换的问题"。

二 建立新右派，走自己的路

但与此同时，另外一些右派则认为，他们根本无须模仿布莱尔，而必须制订出自己的复兴计划，以一种全新的思想指导自己，使自己区别于现在的左派政府。其代表人物包括西班牙的阿斯纳尔、德国基督教民主联盟新领导人沃尔夫冈·朔伊布勒、卢森堡社会基督教党总理克劳德·容克尔等。但他们在如何制定清晰的复兴纲领问题上却难以达成共识。不过，就目前欧洲政坛右派政党现状及其政策主张来看，可能会出现三种模糊的表现形态。

第一，恢复撒切尔主义的自由经济学。持此类观点者包括法国阿兰·马德兰领导的自由民主党、意大利著名的撒切尔主义者安东尼奥·马尔蒂诺以及德国自由民主党人。他们认为，左右之间是不可能趋同的。根据右派的实践，他们在财政上是负责任的，决不会进行政府干预；而左派无论怎样乔装打扮，只会热衷于高税收和高支出，而右派在财政上则是负责的，较少进行政府干预，二者之间的界限非常鲜明。左派越是说要在整个欧盟实施诸如"和谐的"税收，就越清楚地表明社会民主党人根本没有什么变化。因此，二者泾渭分明，难以趋同。

但如果仔细分析这一派别及其主张，我们不难发现，其前景不容乐观。首先，就西欧来看，即使英国保守党的智囊们也认为简单地回到撒切尔主义是行不通的，撒切尔主义是英国20世纪80年代初期特殊环境下的政治哲学，不能一劳永逸地解决所有问题。其次，就中东欧国家来说，这里拥护撒切尔主义的人都是一些新成员，思想信仰并不那么坚定。例如，堪称撒切尔主义信徒的捷克前总理瓦茨拉夫·克劳斯最近也攻击捷克中央银行的紧缩货币政策，质疑搞更多的私有化是否明智。

即使英国保守党的智囊们也不赞成简单地回到撒切尔主义。其中有观点指出,"如果认为 80 年代为我们提供了一劳永逸的哲学,那将大错而特错了"。一些保守党党员说,该党 80 年代借用的自由意志思想只是为了把英国从当时居支配地位的国家主义文化中解救出来,解放被其压抑的个人主义,而不是永远地成为保守主义教条。

第二,恢复基督教价值。基督教价值也有可能会被一些右派政治家看作振兴新右派的重要动力。这一点在南欧地区表现尤为明显。例如,在意大利工业核心地带米兰,就是由具有基督教传统的罗伯托·阿尔贝蒂尼领导的中右政府执政的。他坚决反对妇女人工流产,反对离婚,在执政中采取了具有基督教传统的激进措施。中欧和东欧,尤其是波兰的基督教民主党人,也坚决拥护基督教的价值。1998 年,波兰天主教右派作为团结工会执政联盟的一部分,推动议会通过一项法案,取消了学校教学大纲中关于性教育的内容。

然而,西欧的基督教民主党人却不愿意在诸如家庭问题上过多地纠缠。如德国一位右派政治家讲的那样。我们听到布莱尔谈论家庭价值时感到莫名其妙。尽管基督教民主党植根于 19 世纪天主教抵抗反教权运动,但对于这些党的许多成员来说,基督教成分仅是模糊的宗教。例如,在较为宽松的荷兰,人们根本不愿谈论这些问题。荷兰基督教民主党的一个领导人非常坦率地讲,荷兰的基督教民主党实际上是一个"后基督教政党"。至于西班牙的阿斯纳尔,由于害怕回忆起佛朗哥的幽灵,他已不再强调他的基督教信仰。

第三,恢复民族主义。前两者的前景看起来并不容乐观。那么,新右派还有什么选择呢? 目前,唯一最能征服中右政党的就是最近出现的民族主义情绪。恢复民族主义是右派最大的诱惑。这一选择与全球化所带来的民众的不安全感恰好吻合。特别是随着欧洲一体化进程的加速,民族主义情绪显得更为明显。欧元的启动势必促使欧盟领导人推进政治一体化,而多数欧洲人则对这种前景感到不安。欧洲政治一体化意味着各国将会放弃更多的国家主权。于是,民族主义自然而然就成为一种选择。

根据目前欧洲形势,民族主义极可能会呈现两种形式:一种属于能够得到公众支持的温和民族主义;另一种则属于危险的极端民族主义。在实施欧元的情况下,欧盟除四个国家外都交出了各自的货币权。欧洲一体化进程必然要求各国让出更多的主权,其前景使怀疑论者重新复活,他们怀疑欧罗巴合众国是否可行。

迄今为止,虽然欧洲各国基督教民主党都支持欧洲一体化,但欧洲选民却是分裂的。众所周知,德国领导人是欧洲一体化的主要推动者,而在1998年的民意测验中,德国人中赞成加入单一货币者仅占微弱多数。这种现象极容易成为复活民族主义情绪的肥沃土壤。怀疑论者担心布鲁塞尔将会毁掉具有地方特色的产业,把欧洲文化融合为平淡的欧元酱;担心东欧的移民潮水般地涌来,在扩大了的欧洲联盟里争夺工作岗位,等等。

欧洲怀疑论者的典型代表包括英国保守党人威廉·黑格、法国前内政部部长夏尔·帕斯卡。在1999年6月的欧洲议会选举中,英国保守党获得29%的选票,超过工党;夏尔·帕斯卡领导的反联邦主义者政党"法兰西联盟"也获得13%的选票,超过了希拉克领导的戴高乐党。他对此解释到,他是在捍卫"法国的特性"。

在德国,巴伐利亚基督教社会联盟的胜利引起了基督教民主联盟某些成员的密切关注。根据德国人的标准,基督教社会联盟是欧元的怀疑论者。它常常对基督教民主联盟的一些政策,尤其是法律、社会秩序和移民等方面的政策持批评态度。在1998年8月巴伐利亚州的选举中,基督教社会联盟得到53%的选票。现在,埃得蒙·斯托伯对自己准备作为两党候选人参加下一次大选的打算毫不隐讳。而现在基督教民主联盟的"献金丑闻"则更为他提供了天赐良机。如果他获得基督教民主联盟多数中间派人士的支持,两党结合起来以后可能会转向民族主义的右派。不过,这种选择基本上仍属于温和的民族主义。

民族主义的另外一种发展趋势则属于危险的民族主义,是仇视外国人的极端民族主义。根据欧洲最近的形势发展,这股势力的影响越来越大,直接影响着欧洲右派政党未来发展的趋势。其最新的代表是约尔格·海德尔领导的奥地利自由党。该党以排外主义和反对欧盟东扩而闻名欧洲。在1999年10月的大选中,自由党以27.2%的选票打破了奥地利战后社民党和人民党或轮流或联合执政的局面,使奥地利出现了社民党、人民党和自由党三足鼎立之势。由于传统的两大政党组阁谈判未获成功,中右政党人民党转同极右政党自由党组阁谈判成功,奥地利总统被迫同意组阁。这是欧洲第二次世界大战后具有新纳粹特色的政党首次进入政府。

极端右派的另一个典型代表是法国的国民阵线。1985年，国民阵线已在其诞生地——南部城市维特罗勒获得1/4的选票。1997年，该市又选举产生了一位国民阵线市长——卡特琳·梅格雷，得票率达半数以上。梅格雷女士当选后采取了一系列体现民族主义的措施，以显示其良好的领导才能。例如，她关闭了一家播放美国黑人"文化"音乐的酒吧；重新命名了一些具有颠覆性含义的道路名称，以体现民族特性，如纳尔逊·曼德拉广场现在改为普鲁旺斯广场；把市政警察的人数增加了3倍；并且开始实施其丈夫策划、设计的"民族优越"政策，对法国夫妻或其他欧盟国家夫妻生育的孩子给予5000法郎（880美元）的补助，以便使白种法国人得到好处。但后来这一政策被法院判决为非法。由于国民阵线1998年年底发生分裂，其影响和作用受到了一定限制，但分裂后的国民阵线和国民运动仍在欧洲议会选举中获得了9%的选票。因此在国家内部存在不安全因素的形势下，国民阵线仍是吸引选民的一个政党。

极右势力在欧洲的崛起，是近几年欧洲政治经济发展变化的产物。如前所述，欧洲一体化进程意味着各国更多主权的让予，引起了相当一些欧洲人的不安，再加上大量外来移民的涌入，加重了各国业已存在的就业紧张和社会不安。目前欧盟其他国家的中右政党虽然不会公开地去迎合极右政党的政策，但它们完全有可能利用选民对大量移民的不满情绪来达到振兴自己的目的。奥地利中右政党与极右政党自由党的联盟就是这种现象的典型体现。1998年，在法国的地方选举中，中右政党领导人在五个地区获胜，一个重要原因也是这些候选人与极右的国民阵线达成协议。奥地利事件使欧洲国家政治家们更进一步担心其他国家也会发生类似现象。

总之，欧洲右派在失败的打击下，在"第三条道路"的冲击下还没有完全找到自我更新的道路。但这不意味着它注定永远处于反对派的地位。它必定能够找到适当的问题，以作为政治上的突破点，最终挽回自己的败势。1999年的欧洲议会选举中，右派的选票均有所发展，成为欧洲议会第一大党，更令其感到欣慰的是，打破了左派长期垄断的局面。

欧洲右派的这次出人意料的胜利大多与各国执政党卷入科索沃战争

有关。有些则由于国内问题处理不当，如德国经济一直没有显露出繁荣的迹象，许多选民又对社民党政府的整治方法不满。选举前夕，政府决定征收能源税，加之施罗德访英期间又与布莱尔发表联合声明，准备引进英国的自由经济模式，引起选民不满。英国则由于保守党提出的"拯救英镑"的号召赢得民众的支持。一位消沉的德国基民盟成员说得好，"我们现在的唯一战略是等待"。也许欧洲选民对左派执政时间过长产生厌倦之后，自己也会作为新面孔而再次出现在选民面前。

意大利北方联盟崛起[*]

20世纪80年代末90年代初,意大利地方运动作为地方性政党的雏形异军突起。特别是在标志着意大利"政治地震"的1992年选举中,由意大利北部地方性运动组建的北方联盟一举获得8.7%的选票,成为意大利政治舞台上的第四大政党,从而震动了意大利战后维持四十多年的政党体制。在随后的1994年选举中,北方联盟一度与新生的意大利力量党和由意大利社会运动演变的全国联盟组成右派联盟,赢得大选胜利并组成战后首届右翼政府,震惊世界政坛。然而,由于联盟内部矛盾与分歧较大而难以弥合,北方联盟倒戈,最终导致联盟政府垮台。虽然如此,由于北方联盟代表的是较富裕的北方,对意大利仍有着不可估量的影响。特别是在1996年的大选中,以意大利左翼民主党为首的中左联盟取得胜利后,北方联盟领导公开提出,意大利应像从前的捷克斯洛伐克那样分成繁荣的北方和欠发达的南方。在这种情况下,分析和研究意大利北方联盟的产生、发展的原因仍不失有重要的现实意义。

一 北方联盟的崛起现象

意大利北方联盟(Lega Nord),是指在北部地区地方性联盟基础上组建的联合组织,其正式名称为争取帕达尼亚独立北方联盟。北方联盟的兴起最早可追溯到1982年3月成立的伦巴第联盟,创始人是翁贝托·博西(Umberto Bossi)。这是一个极富传奇色彩的人物。1941年,博西出生

---

[*] 本文刊载于《欧洲》1996年第6期,原文名为《意大利北方联盟崛起原因初探》。

于意大利北部瓦雷泽省的一个农民家庭。他一生经历坎坷。为攻读医学学位，他曾先后当过舞蹈乐队吉他手、工人和家庭教师等。然而，在他三十多岁、学业行将结束之际对政治产生浓厚的兴趣。不过，他的政治观点同传统政党的不同。他认为，意大利不应实行中央集权制，而应实行联邦制。在这种思想驱使下，博西开始创办报纸并成立了伦巴第西北自治同盟。但这一活动很快就夭折了，博西也为此欠下大量的债务。为偿还债务，他被迫从事一切可能做的工作。同时，他的婚姻也惨遭破裂，在他即将取得学位的时候，被迫中断了学业。

然而，博西并未完全放弃政治追求。相反，他的政治兴趣则愈益强烈。虽然条件极其艰难，但也仍然自学政治理论，深入研究伦巴第文化和语言。通过学习，博西更进一步坚定自己的观点，坚持认为，意大利应该实行联邦制，保证每个地区都享有高度的自治权。[1] 基于这种信仰，1982年3月，他正式组建伦巴第自治联盟。不过，起初参加联盟的成员，大都是一些古怪之辈，主要包括一些致力于伦巴第方言、诗歌和文化研究的人士。

联盟从一成立就显出两个突出的特点。首先，联盟的组织非常严密，领导密切关注运动的每个细节。联盟吸收新成员非常严格，只接纳那些被认为是信仰坚定的人。联盟特别注重宣传。博西竭尽全力做好联盟报纸《伦巴第自治报》的发行，保证其连续发行。他决心争取使每一个伦巴第人支持他的自治主张，至少要使他们能受到运动的影响和鼓舞。其次，联盟从一开始就表达一种被称为自由保守的地方主义思想体系。联盟主张联邦制，反对中央集权制。用博西的话就是，"我们的敌人是集权制的国家……南北方只有一个共同的敌人——集中制"[2]。

虽然如此，但联盟在成立的最初几年中，并没有引起人们的任何重视。相反，许多人把联盟成员看作一群怪人。联盟的追随者也屈指可数。博西及其核心成员连续数年处于政治上的盲目状态，所能做的仅是偶尔

---

[1] 关于博西早年生活，参见 Daniele Vimercati, *I Lombardi alla nuova crociata: il "fenomeno Lega" dall'esordio al trionfo: cronaca di un miracolo politico*, Milan: Mursia, 1990, pp. 3–35。

[2] Sarah Waters. "'Tangentopoli' and the Emergence of a New Political Order in Italy", in *West European Politics*, Vol. 17, No. 1 (January 1994), pp. 169–182。

的一阵喧嚷，伴随的是民主无产者党和意大利社会运动一些成员所给予的有限的支持。在1985年的地方选举中，联盟仅获得一些微弱的同情票，其中一名成员当选为瓦雷泽的市镇议员。

1986年，联盟在其发展方向上出现内部分歧。博西采用粗暴的方法将其反对派清除出盟，并对联盟进行改造。同时，他发明了"普通成员"概念。名称虽然如此，但是，联盟内部的这些"普通成员"却拥有极大的权利。他们拥有各级联盟的决策权，担任地方组织的领导职务，在选举中充当联盟的候选人。博西通过新创造的"普通成员"将整个联盟的权力集中于他本人手中。这样，他就可以构造一个既忠于他个人又忠于联盟运动的内部集团。

联盟组织上的整顿改善了运动的状况。联盟的思想开始逐渐地深入到北伦巴第选民之中。这时，北方选民中普遍存在一种反南方、反北非移民、反罗马中央政府情绪。联盟的思想正好同这种情绪不谋而合。结果，在1987年选举中，有近20万名对政治现状不满的选民支持联盟，占伦巴第选民的3%，从而使联盟名声大振。博西当选为参议员，他的助手、联盟创始人米塞佩·莱奥尼当选为众议员。

联盟选举上的成功引起了媒体的注意，但多数媒体均付之以嘲讽。但是，选举的成功也为联盟带来了帮助其发展、帮助其宣传的公共资金。这样，联盟由过去依靠自己的成员义务宣传发展到拥有自己的资金创办报纸、出海报、散发传单。这种新增强的宣传工作迅速地转化成为现实的选票。在1989年6月的欧洲议会选举中，联盟的选票出现大幅度增长，达到地方选举中的8%以上的比例，成为伦巴第地区居天民党、意共和社会党之后的第四大政党。也许更具有重要意义的是，联盟的主张正在吸引着伦巴第地区越来越多的选民。例如，在联盟的发源地松德里奥、瓦雷泽、科莫等地方，联盟选票均在11%—12%。在伦巴第南部较繁荣的克雷莫纳省也高达9%，在工业省份贝加莫省高达14%。此外，联盟的思想首次在伦巴第以外的地区传播。在皮埃蒙特区，有55000人（占选民的2.1%）支持主张北方自治的候选人；在威尼斯区，甚至在南方均有支持联盟的选民。在一年以后的地方选举中，联盟进一步在整个意大利北方地区蔓延开来，特别是在伦巴第地区，联盟获得近20%的选民，超过社会党和意共，成为该区第二大政党。

1990年以后，联盟采取两项重大措施，进一步促进了它的迅速发展。一是联盟通过与其他小党正式合并成为全国性的政治运动，作为合法的政党向国家政权挑战。早在1989年11月，伦巴第联盟已正式与威尼托联盟、皮埃蒙特联盟、艾米利亚—罗马涅联盟、利古利亚联盟和托斯卡纳联盟合并为北方联盟。1991年2月，联盟代表大会召开，标志着北方联盟正式作为全国性政治运动的开始。二是联盟逐渐形成关于大区的理论，即把意大利分北部、中部和南部三个大区。大区理论的形成，使联盟把自己的宣言与主张赋予了具体的内容，从而对选民产生更大的吸引力。这样，随着1992年、1994年的两次议会选举的进行，意大利旧的政党格局瓦解，意大利北方联盟一举成为政坛上一支重要力量并一度与自由联盟联合执政，对意大利政局产生不可估量的影响。

二　北方联盟崛起原因

综上所述，我们可以清楚地看到，北方联盟是如何从80年代初期一个无足轻重的"朋友俱乐部"迅速地发展成为影响意大利政坛的一支重要力量。这种现象的出现绝非偶然。这反映了战后意大利在经历过经济、文化和社会的巨大变化后人们对传统政治和现状的强烈不满。这种不满在伴随传统治文化逐渐衰落、冷战结束和苏联解体、东欧剧变的情况下突发出来。

首先，传统政治文化和传统政党影响的逐渐衰落。第二次世界大战以后，意大利和其他西欧国家一样建立起多党议会民主政体。然而，同其他国家不同的是，意大利虽然政党众多，但支配意大利政局的政党却主要只有两个政党，即天民党和共产党。这两大政党分属于两大不同的政治亚文化——天主教文化和共产主义文化。两种文化的分裂，伴随着战后冷战的发生，一直支配着20世纪意大利的历史进程。

天主教文化对意大利社会的影响历史悠久，可以追溯到4世纪，君士坦丁大帝支持并把基督教作为罗马的国教。共产党文化仅从1921年开始存在，但是，它的发展和影响却非常迅速。特别是1944年以来，意共作为一个群众性政党，渗入社会中的许多公共部门之中。在许多地区，它开始同传统的教堂竞争。尤其是第二次世界大战以后，共产党文化和天主教文化变得更加敌对，不仅仅是作为敌对的组织，而且代表的是一种竞争的、相互排斥的文化体系。这样，在战后的历次选举中，代表两种文化的两个政党分别长期拥有自己的固定选民。两党的固定选民总体保持在2/3左右。1976年大选，两党的选票最高达到73.1%，成为左右意大利政局的两股重要力量。

然而，随着战后意大利经济的迅速发展，特别是70年代以后社会的进一步现代化和世俗化，这两种传统的政治亚文化开始处于明显的衰落过程中。这种衰落可以从两党的总体选票中得以清楚地反映。如前所述，两党选票在1976年一度达到73.1%，但从此以后则逐步下降，分别从73.1%下降到1979年的68.7%、1983年的62.8%和1987年的60.9%。到1992年，由于意共的分裂，两党的选票更跌到45.8%。两党选票的下降，反映了意大利社会中长期对抗的意识形态的淡化和对抗力量的弱化。这样，长期封闭的选举市场在慢慢地开放，两党的传统选民也从这种束缚中解脱出来，北方联盟则乘虚而入，成为这一政治真空中的得益者。

其次，政治体制中的严重弊端，引起选民的强烈不满。战后意大利政治体制的特点之一就是政党政治，政党掌握着无限的权力。意大利政党权力之大是西欧其他议会民主国家所不能相比的。其他国家的政党在决定政府组成和政府应遵循的路线以后，政府大都能独立地工作。但是，在意大利，政党和政府没有什么差别。政府总理只是政党的傀儡，而党的领导人却掌握着巨大的权力。

意大利的政党政治不仅表现为政党对政府权力的控制，而且还表现在政党的力量渗透于整个社会、经济和文化生活之中。意大利社会一个重要特点是存在大量的公共和半公共部门。这些部门控制住国家生活的每个领域，如工业、银行、福利慈善机构、电台电视台、科学和其他研究机构、娱乐组织、医院和大学等。这些部门的作用非常重要，以致被人们称作"亚政府"。它们虽然属政府控制，但实际上均由政党把持。

意大利的这种"亚政府"变成了党派权力、资金和生存的蓄水池。"亚政府"所掌握的组织和职位在各政党间分配。它们大都由党的忠诚分子所掌握。这些人员可以提供大楼、公路和工厂的建筑合同，提供银行贷款、养老金，分配财政补贴和工作岗位等。然而，这一切都严格地以党派为基础。由于其目的是确立一种庇护关系，以扩大自己的权力，特别是在选举时扩大选票和影响,这种政治思想以庇护制而闻名。庇护制的形成,成为战后意大利政治体制的生命线。

庇护制的结果是使每个意大利人都陷入党派的纷争之中。更为严重的是,导致意大利政治生活腐败盛行、政府机关办事效率低下、公共资源浪费严重。这种现象在南方表现尤为明显。政府用于发展南方的资金经常是无影无踪,而南方则依然贫穷如故。同时,庇护制还严重地破坏了社会的团结。犯罪现象经常是以高级的暴力组织形式出现,如西西里的黑手党、卡拉布里亚的恩特朗盖塔和那不勒斯的卡莫拉。这些现象的存在非常自然地引起人民的强烈不满。联盟领导人也成功地利用这一问题,指责政府领导无力,在南方浪费大量的公共资金,剥夺富裕的北方等。20世纪80年代末90年代初,苏联解体、东欧剧变,意大利共产党改为左翼民主党,政治体制上的永久反对派不复存在,传统的非左派选民也不必为抵御共产主义而担心了。因此,这些被"解放"的选民纷纷支持新成立的联盟,表达他们对天民党参与庇护制和腐败现象的严重不满。

最后,地方民族主义思潮的兴起。这一概念包括地方倾向、同现代化相联系的世俗化,对中央政策的失望。特别是人们担心国家的官僚机构、庞大的税收、错误的资源再分配以及反对南方失败企业的财政补助将会毁掉繁荣的北方。于是,人们就利用种族中心原则将一系列社会经济利益合理化。这种原则经常把地区看作一个民族国家,看作一种历史和文化整体的根源。这一点在联盟的第一份宣言中就可以清楚地得到反映。《宣言》这样讲道:

"伦巴第人们!不论你们的年龄有多大,从事何种工作,或有什么样的政治观点。问题是,你们是—我们是——伦巴第人……而作为伦巴第人……我们有着根本的共同利益。我们划分政党的每一种形态都必须服从这一共同的利益。""我们的共同利益是,把伦巴第人从罗马中央政府这个贪得无厌、令人窒息的霸权中解放出来,在北意大利自治的情况下实现伦巴第人的自治。"①

《宣言》接着还列举了罗马中央政府对伦巴第地区带来的不良后果,

---

① 参见 Daniele Vimercati, *I Lombardi alla nuova crociata: il "fenomeno Lega" dall'esordio al trionfo: cronaca di un miracolo politico*, Milan: Mursia, 1990, pp. 148 – 150。

认为中央政府一直把伦巴第看作"没有政治价值的地理概念",把伦巴第人看成"没有政治特性的群体……被不明不白地置于一个垮掉了的国家,国家的公共部门和住房都被外来者所占有"。《宣言》认为,这些现象绝不是偶然的,而是"罗马中央政府计划"的一部分,目的是要"取消伦巴第的民族特性"。①《宣言》声称,伦巴第人决不会情愿地跟着中央政府走向灭亡。

伴随这些原则声明的是,联盟还制定了自己的具体纲领。其核心内容是强调伦巴第的自治,放弃中央集权国家,代之以重视各民族利益的联邦制国家。正如联盟重要理论家詹弗兰科·米利奥声称的那样,联盟要创造条件允许它代表的人口保证自己的特性。换言之,应允许伦巴第成为真正的伦巴第,保留自己的语言、网络以及几个世纪以来形成、流传下来的文化遗产。②

与此同时,联盟还竭力为伦巴第的特征提供和制造一些象征性的标志。例如,为宣扬和强调伦巴第遗产,联盟充分地利用伦巴第的旗帜、中世纪的盔甲和歌曲;利用一些宣传性的物品,如带有联盟字样或标志的手表、领带、帽子和徽章;把要求北方独立的字样铸造在联盟内部使用的货币上;鼓舞人民使用伦巴第语言,推动学校教授学生学习地方方言,利用伦巴第语言命名街道;举行各种仪式赞扬联盟的活动,巩固联盟的团结,等等。③ 因此,地方民族主义思想的产生,对于强化北方意识,增强北方民族的认同感起了重要作用。

三 政治纲领支柱

联盟的迅速发展和它在选举中取得的突发性胜利立即引起人们的空前关注。新闻界人士和学者们都以极大的兴趣来看待这场运动。有人认

---

① 参见 Daniele Vimercati, *I Lombardi alla nuova crociata: il "fenomeno Lega" dall'esordio al trionfo: cronaca di un miracolo politico*, Milan: Mursia, 1990, pp. 148 – 150。

② Mario Sznajder, "Italy's Right-Wing Government: Legitimacy and Criticism", in *International Affairs*, Vol. 71, No. 1 (January 1995), p. 85.

③ Carlo Ruzza, Oliver Schmidtke, "Roots of Success of the Lega Lombarda: Mobilization Dynamics and the Media", in *West European Politics*, Vol. 16, No. 2 (April 1993), pp. 1 – 23.

为，它只不过是一个纯粹的反对党，并没有改革政治体制的系统思想。因此，联盟将像意大利其他政党一样，被政党政治这条巨蟒蚕食掉。① 然而，事情的发展恰恰相反。联盟不仅没有被这条巨蟒吞食掉，反而力量愈加强大。其原因除上述分析的政治背景外，北方联盟提出的迎合北方选民口味的政治纲领不能不说具有重要的影响力和号召力。

归纳起来，北方联盟的政治纲领有两大支柱：自由主义和联邦主义，即用新自由主义的方法解决意大利的政治经济和社会问题。

首先，在国家体制上，联盟主张把意大利分成三个大区或共和国，即北部、中部和南部。关于这一点，北方联盟的理论家詹弗兰科·米利奥做出了重大贡献。他认为，北方联盟的诞生在政治上表明，意大利人"没有构成一个相同的民族和文化整体去维持一个中央集权的统一国家"②。意大利南北之间经济文化上的差别很大而难以弥合。北方正走向中欧，而南方则接近地中海。因此，意大利需要的是一种弹性的制度，而不是统一的民族国家。要解决这一政治问题，只有采用大区的方法。米利奥还进一步指出，民族国家的历史时代必将结束。所有的欧洲人正在发现，他们的社区感——因而也是政治责任感正在变得越来越小。在未来的几十年中，欧洲将经历一个主权分散的时期，民族国家的权力在逐渐变得模糊不清，各种形式的自愿联合政权在逐渐增加。欧洲有可能成为，也应该成为扩大了的旧式的汉萨同盟，各自都应是独立的小型贸易国家。③ 在这一思想的影响下，博西进一步坚定了自己联邦制的思想，于 1990 年 9 月伦巴第联盟代表会议上公开宣布，运动发展的必然结果是实行联邦制。

其次，在经济政策上，联盟突出地强调经济权力应从国家移交给地方当局、从公共部门转到私营部门、从大公司变成小企业。换言之，关于经济政策就像政治政策一样，联盟主张的是"小的就是好的"原则。这种经济政策意味着，联盟主张把国家的所有工业企业私有化。联盟的

---

① Giorgio Bocca, "Attenti, Milano non è uno scherzo" and Eugenio Scalfari, "L'Ultimo avviso per i partiti", both in La Repubblica, May 8, 1990.

② Gianluca Miglio, "Toward a Federal Italy", in Telos, No. 90 (January 1991), pp. 19–42.

③ Gianluca Miglio, "Toward a Federal Italy", in Telos, No. 90 (January 1991), pp. 41–42.

经济学家认为,应该放弃扭曲的市场补助、援助南方应通过税收和鼓励投资,而不是由国家直接帮助。国家严格保护的市场,如汽车、银行都应尽早对外开放,引进竞争。总体上讲,应尽量减少国家的经济份额,给中小企业提供更大的生存空间。

此外,在外交和其他问题上,联盟总体上重视不够。关于外交,联盟的主张主要反映在1994年的竞选纲领中,在41页的政治纲领中,仅有一页反映外交事务,即使如此,也是泛泛而论。[①] 联盟愿意在自由主义和联邦主义的旗帜下履行对欧洲的义务。联盟认为,新的欧洲必须是自由民族国家的邦联,地方组织要有强有力的权利。关于北约,联盟认为,意大利应继续留在里面,直到它被以《马约》为基础的欧洲安全体系所代替为止。参与国际危机只能出于人道主义考虑。关于国防,联盟主张改革意大利武装力量,加强军队的现代化,在削减规模和费用的同时促进军队的职业化,等等。

综上所述,我们可以清楚地看出,北方联盟的迅速崛起是在战后意大利社会和经济结构发生巨大变化的情况下,联盟领导人不失时机地利用了选民中潜在的反制度、反政府情绪,提出了适合选民需要的一系列政治经济主张,从而使联盟一跃成为意大利政坛举足轻重的一支重要力量。

---

① Gianluca Miglio, "Toward a Federal Italy", in *Telos*, No. 90 (January 1991), p. 19.

意大利右翼持续执政的思考[*]

贝卢斯科尼是欧洲乃至世界政坛引人瞩目的政治家，他三次赢得大选，四次担任意大利总理，执政近十年（3340 天），在意大利共和国历史上位列第一。2011 年 11 月 12 日，贝卢斯科尼因应对国内经济困境不力，黯然下台。然而，时隔一年，有关贝卢斯科尼要参加竞选的消息再次传来，并称他极有可能再一次执掌意大利政坛。

欧洲政坛向来不乏常青树，德国前总理科尔、英国前首相撒切尔和布莱尔都曾长期执政，然而他们与贝卢斯科尼相比，至少有三点不同：第一，他们都是职业政治家，经历了十年磨一剑的等待，政治驾驭能力突出，背后都有稳定、强大的政党支持。而贝卢斯科尼在 1994 年组建起意大利力量党，当年立刻赢得了选举，在进入政坛之前，他只是一个成功的商人。第二，德国、英国的政局比较稳定，左右翼政党轮流执政，政府的更替并不频繁，而意大利在战后产生的政府多达 58 个，总理人数达到 25 人。[①] 第三，科尔、撒切尔及布莱尔的形象积极、健康，在民众中口碑颇佳，但贝卢斯科尼前后已经卷入 20 余件司法案件，个人生活方面的丑闻更是满天飞。究竟是什么原因，使贝卢斯科尼独树一帜，长期活跃在政治舞台？

一 独具特色的政治文化

贝卢斯科尼的意大利力量党虽然是在 1994 年大选前匆忙组建，但在

---

* 本文刊载于《当代世界》2012 年第 8 期，原文名为《贝卢斯科尼现象的思考》，合作者为原中央编译局马克思主义研究部副研究员刘光毅。

① 统计时间从 1946 年 7 月至 2012 年 5 月。

意大利原有政党格局突然坍塌后，得到了前天主教民主党选民的支持。为什么政党版图剧烈变化，而选民竟然没有流失，并迅速地找到了替代政党，这就需要讨论意大利政党政治的一个极为突出的特点，即党强政弱①的政治态势，以及选民投票倾向固化。

著名学者乔治·伽里曾说，在通往代议制民主的道路上，意大利与其他欧洲国家有一个非常显著的差别，即没有产生一个强大的现代自由党。1922 年之前，意大利的政治、文化、社会空间是由众多的党派把持。② 经历了法西斯主义的打击之后，意大利的政党在第二次世界大战后期纷纷扬起尘封的旗帜，并迅速在国家政治生活中发挥出主导作用，领导全国民众完成反法西斯战争，起草共和国宪法，确立议会民主制，重建意大利政治秩序。在这个过程中，政党的地位也进一步地强化了，许多原本属于国家机构的权力，也就处于政党的控制之下。政党不仅把持国家权力，而且将触角延伸到社会生活的各个领域，掌握着资源，向其支持者分配利益。由此，民众对政党的自觉依赖也便进一步强化了。正如乔瓦尼·马拉尼尼所言，意大利不是民主政治，不是由人民统治，而是由政党统治。③

意大利在第二次世界大战后的首次选举几乎就是 1919 年选举的翻版。在随后的 40 余年中，意大利政府的频繁倒台与其政党格局的稳定形成了鲜明的对比。新兴政治力量迅速地被传统政党瓦解、吸收，天民党和意共始终分列第一、第二大党，牢固地控制着社会空间及选民的认同。意大利的选区素有"红""白"之分。所谓红区，是指北部的工业三角区，以及中部的托斯卡纳大区、艾米利亚—罗马涅大区、马尔凯大区和翁布里亚大区，这里一直是意共、意大利社会党等左翼政党的票田。所谓白区是指威尼托大区、特伦蒂诺—上阿迪杰大区，以及弗利乌里—威尼斯朱利亚大区，在这些地方，战前的意大利人民党及战后的天民党一直拥

---

① 史志钦：《意共演变与意大利的政治大变革》，《当代世界社会主义问题》1998 年第 6 期。

② Giorgio Galli, *I partiti politici italiani*（1943－2004）: *dalla Resistenza al governo del Polo*, Milano: Superbur Saggi, 2001, p.41.

③ [法] 热纳维埃夫·比布：《意大利政党》，葛曾骧等译，上海译文出版社 1980 年版，第 220—221 页。

有绝对优势。

1992 年的选举同样也几乎是 1948 年选举的翻版,然而,一场突如其来的反腐败运动却彻底改变了意大利的政党格局。1992 年 2 月,社会党米兰市主要负责人马里奥·基耶萨因收取工程回扣被捕入狱,谁也没有料到,这一个案引爆了民众长期积压的不满情绪,司法调查迅速向全国蔓延,几乎波及了所有的党。各党领袖为了保住本党声誉,被迫采取"丢卒保帅"的做法,逐步放弃了对已遭逮捕的党内较低级别官员的保护,而这些人感到被党抛弃,又不顾一切地指控他人,由此形成了多米诺骨牌效应。据统计,在两年的时间里,共有约 1300 人受到调查,其中包括部长、众参两院议员、企业家、政党领袖,甚至前总理。如此大规模、高级别的腐败现象,瞬间摧垮了意大利的政党格局,传统政党纷纷走上解体、分裂或重组的道路。① 对比 1992 年和 1994 年众议院选举情况,天民党由于长期执政,受到的打击最为沉重,它的主体演变为意大利人民党,得票率从 30% 骤降到 11%;意大利社会党在 80 年代多次加入政府,发展势头一度迅猛,受到的影响也很大,得票率从 14% 降到无足轻重的 2%;意共由于从未执政,所以其继承者左翼民主党和重建共产党受到的波及较小,得票率均小幅上涨。总之,1994 年在众议院获得席位的政党,全都不是传统政党。②

"净手运动"引发了政坛地震,打碎了铁板一块的意大利政党格局,却没有改变固化的选民认同。一方面,这为贝卢斯科尼进入政坛准备好了政治空间;另一方面,原天民党的选民经历了短暂的彷徨后,迅速找到政治归宿。意大利力量党虽然是个"新瓶",装的却是"旧酒"。20 世纪 90 年代初本是左翼民主党高歌猛进的大好时机,但它(包括意共)自 1948 年起从未进入政府,在执政履历上与一个新党无异,而且反共倾向尚未从意大利选民的思维定式中完全剔除,放眼当时的意大利政坛,经济界巨子贝卢斯科尼更适合担任中右的领袖,阻挡左翼前进的步伐,民

---

① Gianni Barbacetto, Peter Gomez, Marco Travaglio, *Mani pulite: la vera storia da Mario Chiesa a Silvio Berlusconi*, Roma: Editori riuniti, 2002, pp. 674 – 704.

② 1994 年众议院中获得席位的政党分别是:意大利力量党、左翼民主党、民族联盟、意大利人民党、北方联盟、重建共产党以及塞尼名单。意共早在 1991 年 2 月就已经解体,其主要部分组建了左翼民主党,另一部分坚持共产主义理想,组建了重建共产党。

众期待着他把个人商业的成功复制到国家管理中。正因此,贝卢斯科尼才能"惊艳"意大利政坛。

虽然很多学者期待着意大利的政党体系浴火重生之后,选民能够重新具有流动性,但是随后十余年的政治实践充分证明,虽然党员人数不断下降,选举中的弃权率不断上升,但红区、白区的差距根深蒂固,没有发生重大的变化。

■ 意大利力量党
■ 左翼民主党

图1 1994年意大利众议院选举结果

资料来源:根据维基百科图片修改而成,http://it.wikipedia.org/wiki/File:Elezioni_Camera_1994.png,访问日期:2012年2月15日。

二 政党形态的变化

如果说贝卢斯科尼在1994年获胜包含着一定的偶然因素,那么他在随后的选举中能够接连胜出,并长期执政,就不再是偶然了。这是由于意大利力量党顺应了政党形态,以及政治沟通方式的变化。

关于政党形态的变化,目前影响力最大的解释模式是由迪韦尔热、基希海默、卡茨与梅尔等学者提出的,他们共同勾勒出一条从群众型政党到兼容型政党再到卡特尔型政党的演变路径。冷战时期,意大利主要政党普遍采用群众型政党的组织模式,具有旗帜鲜明的党章、复杂的中央机构、广泛的基层组织、大量的党员,以及高度的政治认同,但是,20世纪90年代以来,意大利政党的形态发生了重大变化,纷纷弱化了中央与地方之间的关系,力图在公民社会中打牢根基,在竞选中采用联盟的方式,积极寻求政党合并。究其原因,社会环境的变化与选举制度的约束发挥了重要作用。一方面,随着经济的发展与冷战的终结,意大利的社会结构及民众的政治意识发生了很大的改变,中间阶层迅速崛起,原有的阶级界限逐渐模糊,社会呈现出碎片化的趋势,民众的政治诉求日渐多元化,并且越来越务实。另一方面,冷战时期意大利一直实施比例制选举法,这虽然有效鼓舞了民众的政治参与热情,但也导致了政党林立、行政效率低下的弊病。1993年、2005年意大利两次改革选举法,一以贯之的导向就是弱化小党在选举中的生存能力,鼓励并规范政党联盟,实现意大利政党的两翼化发展。

意大利力量党并没有严密的组织体系,如果是在群众型政党模式盛行的年代,它必然无法进行有效的政治动员,不可能获得选举的胜利,然而,在20世纪90年代后政党结盟、合并的浪潮中,由于没有党内守旧力量的组织羁绊,反而体现出了鲜明的后发优势。意大利1994年至今的五次大选中,中右联盟三次胜出,并不是偶然的,这体现在以下两个方面。

第一,与中左联盟相比,中右联盟的政党数量较少,党际关系稳定。1994年以来,中左政党先后组建起进步联盟、橄榄树联盟参加选举,但是中左联盟内部政党众多、选票分散,它往往需要团结七八个政党才能与中右抗衡,其中最大党的得票率在1996年以后仅维持在16%左右,特别是在意大利前总理普罗迪2008年宣布退出政坛后,中左群雄割据的局面进一步加剧。中左内部包含着共产主义、社会民主主义、女权主义,以及环境保护主义等各种政治诉求,在面对具体问题时立场难以协调,经常会发生矛盾冲突。反观中右联盟,包含着三大支柱——意大利力量党、民族联盟、北方联盟,政党构成非常稳定,[①] 民族联盟和北方联盟的得票率与意大利力量党差距较大,但稳居国内四大政党之列,同时中右

---

① 1996年大选,北方联盟脱离中右联盟单独参选。2001年大选,北方联盟回归中右联盟。

联盟的新自由主义政策指向也符合各党的政治诉求。

第二，意大利力量党也从未停止政党合并的步伐。贝卢斯科尼进入政坛后，一直希望建立一个统一的中右政党，但是，由于他的重要盟友、民族联盟的领袖菲尼反对，迟迟未能如愿。2007年11月，贝卢斯科尼在米兰提出"两步建党"的设想，即首先建立一个政党联盟，以相同的名称、标志参选，最后再形成统一的政党。经历了犹豫、反复之后，菲尼最终同意。2008年2月，意大利力量党与民族联盟共同组建了政党联盟"自由的人民"。2009年3月22日，民族联盟宣布解散，5天之后，一个统一的政党——自由人民党正式诞生。

另外，贝卢斯科尼还适应了政治沟通手段的变化。在群众型政党时代，政党的政治沟通依靠自上而下的组织进行，然而随着通信手段的发达，媒体逐渐成为政治沟通的主要手段。贝卢斯科尼从不依赖政党的机构进行组织和宣传，而是通过媒体与民众建立直接的联系，他所掌控的资源，为这种沟通提供了强大的硬件支持。贝卢斯科尼拥有一个不折不扣的媒体帝国，除在德国、西班牙拥有两家电视台外，他在意大利还拥有"第5频道""意大利1""网络4"三家全国电视台，是坐拥意大利最大的书籍、期刊出版商的传媒大亨，控股"蒙达多利""朱里奥·埃因那乌迪"等11家出版社；在音像制品销售领域，1994—2002年，他是意大利最大的音像制品销售连锁店"巨型炸弹"的股东，并掌握着著名的"门多萨电影"集团；同时他还是大名鼎鼎的足球俱乐部"AC米兰"的老板。如此多的宣传资源集于一人之手，可以迸发出的能量显而易见。

三 中右联盟的力量结构

意大利中左第一大党是左翼民主党（1998年、2007年合并其他小党先后更名为左翼民主人士和民主党），然而中左联盟的总理候选人却往往不是这个党的首脑。1994年以来的5次大选中，中左联盟的领袖换了4位，只有两次是由最大党的首脑担任。[①] 然而，贝卢斯科尼一直是中右联

---

① 这两次分别是：1994年大选，左民党总书记奥凯托担任"进步联盟"领袖，2008年大选，民主党总书记维尔托罗尼担任中左联盟领袖。

盟的领袖，一旦胜选，他也就是当然的总理人选。之所以出现这么巨大的反差，原因就在于中右联盟的主要成员意大利力量党、民族联盟与北方联盟，都是领袖魅力型政党，而在领袖的"魅力"之争中，贝卢斯科尼拥有绝对的优势。

民族联盟的前身是社会运动。战后初期，一小部分法西斯政权的同情者组建了社会运动，因此，该党具有鲜明的意识形态特征，在漫长的岁月里，它始终被排斥在主流价值观之外，成为意大利政坛的异类，甚至被称作"法西斯主义者的猪圈"①。社会运动曾长期在左、右之间摇摆，也曾粉饰自己的意识形态，短暂地加入天民党政府，但最终既不能抚平党内派系的争执，也不能消除民众的怀疑，难逃边缘化的命运。从1991年起，菲尼开始担任社会运动的书记，他继承和发扬社会运动在20世纪70年代"新右派"的思想理路，发起了一系列的改革，提出把"法西斯主义"交给历史去审判，抛弃反美、反资本主义的指向，积极地与中右翼力量（包括宗教力量）建立联系，并在随后的选举中取得了优异成绩，推动着社会运动走出孤立境地。1995年1月，在菲尼的带领下，社会运动自我改造为"民族联盟"，彻底弱化了意识形态指向，走上了亲资本主义，以及在体制内寻求成功的道路，正如菲尼所说，意大利漫长的"战后"终于结束了。② 1991—2009年民族联盟与意大利力量党合并，菲尼一直是该党的领袖及象征。

北方联盟同样如此，它的出现与意大利南北方剧烈的贫富差距密切相关。北方联盟的前身是20世纪70年代末出现的伦巴第联盟。它最初是致力于保护伦巴第语言、文化传统的自治运动。1987年选举后，伦巴第联盟重新界定了自己的政治诉求，致力于创建以利益为基础的地区身份认同。它认为，伦巴第人民辛勤劳作积累起的财富，却在分配中便宜了终日无所事事的南方人和移民，于是这些人就变成了"敌人"。伦巴第联盟在这一时期的标语和口号充斥着排外和种族主义色彩。它在1990年行政选举中取得了辉煌的成绩（在本大区赢得了18.9%的选票），同年在其书记翁贝托·博西的倡议下，活跃于北方的各种地区联盟合并为北方联

---

① Piero Ignazi, *I Partiti Italiani*, Bologna: Il Mulino, 1997, p. 130.

② Credazzi Guido, Fini: ecco la Destra democratica, 29 gennaio 1995, p. 2.

盟。1991年北方联盟召开第一次大会，博西当选书记。党的政策重点随后也从反对人种多样性逐渐过渡到批判中央集权及政党政治上。国家缺乏效率，不再是懒散的南方人传染了国家机关所致，而是热衷于政治分赃的政党的责任。这些主张凸显出北方联盟的政治纯洁性，得到了改革主义者的认可。1992年的选举中，北方联盟横扫300多万张选票（8.65%），赢得了55个众议院席位和25个参议院席位，一举跃升为全国第四大党。从伦巴第联盟时代开始，博西一直是北方联盟的领袖和象征，直到2012年4月，他因家庭经济问题辞职。①

很明显，中右联盟的三大支柱各自有着卓越、稳定的领导人，一旦中右联盟获得选举胜利，总理人选也便在这三人中产生，博西和菲尼在各自党内的地位虽然牢固，但北方联盟与民族联盟在得票上却无法与意大利力量党相比，最明显的例子就是1996年时，北方联盟单独参选，虽然仍稳居第四大党的地位，但胜出的却是中左联盟，中右联盟与北方联盟两败俱伤。北方联盟与民族联盟都有着深刻的历史根源，但法西斯主义和地方主义是它们二者的硬伤，这大大限制了两党的发展，参与政府是可以的，但政府首脑的宝座却与他们无关。同时作为职业官僚，他们所掌握的社会经济资源，也无法与贝卢斯科尼相提并论。综上所述，一旦中右胜出，贝卢斯科尼就是总理职务的不二人选。

2011年以来，意大利在金融危机的打击下步履维艰，虽然贝卢斯科尼仍然得到了众、参两院的信任，但他还是在同年11月主动辞去了总理职务，随后，意大利共和国总统纳波利塔诺授权著名经济学家蒙蒂组建技术政府。根据本文的分析，贝卢斯科尼长期执政，与意大利独特的政治文化、政党形态的变迁，以及中右联盟的力量结构密切相关，这些因素都具有较强的稳定性。意大利新一轮大选在即，如果贝卢斯科尼决定亲自竞选，必定仍是中右联盟的领袖，以及总理职务的有力竞争者。

---

① Corinna De Cesare, Bossi presenta le dimissioni irrevocabili al consiglio federale, ora tocca al triumvirato, corriere della sera, 5 aprile 2012.

英国保守党与时俱进[*]

英国保守党是英国的两大政党之一，也是世界历史上最早的现代政党之一。如果从其前身托利党成立（1680年）算起，保守党应该有300多年的历史。不仅如此，与其他政党相比，保守党又是英国历史上执政时间最长的政党。自1900年以来，保守党执政多达60余年，其中单独执政47年，共6次，反比工党单独执政30年，共5次，自由党共9年，仅执政一次。由此可见，保守党单独执政的时间超出其他两大政党掌权时间的总和。

这期间，保守党虽然也曾多次出现危机，包括1997—2010年长达13年的危机，但它总能化险为夷，转危为安。2010年5月，保守党与自由民主党组成联合政府，开启另一段的执政历史。促成保守党"老而不衰"的原因有很多，如自身的保守特性与英国的社会传统相吻合、英国选举制度对小党有利的优势、政敌的分裂与失误，等等。但更重要的原因是保守党在理论和意识形态上的灵活性和实用性，以及党组织的高度凝聚力和与时俱进的精神。

一 保守党并不保守

保守党之所以历经沧桑，老而不衰，度过一次又一次危机，首要原因是理论体系的非教条性和政策的灵活性。人们谈论起英国保守党，自然很容易地把它与保守主义的意识形态联系起来，认为保守党的意识形

---

[*] 本文刊载于《当代世界》2013年第9期，原文标题《英国保守党何以老而不衰》。

态一定是保守的，内外政策势必僵化而缺乏弹性。其实，这是一种相当偏颇甚至错误的观念。恰恰相反，与英国的其他政党如工党、自由党、自由民主党及共产党相比，保守党的理论和形态最具开放性，其内外政策最为实用主义，有学者用"非教条性""发展性"和"兼容性"来描述保守党的理论。①

保守主义理论起源于19世纪初的托利主义，此后先后经历伯克主义、迪斯雷利主义、新保守主义及撒切尔主义等不同称谓。② 这诸多不同的称谓表明，保守党在坚持其核心理念的同时，折射出其在历经英国社会变迁后的理论调整和变化。托利主义是反映托利党人最初维护王权和封建贵族统治的理论。它主张维护英国的传统社会秩序，反对革命和剧烈的改革，尤其是在改革浪潮来临时，托利党逆势而又缺乏对策，顽固保守，始终把托利主义当作灵丹妙药，仇视任何新生事物。在19世纪30年代英国社会发生巨大变化的情况下，这种思想显然已经落伍，导致保守党内出现分裂，各派矛盾激化，组织失去活力。1833年，罗伯特·皮尔及时地提出了"新保守主义"的概念。新保守主义在强调维护现存政治制度，维护统治阶级根本利益的同时，也应支持当时必要的改革法案，只是要求这种改革必须小心谨慎，避免用过激方式。这一思想恰好与当时的辉格党政论家埃德蒙·伯克的观点不谋而合，因而被称为伯克主义。伯克在反思法国大革命的基础上告诫自己的同胞维护本国等级和地位差别等基本政治秩序的必要性，如果迫不得已需要变革，那也要保持连续性，不能打破旧有的正常秩序，不能引起社会的动荡。自此至19世纪70年代之前，伯克的观点反而被保守党所接受。这样，伯克主义成为保守党长时期内的思想准则。

从19世纪中叶开始，英国的政治、经济和社会形势继续发生深刻的变化。随着资本主义的快速发展，新兴的中产阶级选民不断增多，工人阶级日益壮大并有了自己的主张。与自己的竞争对手自由党相比，保守党的政策主张和理念越来越跟不上时代发展的步伐，因而在竞争中经常处于被动局面。这时，以本杰明·迪斯雷利为代表的保守党领袖集团则

---

① 刘建飞：《英国保守主义的主要特性》，《国外社会科学》1997年第6期。
② 刘建飞：《英国保守主义的主要特性》，《国外社会科学》1997年第6期。

能善观形势变化，改革保守党的理论基础，在继续强调传统的维护国家体制和秩序的同时，主张改善人民的生活条件，关心人民的利益。这一理论调整改变了伯克主义的不信任人民的偏见，进而被捧为"深得民心的保守主义"。不仅如此，迪斯雷利还迎合时代潮流，推行一系列的社会改革措施。1867年，迪斯雷利政府进行宪法改革，赋予许多工人以选举权；1874年颁布了工厂法，1875年又颁布了《公共健康和手工业工人住宅法》等。迪斯雷利的这些改革，使得保守主义重获活力，为日后保守主义的发展奠定了基础。

第二次世界大战结束后，保守党又经历了一次重大的理论调整。战争结束之际英国举行大选，满以为稳操胜券的保守党及其党魁丘吉尔却遭受意想不到的失败。丘吉尔及其同僚踌躇满志地认为，保守党刚刚领导英国赢得战争的胜利，功勋卓著，在国内外享有很高的声望，赢得选举胜利毫无悬念。但保守党人万万没有想到，英国选民并不领情，因为英国的国内外环境已经发生了很大的变化。这时国内和国际政治流行的思潮是社会主义及经济上的凯恩斯主义，保守党的政策主张显然已不合时宜。失败的残酷教训促使保守党人反思，结果保守党接受了工党主张的凯恩斯主义和社会福利政策，使得战后英国政治史上出现了两大党在主要政策上特有的"共识政治"。1951年，保守党重返政府并连续执政13年，很大程度上归功于这次政策的调整。20世纪70年代初，"共识政治"不再奏效，保守党的中坚力量要求改弦更张。1975年，玛格丽特·撒切尔夫人当选为保守党主席，下令成立一个"经济建设小组"，更新党的政策。1977年该小组制定了一份题为"经济成功之路"的文件，放弃了曾影响英国经济政策多年的凯恩斯主义，货币主义成为时尚。1979年撒切尔夫人当选为英国首相，大刀阔斧地推行改革，改革措施包括控制通货膨胀，改革税制，推行市场化、国有企业私有化、削减社会福利，严厉打击工会组织等。媒体和学界将撒切尔的这些改革政策和理念冠名为"撒切尔主义"。

撒切尔主义政策实施后不过数年，以"滞胀"为主要症状的"英国病"得以治愈，英国经济发展速度再次居于西方国家前列，保守党也凭此政绩连续四次在大选中赢得胜利，执政时间长达18年，创下了英国政党四次独立执政的历史纪录。但是，由于该政策过分注重经济效益及私有化措施,结果造成了前所未有的社会分化,且随着其任期的增加,客观上也造成保守党在思想理论上因循守旧和缺乏创新,党内矛盾丛生,危机四起。这时,在野十几年的工党在经历痛苦的转型之后,在新生代领袖托尼·布莱尔领导下提出了"第三条道路"理论,旨在极端保守的撒切尔主义和旧工党的社会民主主义之间走中间道路。在"第三条道路"指引下,英国工党改造为新工党,从1997年到2010年,连续三次赢得选举胜利并单独组成政府,一度使得工党达到巅峰,创造了工党选举和执政的历史纪录。此时的保守党则陷于全面低谷之中,党内分裂倾向严重,党的肌体缺乏活力,党员队伍日益萎缩,失望情绪弥漫,给人一种"沉闷守旧"的不佳形象。工党执政的13年,是保守党备受煎熬的时期。在经历过数次选举失败和领袖更迭后,保守党最终推出了眉目清新、充满生机与活力的新生代领导人戴维·卡梅伦。鉴于撒切尔时期推行的宗教激进主义市场经济和工党借鉴保守党经济与社会政策成功经验,卡梅伦对保守党进行大刀阔斧的改革,根据世情、国情和党情的变化,在意识形态、党内民主和社会管理等方面调整党的理论和方针政策,在坚持传统实用主义的同时将党的政策立场定位于中间偏右,打造现代而又亲民的政党新形象。2010年5月,卡梅伦不负众望,在选战中击败工党。但由于在议会中不占绝对多数,保守党毅然放弃意识形态的纯正,坚持传统的实用主义,甚至与本党意识形态具有差异的自由民主党组建联合政府,摆脱了十几年来保守党屡败屡战的形象。

二 有民主,更有集中统一

谈起西方政党,人们一般认为,他们都是民主政党,他们往往是强化民主自由而淡化集中和权威。但在实际生活中,情况远非如此,英国保守党更非如此。毋庸置疑,英国保守党在经过几百年的演变和发展中已经成为一个符合自由民主标准的现代政党。它既有相互独立的组织系统,又有保证其团结统一的纪律约束和道德规范。但从其理论和实践来看,保守党是一个高度集权的政党;正是它的高度集权和严格纪律,才最终保证了党的团结统一。高度集权的组织结构,使得党内纵有林林总总的派别和组织,如弓集团、星期一俱乐部、塞尔顿集团、保守党改革集团等,① 这些派别和集团虽也会因意识形态和政策理念的差距而经常内斗不断,但为了党的最终目标和利益,他们很少达到内讧和严重分裂的地步。如保守党所宣称的那样,他们"自己拥有长期的高度共识,几乎没有严格意义上的派别,没有观点上的实际分歧,只有基于保守主义理念的高度一致"②。确实,与英国自由党和工党相比,保守党内派别活动相对较少,长久激烈的党派对立更少,多数内争均能以温和的方式进行,党内分歧通常不会对领袖地位构成较大威胁,也不会导致党的严重分裂。

更重要的是,由于保守党在意识形态上始终没有不可调和的矛盾,党内的派别斗争总是围绕着如何为维护与增强党的威望而进行,中心目标是为了巩固或争取执政党的地位,而非另立山头,制造分裂;甚至有人为了维护党的团结和统一,会忍痛退出权力圈子。③ 例如,1922 年,保守党因与自由党和工党合作问题发生分歧,由于两派领袖采取说服工作和民主表决方式,进而解决了意见分歧,维护了党的团结。又如 1975 年希思和休·弗雷泽为了顾全大局,适时地宣布退出党内领袖竞争,让位于玛格丽特·撒切尔夫人。1990 年 11 月,当撒切尔政府的政策处于内外交困、保守党信誉不断下跌之际,为了避免党的分裂,撒切尔夫人同样含泪辞去首相职务,退出党内竞争,并推举其门生、财务大臣梅杰参加领袖选举。如她将这一决定通知内阁时潸然所说,"如果我能退出,让内阁同僚参加竞选,这对党的统一和大选胜利有益"。在领袖选举中,梅杰的支持率未超过规定多数,随后其竞争对手赫塞尔廷和赫德自动退出竞选,并号召保守党团结在新领袖周围。梅杰执政后,为加强党内团结,摒弃前嫌,把赫塞尔廷和赫德均延揽入阁,避免了保守党的重大分歧。

保守党之所以具有高度的党内凝聚力固然密切联系于其共同的理念,但党内集权与权力制约的有效结合也十分重要。首先,从保守党的组织结构来看,三大结构(议会党团、中央总部和全国联合会)之间没有隶属关系,只有工作上的协作关系。议会党团是全党的核心,无论是执政

---

① 胡康大:《英国保守党内的派别活动》,《西欧研究》1986 年第 6 期。
② Ivor Crewe and Donald D. Searing, "Mrs. Thatcher's Crusade: Conservatism in Britain, 1972 – 1986", in Barry Cooper et al. (eds.), *The Resurgence of Conservatism in Anglo-American Democracies*, Durham and London: Duke University Press, 1988, p. 263.
③ 阎照祥:《二十世纪英国保守党政治优势析要》,《史学月刊》1996 年第 6 期。

还是在野都要承担党的全部工作,它不仅掌握着各项法案的讨论及表决权力,更重要的是它掌握着选举领袖的权力。全国联合会是议会外保守党的全国群众性组织,主要任务是在议会外从事宣传和组织工作,扩大保守党的影响,为议会党团服务。中央总部则发挥连接议会党团和群众组织的桥梁作用。三者的关系是,议会党团是核心,后两者的工作更主要的是服务前者。其次,党的三大结构最终以党的领袖为核心,接受领袖的领导。保守党的领袖通过其任命的督导员来控制议会党团,促使所有议员根据其意志行事,对于违纪的议员,领袖有权对其制裁,直至开除出议会党团。同时,党的领袖还可以通过其任命的党主席来控制中央总部,进而影响全国联合会。因此,党的领袖实际上成为保守党组织机构的一部分。[①] 由此可见,保守党实际上又是一个领袖高度集权的政党。

权力意味着责任和义务。保守党领袖具有如此大的权力也意味着他肩负的巨大的责任和义务。这就要求党的领袖具有足够的智慧和超人的能力来驾驭全党、领导全党。如果党的领袖不称职,不能领导带领大家夺得大选的胜利,或者一挫再挫,同样会被选举其成为领袖的议会党团议员所罢免,因为决定谁来做党的领袖或做多久党的领袖的权利来自全体议会党团议员。历史上的爱德华·希斯、阿瑟·鲍尔弗,以及20个世纪末和21世纪初的几任领袖如威廉·黑格、邓肯·斯密斯、迈克尔·霍华德等,他们无不是因为在保守党面临困境与失败时未能带领本党取得胜利而主动请辞或被赶下台。这种"适者生存"的残酷淘汰机制始终是保持党的生机与活力的法宝之一。

三 与时俱进,永葆党的生命力与战斗力

任何政党最初都是某个特定阶层的代表者,但是多数政党的发展历史证明,只有与时俱进地扩大党的基础,才能最终具有强大的生命力和战斗力。19世纪上半叶以前,托利党、保守党一直是封建土地贵族的忠实代表,但是随着工业革命和民主政治的发展,这个集团在经济和政治领域中的优势逐渐丧失。这时如果保守党继续坚守其狭隘立场,难免会

---

① 刘建飞:《英国政党制度与主要政党研究》,中国审计出版社1995年版,第70—87页。

被新兴的社会集团所抛弃。实际上，19世纪30年代的保守党"重建"就是在这样的背景下发生的。[①] 针对英国社会不断出现的新兴阶级集团，保守党先是向上层资产阶级敞开大门，该集团曾以反对封建专制起家，但随着新兴中产阶级及工人阶级的崛起，这些上层资产阶级也转变成为现有秩序的维护者。他们的加入使得保守党逐渐从土地贵族的主要代表者转变成为上层资产阶级的主要代表者。接下来，保守党又不得不开始向日益壮大的新兴中产阶级和工人阶级开放，以吸收新鲜血液，改善党的结构，扩大党的队伍。否则，如19世纪保守党领袖兰多夫·丘吉尔指出的那样，如果不能获得工人阶级的信任，保守党即无法取得政权。保守党数个世纪的发展轨迹反复地证明了这一铁律，否则，无论是托利党，还是保守党，都早已成为历史概念。

第二次世界大战之后，英国先是经受福利国家和国有化混合经济的影响，然后是受撒切尔主义及保守党政府所推动的市场经济、国有企业私有化、鼓励私人资本等政策的影响。两场革命性的变革虽然性质完全不同，但其对英国社会阶级结构的影响是深远的，社会结构的变化势必会影响到党的阶级基础。尤其是在保守党执政的十几年中，英国的社会结构变化显著，由商人、经理人员、专业技术人员和高级文职人员为核心的中产阶级队伍进一步扩大。这些人员大大得益于保守党的经济和社会政策，进而成了拥护保守党的稳定支持者。相反，工党的社会基础却在不断地萎缩。由于撒切尔政府严厉打压工会，也由于始于80年代的信息科技革命，服务业为主的第三产业迅速发展，传统的制造业萎缩，蓝领工人减少，这些变化无不在侵蚀工党的阶级基础。在这种背景下，工党在年轻领导人托尼·布莱尔领导下，掀起了名为"第三条道路"的社会民主主义变革，强调要在传统的社会民主主义和新自由主义之间进行折中，明确接受撒切尔主义中行之有效的政策，其实质上是社会党的新自由主义化趋势，占领选民的中间地盘。以1997年工党执政为标志，结果工党以保守党的衰落为代价，使工党朝着良性阔步发展，工党的群众基础大大拓宽，党员队伍扩大一倍，达到40万人。与之形成鲜明对照的是，保守党党员队伍不断萎缩，在20世纪70年代它尚有150万人，而到

---

① 潘兴明：《论英国保守党的"重建"》，《世界历史》1988年第1期。

了1996年则锐减到40万人,党员平均年龄高达64岁,35岁以下的占比不到5%,保守党几乎成为一个老人党。鉴于这种情况,保守党于1997年适时地提出一套改革方案,确定要到2000年将党员人数扩大到100万人。为此,保守党特别强调扩大党员成分,吸收更多的年轻人、有色人和妇女入党,以改变保守党是"白人党""男人党""富人党"的形象。2005年12月,39岁的戴维·卡梅伦当选为保守党党魁后更是把改变保守党形象作为改革目标,强化党的大众性质,淡化其精英特色,增加年轻和女性议员的数量。卡梅伦及其力主的亲民形象构建,给沉闷的保守党政坛带来一股清新空气,最终在在野13年之后使得保守党东山再起,扭转了连续三届选举败北的局面。

总之,保守党能够历经数世纪并在英国政坛中居于政治优势地位,不仅有赖于其自身的特点,更在于它能适应时代的变迁,与时俱进,适时地调整自己的理论和政策,增强自己在变革时代的生存力和适应性,使其顺利地完成了从主要代表土地贵族的托利党向主要代表大资产阶级并面向选民的现代政党的转变。

欧洲极右政党透视*

20世纪末21世纪初，在世纪交替之际，极右政党又成为欧洲各国热烈讨论的话题。其直接原因是奥地利自由党进入政府。自由党党魁约尔格·海德尔因发表同情纳粹言论而臭名昭著。海德尔虽未在政府中任职，很多人仍担心他会通过执政党发挥主导作用。瑞士不是欧盟成员国，但人们普遍把它看成民主国家繁荣和稳定的典范，因此，瑞士人民党的崛起也引起人们的广泛关注。人民党现象说明，执政的主流政党也会支持反移民政治。

这两个政党的选举成功远不是一个孤立现象。自20世纪80年代以来，西欧各种各样的极右政党在选举中均取得显著进步。值得注意的是，这些政党是在多党制内取得进步的，而且还会在某些地区吸引更多选民。

法国国民阵线是这类政党的典型代表。1972年，国民阵线由让－玛丽·勒庞创立。成立伊始，阵线深受两个国外模式的影响：一个是意大利社会运动；另一个是英国民族阵线。前者成立于1964年，由一批顽固不化的前法西斯下层军官发起。1970年前后，它与保守人士联盟，扩大了选民队伍。后者成立于1967年，由法西斯主义者和保守的种族主义者组成，主张反移民政治。英国民族阵线一度在某些地区取得突破性进展，但随后不久就在1979年的大选中惨遭失败。意大利社会运动虽没有惨遭如此厄运，但也很快于70年代末黯然失色。法国国民阵线最初也没有取得选举上的进展。1981年，勒庞为参加总统选举，甚至没有获得所需要的500人签名。三年后，它却获得突破性进展，在欧洲议会赢得10%的

---

* 本文刊载于《国际论坛》2001年第6期，原文标题为《欧洲极右政党透视》。

选票,直至今日它仍在欧洲议会中拥有席位。国民阵线已成为众多极右政党的榜样。1994年,意大利社会运动改为全国联盟,获得14%的选票,一度在新的中右联盟政府中出任5名部长职位,2001年再次进入政府,震动欧洲政坛。

20世纪70年代,斯堪的纳维亚地区诞生了另一种新型政党,其代表是创建于1972年的丹麦进步党。1973年,丹麦进步党在选举中赢得16%的选票,成为丹麦第二大党。其主要竞选纲领是民众主义,反对大国家。1973年丹麦加入欧洲经济共同体后,反对欧洲统一又成为其显著特点。重要的是,它反对社会福利政策。70年代末,丹麦进步党把这一主题与反移民政治结合起来。80年代初,进步党内部发生分裂。挪威进步党境遇基本与其类似。从丹麦进步党分裂出来的人民党在2000年民意测验中获15%的支持,成为受民众欢迎的第三大党。

20世纪90年代,另外两个重要的新右派政党也不断地获得选举上的突破。一个是意大利北方联盟,另一个是比利时的佛兰芒人集团。二者都致力于建立一个历史形成的纯种族社区。90年代末,两党分别在本国不同地区获得好成绩。

不过,我们决不能就此而夸大极右政党在90年代的发展。爱尔兰、葡萄牙及西班牙等国根本没有什么有影响力的极右政党。其他国家的极右政党支持率也很低,甚至相当不稳定。虽然英国民族阵线1993年在米尔沃尔地方选举中取得引人注目的成绩,但1997年大选中其56个候选人平均只获得1%的选票。1989年,从德国基督教社会联盟分裂出来的共和党在欧洲议会选举中获7%的选票,但1994年和1999年却又失去代表资格,直到最近的全国大选中才恢复到1%—2%,1998年德国人民联盟在联邦议会选举中只占1%。

法国国民阵线也于1998—1999年分裂为两派。1999年,两派在欧洲议会选举中分别获6%和3%的选票。意大利北方联盟在1999年欧洲议会选举中也下降到5%。

本文拟以西欧极右政党为重点,分析其类型和特点及其对西欧政党制度所产生的影响。这些政党究竟有没有共性?它们的崛起是否已对欧洲政党制度的稳定构成威胁?怎样才能解释它们的选举成功?等等。

一 极右政党的类型问题

像多数政党家族一样，极右政党更是一个大家族。不过，这个家族的政党却拥有各种各样的名称。其中有些政党不承认自己是极右，它们经常宣称自己是"非左非右"，是"第三条道路"。分类中存在的一个难题是，许多政党，尤其是那些法西斯主义派别的政党往往会隐藏自己的法西斯渊源。因此，一个政党的公开主张与其领导层的实际所为经常存在脱节现象。而且，党的纲领也会由于策略考虑或环境因素而不时发生变化。

鉴于此，人们总是趋于利用各种各样的术语来界定这类政党，其中最常见的如"法西斯主义者""新纳粹""极右翼""激进右派"等。[①] 概念的泛化迫使人们常用一些同义词来指代这些政党。迄今为止，学术界很少对这类政党进行区分和界定。

1945年后，学者们一度喜欢使用"激进右翼"来指代那些与战前法西斯主义有因缘联系而又不一定对其认同的团体。尽管后来仍有评论家使用，但已越来越少。一个原因是20世纪60年代以后，英国、美国等国家新保守主义崛起，对第二次世界大战后多数国家中右派认同的福利共识构成挑战。无疑，撒切尔主义与历史上的"激进右翼"之间有联系，但把激进的新保守主义和法西斯主义放在一个家庭里，则容易过分泛化"激进右翼"概念。

20世纪六七十年代，"激进右翼"被"极右翼"一词所取代。起初，学者们通常用"推崇暴力"来界定极右翼，后来则慢慢放弃了这个标准，因为在西欧，那些在选举中稍有影响的政党都不再公开支持暴力。目前，学术界对极右政党作四点典型概括：敌视民主；种族主义；支持强势国家；民族主义。就这四点看，上文提到的所有政党（德国人民联盟除外）仅就其公开声明来看都不属于"极端主义者"。

一些学者试图把极右政党分为"新""旧"两类，以便与法西斯主义

[①] 有时政党专家也不知道该用哪一个术语好。参见 Ronnie Cheles et al, *Far Right in Western and Eastern Europe*, London: Longman, 1995。

传统区别开来。① 该方法突出说明这样一个事实，即除一小撮派别和团体外，已很少有政党再公开涉及法西斯主义传统。这种新旧划分也有弱点。例如，意大利全国联盟果真放弃了法西斯主义道路吗？它自称为"后法西斯主义者"，实际表明自己的模糊性，恰恰暗示它正在更新自己的法西斯主义传统。这种类分法还无法表明各个新"极右政党"间的实质思想联系。其中最有争议的一种观点认为，这些政党是"反体制的"。所谓"反体制"政党既指那些公开敌视现行政治制度的政党，又指那些实际上已在削弱自由民主制度的政党。② 然而，有些极右政党近年先后进入政府，人们没有看到其削弱现行制度的活动，如意大利全国联盟、北方联盟及奥地利自由党。相反，这些政党则提出了现行民主体制下所忽视的一些合理问题。

部分由于这些原因，学术界越来越趋向于用"民众主义"去指代极右政党中的某些小团体。③ "民众主义"的口号往往最受选民欢迎，它暗示一种特殊的政治风格，包括魅力型领袖和反制度的言辞。它可以凭借模糊的信仰，突出追求最主动的民主。

但"民众主义"分类法至少会产生两个问题。首先，有些政党虽不是民众主义政党，但也有这样一些特点，如意大利力量党，英国新工党。其次，既强调"风格"又强调"选民"，容易忽视极右政党家族所共有的核心价值：民族主义。

准确地说，这是一种特殊形式的民族主义，是极右派共有的。民族主义的意识形态各种各样，包括"自由的"民族主义和"整体的"民族主义。自由的民族主义是现代的，强调理性主义、个人主义、多元主义，关注宽容和权利。整体民族主义并非如此。虽然它也包含中央国家集权，认可同化的"本国文化"，但强调的是民族的种族概念，强调捍卫传统的社区概念。

如此强调这种民族主义还有助于解释"为什么一些在经济政策上差

---

① Piero Ignazi, "The Extreme Right in Europe", in Peter H. Merkl, Leonard Weinberg (eds.), *The Revival of Right Wing Extremism in the Nineties*, London: Routledge, 2014.

② Giovanni Sartori, *Parties and Party Systems*, Cambridge: Cambridge University Press, 1976.

③ Paul Taggart, "New Populist Parties in Western Europe", in *West European Politics*, Vol. 18, No. 1, pp. 34–51.

别很大的党却可以聚集于同一家族内"这一问题。这些政党的社会经济政策具有共同的特征：即本国的经济应该首先有益于本国人民，即"民族优先"。

这不仅仅是自由市场与国家主义的问题。其核心是，什么符合"真正的"社区利益。在某些国家，如果国家在管理经济中发挥的作用过于强大，极右政党就会强调更多地利用市场手段。例如，奥地利、意大利、法国等国极右政党都坚定地支持市场经济。极端主义的世界观基础是家族、宗教及不信任外来者。虽然多数极右政党反对建立联邦欧洲，但确有一些政党赞成建立"民族国家的欧洲"。

强调特殊的极端民族主义，并不意味着就可以解决定义问题。前文已经论述了"自由的"民族主义和"整体"性民族主义这一对立的二元观念。但在政治实践中这种差异会同时存在。例如，支持传统并不一定完全拒绝"现代化"。实际上，极右翼的核心思想一直存在相互对立之处，法西斯主义者尤其如此。① 再说，自由的民族主义一直表现为一种纯粹的"理想类型"。在实践中，它也界定自己与其他"类型"之间的特性，既包括传统因素，又含有现代性。

综上所述，清楚地界定"极右翼"必然涉及两大问题。第一，虽然极端主义都有自己的核心思想，但种类繁多；甚至法西斯主义就可细分为好几种。第二，某些右翼政党实际上并不那么"极端"，而且某些主流政党也提出一些"极端主义"政策。这一点非常有助于理解为什么"极端主义"可以左右某些国家的政治生活。

二　极右政党与欧洲政党制度的稳定

欧洲政党制度专家普遍认为，主流政党并没有面临新挑战者的压力。② 其表现是：

---

① Roger Eatwell, "Fascism", in Roger Eatwell, Anthony Wright (eds), *Contemporary Political Ideologies*, London: A&C Black, 1999, pp. 180–205.

② 参见 Peter Mair, *Party System Change: Approaches and Interpretations*, Oxford: Clarendon Press, 1997。

第一，两次大战间出现的政党制度在经历 20 年后依然在许多国家存在。19 世纪及 20 世纪初，政党随着社会的分裂而发展壮大，社会分裂引起了痛苦的敌对，使政党制度沿着结构路线固定下来。1945 年后，由于西欧社会已不再那么分裂，经济上也开始相对平等，稳定趋势又进一步加强。这一进程使那些暴力型政党无机会利用不满进行造反，虽然偶尔会出现一些"昙花一现"的运动，但很快就得以平息。

第二，1945 年以后的主流政党大都成了兼容并蓄的政党（Catch-all），它们不再关心思想上的纯正，更关心的是如何获取最多的选票。因此，它们为争取中间阵地而斗争。于是，左右之间就出现了政治真空，极端主义者在比例代表制下顺利地进入议会。但是，由于选民集结于中间，这些激进政党难以在多数国家有较大发展。如果极右政党触及一些公众关心的问题，主流政党通常也会更新自己的纲领，进而驯化它们。因此，20 世纪八九十年代，欧洲的中左政党出现了"绿色化"现象，而中右派则顺应了反移民及民族主义情绪。

第三，主流政党呈现出所谓"卡特尔化"趋势。[①] 与传统社会党的"群众性政党"不同，这些党基本上与市民社会无缘，它们党员少，不活跃。相反，它们与国家建立了密切联系，并从中获取巨大好处。

我们在看到这种稳定的同时，也不能忽视社会的其他巨大变化对政党制度带来的不稳定性影响。

首先，阶级结构的变化。随着新阶层的出现，传统的阶级结构发生了变化。古老的产业部门已很少有工人操作。相反，一个新阶层开始出现，他们比较灵活，没有工会倾向，价值观念属于"后福特主义"。中间阶层也进一步发展并有很大变化，其中包括许多过去的工人阶级。与社会分裂相交叉的其他分裂还包括，公共部门工人与私有部门工人，传统产业部门工人与高新技术部门的雇员等。结果是，选民不再按传统的阶级组成联盟，他们往往越来越根据各种复杂的问题和观念发生分化组合。

其次，后物质主义价值的影响。后物质主义价值指某些人在实现自己的物质需求之后，追求有关生活质量方面的"更高层"价值

---

① Richard Katz, Peter Mair, "Changing Models of Party Organization and Party Democracy: The Emergence of the Cartel Party", in *Party Politics*, Vol. 1, No. 1 (January 1995), pp. 5 – 28.

观念。① 这些价值观念既可以是政治上的，要求主动参与，又涉及一些具体问题，如生态问题、女权问题。由于中左政党深受后物质主义价值的影响，它的传统阶级支持也不断发生分裂。选民不再与主流政党结盟，也不再作为社会阶级而结盟。

最后，全球化的进展。全球化不仅意味着一种经济进程，而且是一种文化进程。从经济上看，贸易的不断增长使世界变得更加紧密，进而对传统的高工资经济构成重大威胁。从文化上看，全球化实际上意味着以美国为中心和美国社会价值为标准时代的到来。这些变化引发两类人的不同反应。一类人，特别是受过良好教育的人，看到了新机会；另一类人，尤其是那些缺乏技术的群体，则感到这种变化在威胁着自己。他们更迷恋于福利政治，把它看作保卫生活水准的方法。全球化不仅威胁着工人阶级，许多富裕的选民也受到了它的威胁。如果工厂倒闭，失去工作的并不单单是体力工人，工厂经理及相关雇员同样如此。因此，中产阶级会更强烈地希望在全球化进程中寻求特性，竭力寻找新的生活意义。

选民的投票方式进一步强化了这些结构变化。他们不仅不再与主流政党结盟，而且已对其失望。选民投票率的下降是这种情况的最好证明。选民之所以日益疏远政治，首先，因为他们对旧的意识形态丧失信心，尤其不再相信社会党人的传统诺言。其次，他们也不再相信温和的保守主义，不再相信大国家和社会福利。最后，苏联解体、东欧剧变及西欧各国共产党的衰落对一些国家的右派产生显著影响。苏联解体、东欧剧变前，由于共产主义遭到妖魔化宣传，西方民主制度备受赞扬。苏联解体、东欧剧变后，民主的聚光灯发生转向：自由民主自身也开始受到人们的审查，人们发现其在许多方面都不够格。特别是，频频曝光的政治腐败丑闻使选民产生离异现象，带来了选举的多变性。这些不良行为被媒体大肆炒作，进而引出了政党制度的稳定问题。在传统政党模式中，政党自己决定当今的重大问题。它们通过党组织、群众会议和党刊动员选民。现在，政党的这种作用开始失效。压力集团，尤其是旨在解

---

① Ronald Inglehart, *The Silent Revolution: Changing Values and Political Styles Among Western Publics*, Princeton: Princeton University Press, 1977.

决某个问题的压力集团不断发挥作用，"教育"民众。选民，尤其是青年选民越来越被这些组织所吸引。这种现象不仅标志着道义的转折，而且也威胁着联盟的组成，使政府的稳定失去平衡。

在当代政治生活中，媒体发挥的作用比压力集团更大。这对政党制度的发展具有某些更重要的影响。首先，媒体总是掌握在企业集团手中。一般来讲，如果媒体业是全球性企业，这就不会有利于民族主义的极右翼；但是，如果媒体业有更多的民族利益则刚好与此相反。其次，媒体正趋向使政治个人化。就是说，个性对大众更有吸引力。由于极右政党经常有富有魅力的领袖人物，他们能够获得媒体关注并善于利用媒体。

西欧社会经济的大变革无疑促进了极右政党的崛起。但如果过分地夸大这一原因则是一个严重的错误。这些变化影响着西欧的所有国家，但仅部分国家存在极右政党，且偶尔取得一些突破性进展。因此，我们很难用社会结构变化来解释。

例如，失业率上涨与极端主义获得选票之间有联系，但非常微弱。20世纪80年代初，英国失业率急剧上升时，极右政党的支持率却下降了。西班牙最近是欧洲失业率最高的国家之一，却没有什么极端主义活动。相反，奥地利和瑞士失业率相当低，极右政党却得以成功。在个人层面上，失业与极端主义选票之间有联系，但却相对弱，难以支持诸如失业率上涨就足以采取极端主义这种片面观点。

后物质主义价值与支持极右政党之间也没有必然联系。70年代，英国民族阵线出现了选举突破，但这时的英国还没有形成完全的后物质主义价值。同样，荷兰具有完备的后物质主义价值环境，极右政党却相对弱小。极右政党与绿色政治之间也没有简单的联系，德国是欧洲绿党最成功的国家，但那里的绿党总体上在选举中并不占优。

同样的观点还适用于上述提到的其他变化。这是一些普遍性的现象，在所有欧洲国家都会多多少少地存在。因此，我们必须准确地理解、解释为什么极右翼会在欧洲不同的国家复活，以解释这是否意味着政党制度的根本危机。

三 如何解释极右政党的崛起？

极右政党的成功和失败，原因复杂，既有国家的整体原因，又有地方原因。20世纪80年代中期，法国国民阵线取得突破，原因不仅在于它的反移民词句，经济方面的原因也非常重要。

20世纪90年代，意大利北方联盟在社会经济环境相似的区吸引了不同程度的支持，一个重要原因是大家族的本质特性。如果一个人成为狂热的皈依者，整个家庭就会跟随他。[①]

国家和地方的角度固然非常重要，但一个时期以来学术界不断提出许多综合性理论，以解释极右政党的崛起。

第一，"抗议理论"（protest explanation）。此观点认为，极右政党缺乏严肃的思想意识形态，其"支持者"表达的是对主流政党的不满，它们缺乏社会基础。人们极容易为这种观点找到支持。1999年瑞士的民意测验揭示出，人们越来越对一些问题产生不满，诸如，其他国家批评瑞士在第二次世界大战中发挥的作用时，瑞士的政治家们没有进行反击，它们还对大量的科索沃难民及其他避难者的到来感到不满。海德尔的支持者尤其指出，它们反对的是执政党，特别是自第二次世界大战结束以来一直支配着国家政治生活的社会民主党。

不过，抗议理论存在许多问题。首先，选民在投票时可能既出于一种抗议，又出于一种理性选择。例如，民意测验显示，弗兰芒人集团的选民不喜欢主流政党，不喜欢比利时国家，但许多人之所以选择该党，是为其政策所吸引。在多数国家，选民可以选择那些被看作反体制的政党，如极左政党和绿党，迹象表明最近取得重大选举突破的却是极右政党。抗议理论要成立，需要有两个条件：一是选民必须选择一个意识形态与之相去甚远的政党；二是选民根本不关心这个政党是否会发挥影响。这两种条件似乎都不正确。极端主义选民是最典型的"整体性"民族主义者，他们不会支持一个意识形态看似无希望的政党。

[①] A. Bull and M. Gilbert, *Wind from the North: The Northern League and the Future of the Italian State*, London: Macmillan, 2000.

抗议理论难以解释的另一深层问题是，极端政党的支持绝非一种暂时现象。20世纪80年代当极右政党复活刚出现一些重大迹象时，其典型的支持者是中右选民，或是那些经常弃权的选民。从社会学上讲，他们主要是男性、老人及经济领域中的小企业者和手工艺人。这些现象直到20世纪90年代还非常重要。极右政党又越来越对中左政党构成威胁，开始吸引中左政党的传统选民。

2000年2月，海德尔甚至宣称，自由党已取代社会民主党，是奥地利工人阶级利益的真正保卫者。20世纪90年代中期，尽管国民阵线发生分裂，但其选民却是法国最忠诚的选民，因此绝不能忽视它的潜能，它极有可能成为工人阶级的一个新生政党。随着社会的原子化进程及左派群众组织力量（如工会）的削弱，这种趋势在进一步加强。

第二，"单一问题理论"（single issue theory）。该论点旨在解释为什么那么多工人阶级背景的人会支持极右政党。该理论相当强调反移民政治的吸引力及与此密切相联系的问题（如法律和秩序、社会福利）。海德尔是最善于使用丰富语言吸引选民的典型。在1999年欧洲议会选举中，他指出，欧盟东扩将会打开奥地利的边界，使大量移民洪水般地涌来。他将此界定为向奥地利开战。多次民意测验表明，这类问题是多数极右选民所关注的。即使那些非极右选民也会对此产生共鸣。

"单一问题理论"认为，当举国上下都关注移民问题时，极右政党表现就尤其出色。在英国，20世纪70年代，乌干达和马拉维政府驱逐"亚洲人"，大量移民涌入，成为当时媒体关注的焦点，民族阵线选票两次大增。在德国，共和党在20世纪90年代初表现异常出色，因为寻求避难的人数剧增。从地方来看，有证据表明，移民集中地区，新移民地区，极右政党的支持率就高。但移民与极右政党选民之间究竟有多大联系，学者们则仁智各见。有些移民不多的地方却有相当强大的极右政党势力。

但"单一问题理论"也有许多问题，最根本的是多数极右政党都有内容广泛的纲领，它们不仅涉及种族问题，还有许多种族之外的问题。例如，法国国民阵线提出的政策丰富而周详，涉及经济和社会各方面。意大利北方联盟虽反复无常，纲领前后不一，但提出了事关国家作用的重要问题。没有证据表明90年代的北方联盟是因为移民问题而赢得选民的广泛支持。瑞士的反移民党、法国国民阵线，许多选民支持它们，也是因为其丰富的思想内容而不是单一的移民问题。

第三，"供应"理论（supply side theory）。该理论认为，极右政党成功的关键在于其提出的特殊混合政策。其有影响的论点是，旧式的极右政党不像新型政党那样有吸引力，因为前者支持高度集中的国家主义政策，且常与法西斯主义传统有清晰的联系，后者则把反移民政策与自由市场结合起来。这无疑有一定的道理。政党只要与法西斯主义传统有清晰的联系，必然会失去多数选民的支持。

然而，20世纪八九十年代的欧洲政党比较研究表明，根本没有固定的成功模式。德国人民联盟虽与纳粹传统有联系，但也取得某些成功。20世纪80年代以来，国民阵线开始越来越批评市场，尤其是批评全球化。全国联盟则与之相反，它基本上不打移民旗号。

第四，"政治机会结构"（political opportunity structure）理论。这是20世纪90年代以后学者们更多使用的理论。它突出强调主流政党行动纲领的作用，同时又强调政治制度对极右政党的"开放性"。政治制度方面包括：是否采用比例代表选举制，是否有允许小政党获得比例代表的确切规则或资金等。其他制度方面的规定还包括取缔政党的权力。

政治机会结构理论认为，一旦主流政党固守中间并不能解决那些足以吸引选民的问题，极右政党就有可能取得突破。例如，极右政党可以从移民问题及最近对欧盟的敌视情绪中寻找政治空间。政治进程中的其他发展也有助于极右政党。例如，英美国家新右派掀起的反对大国家政治思潮。这些虽没有在欧洲大陆引起太大反响，但它说明，一旦人们逐渐对未来的繁荣产生怀疑，它们就有理由攻击战后的共识政治。又如，主流政党也会用合法的方法采取极端主义行为。

1993年后，意大利总统承认意大利全国联盟为民主体制的一部分，对它的崛起起了推动作用。一般来讲，当极右政党的政治观点为中右政党所接受时，它也会合法化。这种情况有时会使暴力运动走向温和。

极右政党崛起的原因是复杂的，很难用简单的单一理论加以解释。但综上所述，极右政党的崛起至少涉及三方面因素：宏观方面、地方因素及个人动机。宏观因素涉及全球化、国家制度特点等，地方因素则包括社区规范等，这两者发挥的作用固然至关重要，但最核心的是个人行为的基本动机。选民之所以转向极右翼，至少有三点个人动机：渴望寻找一种新的归属感；相信右翼政策上的一些经济合理性以及社团规范的影响。但选民的个人动机又依赖于这样几个诱发因素。第一，选民认为暴力性政党也有合法的地方；第二，选举可以产生效果；第三，民众对主流政党，甚至对整个制度失去信任。一旦这三个因素具备，个人就会支持极右政党。其中选民对主流政党和现行制度失去信任是极端主义政党获得选举突破的必要条件。人们已不再相信旧的思想意识形态，对政治腐败不满，担忧全球化带来的灾难。

四　结语

几十年来，欧洲学者一直在谈论政党危机，但我们绝不能由此得出结论认为目前的政党制度处于危机之中。从总体上看，旧政党依然坐大，主张暴力的政党则有所弱化。同样，我们也不能过分强调极右政党最近的选举成功。在1999年的欧洲议会选举中，多数极右政党表现并不好。最佳者是奥地利自由党，占23%的比例，5个欧洲议员。这些政党随后也没有组成一个集团。因此，我们还不能把它们看作同一家庭，而且，这些政党还有众多苦恼，如分裂问题，与主流政党的合作问题。

但也必须认识到，在许多国家极右政党还有极大的潜力继续获得发展。在2000年德国的一次民意测验中，约30%的选民表示会支持成立一个类似于海德尔式的政党。由于新生代领导人与历史上的法西斯主义没有直接的联系，因此难以把其排斥在制度之外。同样困难的是新问题不断出现，如新移民问题、全球化问题、越来越多的不安全感等。只要这些问题存在，极右政党就继续有存在的土壤，甚至会进一步发展壮大。

欧洲新民粹主义政党探析*

20世纪末21世纪初,世界范围内出现了右翼极端主义的又一次崛起浪潮,尤其是欧洲,许多国家发生了不同程度的攻击移民和种族主义的丑陋暴力现象。一些极端右翼政党如法国国民阵线、意大利全国联盟以及德国共和党等先后取得选举上的成功。种种迹象让人感到极右翼在复活。这也引起了世界各国的普遍关注。

极右翼政党并不是一个新生事物,极右势力的重新崛起之所以震惊了整个欧洲乃至全世界,是因为极右翼与臭名昭著的法西斯主义有着千丝万缕的联系。第二次世界大战结束后不久,在欧洲出现了形形色色的极右小团体,如德国的国家民主党和德国人民联盟等,均已有几十年的历史。20世纪90年代以来,欧洲很多国家又出现了新纳粹、光头党等组织。这些组织一般都与第二次世界大战前的法西斯思潮有思想渊源,在现实政治活动中宣扬法西斯主义,为老纳粹鸣冤叫屈,同时散布极端民族主义思想,仇视外国移民。但仔细观察就会发现,这些真正宣称种族主义和法西斯主义的政党所取得的成就非常有限,缺乏广泛的群众基础,组织规模也十分有限。它们在选举中得票率一般都很低,多数不能进入主流政治。对于这些政党和组织,欧洲各国政府始终保持着警惕。它们也是舆论批判的锋芒所向。

然而,与过去不同的是,在本次的极右浪潮中出现了一批新型政党。在这些新政党的主张中,既有与历史上的种族主义右派主张相似的党,

---

* 本文刊载于《国际论坛》2004年第4期,原文标题《欧洲新民粹主义政党探析》,合作者为原人文社会科学学院硕士研究生杨皓。

又有一些强调地区主义、反政治情绪，或者不满意税收政策的政党。实际上，这是一种新型的"民粹主义政党"，它们把反体制的立场与基础广泛的民粹主义融为一体，利用种族主义的方法，鼓动民众的不满情绪，集中反对支撑"战后体制"的基础。这类政党包括奥地利自由党、意大利北方联盟、法国国民阵线、瑞士人民党、比利时的弗拉芒集团、荷兰的富图恩名单（List Pim Fortuyn）等。

所有这些政党都把新政治内的反政治立场与基础广泛的民粹主义右派融为一体，把民族主义成分与新自由主义经济政策结合起来，以一种反政治体制的风格呈现在选民面前，在议会民主体制内自由地发挥着作用。同传统的新法西斯主义相比，这是一种处于上升力量的政党。这些新民粹主义政党的核心是种族和移民等问题。因此，新民粹主义的崛起，标志着西欧政治的重要变化。

一　新民粹主义及其意识形态定位

新民粹主义的英文名称是 New Populism。Populism 一般被翻译成"民粹主义"，有时也被译为"人民党主义""民众主义""大众主义""平民主义"等。"民粹主义"在历史上是一个臭名昭著的词语，十分难以界定，最开始以关注农民为主。[①] 19 世纪美国激进的农民运动、俄国的知识分子运动，阿根廷的庇隆主义（Peronist）、波兰团结工会等，任何接近这个概念的术语，都可以说是民粹主义。从定义上讲，民粹主义的"特点是把意识形态上的所指物描绘为绝对明确且具有永恒价值的实体"。更宽泛地讲，民粹主义是指各种各样的社会和政治运动，试图通过认同人民的核心，以超越传统的意识形态定义。[②]

当今欧洲的民粹主义固然具有一定的政治思想，但更多地被用来描述一种特殊的政治形式或风格，是一种新民粹主义。它主要用来指某些

[①] ［英］戴维·米勒、韦农·波格丹诺主编：《布莱克维尔政治学百科全书》，邓正来译，中国政法大学出版社 1992 年版，第 588—591 页。

[②] Peter Worsley, "The Concept of Populism", in Ghita Ionescu and Ernest Gellner (eds.), *Populism: Its Meaning and National Character*, London: Macmillan, 1969, p. 226.

政党，为了最大限度地吸引选票而完全求助于政治标志和重大问题，而不顾纲领原则和连续性。他们往往把自己展现为一种横向政治哲学，蔑视传统的意识形态两分法，如工人阶级与资产阶级、左与右等。

民粹主义的许多成分体现于该术语的不同用法之中。如果把民粹主义从其背景和社会特点中剥落出来，这里使用该术语主要强调贯穿于各种含义的两种成分：否定性和广泛性。这些因素把新民粹主义置于右翼和"主流之内"。

民粹主义具有强烈的否定态度。它否定体制，否定体制的管理者。它经常援引"人民"这一概念，强调"民众的本质"，但它强调的"人民"是一些人排除另外一些人。这种动力的核心是一种"中心地带"政治。中心地带是一个模糊的概念，但却是潜在的动员力量。由于难以充分阐述其特性，民粹主义经常地攻击那些要威胁中心概念的人们，通过挑战其他人的合法性来构建自己的政治。

"新民粹主义"政党在思想上定位于政党光谱的右边，其特点是反体制，但它又把自己定义为体制内，它喜欢"打破规则"，因为它们认为体制属于过时的规则，但又宣称是为社会的主流说话。他们往往依靠有分歧的问题、激进的语言、挑衅性的行为，以达到永久动员核心选民集团的目的；他们声称自己代表了广大的选民，但却对自己被排斥于政治之外感到义愤。因此，在现实政治中，民粹主义的领袖往往突出地把自己设计为"平民领袖"的形象，宣称自己代表了广泛的选民；如其宣称的那样，他们虽然不是杰出人物（政治阶级），但他们却是社会的多数。

新民粹主义所排除的对象包括政治家、移民、官僚、知识分子以及福利接受者。尽管这些对象根据情况各国稍有不同，但排除的核心逻辑一直保持不变。我们可以看到，在某些新民粹主义政党中特别强调种族政治和移民等内容。新民粹主义政党作为一种新型的右翼政党，表现出了与传统右翼不同的特点。

新民粹主义与民粹主义有许多一脉相承的相似特征，"民粹主义的意识形态和运动实质在各个社会虽不尽相同，但是，民粹主义的公开声明则基本相似。第一，反对特权、特权阶层和各种精英，包括财富精英、知识分子以及官僚政权；第二，强调公有制和平等主义的主题；第三，要求民族和民族传统价值的回归。很多民粹主义运动一般都是对现代化的反向反应"①。

一些观察家和记者习惯于把新民粹主义与新法西斯主义联系在一起。实质上，二者是既有联系又有区别的两种现象。新法西斯主义者是在第二次世界大战结束后一些怀念法西斯思想分子而组成的形形色色的极右小团体。其核心特征是，敌视民主制，主张使用暴力恐怖手段反对民主制，对国家安全构成威胁，并在民族主义、种族主义基础上追求领袖专制。② 这些政党包括德国人民联盟、国家民主党、共和党，意大利社会运动——全国联盟、英国民族联盟等。20世纪90年代以来，欧洲一些国家又出现了新纳粹、光头党等组织。这些政党继承了法西斯主义的衣钵，是民主社会的毒瘤，我们把这类政党统称为新法西斯主义政党。

新法西斯主义与法西斯纳粹主义一脉相承，十分强调民族或种族的中心地位。我们一方面要看到，这些新法西斯分子虽然人数少，但能量却不小，聚众闹事，打砸抢烧，均为其所为；而且这些新法西斯主义的成员除了少数是第三帝国的怀旧者，绝大多数是年轻的新纳粹分子。例如，在整个20世纪90年代，德国的新纳粹分子平均为2000人，他们绝大多数都是年轻人，在警察抓获的光头帮成员中，有大约2/3的人年龄在21岁以下。但是，我们也不能对其过高估计，实际上，在战后的欧洲政治体系中，宣称种族主义和法西斯主义的政党缺乏广泛的群众基础，组织规模及取得的成就非常有限，多数难以进入主流政治，它们也是舆论批判的锋芒所向。而且，随着欧洲政治社会的变化，个别新法西斯主义政党正试图摆脱旧时形象，希冀进入主流政治。比如，意大利全国联盟前身是成立于1964年的由一批顽固不化的前法西斯下层军官发起的意大利社会运动，长期以来处于意大利政治主流之外。1994年，意大利发生政治剧变，社会运动改为全国联盟，获得14%的选票，一度在新的中右联盟政府中取得5名部长职位。2001年再次进入政府，其领导人詹弗兰科·菲尼出任政府副总理。近年来，全国联盟进一步淡化自己的法西

---

① Roy C. Macridis, *Contemporary Political Ideologies: Movements and Regimes*, Boston: Little, Brown & Company, 1986, p. 319.
② 参见邱文《战后各国的新法西斯主义》，载朱庭光主编《法西斯新论》，重庆出版社1991年版，第536页。

斯传统。2003年，菲尼在访问以色列前后甚至宣称反法西斯主义是联盟的核心价值。① 因此，甚至有学者指出，意大利全国联盟已经不能再简单地归类为极右翼政党，而是一个保守的民族主义政党。②

而新民粹主义政党与老纳粹没有更多瓜葛。具体地说，在活动方式上，新民粹主义政党虽然也反对现行体制，但却选择了议会舞台，力图通过合法形式参与政治，以表达自己的政治主张。在经济政策上，同新法西斯主义的国家主义不同，新民粹主义赞成新自由主义倾向。新民粹主义批评最多的是战后体制内的国家干预范围和规模。他们提出应该取消国家对个人行动的约束，认为市场是解决冲突的合法而又有效的场所。但同时，新民粹主义又主张，新自由主义要以不危害人民的共同体为前提。

但也要注意到，新民粹主义和新法西斯主义有时不一定相互矛盾。一方面，新法西斯主义政党可能会具有新民粹主义的取向，正如我们前面所述，有些法西斯主义政党正试图粉饰自己的面目，改变旧的形象，争取进入主流政治，其发展趋势类似于新民粹主义，如意大利全国联盟。另一方面，如果一个新民粹主义政党开始强调移民问题而有效地排除其他问题，就表明它可能会趋向于新法西斯主义的立场。比如，法国国民阵线、德国共和党，以及比利时的弗拉芒集团③就在这两种类型政党之间摇摆。有时新民粹主义和新法西斯主义的界限并不是截然分明的，它们在一定条件下存在相互转换的可能，对这一现象也要有所警惕。

二 新民粹主义政党的组织特点

新民粹主义政党有两个组织特点：一是如前所述，这类政党都有个性化和富有魅力的领导人；二是它们的组织结构高度集中，极端重视领

---

① 参见 "Italy's far right", in *Economist*, Vol. 369（December 4, 2003）。
② J. Ter Wal, "The Discourse of the Extreme Right and Its Ideological Implications: The Case of the Alleanza nazionale on Immigration", in *Patterns of Prejudice*, Vol. 34, No. 4（October 2000）, pp. 37 – 51.
③ 弗拉芒集团（Vloams Belok），比利时政党，于2004年11月14日更名为弗拉芒利益党（Vloams Belang）。

导层的权威。虽然这两个特点自身并不是新民粹主义所独有，但它们却是这些政党组织结构上的核心特点，也是其思想意识形态关键性因素在组织上的表述。这两个特点都对传统的政党思想形成了挑战，表达了对传统的"全方位"的职业官僚型政党模式的抗议。

魅力型领导是新民粹主义性质的基础，因此，新民粹主义政党又可以称作是魅力型政党。判断一个政党是不是新民粹主义政党，简单的经验就是看一看党的名称是否会想起其领导者个人的名称。如果看到政党的名称时产生不了这种联想，那么这个政党也许就不是真正的新民粹主义政党。这是一个十分有趣而又颇似矛盾的现象。新民粹主义政党声言代表普通民众，但这些政党大都有一个非常富有魅力的领导者，领导个人形象和风格各异；他们大多能言善辩，语言风格简单明了、直截了当，给受众造成听觉上的冲击力。如果缺乏这种联系，那么这个政党也许就不是真正的新民粹主义政党。在鉴别西欧这类政党时，我们往往非常容易地辨别出那些党的名称与个人名字难解难分地连在一起。比如，我们一看到奥地利自由党，就会想起约尔格·海德尔的名字，是约尔格·海德尔把自由党改造成了新民粹主义政党，在他的领导下，自由党逐渐得到了认同。瑞士人民党风云人物克里斯托夫·布洛赫尔（Christopher Brocher）是个工业家、亿万富翁，却把自己打造成一个"民众人士""人民的富翁"。又如，挪威的进步党最初一直与其创始者联结在一起，党的名称就叫安德斯·朗厄党（Anders Lange）。后来，在卡尔·I. 哈根（Carl I. Hagen）领导下，党又得以复兴，哈根就成了党的化身。莫恩斯·格利斯楚普（Mongens Glistrup）则与丹麦进步党连在一起，韦科·文纳莫（Veikko Vennamo）则与芬兰农民党连在一起。瑞典的新民主党一直与非凡而又个性化的伊恩·瓦赫特麦斯特（Ian Wachtmeister）和伯特·卡尔松（Bert Karlsson）两人连在一起。瑞士的蒂契诺联盟也有类似的情况，朱里阿诺·比尼亚斯卡（Giulano Bignasca）和弗拉维奥·马斯波里（Flavio Maspoli）对其最初的形成产生了很大影响。

这些声言代表普通民众利益的政党如此倚重一个富有魅力的个性化领导人，其根源可以溯源于民粹主义自身。"民粹主义把'全体人民'当作所有行为的唯一合法性源泉，这就要求在社会实行一种广泛的政治动员，把全体平民无一例外地纳入统一的政治进程之中。因此，这是一个十分危险的实现过程;稍有不慎,民粹主义就会流变为权威主义。首先,长时间的全民总动员很难在正常的制度框架内完成,因而必须借助于某些非常的手段,如蛊惑人心的宣传鼓动,强制性的舆论统一等。其次,普通大众在特定情况下通常会形成某种非理性的、情绪化的共识,盲目顺从这种非理性的大众意识,不仅可能有损其长远利益,而且可能会被某些别有用心的政客所利用,使大众被这些政客所操纵,成为其专政独裁的手段。"[1] 这样,民粹主义成了一种十分复杂的现象,它虽有民主的内涵但却极有可能走向专制;它反对精英政治,但结果往往导致个人集权。

当然,其他的非民粹主义政党也会与其特定的领导者紧密联系在一起,但对于新民粹主义政党来说,领导者不仅仅是一个要素,而且是其本质所在。在新民粹主义政党中,魅力型领导发挥了决定性作用,它是对主流政党组织模式的标志性挑战。这种模式具有双重功效:一方面,它理所当然地使这些政党的主张在本质上区别于其他政党;另一方面,它还允许领导者对政党机器有一定程度的控制,保证党能在小选区内发挥最大的影响。不过,虽然这种组织形式有利于新民粹主义政党在选举中取得一定的成绩,但在它们进入政府之后,却表现出了其负面影响。"民粹主义的特性成就了新民粹主义政党在选举中的胜利,但同时也决定了其在进入政府后在执政过程中将面临重重困难,因为新民粹主义政党无法解决个人高于体制这个矛盾。"[2] 而且一旦政党的领导者更迭,政党的支持率可能就会大跌。比如,富图恩党利用其创始者的名称命名,一旦富图恩遭到暗杀,该党也就势必作鸟兽散。由海德尔领导的奥地利自由党在1999年大选时赢得了27%的选票,在2002年11月的选举中它却表现不佳,仅赢得略多于10%的选票。最新的一项民意调查显示,仅有7%的被调查者支持它。不难看出,这种变化的原因之一就是2000年起海德尔不再担任该党主席。

---

[1] 俞可平:《权利政治与公益政治》,社会科学文献出版社2000年版,第224—225页。

[2] Reinhard Heinisch, "Success in Opposition-Failure in Government: Explaining the Performance of Right-Wing Populist Parties in Public Office", in *West European Politics*, Vol. 26, No. 3 (July 2003), pp. 191–130.

新民粹主义政党所具有的魅力型领导，结果必然导致其组织结构具有集权化的特点。由于新民粹主义希望提供一种不同于传统的政党模式，所以，为了反对传统的政党思想，新民粹主义政党创建的组织形式显然不同于大众型政党的官僚和等级式结构。这意味着它们采取集权的组织模式。如果一个国家的传统政党是严格的等级制和"金字塔"形结构，那么，这里的新民粹主义政党就选择规模较小的组织模式。瑞典新民主党就是一个很好的例子，它力促自己的全国组织摆脱地方或州的干扰，其理由是保证"民众"与国家精英之间建立一种直接的交流渠道。

三 新民粹主义政党的选民基础

新民粹主义政党与其他政党不同的另一个因素是它们的选民基础。毋庸置疑，新民粹主义政党与传统的极右翼在选举范围上具有重合之处。一般而言，新法西斯主义政党主要吸引那些城市的贫穷工人阶级，他们大都受教育程度低且以男性为主；而新民粹主义政党选民组成复杂，除吸引这些选民外，其范围往往会更广泛一些，覆盖面广，在社会下层具有影响。新民粹主义政党的选民也主要以男性为主。但与新法西斯主义政党的男性不同，这些选民并不一定是穷人或失业者，而主要是私人部门的雇员；并不是缺乏教育，而多来自受过中等教育或中等及以下教育的阶层。例如，国民阵线、奥地利自由党以及弗拉芒集团不只吸引社会底层的选民，而且也得到中产阶级的选民。据统计，1999年，奥地利的男性选民中有32%的人投票给奥地利自由党，它的蓝领工人支持者占整个蓝领工人的48%。[①] 苏布拉塔·米特拉（Subrata Mitra）对法国国民阵线的研究表明，它的投票者主要由18—24岁的年轻人组成，而且新增的投票者的学历水平都比原来的选民高。[②] 2002年总统选举第一轮选举之后，《费加罗报》以"究竟谁投了勒庞的票"为题报道说，从得票率看，

[①] Kurt Richard Luther, "The FPO: From Populist Protest to Incumbency", in Peter H. Merki, Leonard Weinberg (eds.), *Right-wing Extremism in the Twenty-first Century*, London: Routledge, 2004, pp. 185–212.

[②] Subrata Mitra, "The National Front in France-A Single Is-sue Movement?" in *West European Politics*, Vol. 11, No. 2 (April 1988), pp. 47–64.

原先属于传统左派阵营的工人、农民、手工业者及小商人，这次大批地倒向极右势力，投勒庞票的工人竟占了工人总数的30%；20%的农民也投了勒庞的票；手工业者及小商人占19%。安德森通过研究瑞典和挪威的新民粹主义政党也得出结论，"支持瑞典和挪威进步党的选民主要来自私人部门，瑞典的新民主党还跨越了左右两派，吸引了那些原来疏远投票的选民，其主要支持者是来自于私人部门的男性选民"[1]。

对一些选民来说，一方面，新民粹主义政党是以一种反抗现象出现的；另一方面，它又成功地把自己描绘成一种不同类型的政党，结果它就可以相对自由地吸引政治光谱中各方面选票，因为它没有把自己界定在特定的意识形态之外，而认为自己是"主流"。如此一来，一些群体很容易就被新民粹主义政党所吸引。这意味着，他们可以把自己描绘成超越一般以阶级为中心的选举基础的限制，同时还得到了主要投票群体的支持——虽然只是一个小群体。勒庞在2002年参加总统大选时就宣称"我的社会性为左，经济性为右，民族性为法国"，这种不给自己定位的方法使得他能够跨越左右分界，吸引社会中各个年龄段的各种人群，在失业率高和移民较多的地区更是如此。[2] 农纳·马耶尔（Nonna Mayer）与帕斯卡尔·佩里诺（Pascal Perrineau）也指出，支持勒庞的选民"与支持其他人的选民相比，更多地跨越了左右的分界线"[3]。他的支持者大都受教育程度不高而且属于社会的劣势阶层，他们选择勒庞也并不仅仅是因为他的排外言论，而是认为他关注法国人利益，能解决治安恶化、失业率回升、贫困化加剧等实际问题。

针对新民粹主义政党的崛起及其中下层选民的突出特征，欧洲学术界普遍认为，应该把这种现象置于全球和国内结构调整变化的背景之下考虑。这些结构变化包括：全球化以及信息和网络社会的出现；个人主义和新的社会不平等。虽然人们对极右翼的崛起和经济结构变化之间的

---

[1] Paul Taggart, "New Populist Parties in Western Europe", in *West European Politics*, Vol. 18, No. 1 (January 1995), pp. 34–51.

[2] Arnauld Miguet, "The French Elections of 2002: After the Earthquake, the Deluge", in *West European Politics*, Vol. 25, No. 4 (October 2002), pp. 207–220.

[3] Nonna Mayer, Pascal Perrineau, "Why Do They Vote Le Pen?" in *European Journal of Political Research*, Vol. 22, No. 1 (May 2006), pp. 127–128.

确切联系没有取得共识,但其中一点是无疑的:社会结构的变化引发了社会的混乱和忧虑。全球范围的信息和通信革命的发生,趋于把相当一部分人甩在后边,进而造成一个"新的缺乏技术、缺乏教育的下层阶级"。这些人面对涡轮资本主义的无情攻击,"由于缺乏技术而感到无能为力",在"对社会不安全和相对被剥夺的愈加不安"情况下,特别容易受到激进右翼演讲的诱惑。① 法国国民阵线就典型地利用了部分选民新的种种不安全心理,把社会中出现的失业、住房、犯罪等一系列社会和经济问题全部归于移民,在民众中煽动排外情绪,把移民视为问题的源头,这自然在中下层民众中获得不少支持。因此,从一定意义上说,新民粹主义的崛起,是普遍存在于欧洲民众中对"不确定的未来的担心"的结果。

我们需要关注的是,随着全球化以及欧洲一体化进程的进一步加速,新民粹主义政党还会进一步扩大其选民范畴。意大利北方联盟的发展可以窥见民粹主义的未来发展趋势。意大利北方联盟最初以主张北方分治,反对罗马中央政府而迅速崛起。在1992—1994年的选举中,北方联盟的支持者中多以店主、中小企业主以及工人和小艺人为主,这些群体主要关注税收、移民以及政府的劣质服务等问题,他们主要是北部大中城市的选民。但到1996年的选举中,联盟失去了店主和商人的支持,尤其是在大中城市中流失较多。相反,联盟现在的核心支持者更多的是生活在小城镇或工作在中小企业的选民。实际上,从其支持者的特点看,北方联盟成了意大利最大的工人阶级政党。② 这是颇值得人们注意的一个现象。

如前所述,新法西斯主义政党是法西斯主义的延续,但法西斯时代已经过去;极少数对"第三帝国"的怀念者无法从根本上颠覆欧洲的政治天平,经历过世界大战的欧洲民众和饱受法西斯毒害的欧洲社会对法西斯主义有着深刻而清醒的认识。因此,新法西斯主义只能在很小的范

---

① Peter H. Merkl, "Stronger than Ever", in Peter H. Merki, Leonard Weinberg (eds.), *Right-wing Extremism in the Twenty-first Century*, London: Routledge, 2004, pp. 21–44.

② Heidi beirich and Dwayne Woods, "Globalization, Workers and the Northern League", in *West European Politics*, Vol. 23, No. 1 (January 2000), p. 132.

围内获得支持，而且一直是主流媒体、主流政治和大多数欧洲民众鞭挞的对象。而新民粹主义虽然是一个小党派，但却是一股上升力量，它的产生标志着一个新的政党家族的出现，它是在当今欧洲社会面临诸多问题和困难的背景下出现的，提出了解决这些问题的主张，顺应了一些选民的要求，因此在短期内绝不会消失。保罗·塔格特通过比较新民粹主义和新法西斯主义在20世纪八九十年代获得的选举支持率得出结论认为，新法西斯政党在选举上的竞争力从来不能与新民粹主义政党相提并论；当许多新民粹主义政党在每次选举中都获得5%以上的支持率时，新法西斯主义政党总是无法企及；在选民中，新民粹主义要比新法西斯主义更受欢迎，因此，欧洲新一轮的极右翼浪潮不是新法西斯主义长期发展潮流的继续。[1]

四 结语

通过对新民粹主义政党的分析以及对新民粹主义和新法西斯主义的比较研究，我们可以清楚地看到，当今欧洲极右翼的增长力量主要来源于前者而不是后者。欧洲的政治现实表明，那些继承法西斯衣钵、公然宣称反对民主制、提倡暴力行为的新法西斯政党在选举中得票率都很低，新法西斯主义获得的支持非常有限，多数都不能进入主流政治。

而新民粹主义政党虽然不是社会的主流，但却是一种新型政党家族的出现，具有自己的典型特征。它们不仅具有共同的意识形态，而且还有类似的选举基础和组织特点。从意识形态定位来看，这些政党是反体制的，自我宣称代表了社会的"主流"；从组织方式来看，这些政党在其制度的发展过程中，把高度集中的组织结构与个性化和富有魅力的领导人结合在一起；从选民基础来看，这些政党的选民大部分以年轻的男性为主，他们多来自私营部门并从其他各种各样党派转过来支持新民粹主义政党。从这个意义上说，他们是抗衡新政治的右翼力量。和绿党一样，他们把自己塑造成现存政党和主流政党所代表的政党政治的反对者。

---

[1] Paul Taggart, "New Populist Parties in Western Europe", in *West European Politics*, Vol. 18, No. 1 (January 1995), p. 45.

新民粹主义政党的崛起反映了民众对欧洲一体化进程加速的惶恐和忧虑，暗示出选民对传统政党的不信任。它们以"代表平民利益"为旗号，以反对腐败的传统政党政治为卖点，以吸引广泛的选民。新民粹主义政党的出现暗示了西欧社会的深刻变化。在可见的将来，如果新民粹主义政党在逐渐缓和自己激进主义成分的背景下，势必成为改变现行政党制度的潜力。一些国家的实践已经证明了这一点。

欧洲议会选举中极右翼政党的崛起*

欧洲议会选举越来越成为欧洲政治的"晴雨表",对欧洲政治以及欧洲各国国内政治都有着重要的信号作用。在2014年欧洲议会选举中,极右翼政党纷纷崛起,取得历史性突破和"胜利":法国民族阵线①、丹麦人民党等力压左右大党赢得选举,波兰新右派国会党、匈牙利约比克党、荷兰自由党、奥地利自由党等斩获的席位名列前茅。对此,欧洲朝野震惊,法国总理曼努埃尔·瓦尔斯(Manuel Valls)将其形容为"一场地震",认为"法国和欧洲迎来严峻时刻"。

2014年欧洲议会选举有着与之前历次选举所不同的意义:一方面,欧洲议会有了更多重要的权力,其地位上升;另一方面,这是欧债危机全面爆发并引发重大危机以来的第一次选举,2009年欧洲议会选举时欧债危机造成的深刻社会经济影响尚未完全显现,而至此次选举时,欧债危机的影响已完全发酵。人们不禁要问:为什么极右翼政党②能够在2014年欧洲议会大选中如此崛起?这一欧洲政治深刻新变动背后的原因是什么?

---

* 本文刊载于《当代世界与社会主义》2015年第2期,原文标题为《民族主义、政治危机与选民分野——2014年欧洲议会选举中极右翼政党的崛起》,合作者为原清华大学社会科学学院博士研究生刘力达。

① 法国民族阵线(Front National),又译"国民阵线"。从学术角度而言,鉴于本文是从民族主义的角度分析极右翼政党,且为与苏格兰民族党(Scottish National Party)、钦民族阵线(Chin National Front)、巴勒斯坦民族解放运动(Palestine National Liberation Movement)等翻译统一,故译为"民族阵线"。2018年3月,该党更名为"国民联盟"(法语:Rassemblement National,缩写为RN)。

② 在本文中"极右翼政党"(far right party)仅意味着在意识形态光谱上处于离中间较远的右端,不存在价值上的高下判断之意。对"极右翼"具体的概念界定,见本文"概念界定"部分。

一 2014年欧洲议会选举与党团格局

从2014年欧洲议会选举结果和党团联盟的格局看，最为突出、也最让欧盟政治家惊诧的，是反欧盟的极端政党尤其是反欧和反移民的极右翼政党的大幅崛起，具体表现在以下几个方面。

首先，在本次欧洲议会选举中，反欧政党尤其是反移民的极右翼政党取得历史性突破，支持率居多个国家前列。法国民族阵线、英国独立党、丹麦人民党、比利时新弗拉芒联盟均夺得第一，① 匈牙利尤比克党、波兰法律与公正党夺得所在国支持率第二，② 荷兰人民党、奥地利自由党、芬兰芬兰人党、希腊金色黎明位居第三，③ 立陶宛秩序与正义党、意大利北方联盟居第四，④ 等等。

其次，中右翼政党丢失的席位为极右翼政党获得，极右党团排名升高。本次欧洲议会选举与之前相比较一个最大的区别是，虽然基本格局依然是中右、中左翼政党联合掌控，稳居前两大党团，然而中右的欧洲人民党党团⑤丧失了53个席位，在欧洲议会席位中占比下降6.27%。⑥ 上一届欧洲议会的前四位党团失去的席位都被意识形态光谱更往左右极端分布的尤其是右端的党团拿下。从党团排名来看，除了人民党和社会党两大传统党团居第一、第二位，之前居第三、第四位的中间政党党团在本次选举中跌至欧洲保守与改革党团和欧洲左翼联盟与北欧绿党左翼联

---

① 英国独立党（英语：UK Independence Party，缩写为 UKIP）。丹麦人民党（丹麦语：Dansk Folkeparti，缩写为 DF）。比利时新弗拉芒联盟（荷兰语：Nieuw-Vlaamse Alliantie，缩写为 N-VA）。

② 匈牙利尤比克党（匈牙利语：Jobbik Magyarországért Mozgalom，缩写为 Jobbik）。波兰法律与公正党（Prawoi Sprawiedliwość，缩写为 PiS）。

③ 奥地利自由党（Freiheitliche Partei Österreichs，缩写为 FP）；芬兰芬兰人党（Perussuomalaiset，缩写为 PS）；希腊金色黎明（Χρυση' Αυγη'，缩写为 XA），自由党（Partij Voor de Vrijheid，缩写为 PVV）。

④ 立陶宛秩序与正义党（立陶宛语：Tvarka ir Teisingumas，缩写为 TT）；意大利北方联盟（Lega Nord，缩写为 LN）。

⑤ 欧洲人民党党团（European People's Party，缩写为 EPP）。

⑥ 参见欧洲议会官网，http://www.Resultats-elections2014.eu/fr，访问日期：2014年12月28日。

盟党团之后。①

最后，右翼党团阵营扩大。一方面，一些原先隶属左翼党团或者被认为属于左派的政党最后出人意料地选择加入极右翼党团。人们普遍归为极左翼的意大利五星运动②加入右翼党团。比利时第一大党、弗拉芒民族主义政党新弗拉芒联盟既没有继续待在地方民族主义政党联盟的左翼绿党—自由联盟党团，也拒绝了中间的自由与民主联盟党团的入盟邀请，而选择加入保守与改革党党团。作为自由联盟党团（EFA）的创始党，新弗拉芒联盟的离开对自由联盟党打击巨大。③原属中左翼党团的地区民族主义政党转而投向极右翼的、以国家民族主义为主的党团，这一现象引人深思。

另一方面，欧洲极右翼政党代表——法国民族阵线所联合的政党席位数轻松达到组建党团标准。在各国选举结果刚出来时，玛琳·勒庞（Marine LePen）非常有信心能够组建党团，已经集齐四个反移民政党：荷兰人民党、奥地利自由党、意大利北方联盟和比利时弗拉芒利益，④席位数量足够。但基于避开种族主义诟病的考虑，民族阵线拒绝了希腊金色黎明和匈牙利约比克党的联盟请求。备受瞩目的民族阵线此次虽依然未能组团，但其将在欧洲议会中持续发挥更大的影响，如在议程和大会发言期间发表演说，影响欧洲议会的氛围和话语。

世人惊诧于极右翼的来势汹汹，不过综观1979年以来的欧洲议会各党派支持率（在已投票选民中的所获选票占比），就会发现极右翼上升的趋势其实久矣。

从图1看，⑤总的趋势特点为：左右相比，左翼逐渐不敌右翼，中左

---

① 欧洲保守与改革党团（European Conservatives and Reformists Group，缩写为ECR）；欧洲左翼联盟与北欧绿党左翼联盟党团（European United Left-Nordic Green Left，GUE/NGL）。

② 意大利五星运动（Movimento Cinque Stelle）。

③ 左翼绿党—自由联盟党团（The Greens/European Free Alliance，缩写为Greens/EFA）；自由与民主联盟党团（Allianceof Liberals and Democrats for Europe，缩写为ALDE）。

④ 比利时弗拉芒利益党（Vlaams Belang，缩写为VB）。

⑤ "其他"一项多为极端主义且主要为右翼民族主义政党。例如，在2009年欧洲议会中"其他"包括VB，ATAKA，FN，JOBBIK，PVV，FPO，BNP等极右翼政党；在2014年欧洲议会中，则有FN，NPD，LN，PVV，VB，JOBBIK，FPO等。因此，可大致认为极右党团与"独立议员"的相加能够被视为极右政党的总体情况。

自1989年开始逐渐下滑,极左增长缓慢;主流与非主流相比,非主流政党所获支持不断攀升,其中极右[可大致视为极右党团和"其他"(无党团议员)的相加]增长较快。在投票率与上一届持平的情况下,2014年欧洲议会选举中极右翼的崛起从"次等国内选举"的角度而言,传递出的信息主要是欧洲各国内极右翼的崛起。①

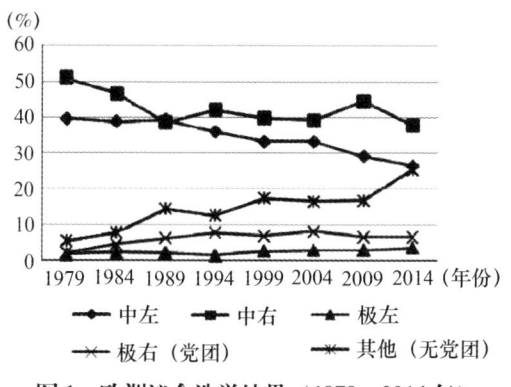

图1 欧洲议会选举结果(1979—2014年)

资料来源:参见 Corinne Deloy, "Ascension of Populist Parties But Relative Stability of Political Balance In The European Elections", Fondation Robert Schuman (June 2, 2014), https://www.robert-schuman.eu/en/european-issues/0315 - ascension-of-populist-parties-but-relative-stability-in-the-balance-between-the-political-parties 访问日期:2014年12月28日。

二 极右翼政党:概念界定、类型学分析

2014年欧洲议会选举有很多新现象、新状况,因此,需要更为复杂的、动态的新分析。在此之前,有必要进行研究对象的厘清和界定。

(一) 概念界定

在比较政治学研究中,由于极右翼政党的复杂性和变动性,对其所使用的概念纷繁复杂,包括极端右翼(extreme right)、极右翼(far right)、激进右翼(radical right)、激进右翼民粹主义(radical right-wing populism)、民族/国家民粹主义(national populism)、民粹民族主义

---

① 张磊:《2014年欧洲议会选举探析》,《欧洲研究》2014年第4期。

(populist nationalism)等。

然而，实际上，极右翼政党的意识形态和政策主张已无法按照传统的"左""右"恰当地予以归类，因为其一方面坚持保守主义的社会文化价值趋向（也就是"右"），但另一方面主张大政府、福利国家、保护主义等经济政策（也就是"左"）。赫博特·基茨凯尔特（Herbert Kitschelt）用"小型政党"（niche party）、"运动型政党"（movement party）予以概括，① 但这种概括是就其政治行动的外在形式，并不能反映其内质。因此，对这类政党使用"极右翼"的标签，只能集中于其社会和文化维度的主张。

从社会和文化主张（同时这也是政治的主张）来看，于尔根·福尔特（Jurgen Falter）和西格弗里德·舒曼（Siegfried Schumann）认为，"极右翼"由十个意识形态特征组成，包括极端民族主义、族群民族主义、反共产主义、反议会主义和反多元主义。② 卡斯·穆德（Cas Mudde）则将"极右翼"界定为民族主义、种族主义、排外主义、反民主和强国家理念五个特征，后修正为威权主义、民粹主义和本土主义（nativism）三个特征。③

本文提出，要拨开迷雾看清极右翼政党的真实面孔，应从"民族主义"入手。现实政治的发展尤其是近年来极右翼政党的政治主张为反移民议题所占据的事实④正在越来越清晰地表明，极右翼政党家族的核心意识形态是"族裔民族主义"，即政治共同体的边界应与血统意义上的民族共同体的边界保持一致。正是出于这一逻辑，极右翼政党在政治共同体（民族国家或者民族自治区）的边界外反对高于它自身的政治体，在边界

---

① Herbert Kitschelt, "Movement Parties", in Richard S Katz, William J. Crotty (eds.), *Handbook of Party Politics*, London: Sage Publications, 2006, pp. 278 – 281.

② Pieter Klandermans, Bert Klandermans, Nonna Mayer, *Extreme Right Activists in Europe: Through the Magnifying Glass*, London: Psychology Press, 2006, p. 4.

③ Cas Mudde, "Right-wing Extremism Analyzed: A Comparative Analysis of The Ideologies of Three Alleged Right-Wing Extremist Parties (NPD, NDP, CP'86)", in *European Journal of Political Research*, Vol. 27, No. 2, 1995, pp. 203 – 224; Cas Mudde, *Populist Radical Right Parties in Europe*, New York: Cambridge University Press, 2007, p. 293.

④ Cas Mudde, "The Single-issue Party Thesis: Extreme Right Parties and the Immigration Issue", in *West European Politics*, Vol. 22, No. 3, 1999, pp. 182 – 197.

内反对异质的社群（移民或世居少数民族），种族主义和排外主义也多由带有血缘、排他性和原生性色彩的族裔民族主义衍生。换言之，尽管外表上看极右翼政党的面孔纷繁复杂，但其内核是一种强调民族的种族概念和捍卫传统的社群概念的民族主义。① 族裔民族主义是极右翼政党选举获胜的源动因，在这一维度之外，极右翼阵营内部各政党在不同问题上未必有非常一致的立场，有些甚至立场相左。

综上所述，本文对"极右翼"政党的界定如下："极"是离意识形态光谱中间更远之意（far），而非极端（extreme），不具价值评判色彩；"右"是一个程度性、残缺性概念，② 随着族裔民族主义色彩的增多而越往右；有反移民、反欧盟主张的政党由其族裔民族主义色彩的轻重可归为不同程度的极右翼政党。

（二）族裔民族主义与极右翼政党：民族主义政党类型学分析

欧洲是民族主义及其研究的发源地，民族主义的两种理想类型也抽象于此——以法国为原型的公民民族主义（civic nationalism）和以德国为原型的族裔民族主义（ethnic nationalism）。从政治共同体的层次关系角度，对应于中央与地方关系，可分出两类民族主义——国家民族主义（或国族民族主义，state nationalism 或 nationalism of nation-state）与地方民族主义（regional nationalism）。③ 以民族主义的内质和层次关系为维度，我们可得到四种欧洲民族主义政党类型，并可将欧洲议会选举中涌现的各类政党逐一进行归类。

---

① 史志钦：《欧洲极右政党透视》，《国际论坛》2001年第6期。
② 在此，本文是就科里尔的概念策略意义上使用。"科里尔的概念策略"不完全是科里尔提出的，为论述方便，本文将科里尔提出的概念策略统称为"科里尔的概念策略"。参见 David Collier and Steven Levitsky, "Democracy: Conceptual Hierarchies in Comparative Research", in David Collier and John Gerring (eds.), Concepts and Method in Social Science: The Tradition of Giovanni Sartori, New York: Routledge, 2009。
③ 本文所谓国家/国族民族主义（state nationalism）与"官方民族主义"（official nationalism 区分）指的是在欧洲"民族国家"中，从该国传统上的多数民族角度追求民族与国家政治体在权力、人口和领土意义上的边界的合一；所谓地方/少数民族民族主义（regional. / ethno-nationalism），则是指一民族国家内部，（往往是）从世居少数民族角度追求民族共同体与政治共同体的合一或更高度的自治乃至分离。

根据民族主义政党类型划分，将2014年欧洲议会选举中的民族主义政党情况作梳理后制成表1，从表1中各政党的政治主张和实践的表现归纳出以下几点。第一，横向看，不论是公民民族主义政党还是族裔民族主义政党，其中的国家民族主义政党的共同点是反欧盟，族裔民族主义政党一般反欧和反移民兼具，公民民族主义政党更多地表现为反欧主义。公民民族主义政党有可能是右翼，也可能是左翼，但不属于极右翼。[①] 第二，纵向看，族裔民族主义类型（国家和地方的）政党皆为极右翼政党，这些政党最显著的共同点是反移民，其中国家民族主义政党往往比地方民族主义政党更为强硬，排外主义和种族主义的色彩更重。第三，结合前述法国民族阵线的组团情况，极右翼的族裔—国家民族主义与族裔—地方民族主义政党出现跨国合流。

表1　　　　　　　　　　欧洲民族主义政党类型

层次关系	内质	
	公民民族主义	族裔民族主义
国家民族主义	英国独立党等	法国民族阵线、荷兰自由党、奥地利自由党、丹麦人民党、瑞典民主党、匈牙利约比克党、希腊金色黎明等
地方民族主义	比利时新佛莱芒联盟、苏格兰民族党、西班牙欧洲联盟等	比利时弗拉芒利益党、意大利北方联盟等

在2014年欧洲议会大选中表现突出的极右翼政党对外反欧盟一体化、对内反移民少数族裔。欧盟怀疑主义（Euro skepticism）和移民怀疑主义（immigrant-skepticism）是民族主义这枚"硬币"的两面，反映出的是欧洲各国内各社群都存在的关于"共同体"的焦灼。这种焦灼感导致不同类型甚至有内在张力的族裔民族主义找到了共同的敌人：欧盟和移民少

---

① 例如，对于英国独立党是否能被称为极右翼，在欧洲和英国内部争议很大，比如 Alex Stevenson, "Is it fair to call Ukip a far-right party?" Politics. Co. UK（January 10, 2014）, https://www.politics.co.uk/blogs/2014/01/10/is-it-fair-to-call-ukip-a-far-right-party/，访问日期：2014年12月28日。总体而言，对于这类新生政党，暂时难以对其下定论。就本文对极右翼政党的界定以及英国独立党目前的表现而言，英国独立党还不属于极右翼政党。

数族裔。

(三) 极右翼政党为何崛起

既有研究从政党政治选举市场的供给—需求模型切入。供给因素包含所有在选举市场创造开放性的政治和制度机会，如选举系统、政党结构关系（又叫政治机会理论）。需求因素包括导致怨恨（grievance）或不满（discontent）的客观情况，如现代化进程中的价值转化、结构分野等（又叫怨恨理论）。[1]

在供给因素方面，从选举系统的竞选策略和投票规则等角度切入的研究认为，选举制度和政党体制相互作用对极右翼政党的发展有较为重要的影响。例如，认为政党制度的调整影响极右翼的出线，提高议会的准入门槛会抑制极右翼政党，而多党制则容易提高极右翼政党的比例。[2]具体到2014年欧洲议会选举中极右翼政党的普遍崛起，投票规则等技术性操作不是原因，因为欧洲议会议员的选举规则和欧洲议会党团组团规则大体没有改变，因此不作讨论。

实际上，极右翼政党的崛起表明欧洲的选民政治分野经历了从阶级分野（class cleavage）到以族群分野（ethnic cleavage）和地区分野（region cleavage）为代表的认同分野（identity cleavage）的转化。[3]

那么，在选民政治分野转化的现实下，社会—文化层面的认同议题在选举市场中到底有多大需求量？在需求因素方面，有不少文献认为极右翼崛起主要是对失业和经济不满。但近年越来越多的研究认为，极右翼政党的主要刺激源和催化剂是移民问题：极右翼能以此动员排外民族主义，增加选民的不安全感甚至怨恨，极右翼借此登上政治舞台，并锚定国家的政治生活。同时，就算是在社群经历经济危机时，工农、小手

---

[1] Ruud Koopmans, *Contested Citizenship: Immigration and Cultural Diversity in Europe*, Minneapolis: University of Minnesota Press, 2005, p.181.

[2] Robert W. Jackman and Karin Volpert, "Conditions Favouring Parties of the Extreme Right in Western Europe", in *British Journal of Political Science*, Vol.26, No.4 (October 1996), pp.501 – 521.

[3] 关于政治分野，参见 Arend Lijphart, *Patterns Democracy: Government Forms and Performance in Thirty-Six Countries*, New Haven, CT: Yale University Press, 1999；包刚升：《民主崩溃的政治学——选民分裂、政治制度与民主崩溃》，《公共行政评论》2013年第5期。

工业者等低收入阶层从左翼转而支持极右翼，其中社群认同的作用也远远大于经济方面的怨恨（economic grievance），而且对于穆斯林移民的恐惧心态尤其起到主要作用。甚至有研究认为，唯独移民问题引发的认同问题这一点，联合了所有的民粹主义右翼政党。①

综上，本文认为，"极右翼"政党是一个概念家族，其核心特征是族裔民族主义。

对于欧洲选民从阶级分野到认同分野的转变，如何解释新近十年来急速发展的极右翼政党崛起的现象？实际上，极右翼政党崛起和民族主义回潮的现象需要当下的研究对社会—文化层面的认同分野有更多关注。主流政党有可能吸收非主流政党吸引选民的部分主张，内化到自身的立场与政策中，而非机械、静态地存在鲜明的全面的与极右翼政党的区隔。政党可以在社会—经济维度合流，而在社会—文化维度极化，这种极化正是主流政党内化非主流政党的体现。

三　极右翼政党崛起的供给因素：融合模式与认同构建

极右翼政党的供给因素涉及欧洲各国具体的政党结构与互动、国家整合模式等差异，因此，在外部供给因素的分析上，选取典型案例能更好地进行具体分析。本文选取在2014年欧洲议会选举中席位、支持率、影响力和所在国重要性方面都表现突出的极右翼政党——法国民族阵线进行案例分析。

（一）民族阵线选举表现与选民成分分析

法国民族阵线长期以来被视为民粹主义、民族主义政党，近年来急速蹿升为法国第三大党。在2002年第一轮总统选举中"奇迹般"打败传统大党——中左派社会党之后，这一原先被视为无足轻重的、被极度边缘化的

---

① Elisabeth Ivarsflaten, "What Unites Right-Wing Populists in Western Europe?: Re-Examining Grievance Mobilization Models in Seven Successful Cases", in *Comparative Political Studies*, Vol. 41, No. 1 (January 2008), pp. 3–23.

民族主义小党开始在法国政治、社会生活中扮演越来越重要的角色。2014年更是在市镇选举、欧洲议会选举和参议员改选中有突破性表现。

2009年欧洲议会选举时，民族阵线仅得到6.3%的支持率，排名第五。短短五年过去，就在2014年欧洲议会选举中飙升到了第一名，支持率达24.85%，而执政党的中左社会党（Parti Socialiste）支持率仅有13.98%。根据《新观察家》（LeNouvel Observateur）的民意调查，这次选举结果之后竟有高达44%的网民将民族阵线视为法国第一大党。此前，在3月法国市镇选举中，民族阵线亦取得历史性突破，拿下12个城市。虽从总数上看数量不大，但其势头与之前有质的区别。其中，在法国北部城市埃南博蒙（Hénin Beaumont）的第一轮选举中以50.25%的高支持率拿下；在土伦、马赛两大城市的支持率位列第二；在佩皮尼昂第一轮投票支持率居首位。此后，在9月的参议院改选中，民族阵线首次进入参议院并选出两名代表。

那么，支持民族阵线的都是什么样的人？为什么民族阵线在近年获得越来越多的支持？

世界权威民调机构伊普索（Ipsos）关于2014年欧洲议会选举法国选民情况调查报告显示：阶层结构上，民族阵线的支持者中工人阶级占比最多，为43%，其次是职员（白领），为38%；教育程度上，教育程度是高中水平及以下占比最多，为37%，教育程度越高支持率越低，本科以上学历仅有11%；收入分布上，有收入和失业的比例差不多，都超过了25%，30%的收入属于底层；且值得注意的是，年龄结构上多为年轻人（35岁以下），占30%。在问题意识上，主要是受到国内问题的驱动而投民族阵线，比例高达58%。与此相对应的是，社会党和人民运动联盟（Unionpourun Mouvement Populaire，UMP）选民主要受到欧洲问题的驱动（分别为79%和58%）。[①] 实际上，有72%的选民赞成留在欧元区，其中民族阵线支持者也约有35%的选民支持留在欧元区。可见，反欧盟并非选民投票支持民

---

① 该报告是Ipsos为France Televisions, Radio France, le Point, LCP/Public Sénat和France24所作的欧洲议会选民结构分析，于5月22—24日以严格的抽样方法开展，样本量为2048人（18岁以上）。详见 http://tempsreel.nouvelobs.com/elections-europeennes-2014/201405 26.0BS8488/europeennes-qui-a-vote-fn.html，访问日期：2014年12月28日。

族阵线的首要原因，国内问题才是根本性的影响因素。

选民情况分析表明，民族阵线的支持者多为处于社会中下阶层的人（受教育程度低、收入偏低等），选民多为中青年，且主要是出于国内问题而选择支持民族阵线。

（二）移民政策主张、融合模式与建构传统

越来越多的选民转而支持民族阵线，正如选民分析结果所显示的那样，与其说是因民族阵线的反欧立场，毋宁说是因为民族阵线敢于"直面"法国国内的重要问题——移民问题。民族阵线在移民及其相关问题上的主张大致有几点。首先，严格控制并逐渐减少移民，包括每年减少20万移民在五年内减少到10万移民、重新质疑申根计划、减少长期居留证的年限、重新协商难民庇护方面的人权条款、强力驱逐任何非法移民。其次，强调法国及法国认同的优先性，强调法国的共和模式及其价值观与盎格鲁-萨克逊的多元文化主义的对抗。这表现为两方面：一方面是强调同化尤其是通过学校教育的同化应成为法律法规，并遵循法国宪法"共和国不承认任何社群"，禁止社群主义和宗教激进主义；另一方面是强调法国式的平等，批判盎格鲁-萨克逊式的"积极歧视"（positive discrimination）为"逆向种族主义"。最后，强化能够控制移民骚乱局面的国民宪兵，加强对于可能破坏世俗化的宗教极端势力的情报工作。

在这种理念和逻辑主张下，民族阵线喊出"要么爱法国，要么滚出去"的口号，在刚执政的城市中，停止提供照顾穆斯林学生饮食习惯的校园清真餐，"捍卫"法国的共和主义和世俗化价值观，重视移民对于社会治安秩序的影响。甚至"反常"的是，连穆斯林选民中也有越来越多的人支持民族阵线，原因也是认为民族阵线能以强硬姿态对待破坏法国认同和社会治安的穆斯林"渣滓"。[①]

民族阵线能得到大量选民的支持，正是因其在人口和文化多元化的

---

① 例如，"Je suis musulman, je fais le ramadan et je vote Le Pen"（我是穆斯林，我过斋月，而我投给勒庞），France24（April 27, 2012），https://www.france24.com/fr/20120427-election-presidentielle-marine-le-pen-front-national-fn-vote-etrangers-immigration-temoignages，访问日期：2014年12月28日。

现实中,以法国既有的民族共同体建构方式的框架和逻辑反移民:主张法国国族的独立和民族精神的正统,强调坚守的"自由、平等、博爱"和世俗化的法兰西共和主义价值观与传统,主张对外来移民的同化。① 传统上,法国人对于国族(nationhood)的认识是国家中心主义和同化主义的。因此,实际上民族阵线在移民问题上的主张因循法国的国家整合模式——共和模式的逻辑和框架,与保持法兰西民族精神与文化纯洁性的要求相契合。当极右翼政党的反移民和排外主张与一国的融合和公民身份归属的方式契合时,容易引起选民的共鸣,并成为民族国家传统中的正当部分。强硬的融合同化方式以及敢于政治不正确的做法,在遭遇人口多元化和文明多样性挑战的法国民众看来,正是其所亟须,也易于接受的。

(三) 主流政党的合流与极化

法国民众在认同问题上的敏感,也与这五年间主流政党执政下国家主导认同的"厘清"与"重塑"工程并将处理"他者"的极端化做法以国家的手段合法化有关。

2009年年底,尼古拉·萨科齐政府发起全国性大规模的国家认同大讨论,讨论的问题为"你认为什么是法国人",在客观上将相对于全球、欧洲和内部少数民族的国家认同焦虑问题政治化和极化。② 此外,建立移民、整合、国家认同和共同发展部(Ministèredel' Immigration, del' Intégration, del' Identité nationaleetdu Développement Solidaire),强调法国国家认同在面对伊斯兰教、全球化和欧洲共同体建构的冲击下应如何应对。2010年夏,法国与欧盟对抗,抵住来自欧盟的道义谴责和可能的行政压力,大规模强力驱逐东欧的移民少数族裔罗姆人。2010年年底,议会以绝对多数通过罩袍禁令,禁止在公共场合穿戴宗教服饰,禁令的主要对象是穆斯林妇女的罩袍。2013年,左翼奥朗德政府驱逐罗姆女孩,引发巴黎及全国

---

① 关于共和模式,参见刘力达《高认同与高冲突:反思共和模式下法国的移民问题及其政策》,《民族研究》2013年第5期。

② 参见刘力达《法国:国家认同大讨论解决了什么问题》,《中国民族报》2010年8月6日第8版。

各地的移民少数族裔青少年的示威游行。对此，总理曼努埃尔·瓦尔斯表示："我们应为我们所做的感到自豪，而不是感到抱歉"，强硬程度与上届政府别无二致。与此同时，中右的人民运动联盟党也在变得更右。2013年10月，人民运动联盟党主席让－弗朗索瓦·科佩（Jean-Franois Copé）提出，法国移民政策应该变更自法国大革命以来实行的属地原则，改为实行血统原则。这一提议实际上正是极右翼政党20多年一直以来的主张。① "由右翼民粹主义提出并成功运作的移民问题、文化自治主义和公共安全问题，现在却在资产阶级主流政党那里得到发扬光大。"② 在移民问题上，左右主流政党已经合流，将极右翼政党的主张内化至执政理念和政策中。

　　这一系列的法律、制度和政策安排，是主流政党以国家化的手段凸显法国社会中核心族群与外来种族、文化和宗教间的紧张关系，并以强硬立场为民族主义情绪站队。这种将认同危机政治化、国家化和极化的做法，使国家政权机器和公众舆论在强烈族群民族主义式的对共同体外部的态度上达成了共识，某种程度上也形成了压制移民少数族裔的共谋关系。这一关系为极右翼政党的崛起提供了深厚的选民基础。

　　然而，尽管主流政党在竞选和执政时期在话语和一些政治实践上有极化的趋向，但实际上，除了对待非法移民手段有所强硬外，并未完全真正落实这些主张。一方面，即使是在右翼强硬派萨科齐执政时期，非法移民人数依然在增长，为非法移民提供医疗救助的国家医药救助（Aide Médicale d'Etat，AME）的预算也在不断上涨。另一方面，合法移民亦不断增加，如2010年发放了20.3万个长期居留许可，与20世纪90年代相比上涨了60%—80%。所以，左右主流政党沿着社会—文化维度在话语上合流，趋向极右翼政党的极化，但实际上政治实践又让选民失望，因此给予了极右翼政党发挥的空间。

　　最后，值得一提的是，民族阵线在全国市镇选举、欧洲议会选举和

---

　　① 刘力达：《驱逐罗姆女孩：法国政治的右转与欧盟干预效力的弱化》，《中国民族报》2013年11月8日第8版。

　　② Reinhard Heinisch, "Success in Opposition-Failure in Government: Explaining the Performance of Right-Wing Populist Parties in Public Office", in *West European Politics*, Vol. 26, No. 3 (July 2003), pp. 191–130.

全国参议院选举中拿到大量选票，也在于执政党社会党和人民运动联盟党无法就当下的危机——包括欧债危机后的经济下行、在欧盟地位的下滑、国内移民骚乱和文明冲突等重大问题提出强有力的方案，尤其是执政党领袖、总统奥朗德执政乏力。伊普索报告显示，从投票动机而言，有69%的选民投民族阵线是因为反对政府（三个选项：支持政府、反对政府、皆非），选民的抗议性投票大幅流入民族阵线的票仓。

（四）小结

民族主义政党在2014年欧洲议会大幅崛起，其中族群民族主义色彩较浓的极右翼政党在多个国家获得胜利或突破。以法国民族阵线为代表的族裔—国家民族主义政党最具代表性。这类政党之所以受到欢迎，从外部供给因素上说，主要是主流政党在移民问题上的合流极化，为极右翼的排斥性民族主义主张提供国家化和合法化的"背书"，而事实上又不能完全真正实施超出驱逐非法移民之外的、针对法国公民的移民少数族裔采取强硬手段；同时，欧债危机导致的经济问题凸显，也使得阶级矛盾以民族主义的形式表达出来。对于民族主义政党的支持者而言，民族主义政党象征的是坚持真正的"民族国家"——对外捍卫民族的主权不被欧盟和全球化侵蚀，对内捍卫民族的精神和文化不被人口和文化的日益多元化所消解。

四 极右翼政党崛起的需求因素：欧洲政治的结构性变动

若要深刻理解2014年欧洲议会选举中极右翼政党崛起的原因，需要从大的结构性背景因素变动切入。

笔者认为，民族国家、代议制民主、福利国家、意识形态困局这四方面所遭遇的问题相互作用，更加凸显了危机，使极右翼政党崛起的需求因素陡然增加。

（一）民族国家模式危机

民族主义的本质内核是遵循排他性规范，即"我们"与"他者"之间存在着社群边界。换句话说，与城邦国家或帝国模式所不同的是，民族国家模式的逻辑是民族（nation）即为国家，意欲建立"一族一国"共同体，对外自主独立，对内社群同质。在民族主义的背景下，这一共同体模式在当下欧洲所遭遇的危机逐渐凸显，其内部产生了三种张力。这三种张力看似截然不同，实际皆源于民族国家的逻辑，也因此产生事实的悖论。

第一种是欧盟与民族国家之间的张力。欧盟与各成员国之间不论在平和时期还是危机时期一直存在着主权的博弈。这与欧盟本质上仍然是一个政治共同体的实验物有关，即欧盟将往何处走的问题依然没有清晰的共识——是应该成为跨国家组织、一个松散的联合体，还是应该成为联邦制国家、一个给予各地方自主权然则本质上是欧罗巴联合众国的民族国家？这种徘徊和犹豫被欧洲主权债务危机无限放大，因为主权债务危机的出现、各种争吵、解决之不力等都不断地指向这一问题，这与欧盟在按照欧盟政治精英的设计朝向民族国家发展，具备了一些民族国家的制度设计，但缺失另一些要素模式相关：货币统一造成不同地区间发展不平衡加剧，然则没有强有力的中央政府以及民族共同体所具备的认同感和社会团结，各地区（各成员国）能否对出问题的贫穷地区同心协力进行扶持，就成为很大的问题。因此，欧盟这走了一半的路，实际上不进则退：或者如欧盟官僚所设计的最终成为一个民族国家，或者如极右翼政党所主张的退出欧盟的欧元区和申根区制度设计。

第二种是民族国家内主流社会与移民少数族裔之间的张力。欧洲尤其是西欧国家中的主流社会多为某一核心族群，欧洲民族国家多以核心族群的历史和政治建构为基础立国，与后来者移民少数族裔群体之间一直存在整合路径上的较量——是差异性地进入，还是同一式地融合。当前，冲突最为凸显的部分在于有基督教历史和世俗化原则的欧洲国家如何处理国家和核心族群与穆斯林移民的关系。[①] 来自不同民族、宗教和文化的"他者"在本国居留，在事实上改变一国的人口、文化结构，从而对当地民众构成冲击，使得近年来移民问题凸显。以基督教为底色的欧

[①] 相关的事例很多，最新的事例参见孙进《穆斯林移民话题再次搅动德国社会》，《中国青年报》2014 年 8 月 7 日第 4 版。

洲各国（尤其是西欧），以既有的民族国家模式融合多数以伊斯兰教为宗教信仰的移民和难民，越来越感到力不从心。在内政与外交的叠加效应下，冲突正越来越不可调和。

第三种是欧洲民族国家内核心族群与世居少数民族之间的张力。核心族群的国家民族主义与世居少数民族的地方民族主义形成冲突，因前者欲保持国家内部最大程度的同质性，而后者（多为世居少数民族）作为民族国家内的异质性因素，对自身族群使用与国家民族主义一致的逻辑——外保自主内护同质，要求自治甚至分离。因此，两者之间实际上存在着内在的张力。

目前，第三种张力暂时退居其次，第一种和第二种张力在凸显。在反对欧盟和移民少数族裔的问题上的目标一致，使国家民族主义和地方民族主义极右翼政党走到一起。产生这三种张力的来源，都在于在民族国家模式的框架内解决政治和社会文化共同体的问题。

（二）代议制民主危机

与民族国家相关并由之引出的另一个重要问题是代议制民主的困境。造成这一困局的原因在于人们往往忽略一个原初性问题，即代议制民主的适用范围或规模问题——民主在政治疆域范围扩大、政治实体规模扩大后，还是否可能？

从本质上说，代议制民主就是大规模民主的产物，其所涉及的核心问题是在一个现代共同体（意味着不再是小规模的政治和社会文化共同体）中实行何种政治制度，能使得共同体的意见表达、事务决定更好地传递和让渡给政府。但即使是大规模民主支持者、代议制民主鼻祖密尔，也认为代议制民主只能在同质的民族共同体内部实行。

在跨族群的政治体内进行代议制民主选举，与在单一社群内部实施存在不可忽视的差异。民主的前提是定义"人民"，在这一意义上，"边界划分和政治共同体成员的界定也许是最基本的政治决定"[①]。民族情感

---

① Frederick G. Whelan, "Democratic Theory and the Boundary Problem", in J. R. Pennock and J. W. Chapman (eds.) *Nomos XXV*: *Liberal Democracy*, New York: New York University Press, 1983, p. 13.

是民主运作的动因,民族认同是民主的意向条件。① 如果社会团结、重叠共识等民主实现的前提在共识和认同缺乏(认同的来源既是政治的,又是文化的,且在少数民族受到排外主义和种族主义歧视时更难以实现)的政治体内没有较好地存在,语言传播媒介和选举制度设计等民主实现的技术手段没有考虑在异质性的群体中可能的损耗,那么,异质性共同体的民主容易成为假多数人之名而行压迫少数人之恶的制度武器,正如我们在这次选举中看到的,欧洲诸多国家中核心族群选出反移民、反他者的族裔民族主义政党。同样的逻辑不单适用于不同族群在同一民族国家内的情况,也涉及不同民族(国家)在欧盟内遇到的由于共识和认同缺乏带来的代议制民主的问题(经《里斯本条约》修订后的《欧盟条约》第二编"民主原则条款"第10条规定,"联盟的运行应以代议制民主为基础"②),而这一点往往被人们忽略。

此外,欧洲议会选举中极右翼崛起还凸显了一个问题:当民众选择了精英认为错误的选择时,该怎么办?密尔所定义的代议制民主是"国家的主权权力属于全体人民或公民,人民通过自己的代表或公民投票行使这种权力"③,其预设的逻辑是,政府是人民的意志的代表,但无关对错。人民若要选择对区域一体化和全球化闭关锁国,选择对少数族裔的排外主义和种族主义,其结果是选举市场中对极右翼政党的需求大增,但于国于民未必符合长远利益。这一问题,单靠代议制民主是无法解决的,反而只会加剧。实际上,欧盟作为欧洲层面"去民主化"的机构,其政策制定由技术官僚和跨国精英主导,"这种跨民族体系的发展减少了民族国家的政治、经济、社会和文化自治……跨民族活动和决策的增多,减少了一国公民通过政府在对他们而言非常重要的事务上实施控制的能力。在这种程度上,一国政府正在成为地方政府"④。尽管欧盟备受"民主赤字"的诟病,而且在最具"民主"的欧洲议会也存在传统大党团排

---

① 王绍光:《民族主义与民主》,《公共管理评论》2004年第1期。
② 参见程卫东《欧洲联盟基础条约:经〈里斯本条约〉修订》,李靖堃译,社会科学文献出版社2010年版,第35页。
③ [英]约翰·密尔:《代议制政府》,汪瑄译,商务印书馆1982年版,第68页。
④ Robert A. Dahl, "A Democratic Dilemma: System Effectiveness versus Citizen Participation", in *Political Science Quarterly*, Vol. 109, No. 1 (March 1994), pp. 23–34.

挤极端党团——"不民主"地压制欧盟公民"民主"选举的产物的问题，但是就欧洲政治民粹主义化、极端化的发展而言，欧盟这一设置是对代议制民主下极右翼势力发展的对冲（hedge）。

（三）福利国家制度危机

欧债危机之所以会促进民族主义的高涨，很大程度上是因为在经济危机的时刻，欧洲的福利国家制度开始变得资源有限，而其本质上所谓"福利"又是基于共同体的边界而实行的。因此，民众尤其是底层的穷苦大众很容易出于自身福利的考虑，反对"外来者"。不少极右翼政党都宣称自己是代表工人阶级利益的党，其支持者多是受到经济危机影响较大的阶层。新崛起的极右翼政党与福利沙文主义和福利民粹主义相关。[1] 工农等低收入阶层往往更容易被煽动起排外主义甚至种族主义情绪，将自身利益受损归罪于全球化和区域一体化下外来移民的冲击和欧盟官僚精英的剥夺。在此，经济危机所凸显的阶级矛盾借助民族主义的动力，以支持极右翼的政治选择体现出来。

福利国家是建立在共同体的基础上的，在操作上具有排斥性，即根据是否有这一民族国家的公民身份而享有相应的福利。例如，法国民族阵线在纲领文件中论述控制移民的必要性时，称"移民对于民族（国家）共同体而言是一笔昂贵的开支，大概每年需要 700 亿欧元"[2]。事实上，共同体对社会团结的要求很高，需要一部分成员愿意将自己所得由国家分配给需要的同胞。而当这个共同体内部出现了认同危机、产生出狭隘族裔民族主义情绪时，"福利之船承载不了那么多"就容易成为普遍的共识，移民少数族裔作为共同体的"他者"很自然地成为目标。

况且，一方面，在欧盟、成员国、国内民众三层结构中，由于货币和边境等输入性主权已经让渡给欧盟，因此造成欧盟内经济竞争力较弱

---

[1] Willem de Koster, Peter Achterberg and Jeroen van der Waal, "The New Right and the Welfare State: The Electoral Relevance of Welfare Chauvinism and Welfare Populism in the Netherlands", in *International Political Review*, Vol. 34, No. 3 (January 2013), pp. 3 – 20.

[2] 参见法国民族阵线官网，http://www.frontnational.com/，Notre Projet: Programme Politique du Front National 的 immigration 部分，http://www.frontnational.com/pdf/Programme.pdf.，访问日期：2014 年 12 月 28 日。

国家因为统一货币而失去进出口的汇率杠杆，从而不得不遭受竞争力较强的欧盟国家"剥削"；另一方面，欧盟在统一货币的同时没有统一财政预算，边境的开放便利了申根区内各国（主要是由新欧洲到老欧洲）人员流动以及申根边境外的、来自非洲和中东的难民，而社会福利的财政支出等输出性主权依然由民族国家负责，那么，民族国家的核心族群民众在经济危机引发的福利改革问题上，会以民族国家的排他性逻辑来反对该共同体中由于欧盟一体化带来的越来越多的"局外人"——移民（难民）。但是，如果社会福利的发放权由欧盟掌控，则问题更大，如各国对于福利程度的偏好差异很大、各国对于难民和移民的准入和社会政策不一，会引发激烈的利益碰撞，最终导致合作的失败。

（四）意识形态危机

自20世纪五六十年代西欧大量输入移民劳动力之后，人种、宗教、语言、文化迥异的移民少数族裔在西欧国家的人口版图中变得越来越重要，民族国家通过"同一化"整合模式达致统一的既往路径逐渐显得力不从心。在理论和话语上，60—80年代兴起的承认政治和认同政治、多元文化主义和少数人的权利保护与抗争等注重少数民族群体性权利的运动型左翼政治哲学思潮，也代替原先以公民个体性权利为标准的右翼自由主义，成为全球性的"政治正确"。极右翼政党所代表的国家—族裔民族主义的回潮与壮大，是对这一"政治正确"的反动。

近年来，各极右翼政党和将极右翼政治主张内化了的右翼执政党，纷纷打破普世性的政治正确话语，不惮于反其道而行之。不仅极右翼政党如法国民族阵线宣称"社群主义是国家团结的毒药"①，而且从2010年开始，德国、英国、法国首脑默克尔、卡梅伦和萨科齐都表示，多元文化主义是失败的、不可行的。② 此外，各极右翼政党如法国民族阵线、丹麦人民党、瑞典民主党（Sverige demokraterna，SD）等也表示，本国不是移民国家，多民族（multi-ethnic）的转变是国家的灾难，因此不可

---

① 参见法国民族阵线官网，http：//www.frontnational.com/，访问日期：2014年12月28日。

② 刘力达：《多元文化主义面临终结？（上）》，《中国民族报》2011年8月26日第8版。

接受；也明确拒绝多元文化主义，主张大幅降低非欧裔移民，反对伊斯兰化，对已有的移民少数族裔实行同化政策，加强国家认同和社会团结。① 极右翼政党受到选民支持的原因，也在于它们敢打破政治话语的禁忌，言主流政党之所不敢言、做主流政党之所不敢做，正如法国民族阵线的支持者所言："我支持玛琳·勒庞，因为她敢于'政治不正确'！"②

然而，在打破既有政治正确之后，新的政治正确是什么？甚或已经不需要政治正确？如果不需要，那么，什么是全欧洲最基本的道义共识；如果需要，一个曾经以人权为强大感召力的欧洲文明如今不断封闭而敏感地向内收缩，又能贡献出怎样的政治标杆？

欧洲议会中极右翼政党的崛起，背后是欧洲社会大的结构变化。这种结构性变动表现为民族国家危机、代议制民主危机、福利国家制度危机以及意识形态危机，四者共同作用于增大政党选举市场中极右翼的需求因素。在欧债危机之后矛盾进一步激化，导致极右翼政党的大幅崛起。

五 结语

2014年欧洲议会选举中，带有强烈族裔民族主义色彩的极右翼政党大幅崛起，取得历史性突破。

从供给—需求模型的角度看极右翼政党的崛起原因，是极右翼政党的主张与民族国家既有的共同体建构和融合模式相契合，较易为选民接受；另一个是主流执政党迎合民族主义情绪高涨的选民，在移民问题上合流趋向极化，但在政治实践上又不能完全实现承诺，给予极右翼以发挥的政治空间。

更为重要的是需求因素。选民排外主义的族裔民族主义情绪的高涨来自欧洲政治中的结构性危机，即民族国家模式、代议制民主、福利国

---

① 例如，法国民族阵线纲领文件，http：//www.frontnational.com/pdf/Programme.pdf，丹麦人民党纲领，http:/www.danskfolkeparti.dk/Principprogram，访问日期：2014年12月28日。

② Minutes, Pourquoi ils ont vote Le Pen, 25 avril 2012, http：//www.20minutes.fr/elections/922571-pourquoi-vote-pen，访问日期：2014年12月28日。

家制度和意识形态四方面的危机相互作用，放大了欧洲各国在外部欧洲共同体和内部移民群体问题上的危机，也因此急剧扩大了对有强烈族裔民族主义色彩的极右翼政党的需求。选举市场中选民的需求因素是最为根本的"内因"，极右翼政党抓住并迎合选民的需求，得以大幅崛起。在这种结构性的影响因素下，极右翼政党的崛起不会止步于2014年欧洲议会选举，而是会成为未来很长一段时间的现实。

外部的跨民族体系和内部的离散民族群体已成为欧洲政治进程中的两大重要角色，其中以异文明和异种族的移民为主要影响者。今后，整个欧洲从欧盟层面到各民族国家，都会因移民面临巨大挑战，其应对也会造成一系列溢出效应，政治生态也将受到逐步而深远的影响。例如，大批在所在国承受多重压力、怀有巨大不满的欧洲穆斯林移民后裔加入"伊斯兰国"（Islamic Stateof Iraq and Syria, ISIS）做志愿军，① 前往叙利亚参战、"担纲"斩首欧美公民的行动，直接触发美国及其盟友对"伊斯兰国"的军事打击。在族裔—国家民族主义和族裔—地方民族主义的跨国合流下，向本"民族"回归的潮流正在涌动，上与超国家组织、下与共同体内部的"异质"元素产生紧张关系。

欧洲该往何处去？2014年欧洲议会选举表明，欧洲并未完全身处后民族结构（post-national constellation）中，而是一种正在建构进程中的民族和后民族混合结构。以基于宪法、规则和公民权利的宪政爱国主义建构欧洲公民团结、推动欧洲一体化的方案或许存在本质性缺陷，这一抹去文化、历史、传统的抽象设计始终难以抵挡现实中族裔民族主义的冲击。对欧洲而言，"民族性政治实体的时代已经结束了。现在则是一个帝国林立的时代，一个跨国性的政治统一体的时代，不过这些统一体仍然还是要由加盟的民族国家来构成"②。如何与民族主义相处，是欧洲乃至其他共同体在建设进程中不可回避的重要命题。

在2014年欧洲议会选举中，极右翼政党大幅崛起。极右翼政党具有

---

① 根据美国中央情报局、苏芬（Soufan）智库集团、国际激进化研究中心的不完全统计数据（截至2014年10月），前往叙利亚打仗的欧洲公民中，英国有488人、法国412人、比利时296人、德国240人，其他欧洲国家亦有几十到百人不等。

② ［法］科耶夫等：《科耶夫的新拉丁帝国》，邱立波编译，华夏出版社2008年版，第20页。

族裔民族主义的实质属性。欧洲议会选举显示，欧洲选民分野从阶级分野向族群和地区分野转化，极右翼政党是得益于该政治转向的族裔民族主义政党。从供给—需求模型的角度看，极右翼政党崛起的供给因素主要在于极右翼与民族国家共同体构建模式的契合，以及主流政党在移民问题上内化了极右翼的主张，共同（合流）趋向极化；更为重要的是需求因素，即与民族主义紧密相关联的、由其产生危机的民族国家模式、代议制民主、福利国家制度和意识形态四方面的共同放大作用，急剧增加了欧洲选举市场中对族裔民族主义政党的政治需求，从而导致极右翼政党的崛起。

第五部分

变局态势与欧洲走向

世界百年变局态势*

"百年未有之大变局"是党中央对国际形势的重要判断。习近平总书记多次指出,"当今世界正处于百年未有之大变局",这是我国对世界格局长期战略研判的延续。2007年10月,党的十七大报告指出,"当今世界正处在大变革大调整之中"①;2012年11月,党的十八大报告强调,"当今世界正在发生深刻复杂变化"②;2017年10月,党的十九大报告更进一步深刻论述,"世界正处于大发展大变革大调整时期"③。虽然世界和平与发展的时代主题没有发生变化,但是,世界经济周期的新一轮波动、"黑天鹅"事件的频繁出现、南北经济差距的逐渐拉大等不确定性因素极大增加了国际格局的不确定性。

第二次世界大战后,科学技术得到前所未有的快速发展,交通运输、信息通信、数据处理等领域都取得了突飞猛进的进展,人类的地理空间与时空限制被打破,不同国家、不同地区间的经济交往、政治对话、文化交流愈益密切,国际分工、对外直接投资、国际贸易等也呈现出新的发展特点,形成了真正意义上的全球市场。全球市场的形成加快了资本、技术和人力资源等生产要素在全球的自由流动,推动了全球金融市场、

---

* 本文刊载于《人民论坛·学术前沿》2019年,原文标题为《百年未有之大变局与中国身份的变迁》,合作者为原清华大学社会科学学院博士研究生王垦。

① 胡锦涛:《高举中国特色社会主义伟大旗帜　为夺取全面建设小康社会新胜利而奋斗——在中国共产党第十七次全国代表大会上的报告》,人民出版社2007年版,第46页。

② 胡锦涛:《坚定不移沿着中国特色社会主义道路前进　为全面建成小康社会而奋斗——在中国共产党第十八次全国代表大会上的报告》,人民出版社2012年版,第46页。

③ 习近平:《决胜全面建成小康社会　夺取新时代中国特色社会主义伟大胜利——在中国共产党第十九次全国代表大会上的报告》,人民出版社2017年版,第58页。

国际分工格局和全球产业价值链的逐步完善和升级，加速了经济全球化的进一步发展，但同时也衍生出技术垄断、环境破坏、失业增加等导致逆全球化的不稳定因素。

在经济全球化的推动下，国际体系、国家个体、非国家行为体的短、中长和长经济周期都经历了深刻变化，世界政治经济格局也相应地发生剧烈变动。政治格局多极化加速推进，各国经济实力对比变化导致竞争与合作并存，全球治理体系与多边合作受到保护主义和单边主义的挑战，国家安全所涉及的领域外延不断延伸扩张。这些都预示着国际格局已经进入大分化、大变动、大调整时期。

一 世界多极化呈现新态势

百年变局的第一点体现的是世界多极化呈现出新态势，新兴经济体和发展中国家迅速崛起。20世纪八九十年代，苏联解体和东欧剧变结束了国际格局长达半个多世纪的两强争霸局面，美国凭借其超强的综合实力成为全球超级大国，国际格局呈现"一超多强"的实质单极特征。与此同时，新兴经济体、发展中国家及其他处于发展边缘地带的国家在经济全球化中得到迅速发展。在世纪交替的前后20年间，除了传统欧洲强国的复兴，最引人注目的是发展中国家群体性崛起。据最新统计，发展中国家和新兴市场国家的经济总量占世界经济的比重接近40%，这些国家对世界经济增长的贡献率已达80%。[①] 伴随着经济地位的提高，发达国家和新兴经济体以及广大发展中国家之间的力量对比逐渐均衡，新兴经济体和广大发展中国家的国际话语权、政治影响力也得到快速提升。从在联合国代表权的提高，到20国集团（G20）峰会的升格，再到"金砖国家"由政治性概念落地为有影响力的多边合作机制，以及东盟、非盟等地区合作机制作用的不断加强，都呈现出国际社会朝着多极化方向发展。

多极中的主要力量对比也出现明显改变。虽然美国的综合国力仍然是世界第一，但在"9·11"事件之后其独自掌控国际局势的意愿和能力

---

① 习近平：《顺应时代潮流　实现共同发展——在金砖国家工商论坛上的讲话》，《人民日报》2018年7月26日第2版。

明显下降；欧盟作为集欧洲之力的重要国际力量，因欧债危机、难民问题和英国"脱欧"等而变得危机重重；以金砖国家为代表的发展中大国通过国际政治对话和经济合作，极大地提高了其在国际政治、世界经济等领域的影响力。尤其是中国，在被美国明确为"战略性竞争对手"之后，又被欧盟列为"系统性竞争对手"及"经济竞争对手"，这显示出中国在国际政治经济格局中的重要地位。

二　经济全球化不平衡发展与逆全球化

百年变局的第二点体现的是经济全球化不平衡发展导致逆全球化趋势。冷战结束后，国际环境长期处于总体和平与局部动荡的态势，为经济全球化创造了相对稳定的发展环境。在这样的背景下，各个国家的经济发展逐渐取决于其在国际经济体系中的融入程度。与前一个百年相比，世界各国和各地区的生产要素得到了更加合理、充分和高效的配置，发达国家和发展中国家通过国际分工、国际贸易和对外直接投资重新塑造了经济全球化的发展格局，社会生产力得到极大提高，社会财富积累快速增加，全球产业价值链更加完善，世界经济发展水平达到新高度。

同时，经济全球化所衍生出的不公平问题导致逆全球化现象的出现。因经济全球化发展不均衡所产生的负面效应，国际社会呈现出了"一荣俱荣、一损俱损"的局面。在国际社会"资源优化配置"的背后，是不同国家或地区的某些产业、群体受到的不同程度的冲击。2008年全球经济危机催生了西方民粹主义回潮、极右翼政党力量上升和极端恐怖势力盛行，全球经济的下行趋势致使不稳定因素加剧了国际格局的不确定性。全球化给发达国家带来了就业困难、收入差距扩大和文化冲突等问题，是当代西方民粹主义兴起的导火索。[①] 右翼民粹主义者认为，这些问题是由政治精英推动的"畸形发展"的经济全球化所致，只能通过反全球化的方式来解决，通过实行经济保护主义、政治保守主义来回应中下层民众的利益诉求，减弱多元的社会文化带来的身份认同冲突。

---

① 黄沛韬：《当代西方民粹主义的挑战：社会秩序的更替与世界秩序的嬗变》，《区域与全球发展》2019年第1期。

有着商人本性的美国总统特朗普，其一系列违背常规的言行举止背后，体现的是保守主义和民粹主义相结合的政治理念。① 特朗普认为，经济全球化让太多的国家，尤其是中国，"占了美国便宜"。他对其他国家是否实行美国式的民主制度并不执着，但是，不能容忍"免费搭美国便车"的国家。

三 单边主义与保护主义抬头

百年变局的第三点体现的是单边主义与保护主义抬头，全球治理体系与多边机制遭遇冲击。在经济全球化的背景下，国家处理自身问题也需要联合多个国家共同行动。实践证明，多边主义对于扩大国际共识、促进国际合作具有积极作用，有助于推动国际问题的协商解决，因此成为当今国际格局发展的重要助推器，② 不仅是当今国际体系的建构基础，也是全球治理的重要途径。

全球治理打破了国际关系中以国家为中心的体系，倡导治理主体多元化。但在这个体系中，大国仍然是全球治理体系中最重要的主体，大国合作也是多边合作的关键。但是，长期以来，发展中国家在全球治理的话语权与其自身在世界经济中的体量并不相符；而在多边合作机制中居主导地位、掌控治理规则制定权的西方大国为了保持其优势地位，不仅限制发展中国家参与国际治理体系，还逃避自身应该承担的治理责任。例如，受部分发达国家的阻挠，发展中国家在国际货币基金组织世界银行的投票权迟迟得不到提升。

作为发达国家的代表，美国对现有多边机制不满，更加偏向以可能获得更大利益的双边形式进行国家间合作。美国在特朗普任内开启了一系列涉及各个领域的"退群"行动，③ 这样的行为体现出美国对维持全球

---

① 李强：《美国保守主义兴起的"智库"因素》，《北京日报》2018 年 5 月 21 日第 16 版。
② Robert Keohane, "Multilateralism: An Agenda for Research", in International Journal, Vol. 45, No. 4 (December 1990), pp. 731–764.
③ 美国接连退出跨太平洋伙伴关系协定（TPP）、巴黎气候协定、伊核协议、联合国教科文组织和人权理事会，并且推翻原有的《北美自由贸易协定》，签订了更有利于美国的《美国—墨西哥—加拿大协定》（USMCA）。

治理中主导权的"意愿不足"。相对于以往在干预主义和孤立主义时期坚守的道德优越感,如今的美国"主动放弃道德高地,将短期经济利益置于维持自由主义世界秩序和国际领导权之上"①。

四 国际安全挑战多样化与碎片化

百年变局的第四点体现的是国际安全挑战多样化与碎片化。当前,和平与发展的主题未变,但随着全球化深入发展,国际社会中各种行为体逐渐增多,不稳定因素大幅增加。当前全球安全挑战日趋多样化和碎片化,世界安全格局出现更多新变化。对于中国而言,一方面,出现全球范围内单一威胁的可能性越发下降,大国之间的博弈竞争直接体现为安全对抗的可能性很低;另一方面,以大国博弈为背景的全球安全问题愈发多样,种族、族群、宗教信众等次国家群体认同的变异发展在全球范围不断升温,相关问题恶化所衍生出的极端恐怖、分裂活动此起彼伏、相互呼应,这是百年未有之大变局的安全背景。

美国将战略重点从打击恐怖主义转移到与中国、俄罗斯的长期战略竞争;美俄分歧加大,特朗普与普京的对话并未改善双边关系,美国单方面终止了《中导条约》;在中东和东欧,中东、叙利亚、乌克兰等问题使欧洲、美国、俄罗斯之间的关系紧张,影响亚欧大陆的稳定与发展;在东亚,南海问题影响着日本、美国、中国和东南亚国家之间的关系,美国、日本、澳大利亚、印度四国推出的"印太战略"试图加强联盟合作以针对中国。

全球化使科学技术快速变革、大规模扩散,安全冲突蔓延至多个领域,并改变了战斗形式与演变速度。科学技术直接决定军事战略优势,国家安全问题不再局限于政治、军事领域,逐渐延伸至经济、生态、社会等层面。恐怖主义和极端主义不断发酵,传染性疾病跨越洲际传播,全球变暖导致生态危机频发,网络黑客威胁各国网络信息安全。在这样的背景下,现有国际规则不断受到冲击,多边机制面临严峻的挑战。

---

① 肖河:《特朗普的"退出外交"并非孤立主义表现》,《世界知识》2017年第22期。

世界民粹主义态势[*]

21世纪的第二个十年，世界民粹化态势也在加速。民粹主义的最突出表现是各国政坛的右倾化现象，"草根型"政治领导人借助民众对现行体制的不满，打着人民至上的口号，赢得了较高的支持率。在一些国家，民粹主义政党甚至上台执政。在表达方式上，越来越多的民众通过激进和暴力化的方式表达对某一方面问题的不满和内心的诉求，而非诉诸本国已有的制度渠道。随着全球化进程的进一步加剧，民粹化现象将更深层次地影响着世界政治的发展。

一 欧洲社会情绪的民粹倾向和民粹主义政党的实力壮大

在欧洲，民粹主义主要表现在社会情绪的民粹倾向和民粹主义政党的实力壮大。在社会情绪上，欧洲社会在移民问题上的排外情绪和种族主义思想蔓延，进而影响到国家政策。

在一些国家，以民粹主义为代表的极右政党的支持率上升。一些民粹主义政党上升为全国第三甚至是第二大政党，在议会格局中形成左、右和极右三足鼎立的趋势。例如，让-玛丽·勒庞领导的法国国民阵线长期是法国第三大政党；贝卢斯科尼领导的意大利力量党长期主政意大利，贝卢斯科尼三次担任政府总理；比利时的弗拉芒集团已经成为国会

---

[*] 本文内容刊载于《人民论坛》2013年第3期，原文标题为《世界民粹主义趋势透析》。硕士生袁昊同学对此文亦有贡献。

第一大党；丹麦人民党、奥地利自由党、匈牙利约比克党都成为议会中的第三大党。挪威进步党在2009年9月议会选举中成为议会第二大政党。2011年3月，英国《经济学家》杂志就警告说，由荷兰向东北方向呈弧形纵深的一系列国家中，民粹主义政党和极右翼势力正在政治上突破束缚，吸引越来越多的选民。

二 拉美的民粹主义更多体现为左翼特色

自20世纪90年代以来，拉美就成了民粹主义的乐土。长期以来，该地区经济上依附于美国而发展，民粹＋民族主义模式成为该地区政治文化中的突出特点，受依附理论的影响，不少政治家将拉美地区自20世纪80年代出现的经济滞胀现象归咎于华盛顿共识和国际货币基金组织为代表的国际机制。拉美地区的左翼政党都或多或少地带有民粹主义的色彩。

进入21世纪以来，拉美地区的民粹主义多由左派政治家领导，委内瑞拉总统查韦斯和玻利维亚总统莫拉莱斯就是典型代表。除此之外，包括阿根廷的基什内尔、厄瓜多尔的科雷亚、尼加拉瓜的奥尔特加和巴拉圭的卢戈等人，其竞选纲领和实施国家政策时，也都带有很明显的民粹主义色彩。

三 日本的右翼民粹主义趋势更趋凸显

近年来，日本的右翼民粹主义趋势也更趋凸显，其典型代表既有右翼元老石原慎太郎，又有右翼新生代代表桥下彻。2012年4月以来，石原一手操弄的钓鱼岛"国有化"问题使右翼民粹主义发展到极致。在钓鱼岛争端尘埃未定之时，日本政坛再出民粹主义新秀。

2012年9月12日，43岁的大阪市市长桥下彻宣布成立新的全国性政党"日本维新会"。桥下彻之所以受到欢迎，重要原因是他善于解读当前日本"保守"的主流空气，敢于以粗线条的作风向战后民主主义的基调挑战，进而博得政界与财界的鹰派大声叫好。他善于抓住福岛核电站灾难后在日本出现的"恐核"的心理，提出要逐步摆脱核电站的主张，迎合了民众的心理。

作为日本政坛右倾化的表现之一，桥下彻在政治上明显属于保守的民粹主义者。在经济上，桥下彻奉行新自由主义的激进路线，主张扫除现存的政治秩序。在风格上，他擅长于将复杂问题成因简单化，通过用单一的解决手段来赢得选民的支持。因此，作为草根出身，敢言易怒，没有背景的桥下彻显然比传统的日本政治官僚更容易赢得民众的好感；革命式的变革方式及对现行体制的强有力批判，给日本政坛带来了一股强有力的冲击。2012年12月16日，日本众议院大选中，桥下彻领导的日本维新会获得54个议席，成为继自民党、民主党之后的日本政治第三极。

四　印度政坛上的民粹主义开始得势

在印度，由于经济危机导致其经济发展出现问题，印度政坛上的民粹主义也开始得势。印度的民粹主义政党主要为草根国大党，其党主席为班纳吉。草根国大党作为主要的民粹主义政党，近年来在印度政坛上升势头很快，其在联邦议会大选中从2004年的2席迅速蹿升至2009年的19席；2011年，草根国大党与国大党结盟，一举战胜了在西孟加拉邦连续执政34年之久的印度共产党，获得了该邦执政权。草根国大党虽然是国大党的主要联盟，但是，自2011年年底以来，印度政府的多项改革计划搁浅，这其中阻挠改革的除了主要反对党人民党外，还包括国大党的主要盟友草根国大党。

2012年9月18日，印度西孟加拉邦首席邦长、草根国大党主席班纳吉宣布，该党将退出执政的国大党团结进步联盟，以抗议辛格政府宣布的经济改革方案。这也使得国大党在议会成为少数派，进一步加大了国大党继续执政的难度。伴随着经济危机的恶化，印度的民粹主义正在伴随着印度政坛碎片化而势力持续增长。

五　民粹主义负面影响显而易见

尽管当今世界政治中的这股民粹化趋势在一定程度上反映了底层民众的诉求和对社会的不满，促使主流政党思考全球化时代下的国家政策，但是，其负面影响也是显而易见的。

首先，民粹主义对于人民至上理念的极端强调实际上是对民主制度的践踏，对于体制的怀疑态度使其更有可能走向反体制的道路，从而背离民主，走向独裁主义统治。

其次，民粹主义将社会问题解决单一化、简单化，而这种解决方式往往具有狭隘的平民主义、极端的民族主义和盲目的排外主义特点，反而会带来更多的社会问题。

最后，民粹主义对于社会强烈的批判意识往往带有理想化的色彩，其道德主义的思维方式很容易陷入非理性的逻辑中，从而出现集体无意识，在国家决策中容易走向盲目极端化的道路。这对于处于深刻社会转型中的国家都具有深远的借鉴和警示意义。

欧洲大选年的欧盟命运[*]

一场难民危机结合伊斯兰极端恐怖主义的社会浪潮正席卷着欧洲这片沉寂多年的热土。2017年是欧洲的选举年，除了备受瞩目的法国大选和德国大选，还有荷兰大选、捷克选举等。接二连三的选举势必带来潜在的政治波动与不确定因素。对于欧盟来说，2017年将会是备受考验的一年。

一 欧盟一年来"步步惊心"

2016年6月英国公投结果产生，英国人民选择离开欧盟，加上11月美国大选，唐纳德·特朗普当选新任美国总统，民粹主义开始越来越多地在世界政治舞台上发声。

英国脱离欧盟是一个繁复而漫长的过程。能否在两年时间内完成所有的谈判，事无巨细，对于欧盟和英国双方来说，都是一个前所未有的挑战。英国首相特雷莎·梅毫无意外地表示，英国的"脱欧"将会是一个彻底的"硬脱欧"，但对于关税和欧洲统一市场的贸易交流，希望能有较大程度的保留。

如今，英国议会上下议院通过了首相关于"脱欧"的报告，英国女王伊丽莎白二世也签署了同意书，正式为梅首相启动里斯本协议第50条铺平了道路。3月29日，梅首相向欧盟正式递交"脱欧"申请，拉开了

---

[*] 本文刊载于《财经国家周刊》2017年第9期，原文标题为《欧洲大选年，欧盟命运如何》。魏奇是本文合作者。

"脱欧"谈判的序幕。这也意味着英国与欧盟的未来开启了新的篇章。

法国这厢,大选沸沸扬扬,情势错综复杂,随着大选竞选活动进入最后的冲刺阶段,民调的结果也越来越雾里看花,欧洲各国亲欧盟阵营的各位领导人可谓心都吊在了嗓子眼。毕竟,法国与欧盟的关系,对于欧盟的生存发展及欧洲一体化的进程起着极为重要的作用。

而在荷兰,刚刚落幕的总统大选算是给各位领导人吃了一粒定心丸。现任首相马克·吕特的政党自由民主党在大选中赢得议会33席,击败了之前在民调中一直领先的极右翼民粹主义政党自由党,从而保证了"脱欧"事件短期内不会在荷兰发生。

不过要知道,2016年12月意大利宪法公投失败可引起了政府总理伦齐的辞职,脆弱的意大利政局随时会引发震荡。此外,比利时、丹麦、瑞典、希腊、匈牙利、斯洛伐克等国的极右翼政党也正在不同程度上改变传统政治格局。这些政党在议会席位的增加和影响力的上升,将给欧洲一体化带来沉重打击。

种种迹象仿佛都在向我们说:欧盟在2017年这一年,可谓是"步步惊心"。然而,笔者认为,欧盟的命运最终会"有惊无险"。

二 德国:坚持"欧洲经济一体化"?

欧盟各成员国当中,分量最重的两个国家毋庸置疑是德国和法国,而这两个国家又正巧在2017年都要进行换届选举。

德国是欧洲第一大经济体。尽管德国大选2017年9月才会举行,大选的造势却是日趋激烈。在荷兰大选结果出来之后,德国总理默克尔致电恭贺马克·吕特,并说荷兰大选的结果给了支持欧盟的欧洲各国一个积极的信号。

目前总理默克尔及她率领的基督教民主党面临的最大竞争对手是社会民主党主席、前欧洲议会议长马丁·舒尔茨。61岁的舒尔茨是前欧洲议会议长,20世纪70年代就开始从政。最近,他像一阵清新的春风,吹进了德国民众尤其是年轻选民的心里。支持率一路走高,甚至一度超越基民盟的默克尔。

默克尔2000年开始担任基督教民主联盟主席,一路披荆斩棘,扫清了党内党外重重阻碍，奠定了在党内及德国的领导地位，而且还艰难地率领欧盟这架庞大的马车一路向前。从2008年国际金融危机，到希腊、南欧经济风暴，到目前的欧洲难民问题，默克尔可以说是欧盟的真正话语掌权者，她的功绩和成就是有目共睹的。

而德国对于欧洲经济的贡献，以及对于推动欧洲经济一体化的进程，也一直发挥着举足轻重的作用。从社会学的角度看，这也与德国战后想要摆脱希特勒纳粹阴影、树立全新的国家身份有着密切的关系。

就拿在应对日趋严重的欧洲难民危机来说，默克尔政府已经收容了来自叙利亚和伊拉克超过一百万的难民，这在一定程度上也是因为德国在第二次世界大战后对于帮助欧洲其他国家解决经济问题有着无法逾越的义务心态。

正是默克尔的难民政策，造成了德国国内对于她的支持率的下降。而她的竞争对手，如舒尔茨，也在这样的大背景下，迅速地成长了起来。

然而，如果我们站在欧盟的角度上看，其实并不需过度担心。无论9月的德国大选结果是默克尔连任，还是舒尔茨获胜，他们双方对于欧盟和欧洲经济一体化的态度是一致的。

事实上，舒尔茨的许多政治纲领大肆宣扬对于欧盟的赞同及对发展欧洲经济的融合决心坚定，这是他赢得选民的重要武器。德国国内的政治风向也许会有所动荡，但最终的结果，对于欧盟来说，产生的影响不大。

三 法国："脱欧"计划有难度？

法国今年的这场大选，真是显得精彩纷呈、波诡云谲。

首先最吸引人眼球的是法国右翼民粹党国民阵线领袖玛琳娜·勒庞。这位子承父业、自带传奇光环的48岁女政客，在2015年入选《时代》周刊年度100位最有权力人物。勒庞自从宣布参加总统选举后，一路所向披靡，人气飙升，而她的参选纲要也令很多观察人士将她与特朗普放在一起。

勒庞的劲敌则是花边新闻不断、原本势头不输给勒庞的中右翼阵营领袖、共和党提名人、前总理弗朗索瓦·菲永。不过，菲永在关键时刻曝出了私用100万欧元雇用自己妻子作为顾问的丑闻，人气受挫不少。

另一位原本未被看好，但当下最有望击败勒庞的候选人，是年仅40岁的艾曼努尔·马克龙。马克龙于2006—2009年一直是法国两大政党之一的社会党成员，并在奥朗德政府中担任要职。2016年4月，他辞去了部长职位，创立"前进党"，加入总统竞选的行列，代表自由社会主义派阵营。

法国总统选举的结果对于欧洲政坛的重要性是不言而喻的。法国是欧盟的创始国之一，在欧盟中的政治地位一直与德国齐头并进。如果法国也出现了"脱欧"这样的局面，其冲击力可以直接导致欧盟的解体。勒庞的竞选纲要最重点的内容，就是离开欧盟和欧元区。可以想象，此次法国大选在欧洲，乃至全球来说，是多么引人瞩目。

然而，勒庞的如意算盘有几成把握呢？距离大选的时间越近，民众越回归理性，审时度势的态度也越强烈。

这一点，在荷兰大选以及再早之前的奥地利总统选举中都得到了证实。荷兰大选的结果对于欧洲一体化的现状至关重要，对于左右法国大选的结果也有着相当的影响力。

法国民众在最后的时刻，是否真的会放弃这几十年来基于欧洲经济建设的大融合所诞生的战后民族底蕴和民族气节，是非常值得观察的。勒庞所代表的极端右翼力量，未必会像特朗普总统之于美国那样，真正穿透法国各个阶层的民众而抵达胜利的顶峰。

再退一步说，即便勒庞真的成功当选，距离她所推崇的"脱欧"计划，实际上还有相当一大段的距离。勒庞想要发起"脱欧"的全民公投所面临的障碍涉及修改宪法，这也就意味着，勒庞的政党及她的支持者必须要在法国6月举行的议会选举中获得超过半数的席位，而这个目标的实现几乎是不可能的。

当然，法国历史上也出现过总统单方面发起公投来修改宪法，如1962年，戴高乐总统就曾经这样做过，勒庞自然会想方设法进行效仿，但她所要付出的代价也会相当巨大。

全民公投的结果会决定勒庞作为总统的命运。最新的民调显示，有超过半数的法国民众对于"脱欧"及退出欧元区并非如此热忱。法国与英国不同。

英国的"脱欧"情怀早在当年加入欧盟时就一直存在，英国既非欧元国也不是申根国，英国与欧盟的联姻从一开始就拥有相对更为动荡的民间基础。

法国的"脱欧"势力并无法用英国的例子来为自己的决策主张进行背书。勒庞作为一个经验丰富的政治家，如果有能力坐上总统的位置，自然不会不明白个中的取舍和高下。

四 危机面前，欧洲的真正出路

债务危机阴魂不散，暴恐风险、民粹主义等问题骤然加剧，欧盟正在遭遇前所未有的挑战。

被偏激情绪裹挟的公投，使有利于欧洲整体和长远利益的改革举措被否决，为欧洲前景蒙上了一层阴影。与此同时，欧盟在应对难民问题、分离主义势力时暴露出明显的制度缺陷。面临不断涌入的难民，欧盟各成员国推诿责任、相互指责，利益冲突不断发生，整体协调严重不足，致使难民问题积重难返，欧盟内部分离主义倾向日渐浓重。

2017年欧盟成立60周年了。一个庞大的机构组织走过了60个春秋冬夏，反思过去的成败，面对各类的挑战，思考可能的改革，这些都毋庸置疑。3月初一项在德国进行的民调就显示，仅有7%的受访者认为，欧盟可以维持目前的运行状况而继续发展，80%的受访者认为欧盟需要改革。

危机面前，欧洲的真正出路在于调整新自由主义发展模式、推动经济与社会的协调发展，在于适应新的全球化态势、重构自身的核心竞争力。

欧盟作为世界经济体中重要的组成部分之一，它的命运牵系着欧洲众多国家和民众的生活及未来。2017年的种种惊心动魄对于欧盟自身的发展未尝不是一个积极的促动力，在挑战和危机中发现机遇，掌握机遇，这是欧盟应该倡导的生存之道。

欧盟的碎片化及其影响*

2019年5月23—26日，欧洲议会选举在欧盟28个成员国举行，选举产生第九届欧洲议会，共751名议员。此次选举投票率达到50.8%，扭转了自1979年欧洲议会第一次实施直接选举以来投票率不断下降的趋势，远高于2014年的42%。多数分析认为，此次欧洲议会选举后欧盟碎片化趋势加剧。[①] 欧盟碎片化有哪些表现和成因？会给欧盟内政外交政策的形成带来什么挑战？对中欧关系又会产生什么影响？从这次欧洲议会选举结果出发，可以一作分析。

一 碎片化的趋势加剧

所谓碎片化通常包括两方面：政治碎片化，即对决策能够产生实质影响的行为体增多；意识形态碎片化，即内部不同群体、不同地域意识形态分化加剧。[②] 碎片化一直是困扰欧洲一体化进程的重要问题。早在20世纪末就有学者警告，认为欧盟碎片化可能带来新问题。[③] 2014年欧洲议会选举后，有学者指出，欧盟碎片化趋势在加剧，主要表现是大党团议

---

* 本文刊载于《现代国际关系》2019年第9期，原文标题《欧洲议会选举视域下的欧盟碎片化及其影响》，合作者为湖南大学公共管理学院副教授何韵。

① Susi Dennison et al., "How to Govern a Fragmented EU: What Europeans Said at the Ballot Box", in *European Council on Foreign Relations Report*, ECFR/287 (June 2019), p. 2.

② Bjrn Volkerink and Jakob de Haan, "Fragmented Government Effects on Fiscal Policy: New Evidence", in *Public Choice*, Vol. 109, No. 3 (February 2001), pp. 221-242.

③ Andrew Moravcsik, *Centralization or Fragmentation? Europe Facing the Challenges of Deepening, Diversity, and Democracy*, New York: Council on Foreign Relations Press, 1998, p. 5.

席减少，而欧洲议会的政党数量增多。党团是由一些意识形态相同或类似的政党组织起来的政治活动单位，也是欧洲议会日常活动的主要单位。2019 年的欧洲议会选举延续了欧盟碎片化的趋势，除大党团的议席减少外，意识形态的区域分化也在加剧。

第一，两大主要党团在此次选举后失去欧洲议会多数席位，其政党成员在欧洲理事会的分布减少，其他党团影响力上升。一般而言，欧洲议会党团对其议员的投票行为有重要影响，党团成员在以往议会投票中表现出惊人的团结。[1] 欧洲人民党（以下简称人民党）[2] 和社会民主联盟（以下简称社民盟）[3] 是欧洲议会最大的两大党团，并长期占有欧洲议会多数席位。由于欧洲议会采取多数决策制，这意味着两大党团可以长期控制欧洲议会决策。然而，两大党团在此次选举中共丢掉 76 个议席，这使它们不再占有议会多数席位，同时也就失去了对欧洲议会的控制。与此同时，绿党[4]和自民盟（后改名"复兴欧洲"）[5] 分别增加 41 和 24 个议席，一举成为欧洲议会第三和第四大党团，影响力大幅提升（见表 1）。在社民盟和人民党失去议会多数的情况下，欧洲议会任何决定除获得两党支持外还必须争取其他党团支持。这意味着欧洲议会决策不再由两党把持，而取决于欧洲议会四大亲欧党团之间的联盟与制衡。

---

[1] Fulvio Attinà, "The Voting Behaviour of the European Parliament Members and the Problem of Europarties" in *European Journal of Political Research*, Vol. 18, No. 5（May 2006），pp. 557 – 579.

[2] 欧洲人民党（European People's Party, EPP）。欧洲人民党成立于1976 年，结合了欧洲的中间偏右基督教民主党与保守党，是欧盟最大的跨国中右政党。

[3] 社会主义者和民主人士进步联盟（Progressive Alliance of Socialists and Democrats, S&D, 下文简称"社民盟"）。社民盟主要由社会民主主义政党组成，包括德国社会民主党和英国工党等主流的中左政党。在1999 年欧洲议会选举时曾是欧洲议会的最大党派，现在的名称于2009 年 6 月23 日开始使用。

[4] 绿党/欧洲自由联盟（The Greens/European Free Alliance, 缩写为 Greens/EFA）由欧洲绿党和欧洲自由联盟两个欧洲政党所组成。在 2004 年 2 月以前，该党团的名称是欧洲绿党联盟（European Federation of Green Parties），缩写为 EFGP – EFA。

[5] 复兴欧洲（Renew Europe）是一个在欧洲议会第九届会期成立的党团。该党团是欧洲自由民主联盟党团的继承者，后者在 2004—2019 年的第六、第七和第八届欧洲议会会期内存在。

表1　　欧洲议会各大党团地域分布（2014—2019年）

2014年欧洲议会选举结果					2019年欧洲议会选举结果				
党团	东欧6国(155)	南欧8国(200)	北欧8国(155)	西欧6国(241)	党团	东欧6国(155)	南欧8国(200)	北欧8国(155)	西欧6国(241)
人民党(221)	70	61	19	71	人民党(182)	60	46	20	56
社民盟(191)	37	65	36	53	社民盟(154)	31	61	26	36
自民盟(67)	10	13	18	26	复兴欧洲(108)	21	11	35	41
绿党(50)	2	6	15	27	绿党(74)	3	3	22	46
民族与自由党（无）	无	无	无	无	认同与民主党(73)	2	28	4	39
欧洲保守与改革党(70)	25	2	29	14	欧洲保守与改革党(62)	34	10	10	8
左翼联盟(52)	3	26	8	15	左翼联盟(41)	1	18	8	14
自由和直接民主欧洲党团(52)	1	17	29	1	自由和直接民主欧洲党团(48)	NA	NA	NA	NA
独立成员(52)	7	10	1	34	独立成员(57)	3	23	30	1

资料来源：欧洲议会官方网站，https://election-results.eu/，访问日期：2019年7月25日，除塞浦路斯外，欧盟成员国地域划分以联合国地理计划为依据。该计划将欧洲分为东欧、南欧、西欧、北欧四个部分。塞浦路斯地理上属于亚洲，因而没有被划为欧洲国家，但其是欧盟国家，地处地中海，因而将其归于南欧。

注：关于欧洲议会情况的统计有两种，一种统计新一届欧洲议会开始时的议席分布，另一种统计一届欧洲议会结束并将离任时的议席分布。本文采用的是第一种统计方式。由于民族与自由党是在2015年才组成的党团，因此在2014年欧洲议会选举的数据中没有其议席数。

在欧洲理事会，人民党和社民盟的影响也大不如前。欧洲理事会是欧盟最高决策机构，其决策依赖于成员国政府一致共识。尽管多数研究表明成员国政府所在的政党而非党团对其投票行为影响更大，但政党在多数议题上的立场往往与其所在党团立场接近。2014年欧洲议会选举后，欧洲理事会中有21个成员属于两大党团内的政党，而随着2019年7月7日希腊选举结束，这一数字已下降到15个。复兴欧洲、保守党和独立成员的数量则有所增加。这一变化反映出欧理会成员国政府意识形态的差异增加，这可能给其共识的达成增加难度。

第二，绿党和右翼党团席位虽有增加，但地域分化明显。绿党集中在西欧和北欧，而极右翼民粹主义党团则集中于西欧和南欧。这两大党团的地域分布不平衡也体现出欧盟内意识形态的碎片化趋势（见表1）。

尽管绿党在这次欧洲议会选举议席增加了24个，但票源主要集中于西欧和北欧，其在南欧议席反而从6个下降到3个，在东欧也只有3个席位。这说明"绿色浪潮"并没有到达中东欧和南欧地区，这些地区的选民对于气候变化以及环境问题的重视程度要远低于西欧和北欧。同样，极右翼民粹党团认同与民主党虽然在南欧和西欧获得大量席位，但在东欧和北欧地区却势单力薄。这意味着极右翼的政治主张在中东欧地区并不受欢迎，相反温和的疑欧性政党如波兰的法律与公正党[①]和匈牙利的青年民主主义联盟（以下简称青民盟）[②] 却大获全胜，分别获得46.1%和52%的选票。这些地区的欧盟成员从欧盟获得大量结构性援助，因此并不支持脱离欧盟或者极右翼民粹主义"内部分解欧盟"的主张。相反，温和派疑欧政党虽然在法制和移民等问题上更接近极右翼，但其整体上仍对欧盟持肯定态度。

第三，人民党、社民盟内部分裂，核心区影响力下降。研究"差异一体化"的学者将欧盟分为西欧和北欧两块"核心区"以及南欧和东欧

---

① 法律与公正党（Law and Justice Party, PiS）在2001年由莱赫·卡钦斯基与雅罗斯瓦夫·卡钦斯基兄弟成立。是波兰的一个极右民粹主义和民族保守主义的政党。

② 青年民主主义联盟（Fidesz），是匈牙利的一个右翼至极右翼的民族保守主义、右翼民粹主义政党。

两块"边缘区"。① 其中，西欧不仅一体化程度最高、时间最久，而且经济上最发达，在欧盟的决策权也最大。根据2018年欧盟外交关系委员会（ECFR）的一项针对专家和决策者的民调显示，对欧盟政策影响最大的四个国家英国、德国、法国、荷兰，均为西欧国家。由此可见，西欧是欧盟政策的核心。② 南欧国家虽然大部分是老牌欧洲国家，但在2008年的金融危机后被日益边缘化。东欧国家是欧盟新成员，虽然有法律上的成员国地位，但对欧盟决策影响力十分有限。③

从表1可以看到，人民党和社民盟虽然在欧盟四大地区都有所分布，但其东欧和南欧地区的议席之和已经超过北欧和西欧之和。事实上，欧盟自2000年东扩后西欧"核心区"在人民党和社民盟的席位比不断下降，但是，2019年欧洲议会选举后，人民党内东欧议席才第一次超过西欧，而社民盟内西欧议席继续减少，已被南欧远远甩开。此外，选举后人民党内四大派系中有三个来自东欧地区，而社民盟内五个派系中有三个来自南欧地区。④ 两党内"核心区"议席的减少与"边缘区"议席的增加将对核心区主导的政策立场形成冲击，而党团纪律则面临压力。⑤ 例如，虽然法德共同支持弗朗斯·蒂默曼斯（Frans Timmermans）出任新欧委会主席人选，但因为东欧和南欧国家反对，蒂默曼斯不可能获得人民党和社民盟多数议员支持，从而无望通过议会投票而未能获得提名。⑥

此外，东欧的波兰、匈牙利、捷克以及斯洛伐克形成维谢格拉德集

---

① Kenneth Dyson and Angelos Sepos (eds.), *Which Europe? The Politics of Differentiated Integration*, New York: Palgrave Macmillan, 2010, p. 245.

② Josef Janning, "The 'More Europe' Core Four", 参见 https://ecfr.eu/article/commentary_the_more_europe_core_four/ 访问日期：2019年7月25日。

③ José M. Magone, Brigid Laffan and Christian Schweiger (eds.), *Core-periphery Relations in the European Union: Power and Conflict in a Dualist Political Economy*, New York: Routledge, 2016, p. 120.

④ Cas Mudde, "It's the Fragmentation, Stupid!", 参见 https://voxeurop.eu/en/its-the-fragmentation-stupid/，访问日期：2019年7月25日。

⑤ Babara Lochbihler et al., "EP 2019: Group Discipline under Pressure Post-elections?" 参见 https://www.votewatch.eu/blog/ep2019-group-discipline-under-pressure-post-elections/，访问日期：2019年7月25日。

⑥ 何律衡：《政治交易和分裂前兆：欧盟将同时诞生首位女性主席、欧洲央行行长》，参见东方网，2019年7月3日。

团（Visegrad Group，又称V4），在难民、法治方面都与"核心区"有较大分歧。① 而南欧的意大利、希腊则因财政政策和结构性改革等问题在2008年国际金融危机中与西欧发生过重大冲突。② 东欧、南欧议席上升可能迫使两大党团的"核心区"成员向东欧和南欧做更多妥协。例如，人民党2019年上半年曾以违反欧盟法治规则和攻击欧委会主席容克为由冻结匈牙利青民盟的成员身份。选举后，人民党与第二大党团社民盟的差距缩小到28个议席，其中青民盟席位约占一半。青民盟对于人民党维持其议会第一大党团身份至关重要，人民党因而将很可能恢复青民党的成员身份，并在法治等方面向匈牙利妥协。社民盟内意大利社民党是第一大党，南欧也是社民盟议席最多的地区，这可能意味着社民盟在针对欧理会提出的意大利财政上不负责任的惩戒问题会更袒护意大利。

人民党和社民盟向东欧、南欧地区妥协的做法有可能使其在西欧和北欧进一步失去民心，从而对东欧和南欧的依赖进一步加大。这种趋势发展下去，社民盟和人民党可能成为东欧和南欧国家为主的党团，而复兴欧洲和绿党则将成为西欧和北欧"核心区"的代表，届时欧盟内地域的差别很可能因为党团的地域分化而被放大。

二 碎片化的原因分析

欧盟碎片化与主流政党衰落以及欧盟成员国内部的碎片化有直接关系，也反映出欧洲议会选举中次等选举和抗议性投票的性质。

第一，以社民盟内政党为代表的意识形态中间偏左的政党和以人民党团内政党为代表的意识形态中间偏右的主流政党政策立场趋同，而两者均不能有效回应当前欧盟面临的挑战，使其支持率大幅下滑。③

---

① Stephen Lehne, "Europe's East-West Divide: Myth or Reality?" 参见 https://carnegieeurope.eu/2019/04/11/europe-s-east-west-divide-myth-or-reality-pub-78847，访问日期：2019年9月11日。

② Marek Pawel Dabrowski, "The Global Financial Crisis: Lessons for European Integration", in *Economic Systems*, Vol. 34, No. 1 (March 2010), pp. 38–54.

③ Hanspeter Kriesi et al., *West European Politics in the Age of Globalization*, Cambridge: Cambridge University Press, 2008, p. 15.

自20世纪90年代以来，社民党、工党等中左翼主流政党已经接受全球化和市场经济，[①] 保守党、基民盟等中右翼主流政党则接受福利国家的主张；中右翼政党还接受种族平等、同性恋权利等一度由左翼所倡导的社会主张，这使中左和中右的主流政党失去意识形态的辨识度。与此同时，主流中左翼和中右翼政党对贫富分化、环境危机、移民危机等新挑战缺乏有效应对，这使大量选民开始寻找新的支持对象，它们或者是极端的民粹主义政党，或者是以环保为其核心主张的绿党，这导致一些选民转而支持极端的左翼或右翼政党，而处于意识形态光谱中部的社民盟和人民党在欧洲议会的议席下降（见图1）。

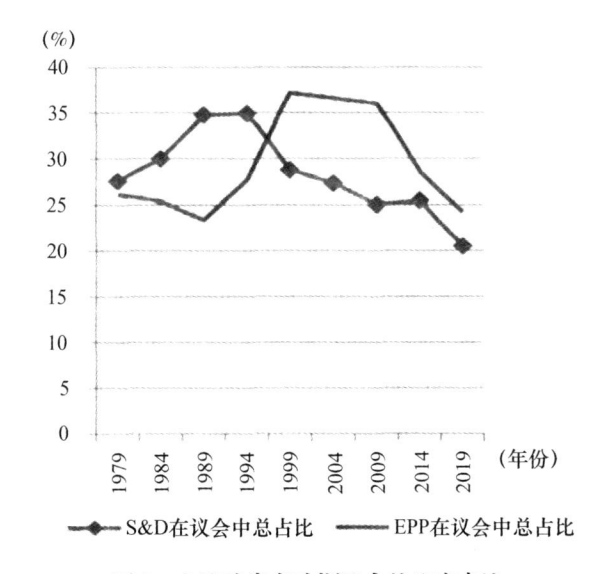

图1 主流政党在欧洲议会的议席占比

资料来源：欧洲议会网站，https://www.election-results.eu/，访问日期：2019年9月11日。

从图1可以看出，在1979—1999年的四次选举中，社民盟和人民党在欧洲议会选举中呈此消彼长的关系，一党议席的下降往往伴随着另一

[①] 林德山将左翼政党分为温和左翼、激进左翼和极端左翼。主流左翼政党、中左翼政党指的都是温和左翼。参见林德山《欧洲中左翼政党面临的挑战》，《探索与争鸣》2012年第3期。

党议席的上升，但两党总体议席数稳定，并且占到议会一半以上。在以左右意识形态来划分的政治光谱中，中间派选民主要在中左和中右政党之间摇摆。然而，自1999年以后的四次选举中，除2014年选举社民盟议席占比略微上升外，两大党团的席位一致呈递减趋势，两者在欧洲议会的议席比重也不断下降，大量选民开始转向两党以外的其他政党，两党也最终失去议会多数。在这种背景下，一些学者认为意识形态的左右之分已经不能贴切地区分各方在移民、一体化、贸易、是否反精英和反建制以及政治认同上的不同态度，欧洲范围内正在出现政治重组，"左"和"右"的欧洲正在被"开放的欧洲"和"封闭的欧洲"所取代，欧洲已经形成新的政治光谱，而新的政治势力和大量新政党涌现。①

第二，欧盟碎片化的直接原因是其成员国内部的碎片化。

一方面，新议题的出现以及主流政党在应对这些议题上不得人心，迫使大量选民开始在主流政党外寻找其他选项，这就催生出大量"单一议题"（single issue）政党或"有限议题政党"（niche parties）。② 例如，近年来针对移民问题而出现的大量极右翼政党。③

另一方面，互联网和社交媒体的广泛使用使政治出现"脱媒化"（disintermediation），有魅力的政治领袖可以绕开传统政党的组织结构与其支持者建立直接联系，这使他们可以快速组建新型政党，并直接从选民中获得支持。④ 其结果是在多数欧洲国家，新政党开始大幅涌现，议会中政党数量也在不断增加，各国内部权力碎片化趋势加剧。据统计，自

---

① 参见Christopher D. Johnston et al., *Open versus Closed: Personality, Identity, and the Politics of Redistribution*, Cambridge: Cambridge University Press, 2017。

② Thomas M. Meyer and Bernhard Miller, "The Niche Party Concept and Its Measurement", in *Party Politics*, Vol. 21, No. 2 (February 2013), pp. 259 – 271. 有限议题政党的特征是集中关注于十分有限的议题，因此适合被翻译成"有限议题政党"。因其所获得的支持仅限于某些地区或特殊的社会经济群体，国内一些研究也将其翻译成"小生境政党"。

③ Cas Mudde, "The Single-Issue Party Thesis: Extreme Right Parties and the Immigration Issue", in *West European Politics*, Vol. 22, No. 3 (July 1999), pp. 182 – 197.

④ Roberta Bracciale and Antonio Martella, "Define the Populist Political Communication Style: The Case of Italian Political Leaders on Twitter", in *Information, Communication & Society*, Vol. 20, No. 9 (May 2017), pp. 1310 – 1329. 例如，英国的"脱欧"党从正式成立到参加欧洲议会选举并大获全胜仅不到四十天时间，其组织结构为有限公司，并给予其党首法拉奇（Nicholas Farage）政党事务的绝对控制权。

2000年以来,欧盟各国进入议会的新政党多达94个,① 仅2015—2017年就有31个。② 欧盟范围内兴起了一股"新政党浪潮",意大利"五星运动"(Five Star Movement)、西班牙"公民党"(Ciudadanos)和"我们能党"(Podemos),德国"另类选择党"(Alternative for Germany),希腊的"河流党"(Potami)、"独立希腊人党"(ANEL)和"激进左翼联盟"(Syriza),以及法国的"共和国前进党"都是其中之一。这些政党分散了中左和中右翼政党的选票,打破了传统的政治格局,使欧盟各国内部权力碎片化加剧。

第三,就欧洲议会选举本身而言,次等选举(second order election)和抗议性投票是政党呈现强烈地域特征的重要原因。

欧洲议会选举对大多数选民而言,其重要性次于国内的总统选举和议会选举。在欧洲议会选举中,大多数选民并不是根据欧盟问题来进行投票,而是根据国内情况投票。③ 一些议题在不同国家国内政治中重要性不同,其吸引选票的能力也不尽相同。例如,对中东欧以及南欧国家而言,环境问题并不是其最重要的国内政治议题,更激进的气候变化政策甚至可能给部分东欧国家造成沉重的经济负担。以波兰为例,其50%的能源来自煤炭,要在2050年实现净零排放的重要手段将是用俄罗斯的天然气取代煤炭,但这面临诸多政治阻碍,因而这一地区的选民并不支持绿党。但是,在西欧国家,气候变化问题已经成为最重要的议题,特别是在"青年人气候运动"(youth for the climate)席卷西欧发达国家后,人们对气候问题的重视程度大为提高,绿党也因此在这些国家获得大量选票。以德国为例,绿党已经一跃成为德国第二大政党,并且在30岁以下的年轻人中得票率已经超过基民盟成为第一。另外,欧盟议会选举在实际运行中发挥惩罚机制的功能,大量选民通过欧洲议会投票来表达对本国执政党的

---

① Erica Frantz, Andrea Kendall-Taylor, and Joseph Wright, "Why the Fragmentation of European Politics Could Bode Poorly for Democracy", in *The Washington Post*, June 5, 2019.

② China-CEE Institute, "Estonia Politics in 2018: An Overview", 参见 https://china-cee.eu/2018/12/20/estonia-political-briefing-estonian-politics-in-2018-an-overview/, 访问时间:2019年8月2日。

③ Karlheinz Reif and Hermann Schimmitt, "Nine Second-Order National Elections-A Conceptual Framework for the Analysis of European Election Results", in *European Journal of Political Research*, Vol. 8, No. 1 (March 1980), pp. 3-44.

不满,即抗议性投票。① 例如,英国支持"留欧"和"脱欧"的选民对于工党和保守党的"脱欧"政策强烈不满,因而将选票投给了两党之外的其他党派,导致"脱欧"党、自民党和绿党的选票大幅增加。②

三 碎片化的影响

欧盟碎片化将对欧洲一体化进程,特别是欧盟内部决策产生两方面的负面影响。一方面,欧洲议会内否决行为体(veto players)数量增加,难以组建稳定联盟,这给欧盟出台统一政策增加了难度。乔治·第比利斯(George Tsebelis)将"否决行为体"定义为对决策有影响力的行为体,一般来说,否决行为体的数量越多、自我指向性(self-referencing)越强,政策共识形成的难度就会越大。③ 传统两大党团席位减少,绿党、"复兴欧洲"和极右翼认同与民主党的崛起,大大增加了欧洲议会内否决行为体的数量。同时,人民党与社民盟在20世纪90年代后意识形态开始接近,因而可以在欧洲议会形成较为稳定的联盟,从而长期控制欧洲议会的决策。尽管人民党和社民盟与绿党、"复兴欧洲"在某些方面主张一致,但在其他许多方面则存在巨大差异,这使其难以组建稳定的党团联盟而把控欧洲议会多数席位。另一方面,欧盟内部不同区域在一些价值理念和议题上的分化加剧。西、北欧与东欧在法治、环保等理念上的差距拉大,而与南欧在财政紧缩或扩张以及是否进行结构性改革等问题上也存在巨大分歧。

否决行为体的增加以及地域分化加剧将增强欧盟形成统一政策的难度。具体表现在以下几个方面。

第一,欧盟出台激进的气候变化政策将面临挑战。

欧洲议会选举后,绿党一跃成为欧洲议会第四大党团和德国第二大

---

① Simon Hix and Michael Marsh, "Punishment or Protest? Understanding European Parliament Elections", in *The Journal of Politics*, Vol. 69, No. 2 (May 2007), pp. 495-510.

② "Damian Hinds: European elections 'ultimate protest vote'",参见 https://www.bbc.com/news/uk-politics-48243645,访问时间:2019年8月2日。

③ George Tsebelis, *Veto Players: How Political Institutions Work*, Princeton: Princeton University Press, 2002, pp. 19-38.

政党，这意味着欧盟新一届领导班子必须在气候变化问题上有所作为。①目前，新一任欧委会主席冯德莱恩已提出要将欧盟在2050年之前实现净零排放作为其工作重点，并得到多数西北欧国家支持。但大多东欧国家对煤炭等化石能源仍有很高的依存度，并已经落后于欧盟2014年出台的《2020—2030年气候与能源政策框架》所规定的减排目标。② 欧盟出台更为激进的气候政策势必从客观上加剧东欧国家与西北欧国家在气候减排上的分歧，并很有可能使欧盟气候政策形式大于实质。③

第二，欧盟下一轮预算谈判的难度可能增加。

欧盟多年期预算谈判（Multi-annual Financial Framework）的准备工作将于2020年3月正式启动，并需要于2021年12月前获得欧洲议会正式通过，但欧洲议会碎片化将使这一过程更加艰辛。首先，人民党和社民盟失去议会多数，而复兴欧洲和绿党议席大幅增加，这使下一轮欧洲预算必须反映后两者的利益诉求。绿党将要求欧盟大幅增加减排和应对气候变化方面的预算，其中，法国、荷兰和西班牙在内的八个成员国已建议将下一轮欧盟预算的25%用于气候变化。④ "复兴欧洲"则要求增加欧盟统一防务方面的支出。在英国"脱欧"可能使欧盟每年失去近100亿欧元的财政贡献的情况下，这意味着欧盟必须削减其他方面的支出，而这可能会加剧欧盟的内部矛盾。⑤ 其次，预算问题与其他问题挂钩，这将

---

① 德国此前因依赖煤炭而在气候变化问题较为消极，并没有支持去年法国等提出的关于2050年实现净零排放的联合声明。参见"Proposal to spend 25% of EU budget on climate change"，BBC News（May 8, 2019），https：//www.bbc.com/news/world-europe-48198646，访问时间：2019年8月2日。

② "Off Target: Ranking of Eu Countries' Ambition And Progress in Fighting Climate Change"，参见 Climate Action Network Europe（June 17, 2018），https：//caneurope.org/off-target-ranking-of-eu-countries-ambition-and-progress-in-fighting-climate-change/，访问时间：2019年8月2日。

③ 2018年年底，欧盟委员会已经发布欧盟在2050年实现净零排放（net zero emission）的路线图，新上任的欧委会主席也明确表示将支持这一路线图并将应对气候变化作为其执政期的核心任务。Chloe Farand, "Climate A 'Signature Issue' as Ursula von der Leyen Anointed EU Chief"，参见 Climate Home News（July 16, 2019），https：//www.climatechangenews.com/2019/07/16/climate-plays-decisive-role-ursula-von-der-leyen-annointed-eu-chief/，访问时间：2019年8月2日。

④ "Proposal to spend 25% of EU budget on climate change"，BBC News（May 8, 2019），https：//www.bbc.com/news/world-europe-48198646，访问时间：2019年8月2日。

⑤ 英国对欧盟的实际财政贡献还应该减去其获得的财政返还，又称回扣（rebate），其数值相当于英国财政贡献的近一半。如果英国能够协议"脱欧"，那么其将向欧盟支付418亿欧元的"分手费"，这有助于缓解英国"脱欧"后欧盟的财政紧张状态；但如果英国"硬脱欧"，那么欧盟将得不到任何分手费。

加深"核心区"与东欧、南欧国家的矛盾。东欧和南欧国家要求增加以结构性基金（structural funds）为主的经济较好地区对较差地区的经济补偿，而"核心区"国家则希望将结构性补偿与东欧地区的法治，以及南欧地区"负责任的财政行为"挂钩。① 这势必使新预算谈判复杂化。此外，人民党和社民盟仍是议会最大党团，但"核心区"议席下降使两大党团在预算问题上可能出现内部分裂，给新一轮预算通过欧洲议会表决带来更多的不确定性。总而言之，党团间权力分散化、地域分化以及主要党团内部权力碎片化三者的叠加效应，将给欧盟新一轮财政预算带来前所未有的挑战。

第三，绿党议席大幅增加可能使未来欧盟推动对外自由贸易的步伐放慢。②

《里斯本条约》的"同意程序"（consent procedure）规定，欧洲议会对所有贸易类协定拥有否决权，任何协定必须获得欧洲议会多数票通过。③ 在通常情况下，欧洲议会在对外贸易方面会有左右之分。欧洲绿党和欧洲联合左翼/北欧绿色左翼对快速推进对外自由贸易持反对态度，认为这对欧盟更高的环保和劳工标准不利。④ 例如，绿党和欧洲联合左翼/北欧绿色左翼曾要求欧盟停止与美国的自由贸易谈判。绿党席位大幅增加会使欧盟在推动对外自由贸易方面更难形成共识。尽管欧盟大力推动自由贸易的政策立场不会发生根本性改变，但绿党将在谈判中注入更多

---

① Lily Bayer, "European Parliament Backs Plan to Link EU Funds to Rule of Law", Politico (April 19, 2019), https://www.politico.eu/article/budget-hungary-poland-rule-of-law-european-parliament-backs-plan-to-link-eu-funds/访问时间：2019年8月2日。

② 欧洲议会在对外贸易方面的作用，参见 Lore Van den Putte, Ferdi De Ville and Jan Orbie, "The European Parliament's New Role in Trade Policy: Turning power into impact", in *CEPS Special Report*, No. 89 (May 2014), pp. 1 – 8。

③ "同意程序"意味着欧盟代表在贸易谈判中必须特别重视欧洲议会的诉求，并通过欧洲议会国际贸易委员会（European Parliament Committee on International Trade, 简称 INTA）保持与欧洲议会的沟通，也使欧洲议会可以影响欧盟对外贸易谈判的进程。参见 Katharina L. Meissner, Lachlan McKenzie, "Human Rights Conditionality in European Union Trade Negotiations: the Case of the EU-Singapore FTA", in *Journal of Common Market Studies*, Vol. 55, No. 4 (July 2017), p. 11。

④ Lore Van den Putte, Ferdi De Ville and Jan Orbie, "The European Parliament's New Role in Trade Policy: Turning power into impact", in *CEPS Special Report*, No. 89 (May 2014), p. 6. 即使这样，欧洲议会仍然在2010年否决了欧盟与美国就 SWIFT 银行信息交换达成的临时协议以及2012年的《反假冒贸易协定》（*Anti-Counterfeiting Trade Agreement*）。

关于环保、人权、透明度等方面的要求，这很可能会增加欧盟自由贸易谈判的难度，并可能对中国与欧盟谈判双边投资协定产生不利影响。

第四，欧洲议会碎片化将在短期内使欧盟扩张的希望减小。

欧洲议会对欧盟内部涉及财政的事务有决定权。新成员的加入涉及欧盟内部财政分配问题，因此，欧洲议会在决定欧盟是否继续扩张、如何扩张、何时扩张等问题上都发挥着重要作用。欧盟下一轮扩张将针对西巴尔干地区的阿尔巴尼亚、塞尔维亚、黑山、波斯尼亚和黑塞哥维那、科索沃和北马其顿。① 其中，欧盟已经就加入问题启动与塞尔维亚和黑山共和国的谈判，欧盟委员会还建议尽快启动与阿尔巴尼亚和北马其顿的相应谈判。② 然而，新一轮选举后，人民党和社民盟对欧洲议会的控制力下降，反对欧盟继续扩张的右翼政党在法国、希腊、意大利、匈牙利和英国都获得大量议席，这使欧盟内反对继续扩张的力量增强。同时，德国基民盟和社民党在欧洲议会选举中失去大量席位后，国内局势不稳使德国议会作出推迟启动新一轮加入谈判的决定，而法国总统马克龙则明确反对欧盟扩张。缺乏欧盟层面的共识和法德共识，欧盟向西巴尔干地区扩张的希望大幅减小。

第五，意大利与欧盟在财政上的冲突可能激化，欧盟面临的金融风险增加。

意大利极右翼政党"北方联盟"（Lega Nord）在欧洲议会选举中获得第一，这将使其在联合政府中处于更为强势的位置。"北方联盟"主张施行以单一税制为基础的减税措施，大幅增加财政赤字，这势必加剧意大利与欧盟委员会的冲突。目前，意大利公共债务已达到其 GDP 的 132%，远高于欧盟不超过 60% 的规定。如果"北方联盟"的减税政策得以实施，意大利财政赤字将快速增加。在 2010 年的欧元区危机中，欧洲

---

① "EU Enlargement: The Next Seven", BBC News, September 14, 2014. 这些国家中塞尔维亚与黑山共和国已经正式开启与欧盟的加入（accession）谈判，阿尔巴尼亚和北马其顿则仍然需要获得欧洲理事会通过才能启动这一谈判，但已明确为欧盟成员国候选人。除西巴尔干国家外，土耳其虽然自 2005 年已正式启动加入欧盟的谈判，但外界普遍认为这种希望十分渺茫。

② Pascal Letendre-Hanns and Radu Dumitrescu, "Commission Recommends New Enlargement Talks", The New Federalist (June 2, 2019), https://www.thenewfederalist.eu/this-week-in-europe-commission-recommends-new-eu-enlargement-talks-trump? lang = fr, 访问时间：2019 年 9 月 11 日。

央行被迫对希腊、葡萄牙、西班牙、爱尔兰、塞浦路斯进行债务救助，以避免这些国家出现大规模债务违约。意大利是欧元区第三大经济体，其债务水平在欧盟内仅次于希腊。如果意大利陷入债务危机，欧洲央行将难以对其救助，而这将导致欧元大幅贬值，甚至使整个欧元区陷入新一轮经济萧条。尽管欧盟委员会于2019年7月初决定暂不对意大利启动超额赤字程序（excessive deficits procedure）的相应惩戒措施，① 但"北方联盟"的胜选在未来很可能加剧欧盟与意大利在债务方面的冲突，并可能引起一系列连锁反应，从而加大欧元区的金融风险。②

与此同时，欧盟碎片化也将对中欧关系产生一定影响，其中利弊兼而有之。

一方面，从有利的角度看，主要表现有两点。

一是中欧气候合作将迎来新机遇。绿党和"复兴欧洲"力量的增强将为欧盟出台更为激进的气候政策提供条件，欧盟也将加大力度支持清洁能源和绿色科技方面的创新，这为中欧推动气候合作带来了新机遇。美国于2020年11月正式退出《气候变化巴黎协定》后，中欧在气候变化方面的合作将成为推动全球气候行动的关键。气候变化也将成为中欧深化双边共识与理解的关键领域，这在中美关系部分走向"新冷战"的情况下尤为重要。中国应继续以积极的姿态推动国内减排与国际气候谈判，鼓励中国企业与研究机构把握机遇参与中欧清洁能源和绿色技术方面的合作。

二是欧盟可能难以形成针对中国投资的统一强制性政策。2019年3月，欧盟委员会发布了一份战略政策建议（strategic policy proposal），将中国称为"系统对手"（systemic rival），4月又出台了针对中国在一些关

---

① "Commission concludes that an Excessive Deficit Procedure is no longer warranted for Italy at this stage", European Commission（July 3, 2019）, https://ec.europa.eu/commission/presscorner/detail/en/ip_19_3569，访问时间：2019年9月11日。

② 如果欧盟委员会认为意大利的债务问题过于严重并启动超额赤字程序进行惩罚，那么意大利需向欧洲央行缴纳相当于其GDP 0.2%的押金。如果意大利拒绝合作，其将面临大额罚款等更为严厉的措施，从而加重意大利国内的经济困境。Caroline Mortimer, "European Commission Recommends Disciplinary Action Against Italy over Debt", EuroNews（June 6, 2019）, https://www.euronews.com/2019/06/05/european-commission-recommends-disciplinary-action-against-italy-over-debt，访问时间：2019年9月11日。

键领域如航天、电信设施、机器人等"关键行业"投资实施审查机制（screening mechanism）的计划。但是，针对中国的欧盟层面统一措施需要各成员国一致通过。欧洲议会选举后，中东欧与西欧的地区差异、社民盟和人民党的内部分裂，特别是意大利与欧盟委员会在预算方面的矛盾都意味着欧盟可能更难形成对于中国投资的统一政策。

另一方面，欧盟碎片化对中国也产生了一定的负面影响。

一是欧盟出台更高的环境标准可能对中欧贸易带来不利影响。新一届欧盟领导班子将环境作为其工作重点，有可能出台更高的环保标准。高环保标准对欧盟的企业和产品有利，却可能成为中国企业和商品进入欧盟市场的门槛。例如，欧盟已经出台有关不使用一次性塑料制品的相关建议，并很可能在不久后出台禁止一次性塑料制品的相关立法。这意味着中国企业和出口商必须大幅调整出口欧盟商品的包装，降低其在环境方面的负面影响，才能继续对欧盟市场出口。在中美贸易摩擦的背景下，欧洲市场对于维护中国贸易稳定至关重要，中国需要对欧盟法律法规的调整进行提前准备，以防止其干扰对欧洲市场的出口。

二是对"一带一路"倡议有一定冲击。受英国"脱欧"以及欧洲议会碎片化的影响，欧盟下一轮财政预算可能吃紧，并有可能大幅削减针对国际发展和援助类支出，这意味着欧盟"欧亚联通战略"在资金方面可能更加困难。对于中国而言，一方面，欧盟的联通战略将更难以与中国的"一带一路"倡议相竞争，甚至流于一纸空文；另一方面，这也意味着两者难以实现对接，中欧可能在一些国家和地区失去资金合作和技术合作的机会。

英国"脱欧"对欧洲安全与防务的影响[*]

英国"脱欧"是否会对欧盟安全与防务造成影响,对此一直存在争论。在欧盟现行的安全框架下,英国虽然仍参与欧盟共同安全与防卫政策,但其并不想依靠欧盟来提供安全保障。英国在"脱欧"后将会面临整体参与者、联合伙伴、分离观察员三种模式的战略选择。而欧盟由于受到不断变化的内部、外部安全环境影响,在英国"脱欧"后,将会更加注重内部军事力量和"战略自主权"的建设。英国与欧盟在"脱欧"协议上关于边界等问题的分歧为欧洲地区安全格局带来了不利影响,同时在英国"脱欧"后,欧盟安全与防务的建设由于缺乏英国的参与,将会变得更加困难,欧盟想要建立完备的军事指挥和保障体系,实现欧盟军事力量的"战略自主"还需要很长时间。

一 英国"脱欧"的安全影响争论

安全与防务[①]是现代国家最为重视的领域之一。许多学者在对英国"脱欧"事件进行分析时,更关注于"脱欧"事件对欧盟经济或欧洲一体化方面的影响,往往忽视了安全问题。也有学者认为,当前欧盟与英国

---

[*] 本文刊载于《当代世界与社会主义》2018年第2期,原文标题《英国"脱欧"对欧盟安全与防务的影响》,合作者为原清华大学社会科学学院博士研究生田园。

[①] 本文认为,在当代国际关系领域中,防务安全一方面指国家与国家之间的传统防务关系,即军事、国防能力建设;另一方面还包括非传统安全领域,如有组织犯罪、国际恐怖主义等。

的安全主要依靠北约，即使在英国"脱欧"后，安全方面也不会受到太大冲击。例如，2016年7月，在北京举办的第五届世界和平论坛上，欧盟前共同外交与安全政策高级代表哈维·索拉纳（Javier Solana）表示，英国在安全方面的投入一直逐年增加，它的军事实力仍然比较强，可以在海外进行军力部署，并不是所有的欧洲国家都有这样的军事实力。但对欧盟来说，英国"脱欧"在安全方面的影响可能冲击不是那么大，欧盟仍会是北约的成员国，所以，从这个角度看，在安全方面特别是所谓重型安全方面，都是北约来维持的，英国"脱欧"的影响并不是太大。但是，英国国际战略研究所未来冲突与网络安全研究部主任奈杰尔·英克斯特（Ngel Inkster）曾表示，英国国内关于"脱欧"的辩论主要集中于国内的经济、福利、控制移民等问题，很少关注"脱欧"在更加广泛层面上的地缘战略影响。[①] 他认为，英国"脱欧"将为现在的一些合作机制以及安排增加不可预知的因素，甚至会影响全球安全。2016年发生在比利时布鲁塞尔的恐怖袭击事件，也加剧了英国国内"脱欧派"与"留欧派"的争论，"争论焦点是留在欧盟内对英国国家安全的利弊"[②]。本文认为，安全问题既是英国"脱欧"的原因之一，同时英国"脱欧"也为欧洲安全增添了新的难题，作为欧盟和英国在地缘战略和未来发展上不得不考虑的问题，探讨英国"脱欧"对欧盟安全可能产生的影响具有重要意义。

从非传统安全的角度讲，英国"脱欧"公投的直接导火索主要是对安全方面的担忧。联合国难民事务高级专员办事处和国际移民组织的数据表明，截至2015年12月21日，"经由陆路或海路进入欧洲的非法移民人数超过100.5万"[③]；仅2016年上半年，德国就收到近39.7万人的避难申请。许多难民通过欧洲东部的匈牙利和希腊、中部的意大利以及西部的西班牙进入欧洲，如何安置这些难民成为欧盟国家的首要难题。难民和移民问题是欧盟怀疑论者的核心议题，也是影响英国脱离欧盟公投

---

① 姜红：《脱离欧洲不利英国国防安全》，《中国社会科学报》2016年6月15日第3版。
② 《布鲁塞尔恐袭加剧英国脱欧争论》，环球网，http：//china. huanqiu. com/News/mofcom/2016 - 03/8774073. html，访问日期：2018年1月22日。
③ 张旌：《德国海军2015年共救起万余非法移民》，中国新闻网，http：//www. chinanews. com/gj/2015/12 - 28/7690575. shtml，访问日期：2018年1月22日。

的关键因素。由于对难民危机可能引发的恐怖主义袭击、社会治安的恶化、伊斯兰化风险等的担忧，具有"脱欧"倾向的英国民众数量激增。卡梅伦政府迫于英国独立党（UKP）等"脱欧"派的压力，在2015年11月10日首度公开阐述英国留在欧盟的条件和目标，并提出如欧盟不理会英国的诉求，英国可以举行脱离欧盟的公投。

2015年巴黎"11·13"恐怖袭击事件发生后，11月26日英国《独立报》公布的一项对2000位英国民众的调查显示："由于担心继续留在欧盟可能带来安全问题，超过半数的英国人希望脱离欧盟。与同年6月进行的民调测试相比，支持英国继续留在欧盟的比例下降了7%。"[1] 自2017年3月起，英国发生五起恐怖袭击，累计36人丧生。[2] 恐怖袭击的频繁发生，使欧洲社会变得越来越保守、越来越极端。英国民众因此产生的不安全感，也增加了"脱欧"派的支持人数。在英国"脱欧"的背景下，这些恐怖袭击导致恶性循环，坚定了英国"脱欧"的决心，加速了"脱欧"进程。[3]

从传统安全角度讲，英国是联合国五大常任理事国之一，拥有强大的军事力量，在地缘上与欧洲不可分割，为了保护英国的利益，英国既要维护欧洲的稳定，同时也不希望欧盟内部的其他成员国超越自己，特别是在军事方面，那样将对英国造成严重的安全威胁。所以，英国"脱欧"对欧盟的安全和防务可能产生的影响是不能忽视的。

二 英国和欧盟安全与防务合作的变迁

分析英国"脱欧"对欧盟安全与防务可能造成的影响，首先需要了解英国和欧盟安全与防务合作的变迁。

第一，英国和欧盟安全与防务合作的形成。欧盟目前的安全与防务

---

[1] 《欧洲难民危机加剧英国民调显示脱欧倾向上升》，中国新闻网，http://www.chinanews.com/gj/2015/11-26/7641970.shtml，访问日期：2018年1月22日。
[2] 《半年5宗恐袭，英国恐袭事件为何防不胜防？》，搜狐网，http://www.sohu.com/a/192792004_108697，访问日期：2018年1月22日。
[3] 《英国为何再次成为恐怖袭击目标？》，人民网，http://world.people.com.cn/n1/2017/0524/c1002-29296943.html，访问日期：2018年1月22日。

政策主要包括政府间的"共同外交与安全政策"（Common Foreign and Security Policy，CFSP）和"共同安全与防卫政策"（Common Security and Defence Policy，CSDP）。① 对英国来说，自 CFSP 确立以来，历届英国政府基本上都对 CFSP 的政府间性质感到满意。英国政府评估了自身在 CFSP 中的参与状况，认为要"通过欧盟的外交政策强调英国的利益"。因此，英国政府多次提出改革 CFSP 的建议。在之后的《阿姆斯特丹条约》《尼斯条约》《里斯本条约》下，欧盟成员国就 CFSP 改革达成了共识。在此期间，英国一直维护其在欧盟成员国中的核心地位和否决权，它通过自身在欧洲委员会中启动政策建议的主导作用，来抵制 CFSP 的"共同化"，但又通过 CFSP 更多地利用欧盟的金融资源和权力来增强实力。

对欧盟而言，欧盟安全格局的形成是在 20 世纪 90 年代初。当时欧盟成员国共同制定、通过了欧盟自身单独的防务政策，即 CSDP②。与 CFSP 一样，它是欧盟成员国政府间合作的一个领域，区别在于 CSDP 主要是对欧盟安全与军事的指引，而 CFSP 的目的是协调成员国的外交政策。欧盟 CSDP 聚焦通过军事和民用资源来预防、管理和解决冲突，其中包括提供维和部队，为发生冲突的各国选举提供安全保障，培训第三国的警察、武装力量和安全人员，监测有争议的边界、停火与和平协定。2003 年以来，通过 CSDP，欧盟及其成员国在非洲、亚洲、中东、西巴尔干、东欧和高加索地区发起了 30 多次任务。③ CSDP 还通过协调军事采购能力和提高互通性来增强成员国国家武装力量的整体能力，旨在发展能够承担重大任务的联合军队。可以说，英国在 CSDP 早期的发展阶段起到了主导作用。欧盟在"欧盟条约"中提出的防务政策其实是没有方向的，直到 1998 年在圣马洛举行的英法首脑会议，英国首相托尼·布莱尔和法国总统雅克·希拉克同意推动欧盟建立更强的防务能力。作为欧盟中两个最

---

① 外交政策并不是欧盟创始条约的组成部分，而只是 20 世纪 70 年代初成员国之间的一个非正式的集体磋商的过程。

② CSDP 之前称作欧洲安全与国防政策（European Security and Defence Policy，ESDP），是欧盟共同外交与安全政策中的一个重要部分，并且是欧盟国防与军事的指引。它与北约的集体防务有着不同的目的。

③ 参见 http：//www.eeas.europa.eu/csdp/missionsandoperations/，访问日期：2018 年 1 月 22 日。

有实力的军事大国,英法协议的签署奠定了欧盟 CSDP 的基础。

第二,英国和欧盟安全与防务合作的转变。1998 年以后,英国从支持制定和实践欧盟防务政策的领导者转为落后者。事实上,过去十余年来,CSDP 并不是英国安全和防务规划的核心组成部分。英国在《2015 国家安全战略和战略防御与安全评估》①中并没有提到 CSDP 是为英国国家提供安全与防务的一种方式。英国对 CSDP 的行动只是提供适度的军事力量,一般更倾向于通过北约的安全框架作出承诺。近年来,英国安全与防务的主要工作是重新调整英国在伊拉克和阿富汗撤军后的战略选择,而在英国政府开支减少、外交和军事资源日益萎缩的背景下,英国的国际外交影响力和国际安全是其战略选择的关键。但即使在这样的处境下,英国仍然没有表现出想与欧盟成员国分摊国防负担或共享军事资源的积极性。相反,英国表现出有兴趣与欧洲国家发展双边防务关系。近年来,英国对英法关系进行了大量的投资。2010 年英法建立了新的合作防务关系,新条约的签署以英国和法国之间更密切的合作为前提,以便在欧盟和北约方面加强责任的分担,其主要内容是基于核武器的技术合作和提高武装部队的互通性。在英国"脱欧"前,法国仍然坚持英法协调合作的理念,认为这是欧盟外交、安全和防务政策成功的核心。

第三,英国和欧盟安全与防务合作的现状。对英国而言,自从 1973 年加入欧盟以来,欧盟一直是英国外交政策的重点。但实际上,英国的外交、安全和防务政策并非单独依靠欧盟,而是通过北约、英联邦和联合国等机构,以及双边关系(如英美关系等)来发挥作用。在 20 世纪 90 年代后期,英国对欧盟的防务政策的参与态度已经从政策主导者转向不热心参与者。英国军方并没有意愿在 CSDP 军事行动中进行大规模和大范围的工作。此外,它还抵制了进一步发展欧洲防务局作用的建议,也否决了成立欧盟常设军事营运总部的提议。

由于英国还需就"脱欧"条款细节与欧盟进行谈判,所以目前英国

---

① "National Security Strategy and Strategic Defence and Security Review 2015. GOV. UK. ", https://www.gov.uk/government/publications/national-security-strategy-andstrategic-defence-and-security-review – 2015,访问日期:2018 年 1 月 22 日。

仍参与 CSDP。具体而言，英国和欧盟的安全与防卫合作是在 CSDP 框架下，由欧盟外交与安全事务高级代表和欧盟理事会主席共同制定安全策略，并与欧盟委员会保持协调，① 通过军事委员会、军事参谋部、政治与安全委员会、欧洲防务局等机构来协调执行。当前欧盟有包括欧盟快速反应部队、用于维持地区治安的欧洲宪兵部队、与北约共用的欧洲军团等武装力量来应对安全问题。

三　英国"脱欧"的安全战略选择与欧盟的回应

（一）英国"脱欧"的安全战略选择

英国在退出欧盟的过程中，需要就外交、安全与防务等方面如何与欧盟合作进行谈判，并且需要确定在何种程度上可以将其国家政策与现有的欧盟政策进行整合。英国皇家国际事务研究所欧洲问题专家、肯特大学全球欧洲事务中心主任理查德·惠特曼（Richard G. Whitman）认为，未来英国和欧盟在外交、安全和防务关系方面可能会有整体参与者、联合伙伴、分离观察员三种模式。②

第一，整体参与者（Integrated Player）模式。

目前，欧盟现有的外部政策决策制度，可以将非成员国纳入决策机制之内。在离开欧盟后，英国将不再是外交委员会、欧洲理事会、政治和安全委员会的参与者。而在这种模式中，英国仍然可以通过其特殊地位参与欧盟外交和安全政策制定的基础工作，如建立"欧盟+1"的模式。这将允许英国参加外交委员会的相关议程项目，英国的外交政策仍将在很大程度上符合欧盟的外交、安全和防务政策。在 CSDP 上，英国可能会采取以非欧盟成员国的身份参与 CSDP 的策略。英国将继续履行对 CSDP 行动的现有承诺，并在未来的任务中平等地参与。它还将继续向欧

---

① 严骁骁：《欧盟独立安全与防务力量的发展演变与未来展望》，《德国研究》2015 年第 2 期。

② Richard G. Whitman, "The UK and EU Foreign, Security and Defence Policy after Brexit: Integrated, Associated or Detached?" in *National Institute Economic Review*, Vol. 238, No. 1 (November 2016), pp. 43 – 50.

盟提供可用于部署的作战力量。同时，英国也可以担任欧洲防务局的准会员，根据具体情况参与项目，并为欧洲防务局的预算做出贡献。在这种情况下，英国的外交和军事能力建设将与欧盟的外交和安全政策相结合。

第二，联合伙伴（Associated Partner）模式。

在这一模式中，英国与欧盟外交和安全政策的关系将是松散的，可以视为复制欧盟与挪威之间的关系。英国可以与欧盟的外交政策、宣言和行动（如制裁）保持一致。在外交政策问题上，英国将与欧盟进行部长级、理事级和工作组之间的"对话"，而不是直接参与决策。英国将继续处于欧盟军事规划的结构之外，但可能参与决策执行。这可能涉及签署框架参与协议，以便根据具体情况参与 CSDP。英国可以与欧洲防务局签署协议，允许其参与欧洲防务局，也可以考虑持续不断地参与欧盟的军事行动，就像挪威一样。根据联合伙伴模式，英国将放弃对欧盟外交、安全和国防政策发展的直接影响，但会通过各种辅助欧盟的方式，让欧盟的活动以英国为中心。

第三，分离观察者（Detached Observer）模式。

在这种模式下，英国在政治和组织上与欧盟的外交和安全政策相分离。但这并不意味着英国会与欧盟的政策背道而驰，英国可能倾向于与欧盟成员国保持具有特权的双边关系，并将其作为影响欧盟外交和安全政策的主要途径。这将为英国提供最大程度的自主权，但可能对欧盟外交和安全政策的影响最小。在 CSDP 之中，英国可能会遵循美国的做法。[①] 按照单独的工作、任务与欧盟军事并列部署，而不是将自身纳入欧盟的部署之中。在这种模式下，英国和欧盟之间可能在外交和安全政策问题上立场相同，也可能在某些问题或领域产生分歧。欧盟与英国在对第三方关系中的分歧是否会发展成为竞争，可能取决于英国与第三国在经济特权以及其他问题上的权衡。

以上三种模式各有优点，也有不足。在整体参与者模式中，英国与欧盟基本保持了在安全方面的合作关系，但是，英国与欧盟同样要受到

---

① 美国没有参加欧盟的 CSDP 军事任务，而是通过 2011 年签署的危机管理行动框架协议参与 CSDP 任务。

对方的牵制，自主性受到限制，但这个模式也最大限度地避免了未来英国与欧盟或欧盟成员国之间发生冲突的可能。在联合伙伴模式中，英国将不能对欧盟的决策造成直接的影响，但是，仍可以通过其他方式使欧盟照顾英国的利益。在分离观察者模式中，英国与欧盟的政策灵活性相对更强，不过在遇到分歧需要解决时，取决于双方对利益的权衡。这几种模式实现的难点在于英国和欧盟双方对于彼此战略价值的评价和愿意付出的成本是否一致。

（二）欧盟对英国"脱欧"的安全政策回应

第一，欧盟注重强化内部军事力量的建设。

英国"脱欧"后，欧盟将在没有英国干预的欧盟中，进一步强化军事力量建设，深入推进防务的一体化发展。欧盟外交和安全政策高级代表莫盖里尼表示："英国脱欧已经表明欧盟建军的最后一个阻碍消失。因为脱欧派的胜利，欧盟可以向国家主权的最后一个堡垒发起进攻。"① 实际上，在英国"脱欧"公投后，欧盟内部迅速启动了协调机制。莫盖里尼表示："我们现在已经拥有了政治空间，可以去做以前无法完成的事情。"② 欧盟拟在法国、德国、意大利、西班牙和波兰等国组建永久性军事机构，以代表欧盟采取军事行动，并负责军事部署工作；同时还在布鲁塞尔成立一个欧盟军事策划和行动总部。德国、匈牙利、捷克等国非常支持这项计划。德国在 2016 年 7 月发布了十年来首部国防白皮书《安全政策与国防未来》，③ 其中呼吁加强北约中"欧洲支柱"的地位，适时重启"欧洲防务共同体"构想，将建立"欧洲安全与防务联盟"定为长期目标。

在英国"脱欧"公投后，德国和法国在欧盟防务方面提出的改革意见与当前的欧盟防务安排有很大的不同。一是创建一个永久的军事营运总部，这是为了给予欧盟更大的指挥和控制军事任务的能力。目前，欧

---

① 王骁：《欧盟再提建立独立的欧盟军队英国不再是阻碍》，观察者网，http：//www. guancha. cn/europe/2016_ 09_ 09_ 373934_ s. shtm，访问日期：2018 年 1 月 22 日。
② 许立群：《欧盟计划推动防务一体化》，《人民日报》2016 年 9 月 12 日第 21 版。
③ 倪海宁：《德国 10 年来首部国防白皮书摆脱"军事克制"进行时》，新华网，http：// news. xinhuanet. com/mil/2016－08/12/c_ 129223930. htm，访问日期：2018 年 1 月 22 日。

盟只能"借"用欧盟成员国（包括英国）或北约的军事总部。同时，德、法还将赋予欧盟指挥中心以协调医疗援助的权力，建立后勤中心用以共享"战略"物资、空运能力以及卫星侦察数据。二是要求建立军事研究共同预算以及联合采购制度，如运输机、卫星、网络防御设备和监视无人机等，这些预算将全部由欧洲防务局负责。还有一个想法是将德国、法国、比利时、卢森堡、意大利和波兰的现有作战部队联合在一起，组成新欧洲军团，向欧盟提供军事力量。2016年9月14日，欧盟委员会主席让-克洛德·容克（Jean-Claude Juncker）的"国家联盟"讲话表明，布鲁塞尔的思想与柏林和巴黎的提案相一致。[1] 他敦促设立一个单一的军事总部，创造欧盟拥有的共同军事资产，并建立国防能力预算（如欧洲防务基金）来推动研究与创新。

第二，欧盟呼吁建立单独的"战略自主权"。

德国、法国强化欧盟军事能力建设的提议进一步推动了欧盟新"全球战略"[2] 观念的形成，要求欧盟成员国必须继续深化军事合作，以降低在安全方面的投入成本。欧洲民众期望各国政府和欧盟能够应对欧洲及其周边地区的安全挑战。2016年6月28日，在欧盟对外行动署网站公布的新《欧盟全球外交和安全战略》（EU Global Strategy for Foreign and Security Policy，EUGS）中，欧盟呼吁"战略自主"。

EUGS的制定不只是为了应对英国"脱欧"，同时也是欧盟在新时期的安全发展战略。EUGS指出，欧盟要实现所期望的战略自主权，应进一步明确该战略所具有的目标、任务、要求和能力的军民优先级别。在运作层面，欧盟的战略自主权实际上是在没有美国的情况下单独行事的能力，[3] 即能够独立承担哪些地区的哪些军事任务。主要包括以下四点。

---

[1] See from http：//europa. eu/rapid/press-release_ SPEECH - 16 - 3043_ en. htm.

[2] The European External Action Service, "Shared Vision, Common Action: A Stronger Europe-A Global Strategy for the European Union's Foreign and Security Policy", see from http：//eeas. europa. eu/archives/docs/top_ stories/pdf/eugs_ review_ web. pdf, 下文所涉及的关于EUGS的内容皆出于此，不再另行标注，访问日期：2018年1月22日。

[3] Sven Biscop, *Peace Without Money, War Without Americans: Can European Strategy Cope?* Aldershot: Ashgate, 2015, p. 91.

1. 要保护欧盟自身安全

虽然不需要复制北约传统的集体防御模式来抵御军事入侵的威胁，但欧盟在解决内部和外部面临的挑战，如恐怖主义、混合威胁、网络和能源安全、有组织犯罪和对外边境管理等方面，扮演着越来越重要的角色。但在实际中，因为受到法律限制，CSDP 行动只能在欧盟以外进行，武装力量在处理内部威胁方面并没有处于主导地位，而是支持其他安全部门，且是危机时刻的最后手段。所以，欧盟内部的安全合作必须在军事和民事情报部门之间、国家和欧盟危机中心、警察和司法当局、宪兵和海岸警卫队等准军事部队以及所有和这些有关的武装部队之间持续加强。

2. 有助于向东延伸到中亚，向南延伸到中非的国家和社会的弹性（resilience），并在必要时通过有力手段维护邻国的安全[①]

EUGS 指出，由于重视建设"包容、繁荣和安定的社会"，在军事能力建设方面，欧盟将在欧洲及其周边地区承担责任，实施军事远征的策略。叙利亚战争的影响已经表明，周边安全与欧盟的安全直接相关，周边将是欧盟准备进行军事危机管理的地方。因此，战略自主权的核心是欧洲人必须始终能够采取行动，甚至是单边行动。EUGS 指出，如果爆发战争，要求欧盟在政治解决问题之前首先"保护人类生命，特别是平民"，"支持和帮助巩固地方停火"。这意味着欧盟将在实地部署部队，提供空中支援和储备支持，保障当地的平民免受威胁。对许多欧盟成员国来说，海外驻军的任务远超出这些国家之前在欧盟框架内采取的任何行动。

3. 帮助维护"可持续对接的全球共同体"

EUGS 宣布在关键领域采取多边外交举措，并加强军事贡献，特别是作为"全球海上安全提供者"。EUGS 力求"为实现安全作出更大的实际贡献"，包括帮助建立海上能力，支持"东盟领导的区域安全架构"。例如，欧盟可以通过与东盟进行专业知识交流、联合培训和教育（特别是

---

① Michael E. Smith, "Implementing the Global Strategy Where It Matters Most: The EU's Credibility Deficit and the European Neighbourhood", in *Contemporary Security Policy*, Vol. 37, No. 3 (October 2016), p. 457.

通过欧洲安全与防卫学院），开展联合演习以及联合巡逻行动。这些活动不但会提升当地的自主防卫能力，而且也具有建立信心和安全的重要作用。这种参与也将有助于达成 EUGS 的另一个目标：促进敏感地区的区域合作秩序。这样可以提高欧盟国家在海上的话语权，弥补在欧洲的损失，并强化欧盟在世界上独特的作用，促进欧洲的发展。

4. 进一步协助联合国维和行动

EUGS 宣布，以联合国为核心，维护基于规则的全球秩序是欧盟的重大利益。欧盟在联合国判定规则遭到破坏时必须采取行动。在联合国要求的情况下，欧盟成员国必须更快地团结起来，在欧洲及以外的广大地区开展行动，如 2014—2015 年中非共和国的 CSDP 行动。

第三，英国"脱欧"后欧盟实现"战略自主"的方式。

到目前为止，欧盟军事力量建设的引擎是英、法两国，英国"脱欧"后，德国和法国将成为欧盟军事力量建设的主导者。法国将是欧盟成员国中仅存的安理会常任理事国，它具有全球军事战略视野，接近全频谱作战的力量，以及长期、高效的军事行动经验，将重新投入军事力量到欧盟。德国将不得不奉行积极、全面的外交政策，在欧盟东部、南部的其他国家和地区发挥领导作用，越来越多地支持欧盟军事力量的远程作战。

与此同时，即使在英国"脱欧"之后，欧盟周边国家的稳定性仍对欧盟和英国至关重要。因此，当欧盟在更广泛的周边地区开展行动时（无论是在欧盟还是北约、联合国或特设指挥机构框架下），英国有可能成为其中的一部分，但英国不太可能采取主动行动。因为"脱欧"后英国无法将本国利益与欧盟利益联系起来，且英国也不可能加入欧盟标准下的跨国军事行动，或者更深入地融入永久性的多国部队。因此，英国军队最多是部分参与欧盟的行动。但重要的是，EUGS 阐明了欧洲未来的军事任务，并提供了一个明确和可量化的军事目标。在通过 EUGS 之后，欧洲防卫局立即可以更新欧盟军事能力发展计划，并制定一套优先事项，以便实现欧盟的战略自主权。

比利时埃格蒙特皇家国际关系研究所研究员斯文·比斯克普（Sven Biscop）认为，就欧盟而言，一旦新的目标建立，欧盟军事能力发展就会很快。EUGS 的总体原则是非常清晰的，"成员国需要将国防合作作为规范"。实际上，必须在欧盟和成员国两个层面上同时加强合作。[①]

1. 欧盟层面的战略推动

在欧盟层面上，EUGS 强调合作重点应在战略推动因素上，由于发展军事力量成本很高，需要大量成员国参与，使项目在经济上可行。在这一领域，欧盟自身可以提供强有力的激励措施。首先，在欧盟第九研究框架计划（2021—2027 年）[②] 中，欧盟委员会将首次为国防研究提供至少 5 亿欧元资金。新资金将正式用于欧盟军事力量的建设，从而直接为战略目标做出贡献。工业必须服务于欧盟成员国及其武装力量。其次，欧洲防卫局将失去英国的预算拨款，但同时英国也不能再阻止预算增加。一方面，欧盟委员会可以用其国防研究预算来共同研发项目，从而刺激各国提高自己的国防研究开支。EUGS 认为，作为欧盟"成员国与委员会之间的联系"的欧洲防卫局，可以作为欧盟国防研究项目的管理机构，欧盟成员国应该增加欧洲防卫局自身的预算，最终开展可行性研究和试点项目，但因为英国的反对，直到现在这一计划也未能实施。另一方面，只有通过欧盟，欧洲国家才能拥有可以开发和生产所有设备的国防工业，确保战略自主。英国对于欧盟的项目从来都不热情参与，但如果欧洲生产力发展、装备制造业腾飞，那么参与欧盟的项目就有可能为英国的国防工业带来利益。因此，英国可以仿照挪威与欧洲防卫局达成的协议，允许英国根据具体情况参与项目。对于欧盟而言，英国参与项目，在经济上提供支持，将使项目更容易成功。

2. 成员国层面的综合力量建设

EUGS 指出，实现欧盟"战略自主"需要在产业层面上拥有可以生产一切对战略推动能力有帮助的国防工业。所以，成员国可以按照 EUGS 要求的"国防规划周期和能力发展实践的逐渐同步和相互适应"来实施。现在欧盟各国国防规划仍处于国家安全防务的主导地位，各国制定的国防白皮书等同于欧盟或北约的指导方针。但是问题在于，除了德国、法

---

① Sven Biscop, "All or Nothing? The EU Global Strategy and Defence Policy after the Brexit", in *Contemporary Security Policy*, Vol. 37, No. 3 (October 2016), pp. 431 – 445.

② 欧洲现行的研究框架计划（framework programme for research）是第八研究框架计划——"地平线 2020 计划"（财政预算预期：2014—2020 年）。

国等少数几个国家，欧洲大部分国家的军事实力都偏弱，这些国家的军事力量并不能满足欧盟所有军事力量的需求，包括为这些军事力量提供支持的能力，如物流、维修、训练等。因此，为了扭转局面，各国可以先停止国家内部的国防规划，确定本国想与其他国家合作的方面，共同计划，形成统一意见，最后决定每个国家对欧盟某单一力量发展的贡献。具体来说，欧盟各国可以通过建立永久的多国总部，使所有对欧盟的支持功能都可以通过汇集各方力量和专业化分工来确保。每个国家进行专业化生产，将形成协同增效和规模经济。同时，应制订欧盟军事部署的行动框架，以便各国在同一个框架内进行国防规划、军事能力建设和运作。

四 英国"脱欧"对欧盟安全与防务的现实影响

英国"脱欧"对英国国防安全、跨大西洋联盟均有深远影响。地缘因素是英国与欧盟不可回避的事实。"对于英国和欧盟的安全和防务而言，虽然北约的战略意义要重大得多，但英国身处欧洲，如何处理与欧盟成员国之间的关系将是今后英国与欧盟需要考虑的一个重要问题。"[①]

（一）英国未来的角色

在分析英国"脱欧"对欧盟安全和防务的现实影响时要思考两个问题：一是英国"脱欧"后欧盟的战略自主权中是否还要考虑英国，双方如何协调；二是在应对共同的问题，如乌克兰危机时，欧盟成员国需要和英国探讨英国在哪种情况下、在什么程度上参与欧盟的"战略自主权"。

欧盟《里斯本条约》第50条规定，欧盟成员国退出时，欧盟不会在外交、安全与防务政策合作方面提供新的途径。所以，对于英国而言，关键是"脱欧"后，在新的欧盟战略框架下，是否希望保持参与CSDP的可能性。如果英国愿意参与未来欧盟的行动，英国政府可能会与欧盟缔结一些协议。但是，英国已经表示，现有的CSDP行动的协议远不能令

---

① 姜红：《脱离欧洲不利英国国防安全》，《中国社会科学报》2016年6月15日第3版。

人满意。英国政府愿意提供的支持越多，协议促成的可能性就越大。同时，英国也应该寻求与欧盟外交政策和 EUGS 全面实施的紧密联系。因为如果英国参与行动，但不参与外交政策决策，那么它的作用就像澳大利亚和新西兰在北约的作用一样，是一个非常可靠的部队派遣国，但在战略决策上几乎起不到任何作用。同时，英国未来的角色取决于其与欧盟的合作意愿。英国首相特雷莎·梅 2017 年 3 月曾致信欧盟称，如果不能"好聚好散"，将影响双方安全合作。但也有消息显示，英国将会在"脱欧"后继续与欧盟进行安全方面的合作，以打击犯罪和恐怖主义等，[①] 所以，英国未来在安全方面的角色更可能是一个与欧盟合作的外部安全力量。

此外，在应对共同问题时，欧盟的战略自主权仍可以为所有欧盟成员国服务，英国仍然可能参与 EUGS，愿意和欧盟的机构联系在一起，这是最好的办法。当然，赞成"脱欧"的人并没有拒绝欧洲的安全，在某些领域，如欧洲的内部安全等，美国和北约都不可能带头，如果没有英国与欧盟的合作，这些方面是很难实现发展的。

（二）英国"脱欧"对欧盟安全与防务的现实影响及未来发展

1. 对欧洲安全格局的影响

第二次世界大战后，美国领导的北约和苏联领导的华约两个超级军事集团相互对峙，欧洲成为两大集团争夺的重心和前沿。两大集团为争夺更多盟友，把属于外部性的各国安全问题纳入自己的同盟内部解决，集团内的国与国之间的问题可以在集团内得到解决，集团外的国家对集团内某国的威胁被看作对整个集团的威胁，实现了欧洲安全的"一体化"，降低了欧洲国家军事对抗的可能性。[②] 而此次英国"脱欧"将使欧

[①] 《欧盟提出"离婚条件"》，参见搜狐网，http://www.sohu.com/a/137535407_117866，访问日期：2018 年 1 月 22 日；《英国与欧盟继续情报合作》，参见联合早报网，http://www.zaobao.com/realtime/world/story20170525-764272，访问日期：2018 年 1 月 22 日；《英国欲在脱欧后与欧盟签署安全合作协议》，参见俄罗斯卫星通讯社，http://sputniknews.cn/politics/201709171023617115/，访问日期：2018 年 1 月 22 日。

[②] 高硕、孙子东：《从凡尔赛到雅尔塔——试析近代欧洲安全体系》，《河北师范大学学报》（哲学社会科学版）2004 年第 3 期。

盟成员国重新考虑与英国的关系。无论作出哪种战略选择，英国仍是具有重大外交和军事资源的国家。作为联合国五大常任理事国之一，同时也是欧盟中最有影响力的国家之一，英国退出欧盟，将使欧盟重新定位其国际战略目标，改变欧盟的安全与防卫政策。对欧盟而言，英国的外交和军事资源的损失将削弱欧盟外交和国防政策的集体能力，英国强大的信息情报处理能力以及军事能力将不再与欧盟共享，欧盟在安全和防务方面的硬实力有所下降。同时，由于英国、美国之间的特殊关系，欧盟在北约内部的受重视程度可能下降。2018年2月28日，欧盟单方面公布了"脱欧"协议草案，其中最引人关注的是关于英国的北爱尔兰地区与欧盟的边界安排，英国首相特雷莎·梅随后表示拒绝承认该草案。[①] 这一事件反映出欧盟与英国在一些地区和经济利益上仍存在矛盾，欧盟和英国之间相互表现出的强硬态度对双方关系的未来发展是没有益处的。虽然从短期来看，英国可能仍会与欧盟在重大安全选择上保持一致；但是，从长远看，英国与西班牙关于直布罗陀地区主权的争议以及在北爱尔兰地区的矛盾，都为英国与欧盟的未来增加了发生冲突的可能性。

2. 对欧盟安全机制的影响

对于欧盟来说，加深欧盟各成员国之间的现有防务合作，推动欧盟改革的思想，是对外交、安全和防务政策领域最为直接的影响。然而，选择防务作为引导欧盟继续加强成员国一体化是一个"大胆但有风险的举措"[②]。因为尽管《马斯特里赫特条约》在1993年生效，但迄今为止欧盟的防务和安全政策的实现一直发展缓慢。在执行CSDP任务所需的规模和军事能力方面，欧盟已经创建了一支由1500人组成的强大的快速作战部队，可以进行快速打击，管理冲突，维护欧洲稳定。不过，如何让各成员国接受欧盟军队并协同作战，仍将是一项长期而艰巨的任务。在执行过程中，一些成员国对欧盟发展其防务能力仍然感到紧张，一些欧盟成员国民众反对加深欧盟防务，如爱尔兰以及波罗的海国家曾公开表示

---

① 《欧盟脱欧草案提边界问题英首相怒了》，参见欧洲时报网，http://www.oushinet.com/europe/britain/20180301/285433.html，访问日期：2018年1月22日。

② Richard G. Whitman, "The UK and EU Foreign, Security and Defence Policy after Brexit: Integrated, Associated or Detached?" in *National Institute Economic Review*, Vol. 238, No. 1 (November 2016), p. 46.

担忧，认为欧盟不应该使北约在欧洲安全中的作用复杂化；德国也有46%的人反对建立欧盟联合军队。英国作为欧盟主要成员国时，曾否决了成立欧盟常设军事营运总部的提案，得到欧盟成员国中很大一部分国家的支持。

在现存的欧洲安全架构中，大型战略、国防规划、能力开发和防务运营通常在不同的机构和组织中进行。英国"脱欧"肯定不会使现在的欧洲安全架构变得更简单，因为英国作为欧盟重要的军事力量之一，它自愿退出了欧洲安全架构的关键部分，从而增加了欧盟和北约成员国的不对称性。在当前欧盟周边不稳定的战略环境和美国越来越收缩的情况下，其余的欧盟成员国别无选择，只能追求列在EUGS议程上的战略自主权。

3. 对欧盟军事力量建设的影响

英国"脱欧"后，虽然德国、法国在欧盟军事力量的建设上拥有了更多话语权，但是，英国支付的欧盟安全费用仅次于德国，并且经验丰富的英国部队是欧盟军队中执行特别任务的主要力量。现在，欧盟28国单个兵力的费用是17.5万美元，而欧盟27国只能提供单个兵力14.6万美元。① 如果英国从欧盟的"军力名单"中撤出，其余会员国的现有能力将难以弥补这个差距。②

当前，欧盟正面对不断变化的内外安全环境与欧洲安全防务建设关键能力不足的问题。同时，在唐纳德·特朗普当选美国总统后，美国对安全战略进行回调，在2017年5月25日召开的北约峰会上，特朗普更是"斥责北约盟友逃避防务费用"③，这表明美国已不愿承担更多在欧洲安全方面的开支。且当前恐怖袭击在欧洲频发，失去英国在军力、经费、情报等方面的优势，欧盟的军事力量建设无异于雪上加霜。

在2017年5月28日举行的G7峰会上，德国总理默克尔表示："欧

---

① Sven Biscop, "All or Nothing? The EU Global Strategy and Defence Policy after the Brexit", in *Contemporary Security Policy*, Vol. 37, No. 3 (October 2016), p. 436.

② 德国是欧盟成员国中经济实力最强的国家，很有可能会弥补这个差距，但也只能是短期解决问题的应急策略，其他成员国是否愿意出资还需欧盟进行沟通协调。

③ 任彦、青木：《特朗普北约峰会炮轰欧洲盟友英媒：这一次，美国盟友感到失望》，参见环球网，http://world.huanqiu.com/exclusive/2017-05/10750884.html，访问日期：2018年1月22日。

盟不能再完全依赖美国和英国，欧洲人的命运应掌握在自己手中。"① 尽管欧盟和德国、法国希望推进欧盟军事力量的建设，但是，想要获得各成员国的认可，并且建立完备的军事指挥体系、保障体系以及协调好来自各成员国作战人员之间的语言问题，欧盟还有很长的路要走。

　　总而言之，在英国"脱欧"后，欧盟的安全与防务建设由于缺乏英国的参与，将会变得更加困难。英国"脱欧"也为欧洲其他地区的分离主义树立了一个"坏榜样"，如西班牙加泰罗尼亚地区在 2017 年 10 月 1 日举行了"独立公投"，增加了欧盟内部的不稳定因素。虽然在没有英国干预的情况下，欧盟安全与防务的未来发展决策可能会更快达成一致，但是，德国和法国主导下的欧盟想要实现欧盟军事力量的"战略自主"还需要很长时间。

---

　　① 《对 G7 失望默克尔称不再指望英美》，环球网，http://world.huanqiu.com/hot/2017-05/10766811.html，访问日期：2018 年 1 月 22 日。

欧洲变局下的民粹主义[*]

作为一种重要的社会政治思潮，民粹主义的思想源头就在欧洲。① 然而，在回溯民粹主义演进史时，人们首先想到的并不是欧洲，而是 19 世纪的俄美和 20 世纪的拉美。1967 年在英国举办的以民粹主义为主题的国际学术会议，同样透露出这样的看法。会议重点讨论了北美、拉美、俄罗斯、非洲等地的民粹主义，② 除却东欧部分农村地区外，包括西欧、南欧、北欧在内的大部分欧洲区域都不在讨论范围。为什么会这样？有学者解释那些"社会的落后性，正是民粹主义的温床"③。然而，颇具讽刺意味的是，此次会议召开后的数十年间，民粹主义席卷了整个欧洲，一些相对发达的老牌欧洲民主国家也未能幸免。民粹主义就"像野火一样

---

* 本文刊载于《思想教育研究》2020 年第 1 期，原文标题《欧洲变局下的民粹主义：分析与评判》，合作者为原清华大学社会科学学院博士后徐欣顺。

① 民粹主义的思想源头可以追溯到近代欧洲启蒙思想家卢梭，在《论科学与艺术》《论人类不平等的起源》《社会契约论》等作品中，卢梭对自然淳朴情感的热爱、对社会平等理想的追求、对整体性人民公意无条件服从的崇尚等都蕴含了民粹的思想单元成分，其中，最著名的论断莫过于其在论主权者时强调的"任何人拒不服从公意的，全体就要迫使他服从公意"。参见[法]卢梭《社会契约论》，何兆武译，商务印书馆 2016 年版，第 24 页。如果继续追溯这种思想成分的源头，那么欧洲政治文明的民主源头可以提供一些思想启发，如在雅典国葬典礼上，伯利克里发表的重要演讲称"我们的政制之所以称得上是一种民主，是因为权力不是掌握在少数人手中，而是在全体人民手中"，但这并非民粹主义，而是民粹主义常常援引的民主思想资源，最接近民粹主义的应该是亚里士多德所说的"诏媚平民"的"群众领袖"。参见 Thucydides, *The Peloponnesian War*, trans. Rex Warner, London: Penguin, 1954, pp. 117 – 119. [古希腊] 亚里士多德：《政治学》，吴寿彭译，商务印书馆 2017 年版，第 209—300 页。

② Ghita Ionescu, Ernest Gellner, *Populism: Its Meaning and National Characteristics*, London: The Macmillan Company, 1969, pp. 9 – 150.

③ [日]水岛治郎：《民粹时代：是邪恶的存在，还是改革的希望》，林咏纯译，台北：先觉出版有限公司 2018 年版，第 73 页。

在公共话语中传播"①,并一度成为剑桥词典的年度热词,有学者称这种现象为"新民粹主义"②。这就不免让人心生困惑,对于社会经济相对发达、民主政治相对成熟的欧洲而言,为什么会出现民粹主义?如何分析并加以评判?欲解决这些问题,须将此民粹现象置于欧洲整体变局的视域下,方能一窥究竟。本文即从欧洲之变出发,分析欧洲民粹主义的生成基础、生发逻辑与表现形态,并对其可能的影响作一认知评判。

一 民粹主义生成的欧洲变局基础

欧洲"正在经历大变局"③,从事欧洲研究的美国学者埃里克·琼斯(Eric Jones)在评述欧洲民粹主义研究时开篇就指出,在政治结构、民主体制、超国家组织以及政治风格等方面,欧洲正出现深刻变化,而评论家和研究者们试图以民粹主义来概括。然而,这些欧洲之变能否全然贴上民粹主义的标签,仍然存疑。但可以确定的是,上述欧洲之变确实与民粹主义存在一定关联,而且这种关联以底色的方式表现为欧洲变局是民粹主义产生的线索性基础。换言之,把握欧洲之变是理解欧洲民粹主义的重要前提。具体看来,欧洲之变已经相对清晰地表现在社会政治、经济和文化诸方面。

(一)政治之变:政制衰败与民主赤字

欧洲之变的第一个维度是政治之变。毋庸置疑,第二次世界大战后欧洲最为显著的变化就是政治一体化。欧洲内部区域整合而成的超国家联盟,曾一度成为超国家组织和区域一体化的典范。不过,疑欧主义也一直未断,因为政治一体化,不仅削弱了国家主权,而且也改变了政党政治的走向和代议政治的方式,尤其扩大了民众与政治的距离,从而在某种程度上触发了各国政制的内在衰败和民众不满。

---

① FEPS and Policy Solutions, *State of Populism in Europe* 2020, Brussels: FEPS, 2020, p. 6.
② [英]保罗·塔格特:《民粹主义》,袁明旭译,吉林人民出版社2005年版,第98—119页。
③ Eric Jones, "Populism in Europe: What Scholarship Tell Us", in *Survival: Global Politics and Strategy*, Vol. 61, No. 4 (July 2019), p. 7.

从 20 世纪中叶起，由欧洲中西部国家倡导建立并不断完善的欧洲之网，在半个多世纪的时间里，将欧洲绝大多数的国家联合为一个紧密的共同体，加强了欧洲内部各国间的联系。然而，这种超国家联盟是以国家主权的部分让渡为前提而形成的，从而在某种程度上牵制乃至削弱了成员国的国家自主性和独立性。在这种大背景下，政治一体化带来了政党政治的内在变迁。欧洲各国主流政党在接受一体化改革的方向后，就逐渐在靠拢中间发展的道路上越走越远，从而使得曾经主导战后时代左右力量交替的执政模式渐趋消失，左右界限日渐模糊，政策取向日趋接近，价值距离日益缩小。这对选民而言，是一个重大的变化和挑战，因为民众已经无法区分主流政党的价值立场，对于自身的需求和不满，难以找到恰当的代理人和表达渠道。加之腐败丑闻、挪用公款、非法融资等在新闻媒体中占显著位置，[1] 于是，在政治归属感降低的同时，民众对主流政党的不满和不信任感也渐趋上升。而对主流政党而言，相似的政策议程、同样的选民基础，造成了党派性的丧失，不仅影响政党认同，而且也影响政党的组织稳定和功能发挥。在选民投票率、参与度和归属感持续走低的状态下，欧洲的传统政党政治表现出衰败态势。

更为关键的是，欧洲代议民主的合法性也出现危机。以欧盟为代表的超国家组织体系，在扩大政治经济规模的同时，也拉大了民众与政治生活的距离，人民之声难以得到倾听。因为在民众看来，欧洲的诸多政治决策只是精英权贵们合谋、垄断和操控而成，就像塔格特指出的，欧洲一体化建立在精英协议基础上，是民众对精英的"放任共识"，从而引发了"民主赤字"的问题。[2] 如此一来，民众的诸多不满和民主合法性的危机，就为新兴政党和政客领袖的登场提供了选民基础和生长空间。

（二）经济之变：经济衰退与发展低迷

欧洲之变的第二个维度是经济之变。尽管第二次世界大战后，欧洲

---

[1] Carlos de la Torre, *Routledge Handbook of Global Populism*, New York: Routledge, 2019, p. 201.

[2] Paul Taggart, "Populism and Representative Politics in Contemporary Europe", in *Journal of Political Ideologies*, Vol. 9, No. 3 (October 2004), pp. 269 – 288.

出现了近30年的辉煌发展期,保障了社会福利与就业稳定,但从20世纪70年代起,整个欧洲的经济发展就越来越受到全球化和一体化的深度影响,尤其是在几次明显的金融危机冲击后,欧洲发展表现出明显的下行衰退态势。加之经济发展的日趋不平衡、贫富分化的日益显著、社会距离的日益扩大等现实问题出现,部分民众和区域的不公平感和相对剥夺感在不断提升。

新自由主义导向的经济全球化,推动了跨国企业与金融服务业的快速发展,带来了高度的资本、人口流动以及激烈的市场竞争,引发了社会经济结构的大幅转型。一方面,区域间的发展差距变得显著;另一方面,群体间、阶层间的发展差异也进一步拉大。也就是说,利润至上主导的全球化,将资本和人口吸纳经济相对发达的城市场域,农村和落后地区则被置于边缘地带。与此同时,全球化进程也将财富汇集到部分精英阶层手中,并在流动的现代化进程中催生出新的不稳定阶层,他们随时可能受经济波动影响而沦为边缘群体。而且,从国际层面看,欧洲内部各国之间的关系也产生了中心边缘的依附性,如南欧的希腊相比于中欧的德国而言,就呈现出相对边缘的发展态势,从而凸显出欧洲内部发展的不均衡性。而2008年的经济危机和2010年的欧洲主权债务危机又进一步加深了这种不平衡性、恶化了这些区域与群体的处境,加剧了社会分裂。

的确,经济全球化催生了资本主义精英与劳动民众的利益矛盾与价值分歧,也催生了现代化赢家与现代化输家的潜在结构。① 对于现代化输家而言,相关国家没能提供有效的补救,从而造成显著的经济差距与贫富分化。英国学者贝克尔(Sascha O. Becker)等人的实证研究表明,那些难以应对经济和社会变迁的人(年长、受教育程度低、最容易受到经济全球化冲击的群体)往往会选择支持英国独立党而"脱欧",而2017年法国总统大选中国民阵线党魁勒庞的选民样本也表现出类似的情况。②

---

① Tjitske Akkerman, Sarah L. de Lange and Matthijs Rooduijn, *Radical Right-Wing Populism in Western Europe into the Main Stream*? London: Routledge, 2016, p. 54.

② Sascha O. Becker, Thiemo Fetzer, Dennis Novy, "Who Voted for Brexit? A Comprehensive District-level Analysis", in *Economic Policy*, Vol. 32, No. 92 (January 2017), pp. 601 – 650.

与此同时，有学者指出，"即便是在宏观经济数据转好的条件下，大量结构性的失业与贫困现象也变得越来越难以消除"①。于是，相较于欧洲发展上升期的福利待遇和生活体验来说，低迷期的欧洲给民众带来更多的失落感和焦虑。经济发展衰退之势和各种社会经济矛盾的积攒，不仅反衬出国家机器的软弱、掌权精英与执政者的无能，而且也进一步加剧了人民的不满。

（三）文化之变：文化衰落与异质张力

欧洲之变的第三个维度是文化。文化之变源于欧洲各国在人口结构方面出现的两个重要变化，一是人口自然更替形成的代际差异，二是人口流动引发的群际差异。一方面，代际更替带来了价值观的大幅左转，表现为后物质主义价值观的崛起；另一方面，群际差异则带来显著性的文化张力乃至冲突，两者共同冲击了欧洲传统的文化价值观念，造成了文化传统的衰落。

第二次世界大战后欧洲数十年的政治安全与经济繁荣，在推进城市化、提升教育程度以及人口代际转换的基础上，催生了文化价值观层面"静悄悄的革命"②。越来越多的人开始拥抱以自由选择与自我实现为特征的后物质主义价值观。于是，替代生存价值观的新文化理念和新议题不断涌现，诸如环境保护、和平运动、性解放、民主和人权、性别平等、世界主义以及少数族裔保护等。代际的文化分裂就此形成，根据相关学者的研究，在此背景下，对文化保守群体而言，通常会选择拥抱右翼威权式民粹主义；对秉承后物质主义价值观的年轻群体而言，则会拥抱自由与平等至上的左翼民粹主义。③

与此同时，在人口跨国流动的进程中，移民和难民问题相继出现。在20世纪70年代前，欧洲各国的现代化建设需要劳动力，反移民的排外主义不成气候，移民得到广泛接纳。然而，伴随着这些移民的落地生根、

---

① 房宁、涂锋：《当前西方民粹主义辨析：兴起、影响与实质》，《探索》2018年第6期。
② ［美］罗纳德·英格尔哈特：《静悄悄的革命：西方民众变动中的价值与政治方式》，叶娟丽、韩瑞波等译，上海人民出版社2016年版，第3—18页。
③ Pippa Norris, Ronald Inglehart, *Cultural Backlash: Trump, Brexit, and Authoritarian Populism*, Cambridge: Cambridge University Press, 2019, pp. 32 – 56.

单向流动的持续上升以及寻求庇护的难民持续增加，本土民众的疑虑也日渐凸显。对本国民众而言，外来的他者不仅挤占了就业机会和福利待遇，带来了差异性的文化宗教信仰，而且还以高生育率获得群体性优势。加之各种暴恐事件触发的负面印象，本地民众的生活体验和质量大受影响。

可以说，代际价值观的变迁和群际文化间的张力共同冲击了欧洲传统的价值信仰体系，也触发了各国本地民众的不安和不满。在如此躁动不安的文化土壤中，更容易滋生民族主义、排外主义、民粹主义等思想情绪。诚如以色列政治学者玛格丽特（Yotam Margalit）所言，"对移民和人口结构变化的焦虑，对进步主义文化变迁的不满，对欧盟一体化的反对等因素，都构成民粹主义的吸引力"[1]。

总体看来，欧洲的确出现了全方位的变动，且以一种不乐观的局势呈现出来，有学者甚至称为"危机模式的欧洲"[2]。在此变局下，对精英政治的不满、对经济预期的失望、对文化威胁的恐惧，使得民众的生活体验和认知观念都发生了重大改变，从而进一步提供了民粹主义生长的基础。当然，要廓清欧洲民粹主义的基本轮廓，更为重要的是透过这些背景性内容，进入其内在的生发逻辑层面。唯有明晰了基本逻辑，才能进一步理解欧洲民粹主义的表现形态。

二 欧洲民粹主义的生发逻辑与表现形态

明晰欧洲民粹主义生发逻辑和表现形态的线索，恰恰蕴含在民粹的概念之中。也就是说，"民"和"粹"正是解开欧洲民粹主义迷雾的关键钥匙，只有把握住民粹之民的人民内核、民粹之粹的价值追求，以及由此构成的潜在对立结构，才能进一步结合变局基础，理解欧洲民粹主义的内在逻辑与外在形态（如图 1 所示）。

---

[1] Yotam Margalit, "Economic Insecurity and the Causes of Populism, Reconsidered", in *Journal of Economic Perspectives*, Vol. 33, No. 4 (November 2019), pp. 152–170.

[2] Manuela Caiani and Ondřej Císař, *Radical Right Movement Parties in Europe*, New York: Routledge, 2019, p. 4.

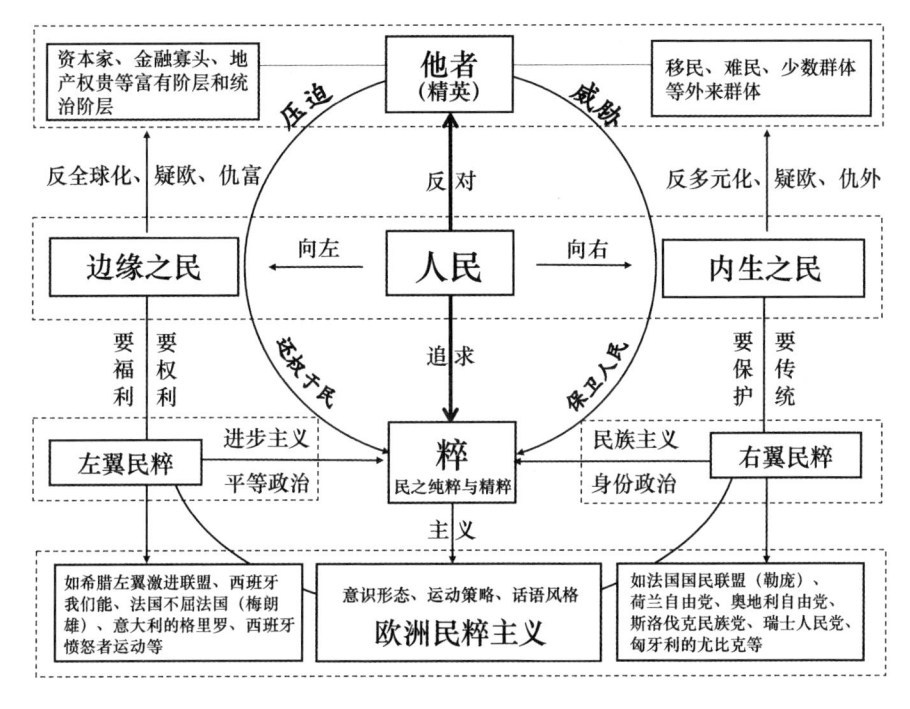

图 1　欧洲民粹主义的内在逻辑与表现形态

（一）欧洲民粹之民的人民内核：边缘之民与内生之民

梁启超曾言，"凡时代思潮，无不由'继续的群众运动'而成"[①]。对民粹主义而言，人民群众尤其重要，因为民粹主义的核心思想就在于声称代表人民或以人民的名义行事，[②] 这既是该思潮的名称所指，也是其经验现象所在。那么，欧洲民粹主义主要锚定了哪些人民？呈现出怎样的现象特征？这一点可以从欧洲变局中受影响的两类群体看出，一是边缘之民，二是本土之民。

所谓边缘之民，是指在欧洲变局中不断走向边缘化的民众。从纵向角度看，边缘之民就是在变局中社会地位下降、经济能力趋弱的中下阶层和劳工民众。特别是在全球化的背景下，技术革新与产业转移，让部

[①] 梁启超：《清代学术概论》，上海古籍出版社 2005 年版，第 1 页。
[②] James D. Wright (ed.), *International Encyclopedia of the Social & Behavioral Sciences*, Vol. 18, 2nd edition, Oxford: Elsevier, 2015, pp. 609–612.

分劳工阶层渐趋边缘化，就如相关研究指出的，"全球化的经济符合发展中国家大多数人的利益，也符合发达国家的精英阶层的利益，但不符合发达国家工人阶级和中产阶级的利益"[①]。因而，这些民众是社会发展进程中不断被边缘化的群体。显然，这些群体契合于民粹主义的词源基础，即拉丁文 populus 的平民指向。左翼民粹主义正是从这个角度出发，将那些被资本主义全球化所压迫、资产阶级所剥削的劳工阶层视作真正的人民。他们反对全球化，对欧洲一体化也持怀疑态度，认为资本家、金融寡头以及地产权贵等富有阶层和统治阶层不仅不关心普通民众，而且还对民众形成压迫、剥削与支配，使得民众丧失了应有的权利和福利。因而左翼民粹期待还权于民，诉诸左翼进步主义和平等政治来表达自己的诉求。

本土之民，同样是在欧洲变局中凸显出来的民众，不过这种凸显主要表现在横向维度上，即人民是一个有限的集体，限度由内外之别来界定。一方面，部分民众对于国家主权的削弱感到不满，存在疑欧情绪；另一方面，对于外来群体也持排斥态度，存在仇外心理。尤其是欧洲战后长期的移民流动以及 2015 年爆发的难民危机，加剧了欧洲各国内部民众的异质性张力，秩序安全感的降低与文化传统的冲击，使得民之本土重要性越发显著，人民于是就具有了族裔和民族色彩。右翼民粹主义就援引民族特征和族裔资源来审视人民，只有土生土长的内生之民才会视为是人民，任何外来的族裔群体甚至国外专家精英，都被排斥在人民群体之外。"如今，所有的右翼民粹主义者都是民族主义者"，缪勒所言虽略显夸张，但却真实地揭示出欧洲右翼民粹的典型特征，即视任何外来他者为威胁，认为他们及其文化的传入，是对本地人民应享资源与传统价值的侵占和破坏。因此，右翼民粹常常诉诸民族主义和身份政治来表达不满。他们渴求稳定秩序和国家的保护、希望传统价值和民族文化能够回归，以此获得安全感和归属感。

（二）欧洲民粹之粹的价值追求：民之纯粹与民之精粹

在明晰了民粹的人民内核后，进一步把握的就是其价值信念，因

---

① William A. Galston, "The Populist Challenge to Liberal Democracy", in *Journal of Democracy*, Vol. 29, No. 2 (April 2018), pp. 5–19.

为任何一种主义都试图将其核心价值放在首位。尽管塔格特等人强调民粹主义具有价值"空心化"的特点,[①] 但这并不足以否认民粹主义具备立足人民而追求"粹"的价值倾向,这种"粹"的追求主要体现在纯粹和精粹两个方面。当然,"粹"之所以为"粹",需要立足特定的关系结构才能凸显出来。由于"排斥可以提供统一的逻辑,将人民捆绑为一个实体"[②],所以,人民与他者的对立竞争关系结构就成为"粹"之凸显的重要预设性前提。也就是说,唯有在人民反异排他的过程中,民之纯粹与精粹才能形成。在此粹化过程中,民粹之粹呈现出政治支配和道德至高的逻辑,国内有学者称为"内在排他与道德对立"[③]。

一方面是民之纯粹,这是欧洲民粹的政治支配逻辑,突出表现为反多元化和仇外性。纯粹的人民是一个团结统一、不可分割的同质化整体,因此,任何多元都会威胁到人民纯粹的存在,于是,在纯化人民的过程中就出现了与人民对立的他者。穆德(Cas Mudde)的民粹主义定义揭示了这种关系,社会被分为两个同质的对立群体,即"纯粹的人民"与"腐败的精英",政治应当是人民普遍意志的表达。[④] 吊诡的是,在这种对立关系中,秉持反精英姿态的民粹主义又常会诉诸富有魅力的精英领袖来代表人民发言、代替人民行动。

另一方面是民之精粹,这是道德至高逻辑的体现,精粹的人民占据道义制高点,具有绝对正确性,不仅是一个不会犯错的集体,而且拥有高尚勤奋的道德品质。这种道德优越感需要在与他者的对比中才能产生。因此,他者尤其是精英权贵群体总是具有腐败堕落的特点。在此基础上,鉴于民为精粹,所以就具备倒置"腐化精英—高尚人民"关系的正当理由和动力。也就是说,正因为精英腐化堕落、脱离人民、缺乏问责、缺少合法性依据,所以要回归人民、保护人民、还权于民。

[①] [英]塔格特:《民粹主义》,吉林人民出版社2005年版,第5页。
[②] Amit Ron and Majia Nadesan, *Mapping Populism: Approaches and Methods*, New York: Routledge, 2020, p. 3.
[③] 马涛:《理解民粹主义的逻辑:"人民观"视角》,《当代美国评论》2020年第4期。
[④] Cas Mudde, *Populist Radical Right Parties in Europe*, Cambridge: Cambridge University Press, 2007, p. 23.

民之纯粹与精粹的双重追求，在路径实现上进一步体现为直接性和简约性。唯有像全民公投、广场集会这样的直接民主才能真正体现人民的意愿，增强人民意愿的透明性。与此同时，也只有足够通俗简约的话语才能让更为广泛的民众理解和接纳。这样一来，相较于理性反思的建设性意见而言，那些直接反对和批评的情绪更简易、更能触发共鸣，所以欧洲民粹主义通常表现为反建制的特点。

（三）欧洲民粹主义的表现形态：意识形态、运动策略和话语风格

借助上述基本框架，可以理解欧洲民粹主义的一般逻辑。此逻辑一旦进入现实之中，则会依照具体的社会政治生态而呈现出更为复杂的面貌。具体到欧洲层面，就能发现，欧洲的民粹主义通常会借助政党组织、民主体制和社交媒介表现出来。

第一，欧洲民粹主义表现为一种政治意识形态，且是一种与政党组织紧密关联的意识形态。"主义"的尾缀自然蕴含意识形态的特点，而政党则是捕捉这种意识形态的最佳单位。因为"整个20世纪的欧洲，大众民主条件下选民与政府的联系主要是由政党来组织的"[1]。如今"大多数欧洲国家都有一个成熟的民粹主义政党，在大约三分之一的国家中，民粹主义政党是最大的三个政党之一"[2]。因此，透过民粹政党的意识形态章程，就能看到相对稳定的民粹主义政治主张。比如，法国的右翼民粹政党"国民联盟"和左翼民粹政党"不屈法国"就是一种典型体现。前者的政纲主张回归传统价值、脱离欧盟组织、建构对抗廉价进口的保护手段、禁止移民难民进入等，后者则表达制宪公投、环境保护、社会平等、福利政策等诉求。显然，民粹主义适用于政治光谱的左右两端，但除了不屈法国、希腊的激进左翼联盟、西班牙的我们能等民粹政党具有显著的左翼色彩外，欧洲民粹主义更多地用来描述右翼或激进右翼民粹政党。相较于左翼民粹反资本主义和全球化并主张平等的观念而言，右

---

[1] Yves Mény and Yves Surel, *Democracies and the Populist Challenge*, London: Palgrave, 2002, p. 84.

[2] Cas Mudde and Cristóbal Rovira Kaltwasser, *Populism: A Very Short Introduction*, Oxford: Oxford University Press, 2017, p. 52.

翼民粹政党的共同点在于反建制、反移民、反融合，主张安全秩序、本土民族身份和文化传统。在移民水平较低的中东欧国家，这种反对通常是少数族裔，如斯洛伐克的民族党、匈牙利的尤比克等存在明显的族裔民族主义情结，对罗姆人怀有排斥和反对。

第二，欧洲民粹主义也呈现为一种政治运动策略。这实际上揭示了"主义"的政治实践模式和策略。人民的不满、反对和愤懑，常常以社会政治运动的方式呈现出来，表现为抗议集会和游行示威。这些运动在实践策略上绕过了制度化的选举参与渠道，通过民众的动员聚集和非建制的集体行动，来表达对当权者及其政策的不满。西班牙的左翼民粹运动"愤怒者"（也称15－M运动）就是一个典型的例子，他们宣称我们不会屈服于成为"政客和银行家手中的商品"[1]，并以广场集会运动的方式表达对政策紧缩、失业以及政策空洞化的失望与不满。

第三，欧洲民粹主义还表现为一种政治话语风格。在这个维度上，"主义"的符号传播面向得到关注，互联网和社交媒体成为基本的展演场域，人民的声音和意愿得以在其中得到直接的表达和传递。这种民粹现象讲求修辞风格和技艺手法，尤其擅长使用激进通俗的语言和情绪来展开对"危机、崩溃和威胁"的渲染性表演。[2] 危机叙事往往将民主瓦解、经济崩溃、政治腐败等问题归咎于政治当权派，加之情绪的传染性和传播力本身就强，更容易引发民众的共鸣。通常，民粹主义者要在话语表达中说服民众自己属于纯粹真实的人民而非腐败的精英群体。此一民粹风格突出表现在民粹领袖身上，比如意大利左翼民粹五星运动的领导人毕普·格里罗，不仅出身喜剧演员，而且善于在互联网博客上发表极具争议和批判性的言论，据《英国卫报》数据，其博客流量排名前十，是全球50个最强大的博客之一。[3]

---

[1] Cristóbal Rovira Kaltwasser, Paul Taggart, Paulina Ochoa Espejo and Pierre Ostiguy (eds.), *The Oxford Handbook of Populism*, Oxford: Oxford University Press, 2017, p. 310.

[2] Benjamin Moffitt, Simon Tormey, "Rethinking Populism: Politics, Mediatisation and Political Style", in *Political Studies*, Vol. 62, No. 2 (June 2013), pp. 381–397.

[3] "The World's 50 Most Powerful Blogs", in https://www.theguardian.com/technology/2008/mar/09/blogs.

三 欧洲民粹主义的认知评判

"分析民粹主义几乎总要归结到这个问题:民粹主义是好还是坏?"① 确如澳大利亚学者墨菲特(Benjamin Moffitt)所言,对民粹主义的分析终究要回归到认知评判层面。显然,民粹主义常常附着贬义色彩,用以诋毁那些被描述为民粹主义的人,但民粹主义并非必然具有本质主义的恶属性,就如有人指出的那样,民粹主义就像"晚宴中的烂醉者",衣衫不整地出现在民主的高雅晚宴中,冒失地说出一些让客人心头一惊的秘密,揭开隐匿的欺瞒。② 显然,"烂醉者"隐喻虽表明民粹主义具有不光彩的一面,但同时也揭示了一些隐匿的不光彩问题。对民粹主义莫衷一是的评判主要集中为三种基本看法,分别是认为民粹是威胁的悲观论、认可民粹价值意义的乐观论以及兼采利弊的中性论。

(一)民粹悲观论:民粹主义是欧洲的潜在威胁

当今西方文明最大的威胁是什么?欧洲理事会常任主席范·龙佩(Herman Van Rompuy)曾提供过非常简洁的答案,"最大的威胁就是民粹主义"③。的确,民粹主义总是透露出对立式的分裂思维和敌对风格,无论是反精英还是反移民,怨恨情绪都是最危险的政治激情,在仇富仇外的排斥中都存在张力和危险。④ 除了对立,民粹主义的话语风格也常常透露出对事实和危机的渲染性夸张与扭曲,让民众备受蒙蔽,造成信息传递失真的后真相政治,从而使得民众更易沦为民粹领袖的政治工具。另外,就像奥地利政治学者海尼希(Reinhard Heinisch)指出的,欧洲新起

---

① Benjamin Moffitt, *Populis*, Cambridge: Polity Press, 2020, p.94.
② [日]水岛治郎:《民粹时代:是邪恶的存在,还是改革的希望》,林咏纯译,台北:先觉出版有限公司2018年版,第244—245页。
③ Anton Jäger, "The Myth of 'Populism'", in https://www.jacobinmag.com/2018/01/populism-douglas-hofstadter-donald-trump-democracy.
④ Stijn van Kessel, *Populist Parties in Europe: Agents of Discontent?* London: Palgrave Macmillan, 2015, p.2.

的民粹主义政党，存在"结构性的弱点"①，不仅缺乏从政经验，而且在制度化和组织化上也相当松散，甚至需要依靠魅力型领袖强有力的直接领导以及不断的动员来维系其存在。这对政治而言，是一种难以保证政策稳定连贯性的冒险。匈牙利右翼民粹主义者欧尔班·维克托（Orbán Viktor）走向独裁的案例，进一步证实了这种担忧。

从根本上说，民粹悲观论所悲观的是西方的自由民主。因为当前大变局下，自由民主不仅面临外部挑战，而且还要应对自身内部的民粹主义冲击。尽管民粹主义也强调自由民主，但正如国内政治学者指出的，民粹主义追求的是"越平等越好、越自由越好、越民主越好"②的"自由民主"观，不仅自由被延展为无限度的"由自"信念，而且民主被塑造成迎合谄媚民众的机会主义，平等也成为一种激进的"平均"观念。在这样的信念基础上，欧洲民粹主义对民之纯粹和精粹的追求，将价值的绝对化和道德化推向一个新的高度，但在实践中，却将部分人民排除在外、将部分人民视为道德更优越，从而违反了自由民主"官称"的包容性与平等性原则。在此基础上，"民粹主义让民主社会陷入无休止的道德零和冲突中，威胁到少数人的权利，也拆除了傲慢领袖通往独裁的关卡"③。

（二）民粹乐观论：民粹主义是欧洲发展的契机

悲观认知评判并不是所有人都赞同的，就像意大利总理孔特（Giuseppe Conte）表示的，"如果民粹主义是一种倾听人民需要的态度，那我们就主张民粹主义"④。的确，有学者认可民粹主义蕴含的民主潜力。以政治学者拉克劳（Ernesto Laclau）和墨菲特为代表的民粹乐观论，就认为民粹主义是一种纠正，是一种解放，是一种民主化的力量和解决方

---

① Reinhard Heinisch, "Success in Opposition-Failure in Government: Explaining the Performance of Right-Wing Populist Parties in Public Office", in *West European Politics*, Vol. 26, No. 3 (July 2003), pp. 91 – 130.
② 丛日云：《从精英民主、大众民主到民粹化民主——论西方民主的民粹化趋向》，《探索与争鸣》2017 年第 9 期。
③ William A. Galston, "The Populist Challenge to Liberal Democracy", in *Journal of Democracy*, Vol. 29, No. 2 (April 2018), pp. 5 – 19.
④ "Yasmeen Serhan. Populism Is Meaningless", in *The Atlantic*, 2020 – 3 – 14.

案。显然，这种认知乐见于看到民粹主义带来的契机，甚至将其褒义化。因为在他们看来，最简单的逻辑莫过于如果没有"人民"，也就没有民主。

民粹乐观论认为欧洲民粹主义的出现并非坏事，在揭示民主赤字的同时，民粹主义重新激活了人民主权的政治信念，是一种赋权的力量，以此来对抗新自由主义霸权造成的政治道德化。① 有学者甚至主张以左翼民粹主义的策略，来应对当前西欧面临的政治危机。因为20世纪80年代以来的新自由主义霸权的确腐蚀了人人平等和人民主权两个重要的民主支柱，② 而激进左翼的解决方案可以通过对抗制度上的不平等来重振自由民主。③ 因此，民粹主义的出现，围绕人民构建吸引力和凝聚力，改变了欧洲公共政策的制定方式。由于人民是一个灵活开放的符号，墨菲特认为"人民可以是任何你想表达的意思"④，在这样的基础上，民粹主义可以人民的名义来要求制度的改革。

民众的不满及表达已经引起当权者的重视，欧洲多数国家已经在既有的民主框架下展开调试和改革。就像认为民粹与民主可互换的拉克劳所言，民粹主义是民主政治的一种运作逻辑，尽管民粹主义造成了既有秩序的颠覆和紊乱，但也同时在重构新秩序，当代议民主出现系统性危机时，民粹主义就会应运而生，成为重要的民主要素。⑤ 当前，西班牙我们能和希腊激进左翼联盟的参与者，主要是拉克劳的学生或拉克劳学说的信奉者。民粹主义能否促进民主化进程，仍然有待实践的检验。⑥

---

① Chantal Mouffe, "The 'End of Politics' and the Challenge of Right-wing Populism", in Francisco Panizza (ed.), *Populism and the Mirror of Democracy*, London: Verso, 2005, pp. 69 – 70.

② Gökhan Demir, "For a Left Populism", in *Rethinking Marxism*, Vol. 31, No. 4 (October 2019), pp. 541 – 545.

③ Amit Ron and Majia Nadesan, *Mapping Populism: Approaches and Methods*, London: Routledge, 2020, p. 19.

④ Benjamin Moffitt, *Populism*. Cambridge: Polity Press, 2020.

⑤ Ernesto Laclau, *On Populist Reason*, London: Verso, 2005, pp. 98 – 102.

⑥ 拉克劳式民粹主义对于民主的积极意义受到本杰明·麦基恩（Benjamin L. McKean）的质疑，参见 Benjamin L. McKean, "Toward an Inclusive Populism? On the Role of Race and Difference in Laclau's Politics", in *Political Theory*, Vol. 44, No. 6, pp. 1 – 2.

(三) 民粹中性论: 民粹主义既是威胁又是纠正

上述"两种认知在一定程度上都是正确的, 民粹主义既可以是威胁, 也可以是纠正……难说好坏"①。政治学者贝姆 (Klaus von Beyme) 同样赞同穆德的这种看法, 在他看来, 激进的民粹主义可能是潜在威胁, 而温和的民粹主义则可能丰富政治生活。② 卡瑞兰勃斯 (Giorgos Charalambous) 和约安努 (Gregoris Ioannou) 也承认民粹主义具有双刃剑性质。③ 可以说, 这些认知评判持兼采利弊的中立态度。

一方面, 民粹主义就像民主的阴暗面一样, 的确存在危险。民粹主义对人民主权和多数主义的强烈拥护, 通过政治支配和道德至高的方式, 产生对少数人的压制和攻击, 正是法国思想家托克维尔指出的多数暴政。欧洲右翼民粹主义备受指责的一点就在于此, 西欧的穆斯林和东欧的罗姆人等少数人群体的权利无法得到保障。

另一方面, 民粹主义也是一种纠正, 尤其是在支持政治参与层面, 打破了精英强加于人民的政治禁忌和枷锁, 推动了特定议题的再政治化, 通过将问题和政策纳入政治领域, 不仅有助于唤醒人民主权, 增加民主问责, 还有利于给予受社会政治变迁影响的边缘民众以发言权。④

事实上, 民粹主义究竟产生积极影响还是消极影响, 是会走向恶化还是改善, 是威胁还是资源, 关键不在于民粹主义现象本身。卡诺凡认为, 民粹主义是民主自身投射的影子,⑤ 帕尼萨则认为, 民粹主义是民主的镜像,⑥ 这些隐喻一再表示, 民粹与民主之间存在复杂的纠缠。从这个

---

① Mudde and Cristóbal Rovira Kaltwasser, *Populism in Europe and the Americas: Threat or Corrective for Democracy?* Cambridge: Cambridge University Press, 2012, p. 16.

② Klaus von Beyme, *Rightwing Populism: An Element of Neodemocracy*, Berlin: Springer, 2019, pp. 70 – 71.

③ Giorgos Charalambous and Gregoris Ioannou (eds.), *Left Radicalism and Populism in Europe*, London: Routledge, 2020, pp. 257 – 264.

④ Mudde and Cristóbal Rovira Kaltwasser, *Populism in Europe and the Americas: Threat or Corrective for Democracy?* Cambridge: Cambridge University Press, 2012, p. 16.

⑤ Margaret Canovan, "Trust the People! Populism and the Faces of Democracy", in *Political Studies*, Vol. 47, No. 1 (February 1999), pp. 2 – 16.

⑥ Francisco Panizza (ed.). *Populism and the Mirror of Democracy*, London: Verso, 2005, p. 30.

角度看，对欧洲民粹主义影响的认知评判终究还是要取决于其所在的民主制度框架以及其所处的民主实践情境。换言之，评判的主体终归还要取决于欧洲各国人民，评判的标准终究还是要取决于既有的民主体制能否有效应对欧洲之变带来的各项挑战并缓解人民的不满、不公和不安。

四 结语

欧洲民粹主义是欧洲变局中表现出来的一种重要社会政治现象。在政制衰败、经济衰退、文化衰落的变局背景下，欧洲民粹主义以人民为内核，通过抓住深受变局影响的边缘之民与本土之民，"高扛政治权力回归人民的旗帜"[1]，以反对他者的对立政治逻辑而出场，表现出民之纯粹与民之精粹的价值追求，既具有反压迫、反全球化、疑欧仇富的左翼民粹主义面向，又凸显反威胁、反多元化、疑欧仇外的右翼民粹主义态势。借助欧洲各国的政党组织、民主体制和社交媒介，欧洲民粹主义进一步以政治意识形态、政治运动模式和政治话语风格的面貌呈现出来。可以说，欧洲民粹主义现象颇为复杂，难以轻言好坏，但其与民主的内在关联，意味着民粹主义是欧洲各国民主体制因应变局时产生的内在反应。由于此前欧洲在新自由主义的道路上越走越远，因而在遭遇诸如政治经济危机、移民难民危机、恐怖主义袭击等问题时，削弱的国家主权和当政的权贵精英难以应对，对变局失控同感无力的民众只好诉诸支持声称能够为人民夺回控制权的民粹主义。[2]

然而，欧洲民粹主义究竟能够给欧洲带来多大的影响，欧洲民众的不满、不公和不安如何有效缓解，仍然是有待观察和思考的重要议题。不过，可以肯定的一点是，欧洲民粹主义的普遍存在，尤其是右翼民粹主义政党的崛起，证明了欧洲一体化建设仍然存在诸多困难和挑战。如今，欧洲的公共领域弥漫着两极对立和沙文主义的气息，无论是政客还

---

[1] Carlos de la Torre, *Routledge Handbook of Global Populism*, New York: Routledge, 2019, p. 294.

[2] T Michael Cox, "The Rise of Populism and The Crisis of Globalisation: Brexit, Trump and Beyond", in *Irish Studies in International Affairs*, No. 28 (October 2017), pp. 9–17.

是民众,都倾向于将变局困境的罪魁祸首"归咎于他者"。加之英国"脱欧"事件的冲击,寻求欧洲共识的政治信念进一步受挫,变局中的欧洲将走向何方,仍然是非常现实的问题。与此同时,还应明确的是,尽管本文立足整体视角,尝试粗线条地勾勒欧洲民粹主义的基本轮廓,但事实上难免有化约主义的风险。欧洲民粹主义并非一个整体,各国的民粹政党、民粹运动以及民粹风格皆有所不同,尚需依照各国具体国情以及相关国际关系来展开细致深入的分析。由此看来,进一步系统深入地探讨欧洲民粹主义仍显必要,因为这不仅是欧洲内部之变的现象性揭示,而且也是百年变局下全球之变的缩影以及全球治理所面临的重要议题。

民粹主义蔓延及其对欧洲的影响

十年前，民粹主义政党在欧洲只是星星之火，迄今它已呈蔓延之势。以2014年5月欧洲议会选举为标志，欧洲民粹主义群体性崛起。2016年，英国通过"脱欧"公投拉开脱离欧盟进程、意大利宪法改革公投失败、奥地利总统选举在绿党与极右翼之间角逐扣人心弦，以及早已觊觎总统宝座的法国国民阵线民意支持率蹿升等，无不标志着欧洲已进入民粹化时代。迄今为止，各种不同形式的民粹政党已经在匈牙利、丹麦、芬兰、葡萄牙、希腊、瑞士、西班牙、意大利、英国、德国等国获得举足轻重的力量，对欧洲未来的政治走向占有越来越大的权重。

一 民粹主义非起始于今日

民粹主义既是一种政治思潮，又是一种社会运动，还是一种政治策略。民粹主义的意识形态包括左、中、右三个维度，其目标是通过团结普通民众来反对腐败的精英及其追随者。其基本信仰是，只有通过群众的直接行动，才能最好地实现其政治和社会目标。

实质上，学术界对于民粹主义的概念界定，至今没有一个明确的认知。1967年，吉塔·艾尼斯丘和欧内斯特·盖尔纳合编了一本论文集，希望能够解释清楚民粹主义的定义。最后发现，民粹主义并非一个统一的现象。塔格特说，民粹主义实际上是一个支离破碎的概念。《布莱克维

---

* 本文刊载于《红旗文稿》2017年第8期，原文标题为《民粹主义的蔓延与欧洲的未来》，合作者为原清华大学社会科学学院博士研究生刘力达。

尔政治学百科全书》中对于民粹主义的解释，主要来源于美国的"人民党主义"和俄国的"民众主义"两者之间，源自对早期民粹主义在美俄的两种形式的实践总结。作为一种政治立场，民粹主义主要是迎合"人民"，反对精英分子。民粹主义是一种历史复发性的社会政治现象，因而在不同政治氛围、不同的历史时期和不同国家中，民粹主义不时闪现，伴随着这些国家走向现代化的历程。

民粹主义本身没有特定的思想内涵，基本上它可以与任何意识形态相结合，具体要根据其反对的对象和社会环境而确定。民粹主义的核心是界定"人民"的概念，强调"精英"与"民众"二者的分野和互动，通过对"人民"概念的界定来划分"我们"和"非我们"。如此，通过敌我两分法构建合法性，赞成"人民"的直接民主，反对精英掌控的"腐败"的代议制民主。认可直接民主制，反对代议制民主，这使得民粹主义带有反体制特性。而对于"人民"概念的两分法界定，也往往使民粹主义带有不同程度的民族主义、种族主义、排外主义的特征。民粹主义通过对所谓"人民至上"概念的强调，反对政治精英对权力的垄断，将自己打造成大多数人民的代表。从社会运动形式的角度而言，民粹主义反精英、非理性和反体制的特征，意味着对现存制度的质疑、否定、挑战，以及广泛的底层群众参与、激进的甚至是暴力的表达方式。

二 民粹主义在欧洲已呈燎原之势

当前欧洲民粹主义不是一个单独的政党或者运动，而是在同一时期不同国家出现的、具有一些相同主题特征的、一系列不同政党的政治聚合；既有左翼民粹主义，也有右翼民粹主义，又有各种"温和的"民粹主义。左翼民粹主义主要体现在南欧国家，其典型代表分别是希腊的激进左翼联盟和西班牙的"我们能"；意大利的五星运动虽被归类为右翼，但其许多政治主张具有左翼色彩。西欧、北欧的民粹主义多为右翼诉求，包括地区民粹主义政党、种族民粹主义政党和极端右翼民粹主义政党；中东欧的新民粹主义却并非右翼，既有偏右的"强硬派"民粹主义，还有偏左的"温和派"民粹主义。

与几年前不同，这次欧洲民粹主义与美国当选总统唐纳德·特朗普遥相呼应，构成一种世界政治现象，更鲜明地呈现反全球化、反自由贸易与反外来移民，主流政治的右倾化与保守化趋势明显。英国"脱欧"，其中一个重要原因是担心大量难民从欧洲大陆潮水般地涌入英伦三岛。"脱欧"公投后，接替戴维·卡梅伦首相职务的特雷莎·梅，不惜牺牲对英国经济有利的四大流动自由，执意坚持"脱欧就是脱欧"的"硬脱欧"理念，不仅在移民问题上态度强硬，禁止所有移民入境，而且还禁止非英国公民参与英国"脱欧"问题的讨论和设计。

在主流政党之外，欧洲各国反建制的左右翼民粹主义政党纷纷崛起，占据更为重要的位置。法国的国民阵线、德国的另类选择党、意大利的五星运动党、奥地利自由党，以及波兰新右派国会党、匈牙利约比克党、丹麦人民党、荷兰自由党、芬兰"真芬兰人党"、瑞典民主党等，都在本国的政治生活和各层次选举中崭露头角。一时间，欧盟各国涌现出的民粹主义政党不仅站上了政治舞台，还获得越来越多的选票支持，成为主要的或不可忽视的政党。

这些反建制的民粹主义政党虽然具体的主张各异，但有两项主要内容重叠。一是疑欧或反欧盟，主张收回本国在边境控制、移民、货币、金融等方面的主权，以本国利益优先。二是反移民（尤其是穆斯林移民），主要表现为反对无控制地接纳外来难民，对本国的移民少数族裔（尤其是穆斯林）提出更为严苛的、同化主义的要求。本质上说，民粹主义政党的这两项主张都来源于国家民族主义。如此，共同体构建的路径在向民族国家回归，意味着对外偏离超民族国家建构路径，对内排斥异质于本国民族的移民少数民族群体。显然，随着这股民粹主义运动，欧洲政治的右倾化与保守化的趋势越来越凸显。

三 民粹主义在欧洲蔓延将延续时日

从欧洲的发展趋势看，不论未来是主流政党还是非主流的反建制政党上台，欧洲各国国家民族主义的普遍兴起，将使欧洲政治与社会进一步具有民粹主义倾向，欧盟的一体化进程也将遭到更大冲击。

首先，民粹主义在欧洲未来几年将持续发展。实际上，民粹主义蔓延的动向并非今年才出现，而是早已发酵许久。2015 年大规模的中东和北非难民潮涌入西欧，迅速激化了欧洲内部反移民、反伊斯兰化和反欧盟的情绪。在此之前，自欧债危机开始就已陆续出现反欧、反移民的民粹主义政党。国家债务与欧盟开出的财政紧缩条件加重了成员国与欧盟之间的紧张关系，而欧盟与成员国之间就缓解欧债危机和难民危机的拉锯战进一步凸显了"民主赤字"的问题，由此催生出左翼民粹主义，南欧的希腊、西班牙，乃至意大利等国表现尤为突出。经济下滑在福利、就业、安全等方面的影响以及恐怖组织"伊斯兰国"的壮大，加剧了欧洲中下层民众对穆斯林难民的排斥和对国内融入困难的移民的歧视，国家民族主义者急于打破"政治正确"，不满于当下的建制，由此催生出右翼民粹主义。而主流政党为赢得选举或谋求连任成功，会在不同程度上内化和吸收反建制政治力量得以获得选票的主张和政策。因此，整个欧洲政治将继续呈现出民粹主义盛行的趋势。

其次，主要国家主流政党的国家主义将减弱欧盟一体化的动力。"脱欧"已成英国这几年的中心议题，而英国首相特雷莎·梅坚定执行公投的"脱欧"决定。意大利修宪公投失败，中左政党备受打击，在下一次大选中五星运动可能会借势成为议会多数，执掌意大利政府。意大利五星运动虽不至于如英国那样就"脱欧"与留欧举行全民公决，但一定会借助民意与欧盟讨价还价，像卡梅伦那样向欧盟索取对本国有益的政策好处。法国和德国虽然不会挑战欧盟的整体性，依旧主张留在欧盟，维持欧盟这一超国家结构，但在民粹主义兴起的压力下，会更为强调国家利益优先，例如在难民问题、边境管控问题、欧元问题等方面，将更坚持国家主权。作为欧盟一体化的主要推动者，德国和法国的保守化趋势意味着未来欧盟一体化进程的动力将会被减弱。

最后，欧盟成员国的非主流民粹主义政党，将进一步冲击欧盟作为超国家政治经济组织所拥有的权力和作为后民族共同体所构建的价值观念。民粹主义政党反对欧盟对民族国家事务的管控权和决定权。左翼民粹主义政党主要反对欧盟在货币和财政紧缩问题上的政策，如希腊的激进左翼联盟和西班牙的"我们能"党。右翼民粹主义政党主要反对欧盟在移民问题上的边境开放、难民安置等安排。同时，面对国内的移民少数族裔尤其是穆斯林移民，右翼民粹主义的主张也具有较多反伊斯兰化和排外主义的色彩。右翼民粹主义政党的这些主张，与欧盟的人员自由流动、尊重并促进文化多样性的价值理念是背道而驰的。在未来一段时间内，欧洲民粹主义方兴未艾，会极大冲击欧盟作为超国家共同体的政治权力和价值理念，削弱欧盟建构共同体的意识形态基础。

四 民粹主义蔓延是西方社会矛盾积累的结果

欧美政治中的民粹主义现象，是各国社会矛盾的集中体现。"草根型"政治领导人借助民众对现行体制的不满，打着"人民至上"的口号，赢取较高的支持率。在当今西方代议制民主制度下，政治发展越来越精英化，精英集团也越来越国际化和利益化。对现状不满的民众认为，主流政党和政治精英均被利益集团和大资本家所绑架，而民众的利益则被抛弃，只能默默地用选票说话。在民粹主义的浪潮席卷下，建制派或者失语，或者制造社会议题的能力下降，主流精英自恃的"政治正确"渐失人心。"反建制派"的民粹主义者则说出了民众的心里话，掌握了制造社会议题的能力。

从深层次原因来看，冷战结束之后，在新自由主义的影响下世界经济出现了新的趋势，即经济全球化的加速。经济全球化强调人员、劳动力及资本的自由流动，这是新自由主义的题中应有之义。在欧洲，经济全球化反映为欧盟一体化进程的加快。欧洲一体化及其社会变革使得欧洲社会各个群体感到极度缺乏安全感，而欧盟和欧洲各国在应对危机方面的低效，使得这种不安全感更夹杂着对制度的"不信任"，严重冲击了原有的制度认同，由此催生出民粹主义政党的兴起。民粹主义政党不仅反对经济全球化，而且也反对欧洲一体化、反对欧盟，认为经济全球化冲击了欧洲的传统。在美国主导的来势汹汹的经济全球化浪潮下，欧洲人感到自己不是获益者，而是输家。

在国际金融危机的持续冲击下，欧美各国出现普遍的经济增长乏力，失业率居高不下，收入分配差距进一步拉大，1%与99%的鸿沟难以消除。据调查，特朗普的支持者男性居多，受教育程度普遍较低，收入相对较低。同样，法国国民阵线的支持者也多为处于社会中下阶层的人（受教育程度低、收入偏低等），选民多为中青年，且主要是出于移民问题而选择支持国民阵线。世界权威民调机构益普索关于2014年欧洲议会选举中法国的选民情况调查报告显示：阶层结构上，国民阵线的支持者中，工人阶级占比最多，为43%，其次是职员（白领），为38%；教育程度上，高中及以下占比最多，为37%，教育程度越高支持率越低，本科以上学历仅有11%；收入分布上，有收入的和失业的比例差不多，都超过了25%，30%的有收入者属于底层；且值得注意的是，年龄结构上出乎人们的意料，反而多为年轻人（35岁以下），占30%。在问题意识上，主要是受到国内问题的驱动而投票给国民阵线，比例高达58%。

尽管当今世界政治中民粹主义蔓延的趋势，在一定程度上反映了底层民众的诉求和对社会的不满，促使主流政党思考全球化时代下的国家政策，但是其负面影响也是显而易见的。首先，民粹主义对于"人民至上"理念的极端强调，实际上是对代议制民主制度的"反动"。它所具有的根源于民主的反民主、反体制特色，加之它的"空洞化"特质——可以与其他任何一种意识形态相结合、短时期内发酵为新的反体制力量，会在根本上对欧洲的既有政治体制构成威胁，从而滑向威权主义和专制主义。其次，民粹主义本身不具有建设性，它通常将社会问题的解决单一化、简单化，甚至极端化，而这种解决方式往往具有狭隘的平民主义、极端的民族主义和盲目的排外主义的特点，反而会带来更多的社会问题。最后，民粹主义对于社会强烈的批判意识往往带有理想化的色彩，其还原论的思维方式很容易陷入非理性的逻辑中，在国家决策中容易走向盲目极端化。

法国哲学家、外交家亚历山大·科耶夫曾言，对于欧洲，"民族性政治实体的时代已经结束了。现在则是一个帝国林立的时代，一个跨国性的政治统一体的时代"。欧洲作为统一体的发展系于欧盟的整合，而这与德法的推动、各成员国的支持密不可分。当下，反欧、反移民的反建制民粹主义普遍兴起，这将更添欧盟一体化之艰难，弱化欧洲的整体力量及其在世界政治中的地位，增加欧洲政治的不确定性。

西欧国家政党政治的多重两难困境[*]

民主制度、政党政治都起源于西欧资本主义国家,但近年来欧洲,尤其是西欧政治中问题丛生——主流政党执政地位被取代,政治碎片化现象突出,民粹主义政党崛起,反建制、反精英的社会运动涌现,极端政治势力崛起……政治及社会的两极分化不断加剧。例如,2014年5月的欧洲议会选举中,反欧盟政党赢得了前所未有的高票及议席;2016年6月英国"脱欧"公投成功;2017年荷兰大选、法国总统选战中极端右翼参选人选情一度领先,等等。本文要探究的是这些乱象背后的根本问题:欧洲传统政党政治陷入多个两难困境的成因及其发展前景。

作为现代政治中最活跃的行为体,政党不但在国家政治生活中发挥着极为重要的作用,更在现代代议制民主中扮演着不可替代的基础性角色。在过去数百年的政党政治发展中,尤其在西方民主制度政治中,政党更承担了教育和领导民众参与政治的社会功能。但是,在第二次世界大战后的几十年中,各国政党为扩大票源以赢得权力,开始淡化原有的意识形态、倾向及身份。加之受内外因素的影响,选民的要求日益分散,社会出现碎片化。政党以追求选票为根本,受制于选举本身和民意走向,在不断改变中陷入迷失。另外,选民也从忠诚于一党,到对支持的政党失望,再到迷失在雷同的竞选口号中。

近年来,西欧多国政党政治的情况正是这种迷失的典型,传统政党和政党制度受到挑战,甚至发展为对西方民主制度和发展模式的批判。

---

[*] 本文刊载于《当代世界与社会主义》2017年第2期,原文标题为《西欧国家政党政治的多重两难困境》,合作者为原清华大学社会科学学院博士后赖雪仪。

这种情况的根源是政党所面临的诸多困境——如何革新以吸引新选票而又不失去忠实支持者？如何在选举中给予选民一些短视性渴求的承诺，但胜出后又不能成为不负责任的政府？如何在欧盟体制内特有的多层次治理中满足本国选民的更多需求？西欧国家是资本主义国家传统政党政治的典型，本文主要集中研究近年来以欧洲大陆国家为主的政党所面临的挑战与转型。中东欧国家（主要指 2004 年欧盟东扩之后加入的中东欧新成员国）则不包括在讨论之列。

一 欧洲政党政治研究的最新发展及关注点

学界普遍的认同是，政党作为现代政治的一个行为体最早出现于 17 世纪工业革命发生后的英国。而比较有系统的政党研究，则是在 19 世纪初出现的。到 20 世纪初，政党成为政治学及公共管理学研究的核心对象之一，而此类学术研究的首个高峰始于第二次世界大战之后并延续到 20 世纪 60 年代。这期间主要的研究对象是欧美国家代议民主制中的政党，政治理论的研究更将政党放在民主理论的中心位置。这一时期的不少研究成果，时至今日仍然被视为政党研究中的经典。

法国政治学家莫里斯·迪韦尔热（Maurice Duverger）对政党体系进行的科学化研究被广泛讨论及引用。他提出以党员的成分及概念进行政党分类，提出精英党或干部党是由议会中的权贵松散地组成的利益共同联盟，这种政党是因为一些重大政治原则分歧而由政府内部的政治派别组合形成的，与普通大众的关系疏离，也不重视党员概念。相反，发展到现代选举制度确立后，群众党成为主流。为了赢得选举，群众党有目的地扩大党员数量，目标会员是身份或政治理念上类同的民众，以形成明确的党内认同。[①] 群众党有明确的党章、党纲以及完善的党内组织结构，善于动员选民、组织竞选。群众党是在不同类型的政党之中，与社会民众的关系最为密切的。

1966 年，奥托·基希海默（Otto Kirchheimer）又提出，由于工业及

---

① 参见 Maurice Duverger, *Political Parties: Their Organization and Activities in the Modern State*, London: Methuen, 1954, pp. 65 – 67。

经济发展所带来的社会变化，政党演变成全方位型政党（catch-all party）。① 基希海默认为，在西欧从20世纪60年代开始经历的社会及经济高速发展的背景下，阶级或意识形态对社会的划分不再适用，加上大众媒体的兴起让政治资讯普遍化，群众党路线不合时宜，全方位型政党成为新的改革目标。以最大化选票数量为目的，全方位型政党提出能代表各类选民利益的政纲，以致党内各种派别、各种观点应有尽有，大大削弱了一党之内的特有身份及理念认同。基希海默的结论是悲观的，他认为，现实中政党向全方位型政党转型后，在议会和社会中的反对立场即消亡，而政治亦被泯化为国家管理。

理查德·卡茨（Richard Katz）和皮特·迈尔（Peter Mair）则认为，政党的进化将仍然继续，而卡特尔政党（cartel party）是他们发现的最新进化形态。② 政党越来越像经济市场中的卡特尔集团，它们合作降低对选民的选举承诺，以确保自己的选举成功。卡茨与迈尔认为在政党的卡特尔化（cartelization）中，政党与国家之间的关系更加密切，政党利用国家资源来限制政治竞争，以维持其作为政治机构的生命。财政上，卡特尔政党主要依赖政府的补贴，而不再需要扩大招收党员来收取党费。结果就是，政党成为"政府的代理人"③。

以上四种政党类型：精英党、群众党、全方位型政党、卡特尔政党，是现有政党研究中较为普遍接受的政党类型。这样的政党分类研究又是现有政党研究中的集中角度之一，以组织结构或最终目的来对政党进行分类，然后分析不同类政党的功能及行为。另外的关注点包括党政关系、不同政党体系的特性、政党的选举行为、选民的选举行为以及政党活动对社会的影响等。

然而，如迈尔指出的，20世纪80年代是政党研究的一个低迷期，当

---

① 参见 Otto Kirchheimer, "The Transformation of the Western European Party System", in Joseph La Palombara and Myron Weiner (eds.), *Political Parties and Political Development*, Princeton: Princeton University Press, 1966, pp. 177 – 200。

② Richard Katz and Peter Mair, "Changing Models of Party Organization and Party Democracy: The Emergence of the Cartel Party", in *Party Politics*, Vol. 1, No. 1 (January 1995), pp. 5 – 28.

③ Richard Katz and Peter Mair, "Changing Models of Party Organization and Party Democracy: The Emergence of the Cartel Party", in *Party Politics*, Vol. 1, No. 1 (January 1995), pp. 16 – 18.

时政治学的焦点被其他议题,如新兴社会运动和合作主义所取代。① 进入20世纪90年代,政党研究再度兴起,同时出现了第一波针对政党衰退的研究,认为政党已进入不可抗拒的衰退过程,甚至有学者提出"政党没落"论,主张政党必然会被取代。② 在几十年后的今天,政党仍然是各国政治舞台上的重要角色。不过,近年来,反建制、反主流政党兴起等情况在多地日益严重,成为以政党为中心的代议民主制度研究的新一波热点。政党作为民众有效代表的功能被广泛质疑。

针对西欧的情况,近年的研究焦点明显被民粹主义以及激进政党兴起这两个主题占据。③ 这些研究大都将近年来欧美主要西方国家选举时政党面临的问题,如传统大党、老党社会凝聚力及支持率下降,极端政党强势崛起,归咎于民粹主义尤其是右翼政党打着民族主义旗号来吸引民众的注意及认同。④

民粹主义实际上是各类政党,包括传统大党、执政党、极端政党,用以扩大支持度的手段,并非西方国家政党政治体制近年问题丛生的原因。而现实政党政治面对的问题核心是,政党为适应内外环境改变而转型陷入的身份迷失,以致在组织和引领大众时亦不知所措。这种迷失绝非近几年的新现象,而是代议民主制度发展中的系统因素。如上述的政党类型研究一直默认的,政党是有机的,会随党内外环境的改变而进

---

① 参见 Peter Mair, "The Challenge to Party Government", in *West European Politics*, Vol. 31, No. 1 - 2 (January 2008), pp. 211 - 212; Martin P. Wattenberg, *The Decline of American Political Parties* (1952 - 1994), Cambridge: Harvard University Press, 1996。

② Per Selle and Lars Svåsand, "Membership in Party Organizations and the Problem of Decline of Parties", in *Comparative Political Studies*, Vol. 23, No. 4 (January 1991), pp. 459 - 477; Hans Daalder, "A Crisis of Party", in *Scandinavian Political Studies*, Vol. 15, No. 4 (October 2007), pp. 269 - 288; Peter Mair, "Partyless Democracy: Solving the paradox of New Labour?" in *New Left Review*, No. 2 (March-April 2000), pp. 21 - 35.

③ 参见史志钦、刘力达《民族主义、政治危机与选民分野——2014年欧洲议会选举中极右翼政党的崛起》,《当代世界与社会主义》2015年第2期; David Art, "Rise of the Radical Right: Implications for European Politics", in *Brown Journal of World Affairs*, Vol. 19, No. 2 (Spring/Summer 2013), pp. 127 - 137。

④ 参见 Florian Hartleb, "Here to Stay: Anti-establishment Parties in Europe", in *European View*, Vol. 14, No. 1 (June 2015), pp. 39 - 49; 梁雪村《民粹主义:一个"欧洲问题"?》,《欧洲研究》2015年第6期;赵晨《欧洲极右政党的发展》,《当代世界》2013年第2期;张莉《当前欧洲右翼民粹主义复兴运动的新趋向》,《欧洲研究》2011年第3期。

化，以维持作为政治行为体的权力及生命。

依据丰富的现有研究，其中包括理论及实证研究，自精英党到群众党，再到全方位型政党及之后的卡特尔政党的政党转型（或进化），都假设政党了解怎样转型及自己在经历什么过程，从一个类型依序地进化到另一个类型。但以西欧国家近年的政情来看，如2016年年底宪法改革在公投中被否决的意大利、2017年大选刚结束的荷兰以及正在进行总统选举的法国，政党的群众党、全方位型政党、卡特尔政党身份并不明确。事实上，政党并非依照学术研究而经营的，而且大部分学术研究都是在政党发生变化后的分析。本文所指的群众党、全方位型政党、卡特尔政党等分类，应该被看作规范性的政党蓝本（prototype）。而现实中，政党在面对挑战时的转型并非在一个完全清楚的状态，政党在这一过程中有可能会迷失方向、身份及理念。这正是当下多个资本主义国家政治中出现的情况。

二 西欧国家政党危机产生的原因

既有文献中有大量关于政党危机的分析，包括上文提及的"政党衰退论"和"政党没落论"。综合而言，常见的政党衰退原因多被分为内外两个维度。

内部原因主要是：第一，随着经济及社会的发展，以宗教或阶级划分的政党党内认同感下降，政党的凝聚力及动员力降低，忠实支持者的数量减少。第二，民众教育水平显著提升，强化了个人主义，而崇尚精英、依附组织的需求大为降低。由此带来的结果是，普通党员数量大减，不但挑战政党的代表性与票源，也直接影响政党的财政来源。第三，西欧多个国家因为殖民历史及劳动人口不足，在过去几十年吸收了大量不同民族与文化的移民，且奉行多元主义。不同民族、文化间的冲突日益严重，逐渐刺激了极端民族主义及极端政党的崛起。第四，自2008年国际金融危机爆发以来，极左翼政党再次回归，要求对资本主义进行彻底的系统性改革，激进左派推崇扩大民主，鼓吹更多直接民主及民众直接参与社会运动。

外部原因主要源于全球化及通信科技的发展。首先，经济全球化背景下，各国对外贸、外资的依赖日益增长，而无论哪个政党上台执政，都越来越无力控制经济。其次，自由主义及新自由主义成为资本主义国家的主导思想，即使是传统左派政党都不得不支持政府退出干预市场。通讯科技的发达加上大众媒体的兴盛，使资讯大众化，民众不再轻易相信政党的话。大众媒体更参与竞选过程中，使政党不得不讨好媒体，以防变成媒体大肆抹黑或联合抵制的对象。除此之外，20世纪80年代以来，各种社会运动、非政府组织、反建制政治力量兴起，它们的出现取代了部分政党代表社会不同利益的功能。

作为正式的政治组织之一，政党一旦成立，就会成为独立的组织生命体，而维持生存则成为政党至关重要的利益。发展至今的政党政治之所以越来越乱象丛生，是因为政党经历长时期生存危机后，在找寻出路的诸多尝试中越来越举步维艰。无论是传统左翼社会党，还是右翼保守党，欧美等资本主义国家的主流政党今天面对的核心生存危机都比较类同，大致可分为需求方和供应方两个方面。

先分析需求方。第一，第二次世界大战结束以后欧美社会及经济高速发展，工人阶级人口下降，新兴的中产阶级队伍壮大，传统的阶级政党失去了所代表的群体，其存在的意义受到挑战。第二，随着现代化的加速以及教育的普及，欧美社会的世俗化及个人主义上升，以宗教划分的政党的代表群体也在缩减。结果是，忠实信众及党员数量不断下跌，政党传统的财政来源被切断，加上新时代由媒体主导的竞选活动花费较大，财源不济的政党生存更加困难。第三，个人主义、大众媒体、社会运动的兴起允许民众直接表达诉求与参与政策制定的讨论，政党作为代议中介的功能被削减，其存在的意义遭受质疑。

再来看供应方。第一，媒体和其他社会组织的壮大，取代了政党利益整合、利益表达的传统功能。第二，在西欧国家，经济高速发展使政府有能力提供如普及教育、工作福利保障等之前由个别政党向党员所提供的福利，政党对党员的意义又被削减。第三，随着普选制度的普及与深化，加上大众媒体深入参与政府及选举监督中，当代西方各国的政府、政党越来越受制于舆论。为迎合民意，政党领导层不再提出前瞻性的政策，变相放弃了其引领社会作出正确政治决策的功能。第四，在欧盟国家尤其是欧元区国家，更甚的情况是国家的部分主权已转移到区域统合层次，政党即使取得执政权，可以实行的政策也已大打折扣，尤其是对市场的控制。

一旦最根本的生存遭到挑战，政党就会手忙脚乱地应付而不慎陷入迷失。连生存问题都解决不了的政党，也难有能力解决国家治理问题。掌握政党发展方向的政党领导人在多项问题叠加以及各方讯息繁杂的情况下，努力地尝试改革。但现实的情况表明，政党的改革需要面对多重两难困境的选择。

三　西欧国家政党面对的多项两难困境

西欧民主制度发展至今，政党的功能也在不断进化，学术界对其定义亦随之改变。克劳斯·冯·贝姆（Klaus Von Beyme）提出，政党的四个主要功能是：确定目标、社会利益整合及表达、动员及引导公众参与政治、精英征募和政府组建。① 理查德·冈瑟（Richard Gunther）与拉里·戴蒙德（Larry Diamond）列出的政党功能更多，包括提名候选人、动员人民参与选举、设置议题、代表各种社会群体、利益整合、组成和维持政府、让公民参与政治中等。② 这些功能与界定纵然有简单和复杂之分，但不容忽视的是，近年来，西欧政党在履行这些功能及维持生存之间都面临着两难困境，其中最突出的问题表现在代表各种社会群体、议题设置及确保政府负责等几个方面。

（一）代表各种社会群体的功能与追求选票的两难困境

如前所述，西欧很多国家的传统主流政党都遭遇支持率大跌、党员流失的情况，加之选民的波动性增大，严重威胁这些政党的存亡。伴随着一些国家在选举制度中设立 3%—5% 的最低门槛，政党竞争变得更加激烈。以目前如火如荼的法国总统选战为例，自第五共和国成立以来，

---

① Klaus von Beyme, *Political Parties in Western Democracies*, New York: St. Martin's Press, 1985, p. 13.
② Richard Gunther and Larry Diamond, "Types and Functions of Parties", in Larry Diamond and Richard Gunther (eds.), *Political Parties and Democracy*, Baltimore: John Hopkins University Press, 2001, pp. 7–8.

法国总统及国会大选皆为左、右派主流大党的对垒，即左翼的法国社会党与右翼的由戴高乐创立并多次改组后的法国共和党。但如今，在选战中领先并确定可以进入第二轮选举的候选人均非这两个主流大党的代表，而是出自新中间政党的埃马努埃尔·马克龙（Emmanuel Macron），以及极端右翼政党国民阵线主席玛丽娜·勒庞（Marine LePen）。

在刚完成下议院选举的荷兰，虽然分裂的议会政治是常态，政府已经历了多届的多党联合执政，但此次大选中传统大党工党（PvdA）遭遇惨败，由上届的 38 席降至 9 席。相反，原来处于边缘的反移民、反欧盟政党自由党（PVV）则赢得 150 席中的 20 席，成为第二大党。在即将举行大选的德国同样如此，总理默克尔领导的"基民盟"支持率下跌至 34% 左右，是自 2012 年 6 月以来的最低。

在西班牙，过去三十多年里一直由两大主流大党西班牙人民党和西班牙工人社会党交替执政。2015 年 12 月与 2016 年 6 月，西班牙连续举行了两次选举，但无一政党能够获得议会多数，直到 2016 年 10 月底才勉强组建一届脆弱政府，出现了长达 10 个多月的无政府局面。传统大党人民党由 2011 年大选中的 186 席跌到 2015 年的 123 席（议会共 350 席），虽然它在 2016 年 6 月的选举中得票状况有所好转，但赢得的 137 席仍不足以建立多数政府。另一传统大党工人社会党与 2011 年大选相比丢失 20 个议席，剩下 85 个议席，相较其 2008 年成为执政党时获得的 169 席更为难堪。

作为处于竞争性民主制之下的政党，失去选票就是流失血液，任其发展恶化终将走向灭亡。为了扩大票源，不少政党改名、改组，甚至重建或与其他政党联合。一方面，传统政党出现了清晰的中间化趋势。左翼政党，如共产党、社会民主党、工党都趋于中间化，放弃自己的传统信仰，转而支持新自由主义，如多国社会党及工党所倡导的"第三条道路"改革。金融危机爆发后，新自由主义的弊端暴露无遗，社会民主党的意识形态茫然，加上欧元区主权债务危机的爆发，欧元区国家的传统左派是遭受打击的重灾区。另一方面，右翼政党也在向中间靠拢。如德国基督教民主联盟、法国共和党等，对原有传统的保守立场进行调整，在医疗福利、环境保护等议题上采纳了原属左翼的一些主张。在一些主权债务压力较大的国家，右翼政党被迫加重税收。

有学者指出,西欧政党的意识形态及纲领一向明确,按政治光谱从左到右分类,各政党的身份突出,但这些特点却越来越模糊,很多政党意识形态"暧昧不明"①。这些政党向中间靠拢的目的就是获得日益壮大的中产阶级的支持。

不仅传统的左、右翼政党中间化,有些极端政党亦然。最明显的例子是自2011年开始去妖魔化、去激进化的法国国民阵线。党魁勒庞在2017年2月正式公布其全套的竞选政纲时,声称该党已超越左、右界限,以"法国至上"为口号并代表所有法国人。在希腊,以反紧缩措施赢得2015年两次大选而入主政府的激进左翼联盟,上台后亦采取退休金制度及个人收入税征收制度改革等紧缩措施。除了积极争取执政权,极端政党在受邀请参组联合政府时也要冒着失去自己独特主张及意识形态的风险。

政党中间化及各种分化组合后,西欧国家已很少有纯粹的左右翼政党格局,不管是德国、法国、意大利等大国,或荷兰、奥地利等中小国家,情况大体如此。例如,意大利在各传统大党的分化重组后,形成了以力量党为中右翼、以左民党—民主党为中左翼的新的政党格局。

与此同时,传统左右派政党又在竭力效仿激进极端政党的某些主张。由于金融及经济危机、恐怖主义、难民潮失控等原因,极端政党在多国迅速兴起,如奥地利自由党、比利时新弗拉芒联盟、丹麦人民党、芬兰"真芬兰人党"、法国国民阵线、德国选择党、希腊激进左翼联盟及金色黎明、意大利北方联盟和"五星运动"、荷兰自由党、西班牙"我们能"党等。这些原本被主流政党所忽视的边缘政治力量,几年间不但吸引到大量支持者,而且不少还在重要选举中抢走了原属中左及中右政党的选票。也就是说,面对激进左翼与极端右翼政党的夹击,主流政党为赢得选举、巩固或夺回执政地位,开始内化和吸收反建制政治力量的主张及政策。

再以法国为例,由于极右翼政党对移民政策的严苛态度使其轻易赢得部分选票,传统政党不分左右都开始在移民问题上右倾化。中右翼共和党的弗朗索瓦·菲永(Franois Fillon)公开表示,伊斯兰教是法国的一

---

① 罗云力:《西欧政党政治的危机与解析》,《欧洲研究》2004年第5期。

个问题，主张法国要维护其民族单一，而不是要成为多元文化的国家，誓言捍卫法国的历史和基督教根基。菲永主张对法国境内的穆斯林进行控制，禁止其用阿拉伯语交流，并支持禁止在公共场合穿着结合伊斯兰罩袍和泳衣的布基尼（Burkini）。在欧盟的另一个核心大国德国，执政的基督教民主联盟总理默克尔为争取2017年连任，一改之前在移民问题上接纳、包容、开放的态度，在党代会上表示德国应禁止罩袍，德国法律优于伊斯兰法。

众所周知，鲜明的理念及政策取向是政党的灵魂，而许多政党为了延续生命被迫淡化原有的身份及意识形态。这恰好触及了政党作为利益表达和利益整合的核心功能。[①] 当政党自己都搞不清楚要代表"谁"这个基本问题时，就会造成在选战时谁都想代表，最终却谁都代表不了。政党失去整合及表达社会中不同群体利益的功能，负面的结果是这些政党组成的政府也不再反映真实的人民需要，感召力和凝聚力自然下降。这也是从群众党转型到全方位型政党的过程中的两难困境，追求吸引新支持者以最大化选票的同时，会丧失身份及传统支持者；[②] 而传统的意识形态似乎也因不合时宜导致支持率下跌。

虽然大部分的西欧政党在过去二三十年间明显趋于中间化，但转型成为卡特尔政党并不是解决困难的出路。传统政党趋同导致选民无所适从，他们只好投向具有单一议题或极端意识形态的新政党及社会运动。自2004年以来的三次欧洲议会选举中，多个西欧成员国的执政党遭到惨败，支持率一路上涨的并非主要的在野党，而是那些主打反欧盟、反体制旗号的新兴政党。

当欧洲政党的差别日趋缩小时，社会的分裂却在日益扩大。随着全球化及欧洲一体化的深入，加上欧盟国家一直崇尚的多元化、个人主义的发展，这些国家的民众在利益诉求上日益多元化、碎片化，不同利益群体间的包容性也渐渐下降。当遇上经济不景气、安全威胁等难关时，

---

① Henrik Enroth, "Cartelization Versus Representation? On a Misconception in Contemporary Party Theory", in *Party Politics*, Vol. 23, No. 2 (March 2015), p. 124.

② Mark Blyth, Richard Katz, "From Catch-all Politics to Cartelisation: The Political Economy of the Cartel Party", in *West European Politics*, Vol. 28, No. 1 (January 2005), p. 38.

社会矛盾和裂缝就更加突出,欧洲多国不同程度地出现了草根与精英之间、原住民和移民之间以及左倾激进化与右倾极端化之间的撕裂。在这种情况下,主流政党已经很难凝聚社会共识、整合政策诉求,在回应碎片化的社会需求时甚至陷入自我分裂的境地。

(二) 议题设置功能与追求选战胜利的两难困境

政党的功能不仅体现在利益代表与整合,而且应该适时地引领民众发现最迫切的社会、经济等问题,乃至高瞻远瞩地设置未来议程。在竞争性选举中,政党将各种具有争议的选举议题呈现在选民面前,并提出论点及支持论据来帮助民众进行判断,进而拟定社会的集体目标,以最终形成民主科学的公共决策。

议题所有权理论(Issue-ownership Theory)视政党为议题设定者,认为政党会选择性地强调对自己有利的问题,以增加选民对这些问题的关注。[①] 就传统而言,话语的主导权很重要,政党都会花费大量的时间和精力选择讨论议题,战略性地强调一些自己有优势的政策问题,同时淡化对其他政党有利的议题。但由于大众媒体与自媒体的发展,严肃的议题设置和政策讨论正让位于竞选过程中的舞台表演与政治拍卖。政党及其领袖为吸引眼球,情愿放弃长期深入的议题论点,而迎合选民的喜好来设定发言内容。多数政党着力揣摩选民的喜好及需求,抛弃了自己组织议题及教育人民参与政治的功能。

研究这种现象的一些学者提出了"顺势"或"乘势"理论(Riding the Wave Theory)。他们认为,政党的议题选择是根据选民的好恶而制定的。[②] 克瓦林纳等人把这种政治市场化现象描述为,公民正在从政治的直接参与者变成政治的旁观者。[③] 竞选活动通过媒体进行,公民是观众,政

---

① John R. Petrocik, "Issue Ownership in Presidential Elections, with a 1980 Case Study", in *American Journal of Political Science*, Vol. 40, No. 3 (August 1996), pp. 825 – 850.

② Stephen Ansolabehere and Shanto Iyengar, "Riding the Wave and Claiming Ownership Over Issues: The Joint Effects of Advertising and News Coverage in Campaigns", in *Public Opinion Quarterly*, Vol. 58, No. 3 (September 1994), pp. 335 – 357.

③ Wojciech Cwalina, Andrzej Falkowski and Bruce I. Newman, *Political Marketing: Theoretical and Strategic Foundations*, New York and London: Routledge, 2011, p. 43.

客就是表演中的演员，而不是在解决国家问题，政治不但被市场化更被娱乐化。

与此同时，由于大众媒体与自媒体对民众参与政治讨论及竞选方法产生了多方面影响，政党的传统议程设置能力受到媒体的严重制约，因为媒体自身已成为许多问题的设置者。由此造成的两难困境是，原本依靠议题设置来争取民众并确保选战胜利的政党却放弃了这一功能，转而求助于舞台式的表演风格来讨好选民。政党议题设置功能的丧失，不只是放弃了竞选过程的手段，更是放弃了其作为代议政制中一个重要角色的责任。

除了大众舆论，很多西欧主流政党在设置议题时，也明显受到极端势力及民粹主义政客的影响。在持续多年的金融与经济危机困扰下，欧洲可谓是雪上加霜，难民危机与恐怖袭击交织发生，令人措手不及。民众对执政者越来越不满，感觉政党被精英集团操纵而罔顾大众利益；鼓吹反建制的民粹主义大行其道。拥护不同极端思想的边缘政党趁机打破政治禁忌，提出反移民、反伊斯兰化等口号，适时地把握住制造社会议题的机会。面对失业率上升、恐怖袭击威胁、社会治安恶化的严峻形势，欧洲社会矛盾和冲突日益加剧，民众丧失安全感，传统政党没有及时正面回应，极端政党乘虚而入。如2015年11月巴黎连环恐怖袭击后，在12月举行的法国首轮地方选举中，国民阵线在全国12个大区中的六个大区领先，在不少大区得票率超过40%，创下该党历史最好成绩。

由于政治精英没有及时有效地缓解全球竞争所带来的负面问题，受害最深的低层民众容易被民粹主义政党所吸引，呼应"赶走移民、提高福利、夺回经济自主权"等主张。民粹主义将复杂的社会问题单一化和简单化，主流政党被"牵着鼻子走"，不负责任地制定社会政策。民众觉得自己的核心关注未被政府及主流政党重视，不得不求助于其他形式来表达诉求。过去几年在西班牙出现的"愤怒者运动"、德国的"佩吉达"运动（欧洲爱国者抵制西方伊斯兰化运动）、"占领欧洲央行运动"等，都是这些诉求的最新表现。新兴的社会运动正取代传统政党，制定社会的核心议题；政党的政治代议功能被严重削弱，其存在的意义亦随之而减弱。

(三) 政党确保政府负责功能与满足选民诉求的两难困境

西欧各国皆实行代议民主，而政府组成的基础就是政党。选举胜出组建政府，设计并施政是民主国家政党的主要功能。败选的政党作为在野党则担当监督执政党的角色，发挥维持政府良治的功能。政党竞争成为政府的基础部分，承担责任的角色明显。理论上，这一制度很容易让公众分辨出谁应该为政府政策及结果负责。如果对政府的表现满意，选民会以选票奖励执政党；如果不满意，则会在下次选举中对其进行惩罚。不过，现实并没有这么简单。

首先，在全球化及新自由主义思想的影响下，西欧已成为世界最为开放的地区之一，政府为市场及资本让路，国家在经济领域中的功能及重要性减弱，已不再是承载经济发展的基础。但是，确保就业、保持经济稳定及增长仍是公众对政府的基本要求。例如，贸易保护主义虽然在短时间内能让国内企业受益，但长远看不但破坏了西欧国家推崇的自由市场，而且违反国际约定，如世界贸易组织条例。不仅如此，由此而引发其他国家的报复性贸易保护措施还可能导致全球性的贸易战。因此，任何国家都不能独善其身。

其次，削弱西欧国家主权的因素是欧盟。对欧盟尤其欧元区成员国来说，国家在融入一体化过程中已将部分主权移交到超国家的欧盟机构，如关税的制定权，单一市场内的货物、服务、资金、人员流动的管控，甚至货币汇率，等等。与此同时，欧盟成员国之间的经济相互依赖度已经很高。据欧盟最新数据，欧盟成员国间的共同市场内部货物及服务贸易额都比与欧盟之外的要高，28个成员国中的26个与其他成员国的货物贸易总额都超过它们与非成员国。[1] 例如，2015年德国六成出口的目的地为欧盟其他国家。同年，卢森堡对欧盟其他国家的出口更占其全国出口的85%；而23个成员国与其他成员国的服务贸易总额超过它们与非成员

---

[1] Eurostat, "Intra-EU Trade in Goods-recent Trends", January 2017, 参见欧盟统计局 http://ec.europa.eu/eurostat/statisticsexplained/index.php/Intra-EU_trade_in_goods_-_recent_trends, 访问日期：2017年1月2日。

国的服务贸易总额。① 欧盟成员国政府若单边采取满足自己需求的经济措施，影响的对象不单单是本国。

概言之，西欧政府在经济上面临国内外的压力及责任，而对经济发展的支配能力又被全球化、欧盟一体化所削弱，不单是经济主权受损，政府权威也受损。获得执政权的政党，在回应选民的短期利益诉求与维持国家长期利益和对外关系责任之间存在着两难。这样的两难困境正是西方政党政治理论近年来研究的焦点。② 一方面，政党必须满足选民的要求以换取下次选举的继续支持；另一方面，它们又必须根据专业知识和负责的精神维护国家的长远利益，不少政党由此而陷入迷茫。刺激经济的一些手段如政府大量投资基建工程，虽然能在短期间提供明显的效果，但长远来说不一定是最好的措施。实施改革如产业结构调整、淘汰落后产业、提高政府服务质量等固然十分重要，但对一届政府来说成效缓慢，任期内难看到具体成果，又会因改革措施带来即时的痛苦。因此近年来，各政党致力于下一次选举胜利的党派利益逐渐占据上风。

降低税收和提高福利的承诺在选举中很受选民欢迎，因此很多政党为上台执政，不考虑国家长远的利益负担而竞相提价，减少工作时间、增加退休金是常用的诱饵。同时，在民意的劫持下，各政党看到新崛起的政党因个别议题成功而盲目复制，许下无数竞选承诺。一旦如愿赢得执政地位，则以顾全国家大局为理由不履行竞选承诺，进一步加剧了人民对传统政党的不满。法国现任总统奥朗德2012年上台时承诺促进社会公平、推动经济增长、改善就业，但整个任期下来，在债务压力之下被迫削减政府开支、延迟退休年龄政策，与上一届中右共和党的政策无异。这不但让奥朗德成为法兰西第五共和国成立以来民望最低的总统，也令其领导的社会党在2017年的总统大选中选情落后。另一种过度承诺选民

---

① Eurostat, "International Trade in Services", June 2016, 参见欧盟统计局 http://ec.europa.eu/eurostat/statistics-explained/index.php/International trade in services, 访问日期：2017年1月2日。

② 参见《西欧政治》(*West European Politics*) 2014年推出的一期专题特刊（第37卷第2期）；Luciano Bardi, Stefano Bartolini and Alexander H. Trechsel, "Responsive and Responsible? The Role of Parties in Twenty-First Century Politics", in *West European Politics*, Vol. 37, No. 2 (April 2014), pp. 235 – 252。

的结果可称作"希腊式",即政党在上台执政前许下各种提升社会福利的承诺,同时因怕得罪资本及企业不敢加重税收,以致政府长年入不敷出依靠发债度日,债务持续堆积,最后政府的偿债能力被质疑而引发主权债务危机。

从深层来看,已经融入全球化和一体化的欧盟国家越来越难掌控自己的命运,不仅经济问题如此,边境开放后的安全问题则更加鲜明。竞选中的政党并不愿意向大众坦白,会常常列出自己无法兑现的承诺,当出问题时则会简单地将其归罪于全球化及欧盟。

作为反对党的政党也没有在捞取选票与坚守其政治责任的两难中积极找寻出路。很多在野党热衷于抨击现行政治体制,自己却无法提出有效的政策方案。为了批评而批评的做法,歪曲了反对党的监督功能,而且阻碍了政府有效施政。

(四) 政党其他功能与争取生存的两难困境

教育民众、政策沟通、实现政治社会化也是政党的重要功能。政治社会化与政治动员是指政党作为特定人群的集合体,通过利用组织教育、培训和宣传手段,将自己的意识形态和价值观念灌输给党员和大众,以将这些意识形态和价值观念内化为党员和大众的个人选择,巩固社会根基。选举过程也让民众亲身实践民主政治中的妥协与尊重精神,教育民众对其选择负责。

现在政党的困境是,为了赢得选战不仅淡化原有的阶级身份及意识形态,更把竞选战略改变成迎合大众媒体的热门议题,甚至开出超越自己能力所及的承诺。结果,政党没有可以教育大众的价值观或推广的意识形态。盲目跟随极端派的排外、排斥异己,进而撕裂社会,政党由此无视本身教育及引领民众参与以保护不同利益为目标的民主制度中的责任。当然,看到政党身份与理念迷失、政客为了胜选而不惜出格言行的丑恶一面,民众对他们的信任度已大大降低,加上现代的资讯发达,民众学习政治的渠道繁多,政党传统式的教育发挥作用有限。在网络时代,民众通过搜索便能得到大量的资讯,要亲自参与政治的讨论中更是动动手指的事,政党既不再是讯息的来源也不再是解说政治的垄断集团。与这一发展关联的政治后果是,传统政党的党内沟通及活动被忽视,基层党员感到党内生活可有可无，政党也不再是动员他们参与政治的主要力量。

最后，从政治征募角度看，政党为国家挑选及培训领导人的功能与其竞选追求同样陷入困境。不论是总统制还是议会制，西欧国家的执政党或执政联盟都承担着推举政府领导层（包括内阁成员及各部部长）的责任，被推举出来的官员实施所属政党的政纲，代表着把选票投给该党的人民。一个政党能不断培养及推举出可以问鼎国家领导位置的人选就可以稳定自己的权力及地位。政党由传统依赖基层组织动员，转向现代依赖大众媒体为宣传平台，战略也变成让善于在媒体上表演的个人魅力型领导人出战，但此类政客不一定是有能力、有担当的政治家。当选举胜负成为政党唯一的追求，只重视发掘及培养在媒体选战中能言善辩、善于跟媒体打交道的候选人，政党为国家挑选及锻炼施政人才的功能也就被废弃了。

四 结语

总之，近年来欧洲的危机一波未平一波又起，从金融危机影响经济，到难民危机影响社会安全，最后又溢出成政治危机。在希腊、意大利、西班牙等国家都有执政党被民众推下台。同时，普通党员数量大减，传统政党支持度持续下降，民粹主义、极端右翼政党、激进左翼政党兴起，使西欧政党政治显得更混乱。这些乱象从根本上反映出西欧国家的主流政党面对国内外的复杂变化，在生存及履行自身政治功能两者间的矛盾困境。当政党在日益激烈的竞争中力求生存时，面临整合及利益表达、议题设置、确保政府负责任等政治功能的减退。如何既维持生存又不牺牲作为代议民主体制基础的功能，令西欧的传统政党陷于两难困境。

实际上，上述困境并非西欧所独有。在全球化的影响下，西欧政党面对的难题同样发生在西方其他多党制国家，只是西欧政党更多需要面对欧洲一体化中欧盟对成员国政府施加的控制。

西欧国家近年来的政党政治，不但没有产生有能力解决国家眼下问题的领袖，反而加剧了社会的分歧，而且西欧的政党当下显得无力胜任其在民主政治中的核心角色，尤其是选举以及由此产生的政党轮替的现状令民众越发不满。但是,这并不代表我们可以认为西方民主国家的政党政治会就此没落。笔者认为,目前的乱象是政党在改革过程中的一时迷失,选举民主制度仍然需要政党这样的组织。我们可以看到,社会出现了新媒体、非政府组织、公民社会等新的角色来替补政党的一些功能,支持人民参与直接民主。现实中新型政党的崛起及社会运动进入政治领域并以参与执政为目标参与选举,反映出政党这个特殊角色的重要性。处于适应最新环境改革过程中的政党,正在尝试不同的方法维持组织生命及代议民主制度。已有的政党研究提出的向群众党、全方位型政党、卡特尔政党的转型并不能为当今现实中的政党提供有效出路。

欧洲社会将更趋向保守化[*]

2015年，在法国巴黎市发生一系列恐怖袭击事件。恐怖袭击后，将"言论自由"视作底线的西方文明和伊斯兰文明的冲突再次成为欧洲政治的焦点，欧洲的前途弥漫着一种不确定感。欧盟委员会副主席提马曼斯表示要说服犹太裔居民不要离开欧洲是个"重大挑战"。在两大文明碰撞的表象之下，更有一体化进程中积聚的矛盾和阶层结构变化带来的社会环境改变。经过了数十年一体化进程的欧洲现在又到了一个十字路口，曾经基于共同理想而联合的欧洲，将不得不认真看待极右翼及民粹主义的兴起，呼应底层社会的诉求。如何看待欧洲政局在过去十年的变化以及未来的走向，成为一个值得探讨的问题。

一 极右政党兴起对欧洲的影响

近年来，极右政党在欧洲政坛发展的确比较快，成为世人关注的焦点。比如法国国民阵线、英国独立党、丹麦人民党、比利时的新弗拉芒联盟、匈牙利约比克党、波兰的新右派国会党、荷兰人民党等民粹主义政党。其中以法国国民阵线影响力最大，在法国的地方选举当中，"国民阵线"在一些省和市都成为第一大党，对法国的政治生态形成了很大冲击。2014年5月的欧洲议会选举，反欧盟、反移民的法国国民阵线优势胜出，主张退出欧盟的英国独立党也取得了显著突破，第一次超越了传统的工党和保守党，这确实令人震惊。

---

[*] 本文刊载于《南风窗》2015年第3期，原文标题《欧洲社会将更趋保守化》。

尽管欧洲现在的冲突很激烈，但短期内还看不到欧洲极右政党上台执政的希望，毕竟极右政党上台对世界政治和欧洲国内政治的冲击很大，还没有到选民能够容纳带有种族主义色彩政党上台的地步。比如被称为新法西斯政党的意大利全国联盟，1994年3月首次入阁，与贝卢斯科尼的意大利力量党建立联合政府，就遭到了欧洲很多国家的反对。1998年该党召开纲领大会，明确宣布割断与法西斯的历史联系，树立新右翼政党的形象。

不过，极右政党的兴盛对欧洲各国政治的影响是不可估量的，实际上也已经产生了影响。比如在萨科齐执政时期，就已经接过了极右翼政党的一些移民政策，并收紧移民政策。今后，极右翼政党的一些主张可能会更多被主流政党所认同和接受，随着它们在议会当中席位的增加，甚至将影响政策的出台过程，整个欧洲社会的政策将会更加保守，这个趋向未来可能会更加明显。巴黎发生恐怖袭击后，大规模的游行示威讨伐、谴责恐怖主义，尽管政府强调不针对穆斯林，要把恐怖主义与广大的穆斯林区分开来，但是社会的情绪和力量是难以控制的，实际上已经造成欧洲民众和穆斯林的心理隔阂和紧张，有可能造成欧洲的种族主义上升，使得极右势力产生更大的影响。

很多极右翼的政党过去都是名不见经传的，20世纪80年代，欧洲经济增长缓慢，一些社会问题开始发生，反移民的极右政党开始活跃起来。比如法国国民阵线就是从1984年之后选票逐步增加。过去几十年中，欧洲的社会阶层发生了很大变化，20世纪五六十年代的经济奇迹之后，尤其是法国、德国和意大利，大量的无产者、工人阶级都变成了中产阶级，产业工人队伍的萎缩、中产阶层的扩大对传统的以阶层为基础的政党提出了挑战，左派政党自身开始转型，向中间力量开放。与保守的右翼相比，左翼政党尤其强调自己的公平、正义等社会主义的意识形态特征。但在过去几十年，尤其是20世纪90年代中期开始的社会民主主义复兴的十几年中，无论是英国工党还是欧洲大陆的社会民主党，在实现政党的现代化过程中，恰恰是淡化意识形态，强调超越左右，走"第三条道路"，要在传统的社会民主主义和新自由主义之间进行折中。因而，许多社会党强调实用主义，淡化意识形态，主张"少谈一些主义，多解决一些问题"。在左翼政党的影响下，为了吸引中间选民，各主流政党都开始中间化，占据中间地盘，欧洲的主流右派政党比如德国的基督教民主联盟、法国的人民运动联盟、英国的保守党，以及主流左派政党工党、社会民主党、共产党都开始抓中间，出现了所谓的政党的全民党化趋势。

西方社会主流的社会阶层固然发生了很大变化，但一些边缘的群体毕竟还是存在。这样，一旦整个社会经济形势恶化，失业者、无产者以及对社会不满的劣势阶层自然需要一个"出气筒"，他们便转而开始支持极右政党。以"法国白人优先"为口号的"国民阵线"就深得中下层的支持。世界权威民调机构伊普索（Ipsos）关于2014年欧洲议会选举法国选民情况调查报告显示：阶层结构上，国民阵线的支持者中工人阶级占比最多，为43%，其次是职员（白领），为38%；教育程度上，教育程度是高中水平及以下占比最多，为37%，教育程度越高支持率越低，本科以上学历仅有11%；收入分布上，有收入和失业的比例差不多，都超过了25%，30%的收入属于底层；且值得注意的是，年龄结构上出乎人们的意料，反而多为年轻人（35岁以下），占30%。

冷战结束之后，世界经济出现了新的趋势就是全球化加速，全球化强调人员、劳动力及资本的自由流动，这既符合也实质上反映了新自由主义的主张。而这对西欧社会来讲也是不利的，由全球化而催促的欧洲一体化使得一般民众感到极度缺乏安全感。这样，许多极端政党不仅反对全球化，而且也反对欧洲一体化，反对欧盟，认为全球化冲击了欧洲的传统。因此，在美国主导的来势汹汹的全球化浪潮下，欧洲人感到自己不是获益者，而是一个输家。

2009年开始的欧债危机是欧洲发展的一个转折点。许多国家由主权债务危机开始，逐渐演变为经济政治乃至社会的全面危机。一些国家政府更迭频繁，在选举中左右政党皆因政策无方而遭到选民抛弃，而少数极右的党派候选人却跨越"门槛"在一些国家首次进入议会。在2012年5月法国总统选举中，社会党奥朗德竟然成功地当选为法国总统，但奥朗德的当选与其说是社会党理论政策的创新，倒不如说是萨科齐执政不得人心而导致选民对其深深厌恶的结果。

二 政治第一

在未来一段时间内，主流政党更多地会受极右翼的影响，社会政策更加保守。但欧洲毕竟是一个相对成熟的民主社会。一些极右政党更多是体现一种利益表达。比如，2002年法国总统大选，国民阵线主席勒庞在第一轮投票中的得票率仅次于希拉克，获得参加第二轮投票竞选总统的资格，左翼社会党候选人被淘汰出局。这引起了欧洲舆论大哗，民众开始一边倒。希拉克的一些反对者也开始转而支持希拉克。所以说，真正进入理性选择的阶段，选民就不会再情绪化和极端化了，包括在苏格兰公投时，民调显示支持独立，但这只是一种意见表达，意在向主流政党施压，而真正到了投票的关键时刻还是会理性化。

新一代的民族分离主义整体上仍然显示出政治第一的倾向。我们应该看看背后的原因，比如苏格兰公投就与欧债危机有很大的关系。苏格兰的政治是比较左翼的，是传统的工党那一套主张，但卡梅伦政府的政策是比较偏右翼的。所以，分离主义更多反映的是对英国政府的不满。此外，分离主义的问题还得回到欧洲一体化本身带来的问题去观察。欧盟发展好的时候，大家可以共同享受好处。但是当经济衰退的时候，有些国家就出现了再民族化，与欧洲一体化的去民族化反其道而行，开始从本国利益出发。分离主义实际上更多被当成一种工具，实现一定的自治权，索取更多利益。

三 欧洲一体化矛盾总爆发

第二次世界大战之后，欧洲最大的事件是欧洲联合。欧洲认识到，欧洲要避免战争再次发生，必须走联合的道路，通过合作、谈判而不是战争来解决摩擦、解决争端。20世纪50年代成立欧洲煤钢联营，把能够制造武器的工业联合起来，相互合作、监督、制约，继而法国、联邦德国、意大利、荷兰、比利时、卢森堡根据《罗马条约》正式成立欧洲经济共同体，积极作用越来越显现，确实给这些国家的经济发展带来了好处，经济共同体的吸引力日益凸显。而且从政治上看，在冷战的背景下，欧洲人也想联合起来发声，所以，英国、爱尔兰等国家在70年代相继加入。冷战结束之后，共同体发展成为欧盟，成员也进一步扩展，原苏东阵营的国家加入欧盟开始成为一种时髦。这样，欧盟进入了扩大进程加速时期。

回顾看来，1999—2004年可以说是欧盟最有吸引力的阶段，不但前社会主义国家积极加入，像土耳其这样的国家申请加入的愿望也更加迫切。1999年欧元问世前后，全世界关注欧洲，欧洲成了世界政治中的耀眼明星。2004年，由法国和德国为主制定欧盟宪法，成立了宪法起草委员会。这一时期，也是全球化加速的时期，人们对全球化一片赞扬，主张自由市场的欧盟宪法也是全球化的体现和产物。但是这一主张形成了对欧洲传统社会市场的冲击甚至破坏，因此，法国在2005年对欧盟宪法进行全民公决时，未获通过。紧接着在荷兰被否决。欧盟宪法被否决，对欧盟的政治精英打击很大。这是欧洲一体化的一个转折点，欧洲民众开始反思冷战结束后欧盟的一系列扩大举措。更大的转折点则是2009年的债务危机，危机凸显了欧洲快速发展与扩大带来的问题。欧元启动要求各国经济发展水平的接近和统一的财政政策乃至财政制度，而南部的希腊、葡萄牙和意大利一开始在加入欧元区时未必完全达标。但这些国家一旦入盟则要享受欧盟公民的同等待遇，享受欧盟国家的福利水平，于是乎，政府举债过好日子，寅吃卯粮等行为必然成为主权债务危机的深层原因。再者，欧盟快速扩大，新接纳的成员国相对比较贫困，经济结构比较落后，人口也较多，这样扩大后的统一的大市场自然加剧了方方面面的竞争力。同样，对于欧盟机构也带来了新的挑战。欧盟机构是为最初6—9国设计，短短几年一下子扩大为28个国家，必然会出现"成年人穿小孩子的鞋"的不舒适。如此等等，都是欧洲一体化快速积累的矛盾。

欧债危机发生后，一方面，德国方面积极搭救希腊、西班牙，以防止这些国家退出欧盟，形成多米诺骨牌效应；另一方面，德国等国家又向这些债务危机国施加压力实行财政紧缩。在经济形势不好的情况下，紧缩政策势必会造成经济不发展，大量失业的现象，进而形成社会的恶性循环。紧缩与失业，首先遭殃的是青年人，尤其是少数族裔的年轻人，他们自然而然会对社会产生不满。但是紧缩政策显然不是本国政府愿意的，而是来自欧盟的集体压力，尤其是来自德国为代表的国家的压力，进而引起欧盟内部成员国之间的关系紧张。所以希腊才会发生抗议紧缩政策的游行示威，迫使总理辞职。法国也一样。过去，欧洲一体化的轴心和发动机是法德，实际上是法国人领着德国人干。国际金融危机之后，法国无论从政治上还是经济影响力上都居于第二了，虽然它自己不愿意承认。2012年选举，年轻的萨科齐本来能连任，就是因为他在面临债务危机问题时不得不听德国的，才败北。这样，法德关系也时而出现不合。选举中，奥朗德唱出了和萨科齐不同的调门，承诺要刺激经济，求增长和就业，在发展中解决危机、放松财政。当然会得到很多自认是紧缩政策受害者的民众支持。但是奥朗德上台之后，法国的基本经济问题没有解决，社会问题也没有解决。

一直以来，欧盟就有联邦化还是邦联化的争论。欧洲宪法实际上也是联邦化的尝试，以法国、德国和比利时为代表的国家更多地希望欧洲用一个声音说话，而以英国为代表的国家则希望保持一个松散的联盟。在经济困难时期，民族主义势必会更加凸显，这对欧洲的民众和政治家都是一种考验。

2015年是欧洲非常关键的一年，但是开局不利。1月7日巴黎发生了恐怖袭击，希腊马上要举行大选，主张放松财政政策的左翼政党很有支持力，它们认为目前的这套政策是德国强加的，德国过去没有靠军事力量完成的事情现在要靠经济来完成了，这让它们非常警惕。但是如果左派政党上台实行量化宽松，对欧洲也是一个很大的不确定因素，甚至是一场灾难。如果它们不再接受财政紧缩政策，法国和德国怎么反应，会有一番博弈。2015年5月，英国要举行大选，如果卡梅伦连任，势必会宣布在2017年举行英国退出欧盟与否的公投，将会充满变数。

随着欧洲各国的反恐升级，对于整个欧亚地缘政治格局而言，会形成一定的影响。对于俄罗斯的制裁，欧盟也是有分歧的。法国和德国其实也在外交上寻求突破，希望早日解除制裁。欧洲国家加大反恐力度，会促进欧盟与大国，包括俄罗斯的合作。巴黎的恐怖主义事件，让西方和美国认识到，如果没有国际联合，伊斯兰极端势力伤害的是大家，也会让各国在反恐问题上增加合作。

危机中继续前行的欧洲*

从欧洲煤钢共同体到欧洲共同体再到欧洲联盟，欧洲一体化在消除战争、促进经济繁荣和建立福利体制等方面做出了杰出贡献。欧共体/欧盟作为一个主权国家联盟，其成员国有不同的利益诉求，而一体化意味着主权的让渡，所以，一体化进程注定是一条崎岖难行的道路。回顾过去，欧洲一体化危机不断，但是，欧共体/欧盟每一次都能化险为夷，并在每一次危机中变得强大而继续前行。

著名欧洲学者陈乐民对欧盟曾经有过这样的描述："历数20世纪在欧洲的诸多重大事件，除前半叶的两次战争外，'欧洲联盟'从作为'共同体'在50年代诞生和发展的历程应属最具有重大历史意义的事件。现在已有一种普遍的共识，即在世界上那么多的区域性组织之中，'欧洲联盟'是结构配套最齐全，立法程序最完备，在经济、生产领域里相互依赖、相互渗透的程度最高，带有'超国家'性质的区域组织。"① 尽管它的内部结构仍然问题丛生，尽管它尚未实现当年设计者们的构想，却丝毫不影响人们对它做出这样的评价。

从一个曾经遭战火侵扰而支离破碎的欧洲，到如今成为世界第二大经济体的欧盟，"欧洲统一"的古老观念不仅得到践行，并且带给欧洲各国实实在在的好处。欧洲一体化体现了"欧洲之父"让·莫内的功能主义思想，是一种以基于相互依存和经济一体化原则基础上的欧洲和平共处新模式替代传统的政府间合作的方式方法。这种跨国界的主权国家联

---

* 本文刊载于《学术前沿》2013年第1期，原文标题为《理想与现实：危机中前行的欧洲一体化》，合作者为原清华大学社会科学学院博士研究生王垦。

① 陈乐民：《20世纪的欧洲》，生活·读书·新知三联书店2014年版，第53页。

合,虽然困难重重,但却是名副其实的20世纪的伟大创举之一。

如今,欧盟深陷债务危机,同时遭遇到来自内部和外部双重信任危机。核心区国家抱怨周边国家的"挥霍无度",而周边国家则埋怨核心区国家的支援力度不够。除此之外,来自外部世界有关"欧元区解体"的负面新闻如乌云般遮盖着欧盟的未来。不可否认,欧盟正在经历自成立以来最严重的一次危机,以至于开始瓦解人们对欧盟未来的信心。

所以,当2012年10月12日挪威诺贝尔委员会主席亚格兰宣布欧盟获得2012年诺贝尔和平奖时,这个危机中的意外惊喜来得特别意义深刻。正如评委会给出的获奖原因中所述:欧盟"在过去60多年间对欧洲和平与和解、民主与人权进步所做出的贡献",展现了"国家间的手足情"。[①]这是对欧洲为世界和平做出贡献的肯定,更是对欧洲一体化进程的肯定。

一 从理想到现实

两次皆祸起欧洲的世界大战,几乎将欧洲的元气消耗殆尽。曾经雄霸世界的西欧列强,再不复昔日的无限风光。欧洲联合——这个已经被欧洲一些哲学家和政治家们探索了几个世纪的问题——又重新开始被西欧国家的一些政治家重视。美国、苏联以其强大的经济和军事实力成为超级强国,面对现实,西欧各国深知,若要有效保障欧洲地区的和平,振兴西欧国家的经济,并重振它们在世界上的地位,必须抛弃历史宿怨,实行联合。丘吉尔于1946年提出的"欧洲合众国"概念,在之后的半个多世纪中慢慢变成现实。

1951年4月18日,法国、联邦德国、意大利、荷兰、比利时、卢森堡六国在巴黎签订《欧洲煤钢共同体条约》,有效地促进了成员国冶金工业的发展,并最终导致欧洲共同市场的建立。经过四年多的实践,1955年欧洲煤钢共同体六国决定将经济一体化措施从煤钢领域扩展到所有经济部门,建立欧洲经济共同体。1957年《罗马条约》的签署宣告了欧洲经济共同体和欧洲原子能共同体正式成立。20世纪60年代是欧洲经济共

---

① 《欧盟获奖:危机中的意外惊喜》,财新网,2012年10月12日,https://international.caixin.com/2012-10-12/100446577.html,访问日期:2012年12月12日。

同体逐步走向稳定发展的时期。在此期间，它顶住了主要来自美英的强大压力，克服了初创时期的各种困难乃至内部危机，关税同盟的提前实现使得共同市场于1968年7月1日顺利建成。为了加强集中领导，共同体六国于1965年4月8日签订《布鲁塞尔条约》，决定于1967年7月1日正式将欧洲煤钢共同体、欧洲原子能共同体和欧洲经济共同体的三套机构合并，统称欧洲共同体（简称"欧共体"）。到1970年，西欧六国的国民生产总值已超过苏联，向美国逼近。共同市场的出色表现使欧共体让世界刮目相看。面对两德统一、东欧剧变带来的良机，要想主导欧洲新秩序的建立并在多极化世界中争得一席之地，欧共体急需将自己建设成为一个强大的经济和政治实体。1991年12月，欧洲共同体马斯特里赫特首脑会议通过《欧洲联盟条约》（又称《马斯特里赫特条约》），包括《欧洲经济货币联盟条约》和《欧洲政治联盟条约》。1993年11月1日，《马斯特里赫特条约》正式生效，欧盟正式诞生。1999年欧洲统一货币——欧元诞生，2002年开始在11个创始成员国内流通，至今欧元区拥有21个成员国。① 欧元的诞生，不仅仅是一种经济手腕，更是一种政治和社会发展进程。

二 独立自主"发出同一个声音"

真正促使共同体国家认识到必须在国际事务中"发出同一个声音"的重要事件是1973年10月爆发的第四次中东战争。因与美国结成了统一战线，高度依赖中东供给石油的西欧国家经济遭受严重打击，而后又在战争进入停火阶段时遭到美国的背弃，令西欧各国意识到如果要在国际事务中发表自己的意见并发挥适当的作用，欧洲必须团结起来，必须用一个声音说话。虽然"同一个声音"的国际影响力还比较有限，但是，欧共体的国际地位却在不断上升。

其一，在与美国的关系中，欧洲逐渐由昔日的附庸变成今天的竞争

---

① 欧元区国家包括奥地利、比利时、塞浦路斯、爱沙尼亚、芬兰、法国、德国、希腊、爱尔兰、意大利、拉脱维亚、立陶宛、卢森堡、马耳他、荷兰、葡萄牙、斯洛伐克、斯洛文尼亚和西班牙。

对手。第二次世界大战后，美国取代英国成为新的世界霸权，整个欧洲在美欧关系中都处于被主导的地位。出于战略和经济原因的考虑，美国一直支持欧洲一体化，一方面把西欧当作全球战略中对抗苏联的得力帮手，另一方面希望西欧联合后形成的自由贸易区成为美国的主要海外销售市场。所以，美国在战后一度鼓励西欧各国消除积怨联合起来，同时在与西欧的经济交往中采取宽容和扶持的态度，著名的"马歇尔计划"就是典型的例证。但美国未能得偿所愿。首先，《罗马条约》建立的不是自由贸易区，而是一个排他性的共同市场。在经过了各种贸易战和长年谈判后，由于共同体六国的坚持和团结一致，终于迫使美国接受了共同体提出的关税原则。这标志着战后美欧不平等关系开始出现转折，美国不再能够轻易地将它的意志强加于西欧六国。其次，随着与东欧的不断接触，西欧以其不同于美国的第三世界政策在东欧建立了特殊的影响力，并增强了独立自主的行事能力。面对欧共体与日俱增的经济实力和政治影响力，美国提出了"新大西洋主义"，旨在调整冷战后的美欧关系。1990年11月，欧共体与美国达成协议，发表了《欧共体与美国关系宣言》，确定双方伙伴关系的准则、共同目标、合作领域和磋商机制，这是双方第一次就建立全面合作关系问题达成的正式协议。美国正式承认欧共体是它在欧洲的主要合作和对话伙伴，这件事本身反映了双方力量对比发生重大变化的客观事实。[①] 进入21世纪，欧盟与美国的经济竞争越加激烈，尤其是欧元的诞生，对美元这一国际主导性货币产生巨大冲击，国际金融货币市场不再是美元一家独大的局面。

其二，在与亚、非、拉等第三世界关系中，双方从昔日的殖民关系发展为今天的平等伙伴关系。从《罗马条约》到《雅温得协定》再到《洛美协定》，"联系国"的政治地位从不平等到平等，"联系国"范围从传统殖民地或附属领地扩大到亚、非、拉发展中国家，从欧共体国家单方面获益到欧共体国家与协定签字国均获益，这些跳跃或协定稳定并加深了西欧与协定签字国之间的经济联系，并为西欧在发展中国家赢得了声誉。与美国顽固地反对建立国际经济新秩序不同，西欧积极提倡"南北对话"，主张召开国际经济合作会议，寻求解决方法。在增加援助、提

---

① 方连庆等编：《战后国际关系史：1945—1995》，北京大学出版社1999年版，第840页。

供商品出口稳定基金、签署国际海洋法宣言、推动全球谈判等方面,西欧国家也与美国不同,表现出愿意同发展中国家合作的态度。而且,欧盟是目前世界最大的对外援助方,对全球消除贫困和促进国际社会发展都起着非常重要的作用。

三 在危机中寻找生机

作为一个新型的国家联盟形式,欧共体/欧盟近七十年的成长历程注定了不会是一帆风顺。在不断探索中缓慢前行,在不断试错中找到正确的方向,这样一个从无到有的事物在其发展过程中一定会面对各种各样的危机,但是,每一次转危为机的经验都说明欧共体/欧盟这个理念是有生命力的。

(一) 共同体体制的稳定

尽管欧洲一体化是西欧六国为了防止欧洲战事再起的共同努力的结果,但是,每个国家背后都有不同的动机,这就直接导致每个国家对欧共体的设想和期待存在很大差别。而20世纪60年代两次危机产生的核心问题就是要"建立什么样的欧洲",围绕这个问题法国和其他五国尤其是联邦德国分歧很大。战后法国的主要外交目标是恢复在全世界的"大国地位",为了达到这个目标,法国曾做过很多努力,包括:尽可能打压德国,并使其处于弱势地位;继续保持对殖民地的控制;在欧洲大陆建立由法国领导的可以与美苏抗衡的"第三势力"[①]。但是,弱化德国的计划受到美英的压制。20世纪五六十年代,大批的法属殖民地获得独立,法国不得不借助欧洲煤钢共同体,希望通过一体化的方式永久遏制德国再次崛起,并利用西欧各国联合的政治和经济潜力来实现法国的外交目标。另一个西欧大国,联邦德国显然也打着自己的算盘,希望通过联合的西欧来恢复联邦德国的平等伙伴地位,逐步壮大自己,以求最终实现德国统一。而意大利、荷兰、比利时和卢森堡四国也都对西欧联合抱有很多

---

① 金安:《欧洲一体化的政治分析》,学林出版社2004年版,第99—102页。

共同的期望，如防止战争、发展经济、复兴国家、制约美苏。[①] 总体来说，法国希望将共同体限定在主权国家联盟层面，利用共同体建立一个以法国为领导的反美联盟，而其他五国则想让共同体的超国家因素多一些，将其引向欧洲联邦的发展方向，并且希望加强与大西洋联盟的联系。另外，法国希望排挤英国，而一些小国则希望吸纳英国来制衡法国和德国。

"福歇"方案和"空椅子"事件就是双方因对欧共体期望不同而产生矛盾所致。"福歇"方案是法国起草的以建立欧洲政治联盟为目的的一份方案，因反美排英倾向明显而遭到其他国家强烈反对，也因方案中对超国家因素的过多限制而引致其他国家不满，最后因双方争执不下而搁置。同样，"空椅子"事件也是因为法国和其他五国在共同体的超国家性质上存在严重分歧而发生。为了加强财政方面的控制力度，欧洲议会要求扩大预算的控制权，执委会也建议共同体应当有"独立财源"，这两项超国家性质的内容遭到法国的强烈反对。法国召回驻共同体代表、抵制共同体活动长达半年之久，"空椅子"事件由此得名。随后法国宣布退出北大西洋公约组织军事一体化机构，这使德国的安全压力骤然上升，也使得欧共体面临解体的危机。最终，五国经过反复磋商后向法国让步，于1966年1月29日达成著名的《卢森堡协定》。虽然《卢森堡协定》并没有解决危机暴露出的问题，但它规定了共同体内部议事程序和原则，从而使共同体的主权国家联盟的性质基本确定。由此，经历了60年代的"伏歇"方案和"空椅子"事件两次危机，共同体的体制开始趋于稳定。

（二）欧洲统一市场的建立

建立欧洲统一大市场是欧洲联合的必要措施，其最终实现主要是因为经历了20世纪70年代末80年代初的国际金融危机而导致的严重经济停滞。1973年10月，第四次中东战争爆发。为打击以色列及其支持者，阿拉伯石油输出国组织宣布对美国等国实行石油禁运，同时联合其他产油国提高石油价格，从而导致石油危机爆发。这场危机在主要工业国引发了第二次世界大战以来最严重的经济危机，欧共体也未能幸免，经济

---

① 方连庆等编：《战后国际关系史：1945—1995》，北京大学出版社1999年版，第210页。

停滞与通货膨胀让失业率节节攀升,从而导致共同体内部矛盾丛生,尤其是成员国间围绕预算摊款的争端久拖不决。另外,受内部矛盾困扰的共同体对新技术革命冲击、太平洋地区崛起、国际贸易竞争激化、美苏争夺加剧等一系列挑战反应迟缓,令世界对其产生信任危机。① 这一时期的一体化进程基本处于停滞状态,为了能够继续推进一体化,法德两国决定进一步加强合作。

在经济层面上,首先,欧共体于1973年1月1日实现了第一次扩大,接纳英国、爱尔兰、丹麦为正式成员,从而使西欧最重要的4个工业大国都成其会员国,大大增强了共同体的经济和政治实力。其次,共同体开始朝着经济联盟的方向迈进。通过一系列相关政策出台,共同体实现了外贸政策的完全统一。最后,创立欧洲货币体系,包括创设欧洲货币计算单位"埃居"、建立欧洲汇率稳定机制、逐步建立欧洲货币基金。最重要的是,欧共体建立了"自有财源"制度。虽然从制度建立到真正执行用了十年(1970—1980年)时间,但鉴于此问题曾引起过自共同体创建以来最严重的"空椅子"危机,这不得不算是一体化进程中的一大进步。在政治层面上,1985年6月的米兰首脑会议,共同体各成员国在联合发展尖端科技以及于1992年年底前建立内部统一大市场等方面达成协议,但是,在建立欧洲联盟问题上仍然存在严重分歧。为了继续推动欧洲联盟的理念,经过半年的频繁磋商和辩论,在12月的卢森堡首脑会议上通过了《欧洲统一文件》(以下简称《文件》)。《文件》内容主要包括:将首脑会议更名为欧洲理事会,成为共同体最高决策机构;突出《欧洲政治合作条约》,规定政治合作的最终目标是"制定和实施欧洲共同体的对外政策";限制成员国使用否决权,扩大"多数表决"的范围;欧洲议会的权限有所扩大;规定于1992年底前实现统一的内部市场;加强货币合作;加强社会政策协调等内容。② 虽然《文件》并没有明确表达要建立欧洲联盟,但是,统一的内部市场和货币合作为欧洲经济联盟奠定了基础。

---

① 方连庆等编:《战后国际关系史:1945—1995》,北京大学出版社1999年版,第644页。
② 方连庆等编:《战后国际关系史:1945—1995》,北京大学出版社1999年版,第646—647页。

（三）一体化程度最高的国家联合体

祈望"欧洲和平"的愿望存在于每一个欧洲国家中，并且"欧洲统一"也不仅仅是西欧的联合。所以，欧共体/欧盟发展到今天，扩大成员国是其一贯政策。曾任欧盟委员会主席的雅克·德洛尔表示：共同体从来都不是一个封闭的俱乐部，它不能拒绝面对历史挑战的责任，它要对整个欧洲的政治和经济秩序的发展做出贡献……①冷战期间，欧共体便积极与东欧国家接触，为东欧的和平演变发挥了重要作用，同时也为今后的联合打下了良好的政治和经济基础。自20世纪90年代早期以来，欧盟扩大的速度逐渐加快。2004年5月，欧盟进行了迄今为止最大规模的一次扩大，一次性吸纳10个经济发展水平相对落后的中、东欧国家入盟，引发了老成员国公民的广泛担心和忧虑。老成员国担心新成员国的廉价劳动力会对本国就业形势造成一定的负面影响，还担心大规模的移民浪潮会冲击本国的就业市场。

2006年欧盟委员会发表的欧盟扩大两周年的经济评估报告显示，由于扩大的带动，10个新成员国2005年的人均收入水平能够相当于老成员国的52%，而在1997年这一比例只有44%。1997—2005年，新成员国的经济增长率平均达到3.75%，而同期老成员国的平均经济增长率则为2.5%。②"随着2007年罗马尼亚和保加利亚正式入盟，欧盟成员国总数增加到27个，人口数量接近5亿，面积增加到460万平方千米，对外贸易额占世界总贸易额的20%，GDP达到14万多亿美元，占世界生产总值的1/4，欧盟已然形成了一个规模巨大并潜力十足的大市场。"③ 不可否认，扩大也带来很多问题。《里斯本议程》十年经济发展计划的执行也因居高不下的失业率而显得信心不足。行政效率问题也逐渐凸显。虽然欧盟委员会负责扩大事务的委员奥利·雷恩认为，扩大是欧盟成功的政策

---

① EU Commission, "Europe and the Challenge of Enlargement", in *Bulletin of the European Communities Supplement* 3/92, 1992, p. 9.

② EU Commission, "Enlargement, Two Years After-An Economic Evaluation", in *Occasional Papers: European Commission*, 2006, No. 24, p. 2.

③ 王月环：《欧盟东扩的贸易效应及对中欧贸易的影响》，硕士学位论文，同济大学，2008年，第1页。

之一，也是欧盟强有力的外交工作。① 但欧盟在其扩大政策上的确变得更加谨慎了。尽管如此，经历了两次扩大成员时出现的危机，欧盟已发展成为当今世界上经济实力最强、一体化程度最高的国家联合体。

（四）欧盟制宪的进步

欧洲一体化的最终目标是建立一个紧密的政治联盟，因此，制定一部超国家的宪法自然必不可少。体现这一精神的《欧盟宪法条约》虽因2005年法国和荷兰的公投否决而引发危机，但历经波折的欧洲精英总能找到迂回之路，使欧盟继续朝着目标前进。

2004年10月29日，欧盟25国首脑在意大利首都罗马签署了《欧盟宪法条约》。这是欧盟的首部宪法条约，旨在保证欧盟的有效运作以及欧洲一体化进程的顺利发展。根据规定，《欧盟宪法条约》必须在欧盟全部成员国通过全民公决或议会投票方式批准后方能生效。然而，法国和荷兰于2005年先后在全民公决中否决了《欧盟宪法条约》，使得这部被寄予厚望的宪法条约陷入困境。实际上，在法国，投反对票的公民中，只有1/5的人是反对《欧盟宪法条约》本身的内容。② 同样的情况发生在荷兰，在投反对票的公民中，28%的人是针对荷兰国内的经济和社会形势，23%的人是对欧盟不满，只有21%的人是针对《欧盟宪法条约》中的具体内容。③ 通过调查发现，人们对一体化态度的变化才是导致宪法被否决的主要原因。20世纪80年代以来，一体化的发展过快，统一大市场、两次成员国扩大、单一货币、制宪，一个个重要改变接踵而来，却并未夯实每一个脚步。欧洲各国面临产业结构老化和社会福利开支过高的问题，导致经济缺乏竞争力，民众对国内状况的不满转化为对欧盟体制产生怀疑态度。

为推动欧盟制宪进程，2007年6月，欧盟首脑会议决定以一部新条

---

① 《访欧盟委员会负责扩大事务委员奥利-雷恩》，新华网，2005年4月30日，http://news.xinhuanet.com/world/2005-04/30/content_2900048.htm，访问日期：2012年12月12日。

② Raphaël Franck, "Why Did a Majority of French Voters Reject the European Constitution?", in *European Journal of Political Economy*, Vol. 21, No. 4, p. 1073.

③ ［比利时］尤利·德沃伊斯特等：《欧洲一体化进程：欧盟的决策与对外关系》，门镜译，中国人民大学出版社2007年版，第151页。

约《里斯本条约》取代已经失败的《欧盟宪法条约》。新条约不是一部涵盖欧盟所有既有法律的大法，各成员国可以通过议会审批方式核准条约，而无须举行可能导致条约遭否的全民公决。《里斯本条约》舍弃了一些直接与宪法相关的词语，从表面上淡化了欧盟的超国家性质，避免了对民众的直接刺激。其实，就制宪而言，《里斯本条约》将欧盟现有的几个条约归并为《欧盟条约》与《欧盟运行条约》，其意义也很明显：前者主要是务虚的，具有"宪法"的作用；后者是务实的，维持条约的形态。[①] 很重要的是，它对欧盟东扩后必需的改革与调整做出了明确规定，指明了发展方向。由此，《里斯本条约》仍不失为欧盟朝着制宪方向迈出的重要一步。虽有捷克总统反对《里斯本条约》，但面对各国业已通过条约的大趋势，捷克总统也只能持保留意见。

（五）欧洲主权债务危机

2009年年末，发端于希腊的欧洲主权债务危机，已由单一国家主权债务危机逐步演变为整个欧元区的金融危机，甚至是整个欧洲的信心危机，进而发展为制约并影响欧洲乃至全球经济复苏的一场"债务风暴"。因为处在不同的历史发展阶段，面对不同的国际环境，很难判断此次主权债务危机是否比之前几次危机更加严重，可以肯定的是欧盟又走到了一个重大的转折点。当下欧元区内部矛盾重重，核心区成员国民众爆发出对受援国的强烈不满，如德国公民公诉反对政府签署并执行"欧洲稳定机制"（ESM）条约；周边国家则抱怨接受援助的条件过于严苛，如希腊由"全民公决"决定是否接受援助。

数年时间过去了，虽然欧洲尚未走出欧债危机，但是，各国领导人本着"欧盟必须向前走"的理念一直进行积极的沟通与合作。作为国际金融危机的一部分，欧债危机并不只是欧洲的问题。欧盟的有关领导人一直努力"利用"危机，使其充分发挥"倒逼"的作用，让危机进一步深化欧盟一体化程度。实际上，作为此次危机的风暴中心——财政与金融一体化——已经取得了一些阶段性的成果。比如，欧洲央行的作用得

[①] 戴炳然主编：《里斯本条约后的欧洲及其对外关系》，时事出版社2010年版，第1—2页。

到强化，在欧洲经济、财政、金融政策决策中的地位大大提高。从"不具备印钞职能"到承诺"无限购买国债"，欧洲央行角色经历了革命性变化和功能的飞跃。① 2013年10月欧盟峰会上，欧洲领导人就银行业监管机构在2013年生效问题达成了一致，这表明欧洲向着欧元区单一性银行业监管机构迈进，同时也为欧元区援助基金向问题银行直接注资敞开了大门。从这个意义上讲，经济和债务危机实际加深了欧盟的联合。其实，这些问题都存在于欧盟一体化深化的必经之路上，正是此次债务危机暴露了它们的紧迫性。

对于欧债危机和欧盟的未来，经济学家普遍悲观，而政治家偏向乐观。其实经济问题从来都不仅仅是经济问题，欧债危机亦是如此。欧洲的未来，不仅要看经济层面上危机是否能化解，更要看政治层面上各国是否还有"深化一体化"的坚定决心。如果希腊等问题国家退出欧元区，其结果就是它们将背负比现在至少多一倍的债务；如果德国等核心区国家停止救援，其结果就是眼睁睁看着一体化心血付之一炬。无论哪个结果都是欧洲国家不想也是不能承担的。默克尔可以说服德国民众接受"欧洲救助机制"，希腊政府可以阻止"全民公决"而避免欧元区的分崩离析，这就说明只要坚定"欧洲一体化"的决心，危机都有希望变成转机。

以上五次危机算是自欧共体成立以来经历的比较严重的危机，每一次危机都对共同体是一次考验，而每一次考验都在成员国间的相互妥协、相互扶持中幸运地渡过。

四 结语

欧洲联盟之所以具有重要的历史意义，并不限于在具体实践方面的得失；而在于它是在人类文明发展的进程中产生的，即使在战后初期让·莫内等构思时是出自当时现实利益的考虑——如制约德国的"复活"野心——但随着历史进程的发展，它的性质亦随之发生变化。"一体化"问题从古老的理想主义落到了第二次世界大战后欧洲的政治现实上，然后又从政治的相互钳制迅速转到了经济上的共同目标。事实上，欧洲联

---

① 《危机"倒逼"欧盟深化一体化进程》，《光明日报》2012年9月15日第8版。

盟——这样一个世界上独一无二的事物——的确给欧洲带来了和平，带来了繁荣，带来了奇迹。

　　欧洲一体化走到今天，前进中时时遇到困难，在困难中总还在停停进进地向前迈步。似乎它的命运也只能如此。因为有"欧盟"和"欧元区"，所以欧洲是"统一"的；但是，其内部又存在着丰富的"多样性"，所以欧洲也是"分裂"的。欧盟远未形成预期的那种政治实体，当年宣称的要"用同一个声音说话"而今看来仍然底气不足。在今后的一体化道路上，会有越来越多地涉及核心领域主权让渡问题，谈判和妥协也不再仅仅存在于各成员国之间，同样会存在于政府与民众之间，这意味着一体化的道路将会更加崎岖难行。但是，无论是从完成欧洲祖先留下的统一宏愿，还是面对当前经济、政治全球化的现实情况，摆在欧盟国家面前的或许只有继续前行这一条路。其实，与其淹没在无休止的抱怨和叹气中，倒不如大方承认并积极面对每次"危中有机"可以带来的改变。

参考文献

中文文献

包刚升:《民主崩溃的政治学——选民分裂、政治制度与民主崩溃》,《公共行政评论》2013年第5期。

丛日云:《从精英民主、大众民主到民粹化民主——论西方民主的民粹化趋向》,《探索与争鸣》2017年第9期。

陈乐民:《20世纪的欧洲》,生活·读书·新知三联书店2014年版。

陈林、林德山主编:《第三条道路:世纪之交的西方政治变革》,当代世界出版社2000年版。

陈茂荣:《全球化背景下多民族国家的国家认同危机》,《中南民族大学学报》(人文社会科学版)2012年第5期。

程卫东:《欧洲联盟基础条约:经〈里斯本条约〉修订》,李靖堃译,社会科学文献出版社2010年版。

戴炳然主编:《里斯本条约后的欧洲及其对外关系》,时事出版社2010年版。

杜美:《欧洲法西斯史》,学林出版社2000年版。

房宁、涂锋:《当前西方民粹主义辨析:兴起、影响与实质》,《探索》2018年第6期。

方连庆等编:《战后国际关系史:1945—1995》,北京大学出版社1999年版。

冯契:《哲学大辞典》,上海辞书出版社2007年版。

复旦大学历史学系:《近代中国的国家形象与国家认同》,上海古籍出版社2003年版。

高硕、孙子东:《从凡尔赛到雅尔塔——试析近代欧洲安全体系》,《河北师范大学学报》(哲学社会科学版) 2004 年第 3 期。

郭家宏:《民族、宗教与 20 世纪爱尔兰问题》,《史学月刊》2004 年第 2 期。

黑龙江大学俄语语言文学研究中心辞书研究所:《大俄汉词典》,商务印书馆 2001 年版。

胡康大:《英国保守党内的派别活动》,《西欧研究》1986 年第 6 期。

胡雨:《英国穆斯林族裔及其社会融入:回顾与反思》,《世界民族》2015 年第 5 期。

黄沛韬:《当代西方民粹主义的挑战:社会秩序的更替与世界秩序的嬗变》,《区域与全球发展》2019 年第 1 期。

姜红:《脱离欧洲不利英国国防安全》,《中国社会科学报》2016 年 6 月 15 日。

江宜桦:《自由主义、民族主义与国家认同》,台北:扬智文化事业股份有限公司 1998 年版。

金安:《欧洲一体化的政治分析》,学林出版社 2004 年版。

李滨:《西方政坛"向右转"背后的政治经济学》,《世界经济与政治》2002 年第 10 期。

李强:《美国保守主义兴起的"智库"因素》,《北京日报》2018 年 5 月 21 日。

李景治、张小劲等:《政党政治视角下的欧洲一体化》,法律出版社 2003 年版。

李素华:《政治认同的辨析》,《当代亚太》2005 年第 12 期。

李週:《从金融危机中法共主张看共产主义运动可持续发展》,《中国社会科学报》2011 年 10 月 8 日。

梁启超:《清代学术概论》,上海古籍出版社 2005 年版。

梁雪村:《民粹主义:一个"欧洲问题"?》,《欧洲研究》2015 年第 6 期。

刘昌明:《论全球化背景下发展中国家政治认同的新趋向》,《当代世界社会主义问题》2005 年第 2 期。

刘春元、石方方:《欧洲危机与欧洲左翼党的主张——欧洲左翼党第五次代表大会综述》,《世界社会主义研究》2017 年第 5 期。

刘建飞：《英国政党制度与主要政党研究》，中国审计出版社1995年版。

刘建飞：《英国保守主义的主要特性》，《国外社会科学》1997年第6期。

刘金质等主编：《国际政治大辞典》，中国社会科学出版社1994年版。

刘力达：《法国：国家认同大讨论解决了什么问题》，《中国民族报》2010年8月6日。

刘力达：《多元文化主义面临终结？（上）》，《中国民族报》2011年8月26日。

刘力达：《驱逐罗姆女孩：法国政治的右转与欧盟干预效力的弱化》，《中国民族报》2013年11月8日。

刘力达：《高认同与高冲突：反思共和模式下法国的移民问题及其政策》，《民族研究》2013年第5期。

刘立群：《德国极右翼势力问题探究》，《欧洲研究》2003年第2期。

林达：《加泰罗尼亚：为何要独立》，《东方早报》2014年6月25日。

林德山：《欧洲中左翼政党面临的挑战》，《探索与争鸣》2012年第3期。

罗爱玲：《存在与冲突——试论穆斯林移民对欧洲政治与社会的影响》，《世界民族》2009年第3期。

罗云力：《西欧政党政治的危机与解析》，《欧洲研究》2004年第5期。

马涛：《理解民粹主义的逻辑："人民观"视角》，《当代美国评论》2020年第4期。

潘兴明：《论英国保守党的"重建"》，《世界历史》1988年第1期。

沈晓晨：《反新疆分裂斗争中的国家认同问题研究》，博士学位论文，兰州大学，2014年。

沈晓晨、史志钦：《反恐怖主义极端化的"欧洲模式"及其政策困境》，《当代世界与社会主义》2017年第4期。

沈晓晨、杨恕：《试析"反恐怖主义激进化"的三个关键维度——基于英国"预防战略"的案例分析》，《欧洲研究》2014年第3期。

盛辰超：《英国反恐体制研究（2000—2015）》，硕士学位论文，华东师范大学，2017年。

史志钦：《意共演变与意大利的政治大变革》，《当代世界社会主义问题》1998年第6期。

史志钦：《欧洲极右政党透视》，《国际论坛》2001年第6期。

史志钦、刘力达:《民族主义、政治危机与选民分野——2014年欧洲议会选举中极右翼政党的崛起》,《当代世界与社会主义》2015年第2期。

宋全成:《族群分裂与宗教冲突:当代欧洲国家的恐怖主义》,《当代世界社会主义问题》2014年第3期。

孙进:《穆斯林移民话题再次搅动德国社会》,《中国青年报》2014年8月7日。

王聪聪:《欧洲多重危机背景下的激进左翼政党》,《当代世界社会主义问题》2017年第1期。

王建娥:《民族分离主义的解读与治理——多民族国家化解民族矛盾、解决分离困窘的一个思路》,《民族研究》2010年第2期。

王明进:《欧洲议会疑欧主义政党的崛起及其对欧盟政治的影响》,《国际论坛》2015年第4期。

王绍光:《民族主义与民主》,《公共管理评论》2004年第1期。

王娅:《英国穆斯林移民族群及其社会融合问题研究》,硕士学位论文,山东大学,2012年。

王月环:《欧盟东扩的贸易效应及对中欧贸易的影响》,硕士学位论文,同济大学,2008年。

W. F. 汉里德、G. P. 奥顿:《西德、法国和英国的外交政策》,徐宗士等译,商务印书馆1989年版。

项佐涛:《中东欧政党政治的"欧洲化"程度研究》,《当代世界与社会主义》2013年第2期。

肖河:《特朗普的"退出外交"并非孤立主义表现》,《世界知识》2017年第22期。

邢文增:《"国际共产主义运动:变动世界中的国外激进左翼"学术研讨会综述》,《马克思主义研究》2014年第8期。

许立群:《欧盟计划推动防务一体化》,《人民日报》2016年9月12日。

郇庆治:《2014年欧洲议会选举中的欧洲绿党:以中东欧国家为中心》,《国外理论动态》2015年第1期。

严骁骁:《欧盟独立安全与防务力量的发展演变与未来展望》,《德国研究》2015年第2期。

阎照祥:《二十世纪英国保守党政治优势析要》,《史学月刊》1996年第

6 期。

杨恕：《世界分裂主义论》，时事出版社 2008 年版。

俞可平：《权利政治与公益政治》，社会科学文献出版社 2000 年版。

赵晨：《欧洲极右政党的发展》，《当代世界》2013 年第 2 期。

张磊：《欧洲议会中的党团政治》，北京大学出版社 2013 年版。

张磊：《2014 年欧洲议会选举探析——"欧洲选举"还是"次等国内选举"？》，《欧洲研究》2014 年第 4 期。

张莉：《当前欧洲右翼民粹主义复兴运动的新趋向》，《欧洲研究》2011 年第 3 期。

张淑华、李海莹、刘芳：《身份认同研究综述》，《心理研究》2012 年第 1 期。

张永桃主编：《欧洲的梦想与现实——欧洲统一的历程与前景》，南京大学出版社 2000 年版。

张伟：《民粹主义风潮冲击欧洲》，《新华每日电讯》2016 年 12 月 6 日。

张文红：《欧洲左翼力量的现状、困境与前景》，《当代世界》2017 年第 4 期。

周庆安、吴燕妮：《身份认同困境下的话语构建——从难民危机报道看欧洲身份认同》，《欧洲研究》2017 年第 3 期。

中国大百科全书出版社不列颠百科全书编辑部编译：《不列颠百科全书》国际中文版 15，中国大百科全书出版社 1999 年版。

朱庭光主编：《法西斯新论》，重庆出版社 1991 年版。

［比利时］尤利·德沃伊斯特等：《欧洲一体化进程：欧盟的决策与对外关系》，门镜译，中国人民大学出版社 2007 年版。

［法］科耶夫等：《科耶夫的新拉丁帝国》，邱立波编译，华夏出版社 2008 年版。

［法］卢梭：《社会契约论》，何兆武译，商务印书馆 2016 年版。

［法］让－马克·夸克：《合法性与政治》，中央编译出版社 2008 年版。

［法］热纳维埃夫·比布：《意大利政党》，葛曾骧等译，上海译文出版社 1980 年版。

［古希腊］亚里士多德：《政治学》，吴寿彭译，商务印书馆 2017 年版。

［加］查尔斯·泰勒：《承认的政治（上）》，《天涯》1997 年第 6 期。

［美］卡尔·博格斯：《政治的终结》，陈家刚译，社会科学文献出版社2001年版。

［美］罗纳德·英格尔哈特：《静悄悄的革命：西方民众变动中的价值与政治方式》，叶娟丽、韩瑞波等译，上海人民出版社2016年版。

［美］塞缪尔·亨廷顿：《文明的冲突与世界秩序的重建》，新华出版社1998年版。

［日］水岛治郎：《民粹时代：是邪恶的存在，还是改革的希望》，林咏纯译，台北：先觉出版有限公司2018年版。

［日］田中浩、和田守：《民族和国家的国际比较研究》，日本未来社1997年版。

［英］阿伦·斯克德、克里斯·库克：《战后英国政治史》，王子珍等译，世界知识出版社1985年版。

［英］保罗·塔格特：《民粹主义》，袁明旭译，吉林人民出版社2005年版。

［英］戴维·米勒、韦农·波格丹诺：《布莱克维尔政治学百科全书》，邓正来等译，中国政法大学出版社2011年版。

［英］霍恩比：《牛津高阶英汉双解词典》，石孝殊等译，商务印书馆2005年版。

［英］索尔·埃斯特林、尤里安·勒·格兰德编：《市场社会主义》，邓正来等译，经济日报出版社1993年版。

［英］托尼·布莱尔：《新英国：我对一个年轻国家的展望》，曹振寰等译，世界知识出版社1998年版。

［英］约翰·密尔：《代议制政府》，汪瑄译，商务印书馆1982年版。

英文文献

Aidi A. H., *Rebel Music: Race, Empire, and the New Muslim Youth Culture*, New York: Pantheon Books, 2014.

Akkerman T., De Lange S. L. and Rooduijn M., *Radical Right-Wing Populism in Western Europe into the Main Stream?* London: Routledge, 2016.

Albertazzi D. and McDonnell D., *Twenty-First Century Populism: The Spectre of Western European Democracy*, London: Palgrave Macmillan, 2008.

Ali A. H., "A Problem from Heaven: Why the United States Should Back Islam's Reformation", in *Foreign Affairs*, Vol. 94, No. 4 (July 2015).

Anderson P., Camiller P., *Mapping the West European Left*, London: Verso, 1994.

Ansolabehere S. and Iyengar S., "Riding the Wave and Claiming Ownership Over Issues: The Joint Effects of Advertising and News Coverage in Campaigns", in *Public Opinion Quarterly*, Vol. 58, No. 3 (September 1994).

Art R., "Rise of the Radical Right: Implications for European Politics", in *Brown Journal of World Affairs*, Vol. 19, No. 2 (Spring/Summer 2013).

Andre V., "Merah and Breivik: A Reflection of the European Identity Crisis", in *Islam Christian-Muslim Relations*, Vol. 26, No. 2 (November 2015).

Andre V., Mansouri F. and Lobo M., "A Fragmented Discourse of Religious Leadership in France: Muslim Youth between Citizenship and Radicalization", in *Journal of Muslim Minority Affairs*, Vol. 35, No. 2 (June 2015).

Anwar M., *Between Cultures: Continuity and Change in the Lives of Young Asians*, London: Routledge, 1998.

Attinà F., "The Voting Behaviour of the European Parliament Members and the Problem of Europarties", in *European Journal of Political Research*, Vol. 18, No. 5 (May 2006).

Bates R. H. et al., *Social Movements, Political Violence, and the State: A Comparative Analysis of Italy and Germany*, Cambridge: Cambridge University Press, 1995.

Barbacetto G., Gomez P., Travaglio M., *Mani pulite: la vera storia da Mario Chiesa a Silvio Berlusconi*, Roma: Editori riuniti, 2002.

Bardi L., Bartolini S. and Trechsel A. H, "Responsive and Responsible? The Role of Parties in Twenty-First Century Politics", in *West European Politics*, Vol. 37, No. 2 (April 2014).

Beer S., "The Roots of New Labour", in *The Economist* (Feb. 7th 1998).

Becker S. O., Fetzer T., Novy D., "Who Voted for Brexit? A Comprehensive District-level Analysis", in *Economic Policy*, Vol. 32, No. 92 (January

2017).

Beirich H. and Woods G. , "Globalization, Workers and the Northern League", in *West European Politics*, Vol. 23, No. 1 (January 2000).

Biscop S. , "All or Nothing? The EU Global Strategy and Defence Policy after the Brexit", in *Contemporary Security Policy*, Vol. 37, No. 3 (October 2016).

Biscop S. , *Peace Without Money, War Without Americans: Can European Strategy Cope?* Aldershot: Ashgate, 2015.

Blyth M. , Katz R. , "From Catch-all Politics to Cartelisation: The Political Economy of the Cartel Party", in *West European Politics*, Vol. 28, No. 1 (January 2005).

Bonino S. , "Policing Strategies Against Islamic Terrorism in the UK after 9/11: The Socio-Political Realities for British Muslims", in *Journal of Muslim Minority Affairs*, Vol. 32, No. 1 (January 2012).

Bracciale R. and Martella A. , "Define the Populist Political Communication Style: The Case of Italian Political Leaders on Twitter", in *Information, Communication & Society*, Vol. 20, No. 9 (May 2017).

Buchanan A. , "Toward a Theory of Secession", in *Ethics*, Vol. 101, No. 2 (January 1991).

BullA. and Gilbert M. , *Wind from the North: The Northern League and the Future of the Italian State*, London: Macmillan, 2000.

Bull A. C. and Cooke P. , *Ending Terrorism in Italy*, New York: Routledge, 2013.

Bull M. , Daniels P. , "The 'New Beginning': The Italian Communist Party under the Leadership of Achille Occhetto", in *Journal of Communist Studies*, Vol. 6, No. 3 (September 1990).

Bull M. and Newell J. , "Italian Politics and the 1992 Elections: From 'Stable Instability' to Instability and Change", in *Parliamentary Affairs*, Vol. 46, No. 2 (April 1993).

Caiani M. and Císař O. , *Radical Right Movement Parties in Europe*, New York: Routledge, 2019.

Canovan M., "Trust the People! Populism and the Faces of Democracy", in *Political Studies*, Vol. 47, No. 1 (February 1999).

Castles S. et al., *The Age of Migration: International Population Movements in the Modern World*, London: Palgrave Macmillan, 2014.

Charalambous G. and Ioannou G. (eds.), *Left Radicalism and Populism in Europe*, London: Routledge, 2020.

Cheles R. et al., *Far Right in Western and Eastern Europe*, London: Longman, 1995.

Crone M. and Harrow M., "Homegrown Terrorism in the West", in *Terrorism and Political Violence*, Vol. 23, No. 4 (September 2011).

Collier D. and Gerring J. (eds.), *Concepts and Method in Social Science: The Tradition of Giovanni Sartori*, New York: Routledge, 2009.

Cooper B. et al. (eds.), *The Resurgence of Conservatism in Anglo-American Democracies*, Durham and London: Duke University Press, 1988.

Cox T. M., "The Rise of Populism and The Crisis of Globalisation: Brexit, Trump and Beyond", in *Irish Studies in International Affairs*, No. 28 (October 2017).

Cwalina W., Falkowski A. and Newman B. I., *Political Marketing: Theoretical and Strategic Foundations*, New York and London: Routledge, 2011.

Daalder H., "A Crisis of Party", in *Scandinavian Political Studies*, Vol. 15, No. 4 (October 2007).

Dabrowski M. P., "The Global Financial Crisis: Lessons for European Integration", in *Economic Systems*, Vol. 34, No. 1 (March 2010).

Dahl R. A., "A Democratic Dilemma: System Effectiveness versus Citizen Participation", in *Political Science Quarterly*, Vol. 109, No. 1 (March 1994).

Damiani M., Viviani L., "The New Left in the European Democracies: The Case of the German Radical Left", in *Partecipazione E Conflitto*, Vol. 8, No. 4 (March 2015).

De Koster W., Achterberg P. and Van der Waal J., "The New Right and the Welfare State: The Electoral Relevance of Welfare Chauvinism and Welfare

Populism in the Netherlands", in *International Political Review*, Vol. 34, No. 3 (January 2013).

De la Torre C., *Routledge Handbook of Global Populism*, New York: Routledge, 2019.

Deaux K., "Reconstructing Social Identity", in *Personality & Social Psychology Buletin*, Vol. 19, No. 1 (February 1993).

Demant F., *Deradicalisation in Practice: Racism and Extremism Monitor*, Amsterdam: Leiden University, Anne Frank House, 2009.

Demir G., "For a Left Populism", in *Rethinking Marxism*, Vol. 31, No. 4 (October 2019).

Dennison S. et al., "How to Govern a Fragmented EU: What Europeans Said at the Ballot Box", in *European Council on Foreign Relations Report*, ECFR/287 (June 2019).

DiMaggio P. J., Evans J. H., Bryson B., "Have American's Social Attitudes Become More Polarized?" in *American Journal of Sociology*, Vol. 102, No. 3 (November 1996).

Duverger M., *Political Parties: Their Organization and Activities in the Modern State*, London: Methuen, 1954.

Dyson K. and Sepos A. (eds.), *Which Europe? The Politics of Differentiated Integration*, New York: Palgrave Macmillan, 2010.

Eatwell R., Wright A. (eds), *Contemporary Political Ideologies*, London: A&C Black, 1999.

Emerson M. (eds.), *Interculturalism: Emerging Societal Models for Europe and its Muslims*, Brussels: CEPS, 2011.

Enroth H., "Cartelization Versus Representation? On a Misconception in Contemporary Party Theory", in *Party Politics*, Vol. 1. 23, No. 2 (March 2015).

Erikson E. H., "Identity and the Life Cycle", in *Psychological Issues*, Vol. 1, No. 1 (January 1959).

European Agency for Fundamental Rights, *Experience of Discrimination Social Marginalization and Violence: A Comparative Study of Muslim and Non-Mus-*

lim Youth in Three EU Member States, Belgium: FRA, 2010.

EU Commission, "Europe and the Challenge of Enlargement", in Bulletin of the European Communities Supplement 3/92, 1992.

EU Commission, "Enlargement, Two Years After-An Economic Evaluation", in Occasional Papers: European Commission, 2006, No. 24.

Even S., An Equal Opportunity Program to Combat the Nation's New Poverty, New York: Simon and Schuster, 1988.

Fernie S., Metcalf D., "Participation, Contingent Pay, Representation and Workplace Performance: Evidence from Great Britain", in British Journal of Industrial Relations, Vol. 33, No. 3 (September 1995).

FEPS and Policy Solutions, State of Populism in Europe 2020, Brussels: FEPS, 2020.

Field F., How to Pay for the Future: Building a Stakeholders' Welfare, London: Institute of Com-munity Studies, 1996; Richard Layard, What Labour Can Do, London: Warner, 1997.

Foley F., Countering Terrorism in Britain and France: Institutions, Norms and the Shadow of the Past, New York: Cambridge University Press, 2013.

Franck R., "Why Did a Majority of French Voters Reject the European Constitution?" in European Journal of Political Economy, Vol. 21, No. 4.

Frantz E., Kendall-Taylor A., and Joseph Wright, "Why the Fragmentation of European Politics Could Bode Poorly for Democracy", in The Washington Post, June 5, 2019.

Fukuyama F., "Identity, Immigration, and Liberal Democracy", Journal of Democracy, Vol. 17, No. 2 (April 2006).

Galston W. A., "The Populist Challenge to Liberal Democracy" in Journal of Democracy, Vol. 29, No. 2 (April 2018).

Givens T. E., Voting Radical Right in Western Europe, Cambridge: Cambridge University Press, 2005.

Goodman S. W., Immigration and Membership Politics in Western Europe, Cambridge: Cambridge University Press, 2014.

Guibernau M., "National Identity, Devolution and Secession in Canada, Britain and Spain", in *Nations and Nationalism*, Vol. 12, No. 1 (January 2006).

Gunther R. and Diamond L., "Types and Functions of Parties", in Larry Diamond and Richard Gunther (eds.), *Political Parties and Democracy*, Baltimore: John Hopkins University Press, 2001.

Hain P., "Meet Blair, the Libertarian Socialist", in *New Statesman*, (March 12, 1999); David Marquand, "The Blair Paradox", in *Prospect*, (May 1998).

Hartleb F., "Here to Stay: Anti-establishment Parties in Europe", in *European View*, Vol. 14, No. 1 (June 2015).

Heinisch R., "Success in Opposition-Failure in Government: Explaining the Performance of Right-Wing Populist Parties in Public Office", in *West European Politics*, Vol. 126, No. 3 (July 2003).

Haveman R., " Equity with Employment", in *Boston Review*, Vol. 32, No. 3-4 (Summer 1997).

Hirst P., *Associative Democracy: New Forms of Economic and Social Governance*, Oxford: Polity Press, 1994.

Hix S., "Decentralised Federalism: A New Model for the EU", in Benjamin Martill, Uta Staiger (eds.), *Brexit and Beyond: Rethinking the Futures of Europe*, London: UCL Press, 2018.

Hix S., Noury A. and Roland G., "Dimensions of Politics in the European Parliament", in *American Journal of Political Science*, Vol. 50, No. 2 (April 2006).

Hix S. and Marsh M., "Punishment or Protest? Understanding European Parliament Elections", in *The Journal of Politics*, Vol. 69, No. 2 (May 2007).

Hutton W., *The State We're In*, London: Johnathan Cape, 1995.

Ignazi P., *I Partiti Italiani*, Bologna: Il Mulino, 1997.

Ignazi P., "The Extreme Right in Europe", in Peter H. Merkl, Leonard Weinberg (eds.), *The Revival of Right Wing Extremism in the Nineties*, London: Routledge, 2014.

Inglehart R., *The Silent Revolution: Changing Values and Political Styles A-*

mong Western Publics, Princeton: Princeton University Press, 1977.

Ionescu G. and Gellner E. (eds.), Populism: Its Meaning and National Character, London: Macmillan, 1969.

Ivarsflaten E., "What Unites Right-Wing Populists in Western Europe?: Re-Examining Grievance Mobilization Models in Seven Successful Cases", in Comparative Political Studies, Vol. 41, No. 1 (January 2008).

Jackman R. W. and Volpert K., "Conditions Favouring Parties of the Extreme Right in Western Europe", in British Journal of Political Science, Vol. 26, No. 4 (October 1996).

Jackson R., "The Epistemological Crisis of Counter Terrorism", in Critical Studies on Terrorism, Vol. 8, No. 1 (April 2015).

Johnston C. D. et al., Open versus Closed: Personality, Identity, and the Politics of Redistribution, Cambridge: Cambridge University Press, 2017.

Jones E., "Populism in Europe: What Scholarship Tell Us", in Survival: Global Politics and Strategy, Vol. 61, No. 4 (July 2019).

Kaltwasser C. R., Taggart P., Espejo P. O. and OstiguyP. (eds.), The Oxford Handbook of Populism, Oxford: Oxford University Press, 2017.

Katz R. S., Crotty W. J. (eds.), Handbook of Party Politics, London: Sage Publications, 2006.

Katz R., Mair P., "Changing Models of Party Organization and Party Democracy: The Emergence of the Cartel Party", in Party Politics, Vol. 1, No. 1 (January 1995).

Kelly G., Gamble A. (eds.), Stakeholder Capitalism, London: Macmillan, 1997.

Keohane R., "Multilateralism: An Agenda for Research", in International Journal, Vol. 45, No. 4 (December 1990).

Kenway P., Palmer G., "Stakeholding in Service Industries: Public Action to Change Institutional Behaviour?" in The Political Quarterly, Vol. 68, No. 4 (December 2002).

Koehler D., "Recent Trends in German Right-Wing Violence and Terorism: What are the Contextual Factors behind 'Hive Terorism'?" in Perspectives *on Terrorism*, Vol. 12, No. 6 (January 2018).

Klandermans P., Klandermans B., Mayer N., *Extreme Right Activists in Europe: Through the Magnifying Glass*, London: Psychology Press, 2006.

Koopmans R., "Trade-Offs between Equality and Difference: Immigrant Integration, Multiculturalism and the Welfare State in Cross-National Perspective", in *Journal of Ethnic Migration Studies*, Vol. 36, No. 1 (January 2010).

Koopmans R., *Contested Citizenship: Immigration and Cultural Diversity in Europe*, Minneapolis: University of Minnesota Press, 2005.

Kriesi H. et al., *West European Politics in the Age of Globalization*, Cambridge: Cambridge University Press, 2008.

La Palombara J. and Weiner M. (eds.), *Political Parties and Political Development*, Princeton: Princeton University Press, 1966.

Lafontaine O., "The Future of German Social Democracy", in *New Left Review*, 1998, No. 227 (January 1998).

Laclau E., *On Populist Reason*, London: Verso, 2005.

Le Grand J., "Knights, Knaves or Pawns? Human Behaviour and Social Policy", in *Journal of Social Policy*, No. 26 (April 1997).

Le Grand J., "The Third Way Begins with Cora", in *New Statesman*, No. 5 (March 6, 1998).

Lindekilde L., "Introduction: Assessing the Effectiveness of Counter-Radicalisation Policies in Northwestern Europe", in *Critical Studies on Terrorism*, Vol. 5, No. 3 (December 2012).

Lindekilde L., "Value for Money? Problems of Impact Assessment of Counter-Radicalisarion Policies on End Target Groups: The Case of Denmark", in *European Journal on Criminal Policy Research*, Vol. 18, No. 18 (December 2012).

Lo J., "An Electoral Connection in European Parliament Voting", in *Legislative Studies Quarterly*, Vol. 38, No. 4 (November 2013).

LutMerki P. H., Weinberg L. (eds.), *Right-wing Extremism in the Twenty-first Century*, London: Routledge, 2004.

Lijphart A. , *Patterns Democracy: Government Forms and Performance in Thirty-Six Countries*, New Haven, CT: Yale University Press, 1999.

Macridis R. C. , *Contemporary Political Ideologies: Movements and Regimes*, Boston: Little, Brown & Company, 1986.

Magone J. M. , Brigid Laffan and Christian Schweiger (eds.), *Core-periphery Relations in the European Union: Power and Conflict in a Dualist Political Economy*, New York: Routledge, 2016.

Magone J. M. , Laffan B. and Schweiger C. (eds.), *Core-periphery Relations in the European Union: Power and Conflict in a Dualist Political Economy*, New York: Routledge, 2016.

Margalit Y. , "Economic Insecurity and the Causes of Populism, Reconsidered", in *Journal of Economic Perspectives*, Vol. 33, No. 4 (November 2019).

Mair P. , *Party System Change: Approaches and Interpretations*, Oxford: Clarendon Press, 1997.

Mair P. , "Partyless Democracy: Solving the paradox of New Labour?" in *New Left Review*, No. 2 (March-April 2000).

Mair P. , "The Challenge to Party Government", in *West European Politics*, Vol. 31, No. 1 −2 (January 2008).

Malik K. , "The Failure of Multiculturalism: Community Versus Society in Europe", in *Foreign Affairs*, Vol. 94, No. 2 (March 2015).

Mayer N. , Perrineau P. , "Why Do They Vote Le Pen?" in *European Journal of Political Research*, Vol. 22, No. 1 (May 2006).

Meissner K. L. , McKenzie L. , "Human Rights Conditionality in European Union Trade Negotiations: the Case of the EU-Singapore FTA", in *Journal of Common Market Studies*, Vol. 55, No. 4 (July 2017).

Mény Y. and Surel Y. , *Democracies and the Populist Challenge*, London: Palgrave, 2002.

Meyer T. M. and Miller B. , "The Niche Party Concept and Its Measurement", in *Party Politics*, Vol. 21, No. 2 (February 2013).

McCants W. , "Islamic Scripture Is Not the Problem: And Funding Muslim Reformers Is Not the Solution", in *Foreign Affairs*, Vol. 94, No. 4 (July

2015).

McKean B. L. , "Toward an Inclusive Populism? On the Role of Race and Difference in Laclau's Politics", in *Political Theory*, Vol. 44, No. 6.

Michie J. (ed.), *The Economic Legacy*, London: Academic Press, 1992.

Mitra S. , "The National Front in France-A Single Is-sue Movement?" in *West European Politics*, Vol. 11, No. 2 (April 1988).

Miglio G. , "Toward a Federal Italy", in *Telos*, No. 90 (January 1991).

Miguet A. , "The French Elections of 2002: After the Earthquake, the Deluge", in *West European Politics*, Vol. 25, No. 4 (October 2002).

Ministry of the Interior and Kingdom Relations, *From Dawa to Jihad: The Various Threats from Radical Islam to the Democratic Legal Order*, The Hague: General Intelligence and Security Service, 2004.

Mouffe C. , "The 'End of Politics' and the Challenge of Right-wing Populism", in Francisco Panizza (ed.), *Populism and the Mirror of Democracy*, London: Verso, 2005.

Moffitt B. , Tormey S. , "Rethinking Populism: Politics, Mediatisation and Political Style", in *Political Studies*, Vol. 62, No. 2 (June 2013).

Moffitt B. , *Populism*, Cambridge: Polity Press, 2020.

Moravcsik A. , *Centralization or Fragmentation? Europe Facing the Challenges of Deepening, Diversity, and Democracy*, New York: Council on Foreign Relations Press, 1998.

Mudde C. , "Right-wing Extremism Analyzed: A Comparative Analysis of The Ideologies of Three Alleged Right-Wing Extremist Parties (NPD, NDP, CP'86)", in *European Journal of Political Research*, Vol. 27, No. 2, 1995.

Mudde C. , *Populist Radical Right Parties in Europe*, New York: Cambridge University Press, 2007.

Mudde C. , "The Single-issue Party Thesis: Extreme Right Parties and the Immigration Issue", in *West European Politics*, Vol. 22, No. 3, 1999.

Mudde C. and Kaltwasser C. R. , *Populism in Europe and the Americas: Threat or Corrective for Democracy?* Cambridge: Cambridge University Press, 2012.

Mudde C. and Kaltwasser C. R. , *Populism: A Very Short Introduction*, Oxford: Oxford University Press, 2017.

Mulgan G. , *Employee Mutuals-the 21st Century Trade Union*? London: Demos, 1996.

Muro D. , "Healing through Action? The Political Mobilization of Victims of Al Qaeda-Inspired Violence in Spain and the United Kingdom", in *Studies in Conflict & Terrorism*, Vol. 38, No. 6 (February 2015).

Nanetti R. Y. (eds.), *Italy: Politics and Policy*, Aldershot: Dartmouth Publishing Company, 1996.

Noury A. and Roland G. , "More Power to The European Parliament?" in *Economic Policy*, Vol. 17, No. 35 (October 2002).

Norris P. , Inglehart R. , *Cultural Backlash: Trump, Brexit, and Authoritarian Populism*, Cambridge: Cambridge University Press, 2019.

O'brien P. , "Counter-Terrorism in Europe: The Elusive Search for Order", in *European Security*, Vol. 25, No. 5 (July 2016).

O'Brien P. , *The Muslim Question in Europe: Political Controversies and Public Philosophies*, Philadelphia: Temple University Press, 2016.

Omand D. , *Securing the State*, Oxford: Oxford University Press, 2010.

Padgett S. , Paterson W. E. , *A History of Social Democracy in Postwar Europe*, London: Longman, 1991.

Panizza F. (ed.). *Populism and the Mirror of Democracy*, London: Verso, 2005.

Pantucci R. , *"We Love Death as You Love Life"*: *Britain's Suburban Terrorists*, London: Hurst, 2015.

Paterson W. E. , Thomas A. H. , *The Future of Social Democracy: Problems and Prospects of Social Democratic Parties in Western Europe*, Oxford: Clarendon Press, 1986.

Payne S. , "Catalan and Basque Nationalism", in *Journal of Contemporary History*, Vol. 6, No. 1 (January 1971).

Petrocik J. R. , "Issue Ownership in Presidential Elections, with a 1980 Case Study", in *American Journal of Political Science*, Vol. 40, No. 3 (August 1996).

Phillips M., *Londonistan*, New York: Encounter Books, 2006.

Piachaud D., *What's Wrong with Fabianism?* London: Fabian Society, 1993.

Power J., Garling M., Anna Hardman, *Migrant Workers in Western Europe and the United States*, Oxford: Pergamon Press, 1979.

Rabasa A., et al., *Deradicalizing Islamist Extremists*, Santa Monica: RAND Corporation, 2010.

Rawnsley A., "Question Who Reckons He the Most Radical Man in the Government? Clue. Have a Look Inside No.10", in *The Observer* (26 April 1998).

Reich W., *Origins of Terrorism: Psychologies, Ideologies, Theologies, States of Mind*, Baltimore: Johns Hopkins University Press, 1998.

Reif K. and Schimmitt H., "Nine Second-Order National Elections—A Conceptual Framework for the Analysis of European Election Results", in *European Journal of Political Research*, Vol. 8, No. 1 (March 1980).

Ricoeur P., *Time and Narrative*, Vol. 2, Chicago: Chicago University Press, 1988.

Ron A. and Nadesan M., *Mapping Populism: Approaches and Methods*, New York: Routledge, 2020.

Ruzza C., Schmidtke O., "Roots of Success of the Lega Lombarda: Mobilization Dynamics and the Media", in *West European Politics*, Vol. 16, No. 2 (April 1993).

Sageman M., *Understanding Terror Network*, Philadelphia: University of Pennsylvania Press, 2004.

Sassoon D., "Fin-de-Siècle Socialism: The United, Modest Left", in *New Left Review*, No. 227 (January 1998).

Sartori G., *Parties and Party Systems*, Cambridge: Cambridge University Press, 1976.

Selle P. and Svåsand L., "Membership in Party Organizations and the Problem of Decline of Parties", in *Comparative Political Studies*, Vol. 23, No. 4 (January 1991).

Schmid A. P., "Radicalisation, De-Radicalisation, Counter-Radicalisation:

A Conceptual Discussion and Literature Review", in *Terrorism and Counter-Terrorism Studies*, Vol. 4, No. 2 (March 2013).

Strandh V. and Eklund N., "Swedish Counterterrorism Policy: An Intersection Between Prevention and Mitigation?" in *Studies in Conflict & Terrorism*, Vol. 38, No. 5 (March 2015).

Shlaim A., *Britain and the Origins of European Unity*, 1940 – 1951, Reading: University of Reading, 1978.

Smith M. E., "Implementing the Global Strategy Where It Matters Most: The EU's Credibility Deficit and the European Neighbourhood", in *Contemporary Security Policy*, Vol. 37, No. 3 (October 2016).

Sznajder M., "Italy's Right-Wing Government: Legitimacy and Criticism", in *International Affairs*, Vol. 71, No. 1 (January 1995).

Taggart P., "New Populist Parties in Western Europe", in *West European Politics*, Vol. 18, No. 1 (January 1995).

Taggart P., "Populism and Representative Politics in Contemporary Europe", in *Journal of Political Ideologies*, Vol. 9, No. 3 (October 2004).

Taylor M. et al. (eds.), *Extreme Right Wing Political Violence and Terrorism*, London: Bloomsbury Academic, ddd2013.

Taras R., *Xenophobia and Islamophobia in Europe*, Edinburgh: Edinburgh University Press, 2012.

The Oxford English Dictionary, second edition, Vol. 14, 1989, Oxford: Clarendon Press.

Thucydides, *The Peloponnesian War*, trans. Rex Warner, London: Penguin, 1954.

Toynbee P., "Not Quite a Wonderful Life, But a Whole Lot Better", *The Independent* (January 19. 1998).

Tsebelis G., *Veto Players: How Political Institutions Work*, Princeton: Princeton University Press, 2002.

Van den Putte L., De Ville F. and Orbie J., "The European Parliament's New Role in Trade Policy: Turning power into impact", in *CEPS Special Report* No. 89 (May 2014).

Van Kessel S., *Populist Parties in Europe: Agents of Discontent?* London: Palgrave Macmillan, 2015.

Vandenbroucke F., *Globalisation, Inequality and Social Democracy*, London: IPPP, 1999.

Verkuyten M., Yildiz A. A., "National (Dis) identification and Ethnic and Religious Identity: A Study Among Turkish-Dutch Muslims", in *Personality and Social Psychology Bulletin*, Vol. 33, No. 10 (October 2007).

Von Beyme K., *Rightwing Populism: An Element of Neodemocracy*, Berlin: Springer, 2019.

Volkerink B. and De Haan J., "Fragmented Government Effects on Fiscal Policy: New Evidence", in *Public Choice*, Vol. 109, No. 3 (February 2001).

Victorof J., "The Mind of the Terrorist: A Review and Critique of Psychological Approaches", in *Journal of Conflict Resolution*, Vol. 49, No. 1 (February 2005).

Vimercati D, *I Lombardi alla nuova crociata: il "fenomeno Lega" dall'esordio al trionfo: cronaca di un miracolo politico*, Milan: Mursia, 1990.

Vincent A., "New Ideologies for Old?" in *Political Quarterly*, Vol. 69, No. 1 (January 1998).

Waters S., "'Tangentopoli' and the Emergence of a New Political Order in Italy", in *West European Politics*, Vol. 17, No. 1 (January 1994).

Wattenberg M. P., *The Decline of American Political Parties (1952 – 1994)*, Cambridge: Harvard University Press, 1996.

Wal J. T., "The Discourse of the Extreme Right and Its Ideological Implications: The Case of the Alleanza nazionale on Immigration", in *Patterns of Prejudice*, Vol. 34, No. 4 (October 2000).

Weinberg L. (eds.), *Right-wing Extremism in the Twenty-first Century*, London: Routledge, 2004.

Whitman R. G., "The UK and EU Foreign, Security and Defence Policy after Brexit: Integrated, Associated or Detached?" in *National Institute Economic Review*, Vol. 238, No. 1 (November 2016).

Wright J. D. (ed.), *International Encyclopedia of the Social & Behavioral Sci-*

ences, Vol. 18, 2nd edition, Oxford: Elsevier, 2015.

Zulaika J., *Terrorism: The Self-Fullling Prophecy*, Chicago: University of Chicago Press, 2010.

网站及网络资料

新华网: http://news.xinhuanet.com/

人民网: http://world.people.com.cn/

环球网: http://china.huanqiu.com/

中国新闻网: http://www.chinanews.com/

观察者网: http://www.guancha.cn/

搜狐网: https://sohu.com

财新网: https://international.caixin.com/

法国欧洲时报网: http://www.oushinet.com/

新加坡联合早报网: http://www.zaobao.com/

俄罗斯卫星通讯社: http://sputniknews.cn/

20Minutes: https://www.20minutes.fr

Association of Chief Police Officers: http://www.npcc.police.uk/

BBC News: https://www.bbc.com/news/

Carnegie Europe: https://carnegieeurope.eu

Climate Action Network Europe: https://caneurope.org/

Climate Home News: https://www.climatechangenews.com

CVE Reference Guide for: https://www.cvereferenceguide.org/

Department for Education-GOV.UK: www.education.gov.uk/

Economist Intelligence: http://country.eiu.com/

European Parliament: https://www.europarl.europa.eu/

European Parliament Think Tank: https://www.europarl.europa.eu/think-tank/

European Commission: https://ec.europa.eu/commission

European Council on Foreign Relations: https://ecfr.eu/

European Union External Action: https://www.eeas.europa.eu/_en

Eurostat: http://ec.europa.eu/eurostat/

Euronews: https://www.euronews.com/

Fondation Robert Schuman: https://www.robert-schuman.eu/

France 24: https://www.france24.com/

Front National: http://www.frontnational.com

House of Commons Library: https://commonslibrary.parliament.uk/

International Center on Nonviolent Conflict: https://www.nonviolent-conflict.org/

Gulf News: https://gulfnews.com/

NPA: L'Anticapitaliste: https://npa2009.org/

Pew Research Center: https://www.pewresearch.org/

Politico: https://www.politico.eu/

Politics. Co. UK: https://www.politics.co.uk/

Socialists and Democrats: https://www.socialistsanddemocrats.eu/

The Atlantic: https://theatlantic.com.au

The Christian Science Monitor: https://es.scribd.com/

The Greens/EFA: htps://www.grens-efa.eu/

The International Centre for the Study of Radicalisation: https://icsr.info/

The official home of UK legislation: https://www.legislation.gov.uk/

The New Federalist: https://www.thenewfederalist.eu/

The Secretary of State of UK: https://assets.publishing.service.gov.uk/

The Telegraph: http://www.telegraph.co.uk/

UK Office for National Statistics: https://www.ons.gov.uk/

VoteWatch Europe: European Parliament, Council of the EU: https://www.votewatch.eu/

Voxeurop: https://voxeurop.eu/

Wall Street Journal: https://www.wsj.com/articles/

大 事 记

1945 年　第二次世界大战结束。

1948 年　3 月 17 日,比利时、法国、卢森堡、荷兰和英国签署《布鲁塞尔条约(1948)》,以作为西欧联盟(WEU)的创始条约。

1949 年　北大西洋公约组织(NATO)成立。

1951 年　4 月 18 日,法国、联邦德国、意大利、荷兰、比利时、卢森堡六国在巴黎签订《欧洲煤钢共同体条约》(也称《巴黎条约》),决定成立欧洲煤钢共同体。7 月 23 日,条约生效,欧洲煤钢共同体(ECSC)正式成立。

1957 年　3 月 25 日,联邦德国、荷兰、比利时、卢森堡、法国、意大利六国签署《建立欧洲经济共同体条约》(也称《罗马条约》)。

1958 年　1 月 1 日,《罗马条约》生效,欧洲经济共同体(EEC)和欧洲原子能共同体(Euratom)正式成立。旨在创造共同市场,取消会员国间的关税,促进会员国间劳动力、商品、资金、服务的自由流通。

1964 年　意大利社会运动成立。

1965 年　4 月 8 日,共同体六国签订《布鲁塞尔条约(1965)》,决定将煤钢共同体、原子能共同体和经济共同体所属机构加以合并,统称为"欧洲共同体"。1967 年 7 月 1 日,该条约生效,"欧洲共同体"(简称"欧共体")正式成立。

1966 年　1 月 29 日著名的《卢森堡协定》达成,用于解决欧洲经济共同体的"空椅子"危机所造成的僵持。

1967 年　英国民族阵线成立。

1971 年　瑞士人民党成立,由瑞士农民党和瑞士民主党合并组成,是瑞士的一个民族保守主义和右翼民粹主义政党。

1972 年　8 月，丹麦进步党成立。10 月，法国国民阵线成立。

1973 年　1 月 1 日，英国、爱尔兰、丹麦加入欧共体。10 月，第四次中东战争爆发。

1979 年　第一届欧洲议会选举。

1981 年　1 月 1 日，希腊加入欧共体。

1984 年　第二届欧洲议会选举。

1985 年　6 月，米兰首脑会议。

1986 年　1 月 1 日，葡萄牙和西班牙加入欧共体。

1987 年　7 月 1 日，欧洲单一法案生效。1990 年 6 月，签订《申根条约》，消除过境关卡限制，使会员国间无国界，于 1995 年 3 月 26 日生效。

1989 年　第三届欧洲议会选举。

1989—1991 年　苏联解体、东欧剧变。

1990 年　10 月 3 日，德国统一。11 月，欧共体与美国达成协议，发表了《欧共体与美国关系宣言》，确定双方伙伴关系的准则、共同目标、合作领域和磋商机制，这是双方第一次就建立全面合作关系问题达成的正式协议。

1991 年　12 月，欧洲共同体马斯特里赫特首脑会议通过《欧洲联盟条约》（又称《马斯特里赫特条约》），包括《欧洲经济货币联盟条约》和《欧洲政治联盟条约》。

1992 年　2 月 7 日，《马斯特里赫特条约》签订，设立理事会、委员会、议会，逐步由区域性经济共同开发转型为区域政经整合的发展。并将欧洲经济共同体更名为欧洲共同体。

1993 年　11 月 1 日，《马斯特里赫特条约》生效，欧洲联盟正式成立，欧洲三大共同体纳入欧洲联盟，同时发展共同外交及安全政策，并加强司法及内政事务上的合作。

1994 年　第四届欧洲议会选举。

1995 年　1 月 1 日，奥地利、瑞典、芬兰加入欧盟。

1996—1999 年　科索沃战争。

1997 年　法国和英国的右派政党分别下台。

1998 年　5 月初，欧盟政府首脑布鲁塞尔会议，正式批准奥地利、比利时、芬兰、法国、德国、爱尔兰、意大利、卢森堡、荷兰、葡萄牙和西班牙共 11 个国家为首批货币联盟成员国。

1998 年 9 月，德国基督教民主联盟让位于社会民主党。

1999 年 1 月 1 日，推出共同货币"欧元"。2002 年 1 月 1 日，正式启用。

1999 年 第五届欧洲议会选举。

2001 年 欧盟领导人在比利时莱肯举行会议，通过了《莱肯宣言》，决定制订一部宪法来规范欧盟今后的发展目标。

2003 年 6 月 13 日，欧洲第一部具有基本法性质的纲领性文件从此诞生。

2003 年 在瑞士国会选举中，瑞士人民党首次成为国民院第一大党。

2004 年 5 月 1 日，塞浦路斯、爱沙尼亚、拉脱维亚、立陶宛、波兰、捷克、斯洛伐克、匈牙利、马耳他、斯洛文尼亚加入欧盟。欧盟从 15 个国家扩大为 25 个。

2004 年 10 月 29 日，欧盟 25 国首脑在意大利首都罗马签署了《欧盟宪法条约》。

2004 年 第六届欧洲议会选举。

2005 年 7 月 7 日，英国的穆斯林引爆了当地交通系统。法国和荷兰相继否决欧盟宪法。

2007 年 1 月 1 日，第五次扩张第二阶段，罗马尼亚、保加利亚加入欧盟。

2007 年 6 月，欧盟首脑会议决定以一部新条约《里斯本条约》取代已经失败的《欧盟宪法条约》。

2008 年 雷曼兄弟破产。

2009 年 12 月 1 日，《里斯本条约》正式生效。根据《里斯本条约》，欧盟设置新的欧洲理事会主席、欧盟外交和安全政策高级代表。条约加入了《欧洲联盟基本权利宪章》以保障人权，使欧洲议会和各成员国议会有更大的发言权以增加欧盟的民主正当性，并试着增进欧盟委员会和欧盟理事会的效率。

2009 年 第七届欧洲议会选举。

2010 年 5 月，英国保守党与自由民主党组成联合政府。

2013 年　7月1日，克罗地亚加入欧盟。

2014 年　第八届欧洲议会选举。

2016 年　6月，英国"脱欧"公投成功。11月，特朗普当选美国第45任总统。6月24日，英国公投决定脱离欧盟，将开始协商达成退出欧盟协议，直至2019年3月29日，英国将继续是欧盟成员，继续执行欧盟法律和其他经贸协议。直到英国和欧盟达成退出欧盟的协议，并获得欧洲议会和英国议会的通过，英国才能正式脱离欧盟。

2019 年　第九届欧洲议会选举。

2020 年　1月29日，欧洲议会通过英国"脱欧"协议，1月31日，英国正式脱离欧盟。

2022 年　俄乌冲突期间，乌克兰总统泽连斯基于2022年2月28日宣布申请加入欧盟，格鲁吉亚及摩尔多瓦亦于3月3日相继宣布申请加入。